DORNBUSCH/JASPER

Die Besteuerung der Rechtsanwälte und Notare

D1574435

Die Besteuerung der Rechtsanwälte und Notare

Hinweise – Empfehlungen – Erfahrungen

von

Dr. Hans-Ludwig Dornbusch

Diplom-Volkswirt

und

Lothar Th. Jasper

Diplom-Volkswirt/Steuerberater

C. H. BECK'SCHE VERLAGSBUCHHANDLUNG
MÜNCHEN 1987

CIP-Kurztitelaufnahme der Deutschen Bibliothek

Dornbusch, Hans-Ludwig:
Die Besteuerung der Rechtsanwälte und Notare :
Hinweise, Empfehlungen, Erfahrungen / von Hans-
Ludwig Dornbusch ; Lothar Th. Jasper. – München :
Beck, 1987.
  ISBN 3 406 31621 2
NE: Jasper, Lothar Th.:

ISBN 3 406 31621 2

Druck der C. H. Beck'schen Buchdruckerei Nördlingen

Vorwort

Die komplizierte Materie des Steuerrechts macht eine ständige Beschäftigung mit der Rechtsentwicklung notwendig. Für den Steuerbürger, der sich nicht von Berufs wegen mit Steuern beschäftigt, ist es nahezu ausgeschlossen, die Fortentwicklung von Gesetzgebung und Rechtsprechung zu verfolgen. Aber auch für die Angehörigen der steuerberatenden Berufe wird es immer schwieriger, die berufsspezifischen Besonderheiten des Steuerrechts in allen Einzelheiten zu kennen.

Das vorliegende Buch hat es sich deshalb zur Aufgabe gemacht, dem steuerrechtlich nicht so versierten freiberuflich tätigen Rechtsanwalt und Notar einen Leitfaden an die Hand zu geben, der ihn in das System der Einkommensteuer einführt und die Gewinnermittlungsmethoden erläutert. Besonders ausführlich wird auf die steuermindernden Abzugsbeträge (Betriebsausgaben, Sonderausgaben, außergewöhnliche Belastungen, Freibeträge) eingegangen. Weiterhin werden Sie über Ihre Rechte und Pflichten als Arbeitgeber informiert. Sie lernen das System der Umsatzsteuer ausführlich kennen und werden mit Problemen der Vermögensbesteuerung vertraut gemacht. Abgerundet wird der Leitfaden durch Hinweise und Empfehlungen zum steuerrechtlichen Verfahrensrecht, wie z. B. zu Schonfristen, zu Problemen des Rechtsschutzes, zu Betriebsprüfungen und zum Steuerstrafrecht. Falls Sie jedoch bestimmte Bereiche lieber dem Steuerberater überlassen: Eine Einführung in die Steuerberatergebührenverordnung gibt Ihnen einen Überblick über die zu erwartenden Gebühren des Steuerberaters.

Das Buch dient Ihnen als praktische Arbeitshilfe bei der Bearbeitung Ihrer Steuerangelegenheiten. Spezielle Vorkenntnisse im Steuerrecht sind nicht erforderlich. Eine Fülle praxisnaher Hinweise und Steuertips zum Steuersparen werden anhand von Beispielen erläutert und erleichtern Ihnen das schnelle Verständnis. Checklisten und Steuertabellen versetzen Sie in die Lage, Ihre Steuern selbst zu berechnen und – nicht weniger wichtig – die Steuerbescheide zu überprüfen und damit die Entscheidungen der Finanzbehörde zu kontrollieren.

Sankt Augustin/Köln, im März 1987   *Dr. Hans-Ludwig Dornbusch*
Lothar Th. Jasper

Inhaltsverzeichnis

Zweites Kapitel. Rechtsanwalt/Notar als Arbeitgeber

Drittes Kapitel. Buchführung und Jahresabschluß

Fünftes Kapitel. Verfahrensrecht

Anhang

Abkürzungsverzeichnis

Abs.	Absatz
Abschn.	Abschnitt
AfA	Absetzung für Abnutzung (= Abschreibung)
AG	Aktiengesellschaft
AO	Abgabenordnung
BBauBl.	Bundesbaublatt
BdF	Bundesminister(ium) der Finanzen
Berlin FG	Berlinförderungsgesetz
BewG	Bewertungsgesetz
BewRG	Richtlinien über die Bewertung des Grundvermögens
BFH	Bundesfinanzhof
BGBl.	Bundesgesetzblatt
BMF	Bundesminister(ium) der Finanzen
bsp.	beispielsweise
BStBl.	Bundessteuerblatt
DB	Der Betrieb (Zeitschrift)
d. h.	das heißt
DIN	Deutsche Industrienorm
DM	Deutsche Mark
EFG	Entscheidungen der Finanzgerichte (Zeitschrift)
ErbStG	Erbschaftsteuer- und Schenkungsteuergesetz
EStDV	Einkommensteuer-Durchführungsverordnung
EStG	Einkommensteuer-Gesetz
EStR	Einkommensteuer-Richtlinien
evtl.	eventuell
f., ff.	folgend, folgende
FG	Finanzgericht
FinMin	Finanzministerium
FR	Finanzrundschau
ggf.	gegebenenfalls
GmbH	Gesellschaft mit beschränkter Haftung
GrEStG	Grunderwerbsteuergesetz
GrStG	Grundsteuergesetz
HFR	Höchstrichterliche Finanzrechtsprechung (Zeitschrift)
i. d. F.	in der Fassung
i. d. R.	in der Regel
KG	Kommanditgesellschaft
LStDV	Lohnsteuer-Durchführungsverordnung
LStR	Lohnsteuer-Richtlinien
mm	Millimeter
ModEnG	Modernisierungs- und Energieeinsparungs-Gesetz
MwSt	Mehrwertsteuer
Nr.	Nummer
OHG	offene Handelsgesellschaft
OFD	Oberfinanzdirektion
PKW	Personenkraftwagen

qm	Quadratmeter
RVO	Reichsversicherungsordnung
Rz.	Randziffer
s.	siehe
S.	Seite
Schlesw.- Holst.	Schleswig-Holstein
s. o.	siehe oben
sog.	sogenannt
Sp.	Spalte
StBauFG	Städtebauförderungs-Gesetz
StBGebV	Steuerberater-Gebührenverordnung
u. a. m.	und anderes mehr
u. ä.	und ähnliches
UmwStG	Umwandlungssteuergesetz
UStG	Umsatzsteuergesetz
usw.	und so weiter
v.	vom
vgl.	vergleiche
v. H.	vom Hundert
VStG	Vermögensteuergesetz
VStR.	Vermögensteuer-Richtlinien
VuV	Vermietung und Verpachtung
WoBauG	Wohnungsbaugesetz
WoPDV	Wohnungsbauprämien-Durchführungsverordnung
WoPG	Wohnungsbauprämien-Gesetz
WoPR	Richtlinien zum Wohnungsbauprämien-Gesetz
z. B.	zum Beispiel
Ziff.	Ziffer

Erstes Kapitel. Einkommensteuer

I. Das System der Einkommensteuer

1. Vorbemerkung

Die Einkommensteuer ist wohl die wichtigste Steuer im deutschen Steuer- 1
system. Deshalb wird sie in diesem Leitfaden möglichst ausführlich erläutert. Um ein unnötiges Aufblähen zu vermeiden, sollen die Erläuterungen
jedoch auf die Vorschriften beschränkt werden, die den Rechtsanwalt/Notar
unmittelbar berühren.

2. Charakteristik

Gegenstand der Einkommensteuer ist das Einkommen natürlicher Perso- 2
nen. Sie wird deshalb auch **Personensteuer** genannt. Bei der Bemessung der
Steuer wird die persönliche finanzielle Leistungsfähigkeit berücksichtigt.
Dies geschieht durch die Berücksichtigung bestimmter Lebensumstände. So
gibt es z. B. bestimmte Freibeträge, die an das Alter oder den Familienstand
anknüpfen. Es werden Sonderausgaben oder außergewöhnliche Belastungen
berücksichtigt, in dem sie das zu versteuernde Einkommen mindern.

Die **Leistungsfähigkeit** wird aber auch durch den Einkommensteuertarif- 3
verlauf berücksichtigt: Je höher das zu versteuernde Einkommen, umso grö-
ßer ist nicht nur der absolute Steuerbetrag, sondern auch der Steuersatz
nimmt von 22 v. H. bei Geringverdienern bis zu 56 v. H. bei Spitzenverdie-
nern zu. Dadurch soll erreicht werden, daß jeder nach seiner Leistungsfähigkeit das relativ gleiche Opfer für den Staat aufbringt. Ob der gegenwärtige
Tarifverlauf dieses von der Finanzwissenschaft hochgesteckte Ziel tatsächlich
erreicht, wird von vielen Wissenschaftlern und Steuerbürgern nachhaltig
bestritten.

Die Einkommensteuer selbst wird bei der Berechnung der steuerlichen 4
Bemessungsgrundlage nicht berücksichtigt. Sie ist also eine **nichtabzugsfä-
hige Steuer.**

Da die Einkommensteuer in der Regel nicht auf andere Personen über- 5
wälzt werden kann, gehört sie zu den **direkten Steuern,** im Gegensatz beispielsweise zu der Umsatzsteuer, die zwar vom Unternehmer gezahlt werden muß, die dieser jedoch in seine Preise einkalkuliert.

Da der Steuerpflichtige jeweils (mit Ausnahme von Nichtselbständigen, 6
die eine bestimmte Einkommensgrenze nicht überschreiten) nach Ablauf des
Kalenderjahres eine Steuererklärung abgeben muß und die Steuer in einem
besonderen Verfahren festgesetzt wird, gehört die Einkommensteuer zu den
Veranlagungssteuern.

7   Nach der **Erhebungsform** wird die Einkommensteuer unterteilt in die
– veranlagte Einkommensteuer,
– Lohnsteuer und
– Kapitalertragsteuer.
Lohnsteuer und Kapitalertragsteuer sind also nicht in eigenen Gesetzen geregelt, sondern lediglich bestimmte Erhebungsformen der Einkommensteuer.

8   Die Rechtsgrundlage zur Erhebung der Einkommensteuer ist das **Einkommensteuergesetz** und die **Einkommensteuer-Durchführungsverordnung**. Daneben gelten die Vorschriften der Abgabenordnung und des Finanzverwaltungsgesetzes. Die **Einkommensteuer-Richtlinien** haben keinen Gesetzescharakter. Sie sind lediglich Verwaltungsanweisungen, nach denen sich die Finanzbehörden richten. Der Steuerpflichtige ist in seiner Rechtsauffassung daran nicht gebunden. Erst recht können die Finanzgerichte oder der Bundesfinanzhof als oberstes deutsches Steuergericht von der Richtlinienauffassung abweichen. Allerdings sollten die amtlichen Richtlinien insbesondere vom Steuerlaien bei Zweifels- und Auslegungsfragen immer zu Rate gezogen werden.

3. Unbeschränkte Steuerpflicht

9   Nach § 1 Abs. 1 EStG sind natürliche Personen, die im Inland ihren Wohnsitz oder ihren gewöhnlichen Aufenthalt haben, unbeschränkt einkommensteuerpflichtig.

a) Wohnsitz

10   Die Steuerpflicht beginnt mit der Geburt und endet mit dem Tod. Eine natürliche Person wird steuerpflichtig, wenn sie im Inland einen Wohnsitz hat. Es muß nicht etwa der Hauptwohnsitz sein. § 8 der Abgabenordnung definiert einen Wohnsitz als eine Wohnung, die jemand unter Umständen innehat, die darauf schließen lassen, daß er die Wohnung beibehält und nutzen wird. Auf die **Staatsangehörigkeit** oder das Alter des „Jemand" kommt es dabei nicht an. Die Frage der Wohnungsbegründung ist steuerlich – im Gegensatz zum bürgerlichen Recht – nur nach den tatsächlichen Verhältnissen zu beurteilen. Entscheidend für das Vorliegen einer Wohnung ist die Verkehrsauffassung, für die die besonderen Umstände des Einzelfalls und die örtlichen Verhältnisse ausschlaggebend sind. Nicht als Wohnsitz anzusehen sind beispielsweise
– betriebliche oder geschäftliche Räume,
– einfache Notunterkünfte.

11   Ein Wohnsitz kann nur begründet werden, wenn er mindestens einen zum Wohnen geeigneten Raum hat. Das kann zum Beispiel auch das möblierte Zimmer eines Studenten sein. Aber auch ein Wohnwagen kann als Wohnsitz angesehen werden, wenn er auf einem Campingplatz auf einem längerfristig angemieteten Platz abgestellt ist.

Eine **vorübergehende Abwesenheit** vom Wohnsitz führt noch nicht zur   **12** Beendigung der Steuerpflicht.

Beispiel:

Ihr Sohn studiert in Florenz Kunstgeschichte. Er behält sein Zimmer in Ihrem Haus bei und gedenkt nach Abschluß der Studien wieder in seinem Elternhaus zu wohnen.

Folge: Ihr Sohn ist mit seinen Einkünften im Inland steuerpflichtig.

Auch kommt es – anders als im bürgerlichen Recht – nicht auf den rechts-   **13** geschäftlichen Willen des Steuerpflichtigen an, so daß beispielsweise auch ein Minderjähriger ohne Willen des gesetzlichen Vertreters einen Wohnsitz im Inland begründen kann (vgl. Klein/Orlopp, AO-Kommentar, 3. Auflage 1986, § 8 Anm. 1; BFH, BStBl. 1970 II S. 153). Auch ein Entmündigter kann durchaus steuerpflichtig sein.

Beispiele:

(1) Ein wegen Trunkenheit entmündigter Hauseigentümer bezieht Einkünfte aus Vermietung und Verpachtung. Er ist mit diesen Einkünften einkommensteuerpflichtig.

(2) Der erst zweijährige Sohn eines Unternehmers wird rechtmäßiger Erbe seines verstorbenen Vaters. Er hat Einkünfte aus Gewerbebetrieb, obwohl er das Unternehmen selbst nicht leiten kann.

b) Gewöhnlicher Aufenthalt

Unbeschränkt steuerpflichtig wird auch eine Person, die zwar die Voraus-   **14** setzungen für die Begründung eines Wohnsitzes nicht erfüllt, dennoch im Inland ihren gewöhnlichen Aufenthalt hat. § 9 der Abgabenordnung definiert, daß jemand seinen gewöhnlichen Aufenthalt dort hat, wo er sich unter Umständen aufhält, die erkennen lassen, daß er an diesem Ort oder in diesem Gebiet nicht nur vorübergehend weilt. Im allgemeinen ist ein zeitlich zusammenhängender Aufenthalt von mehr als sechs Monaten im Inland als gewöhnlicher Aufenthaltsort anzusehen. Kurze Unterbrechungen des Aufenthalts schaden dabei nicht.

Beispiel:

Sie kehren nach einem längeren Auslandsaufenthalt in das Inland zurück, haben jedoch noch keine eigene Wohnung. Sie halten sich deshalb sieben Monate in einem Hotel auf.

Folge: Zwar haben Sie keinen Wohnsitz im Inland, für die unbeschränkte Steuerpflicht reicht jedoch Ihr Hotelaufenthalt von mehr als sechs Monaten.

Auch Aufenthalte, die kürzer als sechs Monate sind, schließen die Annah-   **15** me eines gewöhnlichen Aufenthalts nicht in jedem Fall aus.

Beispiele:

(1) Ein ausländischer Arbeitnehmer schließt einen einjährigen Arbeitsvertrag ab, muß aber bereits nach drei Monaten aus nicht vorhersehbaren Gründen in seine Heimat zurückkehren. Für die Zeit seines inländischen Aufenthalts ist er unbeschränkt steuerpflichtig.

(2) Ein Grenzgänger, der seit Jahren im Inland arbeitet und sich auch gelegentlich nachts am Arbeitsort aufhält, muß deshalb noch nicht seinen gewöhnlichen Aufenthalt im Inland haben. Vielmehr kommt es darauf an, wo der Mittelpunkt seines Lebens ist. Dies wird in aller Regel an seinem Wohnort im Ausland sein. Übernachtet er allerdings regelmäßig an seinem Arbeitsort und kehrt lediglich am Wochenende heim, so ist ein gewöhnlicher Aufenthalt im Inland gegeben – mit der Konsequenz einer inländischen Steuerpflicht.

4. Welteinkommensprinzip

16   Die unbeschränkte Steuerpflicht hat zur Folge, daß der Steuerpflichtige nicht nur mit seinen inländischen Einkünften sondern mit allen ihm zuzurechnenden Einkünften der deutschen Einkommensteuer unterliegt, unabhängig davon, wo diese Einkünfte räumlich anfallen. Dieses ,,Welteinkommensprinzip" bedeutet also, daß beispielsweise auch Zinseinkünfte, die in den USA erzielt werden, grundsätzlich der deutschen Einkommensteuer unterliegen. Durchbrochen wird dieses Welteinkommensprinzip lediglich dann, wenn ausdrücklich andere Regelungen bestehen, so z. B. in **Doppelbesteuerungsabkommen** oder anderen zwischenstaatlichen Regelungen. Besteht ein Doppelbesteuerungsabkommen zwischen der Bundesrepublik Deutschland und dem Staat, in dem die Einkünfte erzielt werden, so verzichtet regelmäßig ein Staat auf sein Besteuerungsrecht. Die ausländischen Einkünfte werden also dadurch lediglich einmal mit Einkommensteuer belastet.

5. Beschränkte Steuerpflicht

17   Personen, die weder ihren Wohnsitz noch ihren gewöhnlichen Aufenthalt im Inland haben, können trotzdem steuerpflichtig sein, wenn sie Einkünfte im Inland erzielen. Allerdings werden nicht alle Einkünfte der Besteuerung unterworfen. Bei beschränkt Einkommensteuerpflichtigen wird das Welteinkommensprinzip durchbrochen. Sie sind lediglich mit bestimmten, in § 49 EStG aufgeführten Einkünften steuerpflichtig. Zu beachten sind wieder etwa bestehende zwischenstaatliche Abkommen, die den Regelungen des Einkommensteuergesetzes übergeordnet sind.

Die beschränkte Steuerpflicht dürfte regelmäßig für den Rechtsanwalt/Notar nicht in Frage kommen, da dieser Personenkreis überwiegend seinen Wohnsitz im Inland hat. Aus diesen Gründen wird auf diese Vorschrift nicht weiter eingegangen.

6. Einkunftsarten

18   Das Einkommensteuergesetz erfaßt nun nicht etwa alle denkbaren Einnahmen und Vermögensmehrungen eines Steuerpflichtigen. Es werden nur diejenigen Einnahmen zur Besteuerung herangezogen, die sich in eine der sie-

ben, im Einkommensteuergesetz genau umrissenen Einkunftsarten einordnen lassen. Diese **sieben Einkunftsarten** sind:
– Einkünfte aus Land- und Forstwirtschaft,
– Einkünfte aus Gewerbebetrieb,
– Einkünfte aus selbständiger Arbeit,
– Einkünfte aus nichtselbständiger Arbeit,
– Einkünfte aus Kapitalvermögen,
– Einkünfte aus Vermietung und Verpachtung,
– sonstige Einkünfte im Sinne des § 22 EStG.

Die ersten vier Einkunftsarten werden „**Haupteinkunftsarten**" genannt, 19
die folgenden drei sind die „**Nebeneinkunftsarten**". Diese Unterscheidung
ist wichtig für die Einreihung der Einnahmen und Ausgaben in eben diese
Einkunftsarten. So werden Einkünfte aus Kapitalvermögen immer nur dann
in der Einkunftsart 5 erfaßt, wenn das Kapitalvermögen nicht zu einem Betriebsvermögen gehört (Grundsatz der Subsidiarität).

Eine weitere Unterscheidung richtet sich nach der Form der Einkunftser- 20
mittlung. Für die ersten drei Einkunftsarten wird ein „**Gewinn**" ermittelt,
indem die Betriebseinnahmen (Erlöse) den Betriebsausgaben (Aufwendungen) gegenübergestellt werden. Maßgeblich für die Ermittlung des Gewinns
sind in diesem Fall die Vorschriften der Paragraphen 4 und 5 des Einkommensteuergesetzes. Für die restlichen vier Einkunftsarten wird ein „**Überschuß**" ermittelt, indem die Einnahmen um die Werbungskosten (§ 9 EStG)
gekürzt werden.

7. Ermittlung des zu versteuernden Einkommens

a) Summe der Einkünfte

Der Rechtsanwalt/Notar als Freiberufler wird regelmäßig seine Hauptein- 21
künfte als Einkünfte aus selbständiger Arbeit versteuern müssen. Wie der
Gewinn dabei zu berechnen ist, darauf wird noch ausführlich im einzelnen
eingegangen werden müssen. Zunächst jedoch soll zum besseren Verständnis des Einkommensteuersystems das Zusammenspiel der sieben Einkunftsarten kurz dargestellt werden und anhand eines Schemas erläutert werden,
wie es letztlich zu dem zu versteuernden Einkommen kommt, welches
Grundlage für die Bemessung der Einkommensteuer ist.

Der Rechtsanwalt/Notar kann neben seinen freiberuflichen Einkünften 22
auch Einkünfte aus anderen Einkunftsarten beziehen. Zur Ermittlung der
von ihm zu entrichtenden Einkommensteuer werden die ermittelten Summen aller Einkunftsarten zusammengerechnet. Dabei ist es durchaus möglich, daß sich in einer oder auch in mehreren Einkunftsarten ein negativer
Betrag ergibt. Dieser Verlust entsteht, wenn die Betriebsausgaben oder bei
den Überschußeinkünften die Werbungskosten höher als die Einnahmen
sind. Positive und negative Einkünfte werden zusammengerechnet. Konse-

quenz: Die Verluste der einen Einkunftsart mindern die Gewinne der anderen Einkunftsart.

Aus der Zusammenrechnung der Ergebnisse der einzelnen Einkunftsarten ergibt sich die „**Summe der Einkünfte**".

Beispiel:

Neben Ihren Einkünften aus freiberuflicher Tätigkeit in Höhe von 140 000 DM sind Ihnen von Ihrer Bank am Jahresende Zinsen in Höhe von 8500 DM aus der Geldanlage in mehreren Sparbüchern gutgeschrieben worden. Darüber hinaus erzielen Sie aus der Vermietung eines Mehrfamilienhauses einen Verlust in Höhe von 23 000 DM im maßgebenden Veranlagungsjahr. Die Summe der Einkünfte errechnet sich demnach wie folgt:

Einkünfte aus freiberuflicher Arbeit:	140 000 DM
Einkünfte aus Kapitalvermögen:	8 500 DM
Einkünfte aus Vermietung und Verpachtung:	./. 23 000 DM
Summe der Einkünfte:	125 500 DM

b) Zu versteuerndes Einkommen

23   Von dieser Summe werden bestimmte **Freibeträge** und **Pauschbeträge** oder **Pauschalen** zur Berücksichtigung der persönlichen Leistungsfähigkeit abgezogen. Das Einkommen, das letztlich für die Höhe der Einkommensteuer maßgebend ist, heißt dann „zu versteuerndes Einkommen".

24   Das zu versteuernde Einkommen wird nach folgendem Schema ermittelt:

Summe der Einkünfte aus den sieben Einkunftsarten
+ nachzuversteuernder Betrag nach § 10a EStG (dieser Paragraph hat nurmehr geringe Bedeutung)
− Verlustabzugsbetrag nach § 2 Abs. 1 Satz 1 AIG
+ Hinzurechnungsbetrag nach § 2 Abs. 1 AIG

= **Summe der Einkünfte**
− Altersentlastungsbetrag nach § 24a EStG (vgl. Rz. 223)
− ausländische Steuern vom Einkommen nach § 34c EStG

= Gesamtbetrag der **Einkünfte**
− Sonderausgaben nach den §§ 10, 10b und 10c EStG (vgl. Rz. 185 ff.)
− Freibetrag für freie Berufe nach § 18 Abs. 4 EStG (vgl. Rz. 224)
− außergewöhnliche Belastungen nach den §§ 33 bis 33b EStG (vgl. Rz. 206 ff.)
− Verlustabzug nach § 10d EStG, § 2 Abs. 1 AIG (vgl. Rz. 225)

= **Einkommen**
− Altersfreibetrag nach § 32 Abs. 8 EStG (vgl. Rz. 222)
− Haushaltsfreibetrag nach § 32 Abs. 7 EStG (vgl. Rz. 221)
− Kinderfreibetrag nach § 32 Abs. 6 EStG (vgl. Rz. 220)

= **zu versteuerndes Einkommen**

8. *Festzusetzendes Einkommen*

Aus dem zu versteuernden Einkommen ergibt sich der Steuerbetrag ge- **25** mäß der Tarifformel nach § 32a EStG bzw. nach der von der Finanzverwaltung veröffentlichten **Grundtabelle** für ledige und nach der **Splittingtabelle** für verheiratete Steuerpflichtige. Aus diesem tabellarischen Steuerbetrag wird die festzusetzende Einkommensteuer wie folgt ermittelt:

Schema zur Ermittlung der festzusetzenden Einkommensteuer:

Steuerbetrag laut Grundtabelle/Splittingtabelle   **26**
+ Steuer auf die einem ermäßigten Steuersatz unterliegenden Einkünften nach den §§ 34, 34b, 34c Abs. 4 EStG

= tarifliche Einkommensteuer

− anzurechnende ausländische Steuer
− Steuerermäßigung für freie Erfinder
− Steuerermäßigung nach dem Berlinförderungsgesetz
+ Steuern nach § 34c Abs. 5 EStG
− Steuerermäßigung nach dem 4. Vermögensbildungsgesetz
− Steuerermäßigung bei Inanspruchnahme erhöhter Absetzungen nach § 7b EStG (§ 34g EStG)
− Steuerermäßigung bei Ausgaben zur Förderung staatspolitischer Zwecke (§ 34e EStG)
− Steuerermäßigung bei Belastung mit Erbschaftsteuern (§ 35 EStG)
+ Nachsteuern nach den §§ 30, 31 EStDV

= festzusetzende Einkommensteuer

Bereits anhand dieser beiden Schemata wird deutlich, daß es für den Steu- **27** erlaien auf dem Weg von seiner Einnahme bis zur letztendlich festzusetzenden Einkommensteuer zu mancherlei Schwierigkeiten kommen kann. Ziel des vorliegenden Leitfadens ist es deshalb, Sie möglichst problemlos durch den Paragraphendschungel des Steuerrechts zu führen. Die für Sie wichtigen Vorschriften des Einkommensteuerrechts werden im folgenden ausführlich erläutert werden. Insbesondere wird auch auf die Paragraphen eingegangen werden, die in den beiden soeben entwickelten Schemata angesprochen sind, soweit sie für die Besteuerung von Rechtsanwälten/Notaren von Bedeutung sind. Zum Verständnis brauchen Sie keinerlei steuerrechtliche Vorkenntnisse. Wir sind bestrebt, Ihnen die Fachbegriffe in einer auch für den Steuerlaien verständlichen Sprache zu erläutern. Allerdings: Es ist nicht immer möglich, die Fachbegriffe ständig neu zu definieren. Deshalb der Hinweis: Prägen Sie sich die Ermittlungsschemata zur Festsetzung der Einkommensteuer und die darin verwendeten Begriffe
− Summe der Einkünfte
− Gesamtbetrag der Einkünfte
− Einkommen
− zu versteuerndes Einkommen

- tarifliche Einkommensteuer
- festzusetzende Einkommensteuer

und deren Definitionen genau ein. Das wird Ihnen helfen, Fehler, die durch Begriffsverwechslung leicht entstehen können, zu vermeiden.

9. Steuerbefreite Einnahmen

28   Auf den vorangegangenen Seiten wurde erläutert, daß nicht alle denkbaren Vermögensmehrungen der Einkommensteuer unterliegen, sondern nur diejenigen Einkünfte, die in eine der sieben Einkunftsarten einzuordnen sind. Aber auch wenn dies der Fall ist, gibt es bestimmte Einnahmen, die der Gesetzgeber in § 3 EStG freigestellt hat. Der Katalog des § 3 EStG umfaßt insgesamt 66 steuerfreie Einnahmen. Diese hier alle aufzuzählen, wäre für die Besteuerung der Rechtsanwälte/Notare unnütz. Deshalb hier lediglich die wichtigsten steuerfreien Einnahmen in Stichworten.

29   Nach § 3 EStG sind steuerfrei
- **Abfindungen** wegen einer vom Arbeitgeber veranlaßten oder gerichtlich ausgesprochenen Auflösung des Dienstverhältnisses, höchstens jedoch 24 000 DM. Hat der Arbeitnehmer das 50. Lebensjahr vollendet und hat das Dienstverhältnis mindestens 15 Jahre bestanden, so beträgt der Höchstbetrag 30 000 DM. Hat der Arbeitnehmer das 55. Lebensjahr vollendet und das Dienstverhältnis mindestens 20 Jahre bestanden, so beträgt der Höchstbetrag 36 000 DM
- **Arbeitgeberbeiträge** zur gesetzlichen Sozialversicherung bis zur Hälfte des Gesamtbeitrags
- **Arbeitslosengeld**
- **Arbeitslosenhilfe**
- **Aufwandentschädigungen** für nebenberufliche Tätigkeiten als Übungsleiter, Ausbilder und Erzieher oder eine vergleichbare nebenberufliche Tätigkeit zur Förderung gemeinnütziger, mildtätiger und kirchlicher Zwecke bis zu einer Höhe von insgesamt 2400 DM pro Jahr
- **Ausbildungs- und Fortbildungsunterstützung**
- **Auslagenersatz,** den der Arbeitnehmer vom Arbeitgeber erhält
- **Geburtsbeihilfen** bis zu 500 DM
- **Familienpflege,** Pflegegeld für Kinder
- **Heiratsbeihilfen** bis zu 700 DM
- **Kinderzuschüsse** aus der gesetzlichen Rentenversicherung
- **Krankenversicherung,** gesetzliche, Leistungen hieraus
- **Kurzarbeitergeld**
- **Mutterschaftsgeld** nach dem Mutterschutzgesetz
- **Pflegegeld** für Kinder in Familienpflege
- **Rentenversicherungen,** gesetzliche, Sachleistungen und Kinderzuschüsse
- **Sanierungsgewinne**
- **Schlechtwettergeld**
- **Trinkgelder,** die dem Arbeitnehmer von Dritten gezahlt werden, soweit sie 1200 DM pro Jahr nicht übersteigen

- **Unfallversicherung**
- **Unterhaltsgeld**
- **Unterhaltssicherungsgesetz,** Leistungen hieraus
- **Wohngeld** nach dem Wohngeldgesetz
- **Zuschläge** zum Arbeitslohn in bestimmter Höhe.

Sollten Sie mit einer dieser Einnahmen in Ihrem Berufsleben in Berührung kommen, so prüfen Sie genau, ob nicht die Steuerbefreiungsvorschriften des § 3 Nr. 1 bis 66 EStG für Sie in Betracht kommen.

10. *Nicht steuerbare Vermögensmehrungen*

Neben den steuerbefreiten Einnahmen gibt es auch solche Einnahmen, die **30** nicht in eine der sieben Einkunftsarten eingeordnet werden können. Sie sind deshalb nicht steuerbar. Zu unterscheiden sind dabei einmalige und laufende Vermögensanfälle. Hier einige Beispiele.

a) *Schenkungen*

Sie übereignen Ihrer Tochter ein Mietwohngrundstück unentgeltlich mit **31** der Auflage, sich aus den Mieterträgen ihr Studium zu finanzieren. Folge: Die Schenkung selbst löst keine Einkommensteuer aus. Zu beachten ist jedoch, daß die Schenkung möglicherweise schenkungsteuerpflichtig sein kann. Weiterhin sollten Sie wissen, daß in Zukunft die Mieteinnahmen nicht mehr Ihnen, sondern Ihrer Tochter zugerechnet werden. Von ihr müssen sie versteuert werden.

b) *Erbschaften*

Sie erben von Ihrem verstorbenen Vater eine namhafte Kapitalbeteiligung. **32** Die Vermögensmehrung ist einkommensteuerfrei. Die Dividendenerträge aus der Beteiligung erhöhen allerdings Ihr zu versteuerndes Einkommen. Sie sind der Einkunftsart ,,Kapitalvermögen" zuzurechnen.

c) *Vermächtnis*

Ihrer Haushälterin vermachen Sie in Ihrem Testament als Dank für lang- **33** jährige Dienste eine lebenslange Rente. Der Erwerb des Rentenstammrechts ist einkommensteuerfrei. Allerdings: Die einzelnen Rentenzahlungen müssen von der Haushälterin als Leibrente in der Einkunftsart ,,Sonstige Einkünfte" versteuert werden.

d) *Spiel- und Wettgewinn*

Einnahmen aus Glücksspiel – wie z. B. Gewinne aus der Lotterie, Toto, **34** Lotto sowie Renngewinne – sind nicht der Einkommensteuer zu unterwerfen. Es gibt jedoch eine Ausnahme: Sollten die Gewinne in irgendeinem Zusammenhang mit einem Betriebsvermögen stehen, so sind es Einkünfte aus Gewerbebetrieb. Bei einem Rechtsanwalt/Notar ist es unwahrscheinlich, daß solche Gewinne im Rahmen seiner Tätigkeit anfallen.

e) Liebhaberei

35   Die aufgeführten Beispiele sind in die einmaligen Vermögensmehrungen einzuordnen. Hier nun einige Beispiele für laufende steuerfreie Vermögensmehrungen. Dabei handelt es sich in den meisten Fällen um die Abgrenzung der einkommensteuerlichen Einkunftsarten zur Liebhaberei. Einnahmen aus Liebhaberei sind nicht der Einkommensteuer zu unterwerfen. Aber: Auch Verluste, die erzielt werden, können nicht mit anderen Einkünften verrechnet werden. Die nachführend aufgezählten Beispiele sind vom Bundesfinanzhof entschieden worden und können sich alle auch auf Sie als Rechtsanwalt/Notar beziehen. Es wird sich dabei meist um Nebeneinkünfte handeln.

36   *aa) Reitschulen als Liebhaberei?* Die Verlustverrechnung innerhalb der sieben Einkunftsarten ermöglicht es, die positiven Einkünfte einer Einkunftsart mit den negativen Einkünften aus anderen Einkunftsarten zu verrechnen, z. B. die Verluste aus Vermietung und Verpachtung auf Grund eines Bauherrenmodells oder auch auf Grund erhöhter Absetzungen nach § 10e EStG. Nachdem die Bauherrenmodelle immer mehr unter Beschuß geraten sind, wird offenbar versucht, andere Verlustquellen zu erschließen. Der BFH versucht, dem zuvorzukommen, indem er bestimmte Tätigkeiten als Liebhaberei ansieht, die nicht einer Einkunftsart zugerechnet werden kann. Die Abgrenzungskriterien sind jedoch fließend. So stellt eine mit andauerndem Verlust arbeitende Reitschule mit Pferdeverleih und Pensionspferdehaltung jedenfalls dann keine Liebhaberei im steuerlichen Sinne dar, wenn der Steuerpflichtige aus der Erkenntnis, daß mit dem Betrieb keine Gewinne zu erzielen sind, die Konsequenzen zieht und ihn verkaufen will. Auch eine Verpachtung bis zum Zeitpunkt des Verkaufs ist keine Liebhaberei, selbst wenn sich der Verlust dadurch erhöht (BFH-Urteil vom 18. 11. 1984, BStBl. 1985 II S. 205).

37   *bb) Gestüt als Liebhaberei.* In einem weiteren Urteil kam der BFH zu einem anderen Ergebnis: Sind die im Betrieb eines Gestüts durch die Art der Bewirtschaftung in den ersten acht Jahren entstandenen Verluste so hoch, daß der Steuerpflichtige davon ausgehen muß, daß diese Verluste im Laufe der Gesamtentwicklung des Betriebs durch spätere Gewinne (einschl. Veräußerungsgewinne) auch nicht annähernd ausgeglichen werden, so sind die Verluste nicht steuerbare Einkünfte aus Liebhaberei. Allerdings: die Einnahmen sind auch dann nicht zu versteuern, wenn in einem Jahr einmal ein Gewinn anfällt (BFH-Urteil vom 21. 3. 1985, BStBl. 1985 II S. 399).

38   *cc) Erfinder aus Liebhaberei?* Noch einen weiteren Fall hatte der BFH zu entscheiden: Erzielt ein Erfinder aus seiner Tätigkeit über einen längeren Zeitraum Verluste, so ist dies für sich allein noch kein ausreichendes Beweisanzeichen für das Fehlen einer Gewinnabsicht. In der Regel ist die Tätigkeit des Erfinders als selbständige Arbeit i. S. des § 18 EStG anzusehen. Sie ist darauf gerichtet, etwas Neues auf dem Gebiet der Technik zu schaffen. Im Streitfall lag eine Erfindertätigkeit mit dem Ziel vor, die Erfindungen später durch Lizenzvergabe zu nutzen. Über die gesamte Aktivitätszeit muß sichergestellt sein, daß sich aus der Erfindung ein ,,Totalgewinn" ergibt. Ist dies nicht der Fall – überwiegen also die Ausgaben die Einnahmen –, so liegt Liebhaberei vor (BFH-Urteil vom 14. 3. 1985, BStBl. 1985 II S. 424).

dd) Gästehaus-Urteil. Im vierten Fall hatte der BFH zu entscheiden, ob beim **39** Betrieb eines Gästehauses Gewinnerzielungsabsicht besteht. Aus dem Betrieb wurden in 11 Jahren ausschließlich Verluste erzielt. Dieser Umstand alleine rechtfertigt noch nicht den Schluß, das auch in weiteren Jahren Verluste erzielende Gästehaus werde ohne Gewinnerzielungsabsicht betrieben. Vielmehr ist auch hier darauf abzustellen, ob nach einer Betriebsvermögensmehrung in Form eines Totalgewinns gestrebt wird (BFH-Urteil vom 13. 12. 1984, BStBl. 1985 II S. 455).

11. Einkommensteuertarif

Wie Sie aus dem Schema der Einführung ersehen können, ist der Betrag **40** ,,**Einkommen**" noch nicht das endgültige zu versteuernde Einkommen, auf das der Einkommensteuertarif anzuwenden ist. Vom Einkommen werden bestimmte Freibeträge abgezogen. Dies sind insbesondere
– der Altersfreibetrag (vgl. Rz. 222),
– der Haushaltsfreibetrag (vgl. Rz. 221),
– der Kinderfreibetrag (vgl. Rz. 220).
Erst nach dieser langwierigen Ermittlung können Sie auf das zu versteuernde Einkommen den Steuertarif anwenden.

Der deutsche Einkommensteuertarif ist als **Formeltarif** aufgebaut, d. h., er **41** beruht auf vier mathematischen Formeln (§ 32a EStG). Die meisten anderen Staaten wenden einen Stufentarif an, d. h., es gibt für unterschiedliche Einkommenshöhen drei oder vier Steuersätze. Im einzelnen soll der Aufbau der Formeln nicht erklärt werden, da die Finanzverwaltung rechtsverbindliche Einkommensteuertabellen aufgestellt hat, anhand derer die Höhe der Einkommensteuer abgelesen werden kann. Es soll allerdings kurz der grundsätzliche Aufbau des Tarifs erläutert werden, da hiervon maßgeblich die Höhe der Einkommensteuer abhängt.

Entsprechend den vier Formeln ist der Verlauf des Tarifs folgendermaßen zu charakterisieren:

Grundfreibetrag:

Einkommen, die von Ledigen bezogen werden, bleiben bis zur Höhe von **42** 4536 DM steuerfrei. Für Verheiratete verdoppelt sich dieser Grundfreibetrag auf 9072 DM.

Proportionalzone:

43　Einkommen, die darüber hinaus bis 18035 DM von Ledigen bzw. 36070 DM von Verheirateten bezogen werden, werden mit einem Steuersatz von 22 v. H. belegt. Dies ist die sog. ,,Proportionalzone" des Einkommensteuertarifs. Proportional bedeutet also, daß alle Einkommen in dieser Zone mit dem gleichen Steuersatz belastet werden.

Progressionszone:

44　Einkommen, die über die 18035 DM bzw. 36070 DM hinausgehen, bis unter 130000 DM bei Ledigen, bzw. unter 260000 DM bei Verheirateten, werden progressiv besteuert, d. h., jede zusätzlich hinzuverdiente Mark wird mit einem zunehmend sich erhöhenden Steuersatz belegt. Die Progressionswirkung ist bis zu Einkommen von 60000 DM bei Ledigen bzw. 120000 DM bei Verheirateten am stärksten. Dies hat in der Vergangenheit zu massiver Kritik geführt. Von den Finanzwissenschaftlern und Steuerrechtlern, aber auch von Finanzpolitikern wird deshalb angestrebt, einen sog. ,,linear-progressiven Tarif" zu schaffen, bei dem sich die Progression mit gleichmäßig steigenden Steuersätzen auswirkt.

45　Zur Begriffserklärung hier noch ein Hinweis: Der Steuersatz, der auf der jeweils letzten hinzuverdienten Mark liegt, wird als **Grenzsteuersatz** bezeichnet. Die Höhe der Steuerersparnis von zusätzlichen Ausgaben, beispielsweise zusätzlichen Betriebsausgaben am Jahresende, zusätzlichen Sonderausgaben, oder auch Ausgaben für steuerbegünstigte Kapitalanlagen, richten sich nach der Höhe dieses Grenzsteuersatzes. Mit anderen Worten: je höher Ihr Einkommen ist, umso höher ist die Steuerersparnis durch zusätzliche steuerlich wirksame Ausgaben.

Obere Proportionalzone:

46　Zu versteuernde Einkommen von 130000 DM an bei Ledigen und 260000 DM bei Verheirateten werden mit 56 v. H. Steuern belegt. Dies ist der sog. ,,**Spitzensteuersatz**" des deutschen Einkommensteuerrechts. Höhere Steuersätze kennt das Einkommensteuergesetz nicht.

47　Diese wenigen Hinweise zum Aufbau des Einkommensteuertarifs sollen genügen. Sie sollten sich jedoch den Aufbau des Tarifs verdeutlichen, damit Sie Wirkungen, beispielsweise bei der steuerbegünstigten Kapitalanlage, in ihrer Höhe besser beurteilen können.

12. Veranlagung

a) Wer muß eine Einkommensteuererklärung abgeben?

48　Bei der Beschreibung des Systems der Einkommensteuer wurde bereits erwähnt, daß die Einkommensteuer zu den ,,Veranlagungssteuern" gehört. Die Veranlagung ist das förmliche Verfahren, das nach Ablauf eines bestimmten Zeitraums, des ,,Veranlagungszeitraums", eingeleitet wird. Da die Einkommensteuer eine Jahressteuer ist – d. h., der Besteuerungszeitraum umfaßt ein Jahr und zwar im allgemeinen ein Kalenderjahr –, umfaßt der Veranlagungszeitraum gerade diese Zeitspanne.

Wer muß nun eine Einkommensteuererklärung abgeben? Grundsätzlich ist **49** jeder Steuerpflichtige dazu verpflichtet. Allerdings sieht das Gesetz bestimmte Ausnahmen – insbesondere für Nichtselbständige – vor. Wenn Sie **Freiberufler** sind, müssen Sie in jedem Fall eine Steuererklärung abgeben. Dies gilt auch für den Fall, daß Sie einen Verlust erlitten haben. Sie müssen förmlich erklären, daß Sie kein zu versteuerndes Einkommen erzielt haben.

Sollten Sie zwar als Rechtsanwalt nicht selbständig tätig sein, aber neben **50** Ihren Einkünften aus nichtselbständiger Arbeit solche aus anderen Einkunftsquellen haben, z. B. aus Vermietung und Verpachtung oder aus Kapitalvermögen, so haben Sie eine Erklärung darüber abzugeben, sofern die Nebeneinkünfte 800 DM im Veranlagungszeitraum übersteigen.

b) Veranlagungszeitraum

Die Einkommensteuer wird nach § 25 EStG nach Ablauf des Veranla- **51** gungszeitraums nach dem Einkommen veranlagt, das der Steuerpflichtige in diesem Zeitraum bezogen hat.

Hat die Steuerpflicht nicht während des vollen Veranlagungszeitraumes **52** bestanden, so wird das während der Dauer der Steuerpflicht bezogene Einkommen zugrunde gelegt.

Ist die Steuerpflicht während des Veranlagungszeitraums entfallen, so muß **53** in diesem Fall die Veranlagung wegen des Wegfalls der Steuerpflicht sofort vorgenommen werden.

Beispiel:
Sie entscheiden sich, alle Zelte hinter sich abzubrechen und wandern am 1. 9. 1987 nach Australien aus.
Folge: Sie können sich für den Zeitraum 1. 1. bis 31. 8. 87 veranlagen lassen, obwohl das Kalenderjahr noch nicht abgelaufen ist.

Der Steuerpflichtige hat für den abgelaufenen Veranlagungszeitraum eine **54** **Einkommensteuererklärung** abzugeben. Die Erklärung ist nach **amtlich vorgeschriebenem Vordruck** abzugeben. Sie muß vom Steuerpflichtigen und in den Fällen einer gemeinsamen Erklärung der Ehegatten von beiden Ehegatten **eigenhändig unterschrieben** sein. Auch wenn Sie Ihrem Steuerberater eine Vollmacht zur Vertretung gegeben haben, ist die Einkommensteuererklärung von Ihnen persönlich zu unterschreiben.

Wird der Gewinn nach § 4 Abs. 1 des Einkommensteuergesetzes ermittelt, **55** so ist der Erklärung eine Abschrift der Vermögensübersicht (Bilanz, die auf dem Zahlenwerk der Buchführung beruht), beizufügen. Im Falle der Überschußrechnung nach § 4 Abs. 3 EStG ist die Aufstellung der Betriebseinnahmen und Betriebsausgaben ausreichend. Belege über die Betriebseinnahmen bzw. Betriebsausgaben brauchen nicht eingereicht zu werden, es sei denn, Sie werden vom Finanzamt dazu aufgefordert.

c) Veranlagungsformen

56 Grundsätzlich wird jeder Steuerpflichtige einzeln veranlagt. Allerdings hat das Einkommensteuergesetz zwei Ausnahmen zugelassen. Ehegatten können sich zusammen veranlagen lassen oder aber die getrennte Veranlagung wählen.

57 *aa) Einzelveranlagung.* Für die Einzelveranlagung bedarf es keines besonderen Antrags. Einzeln veranlagt werden insbesondere
– ledige Steuerpflichtige,
– verwitwete Steuerpflichtige unter bestimmten Voraussetzungen,
– geschiedene Steuerpflichtige unter bestimmten Voraussetzungen,
– Ehegatten, die nicht zusammen veranlagt werden können.
Das Veranlagungsverfahren beginnt mit der Einkommensteuererklärung des zu Veranlagenden und wird durch einen Einkommensteuerbescheid, den die Veranlagungsbehörde – also die zuständige Finanzbehörde – erläßt, abgeschlossen.

58 *bb) Veranlagung von Ehegatten.* Ehegatten, die beide unbeschränkt steuerpflichtig sind und nicht dauernd getrennt leben, können zwischen getrennter Veranlagung und Zusammenveranlagung wählen. Voraussetzung: Die unbeschränkte Steuerpflicht und die Ehe müssen zu Beginn des Veranlagungszeitraums vorgelegen haben oder im Laufe des Veranlagungszeitraums eingetreten sein.

Beispiele:
(1) Sie heiraten am 31. 12. 1986. Die Voraussetzungen für die Zusammenveranlagung haben zu Beginn des Veranlagungszeitraums 1987 vorgelegen.
(2) Sie können allerdings auch für das Jahr 1986 noch die Zusammenveranlagung wählen, da Sie die Voraussetzungen dafür im Verlauf des Jahres 1986 – wenn auch erst im letzten Augenblick – durch Ihre Heirat am 31. 12. geschaffen haben.

59 Die Ehegatten werden getrennt veranlagt, wenn einer der Ehegatten getrennte Veranlagung wählt. Sie werden hingegen zusammen veranlagt, wenn beide Ehegatten die Zusammenveranlagung wählen. Wird von den Eheleuten keine Erklärung über die Art der Veranlagung gewählt, so wird unterstellt, daß sie die Zusammenveranlagung wählen.

60 Die Frage, ob der Steuerpflichtige verheiratet ist, ist ausschließlich nach dem **bürgerlichen Recht** zu beurteilen (BFH-Urteil vom 21. 6. 1957, BStBl. III S. 300). Wird eine Ehe für nichtig erklärt (§ 23 Ehegesetz), so gilt mit der Rechtskraft des Urteils die Ehe als von Anfang an als nicht geschlossen. Dagegen ist eine Ehe bei Scheidung oder Aufhebung nach § 1564 BGB bzw. § 29 Ehegesetz, erst mit Rechtskraft des Urteils aufgelöst. Diese bürgerlich-rechtliche Regelung ist auch für das Einkommensteuerrecht maßgebend (BFH-Urteil vom 9. 3. 1973 BStBl. II S. 487).

61 Die Voraussetzungen für die Zusammenveranlagung sind nicht mehr gegeben, wenn ein verheiratetes Ehepaar **dauernd getrennt** lebt. Ein dauerndes Getrenntleben ist anzunehmen, wenn die zum Wesen einer Ehe gehörenden

Lebens- und Wirtschaftsgemeinschaft nach dem Gesamtbild der Verhältnisse auf Dauer nicht mehr besteht (Abschn. 174 EStR). Der Begriff der **Lebensgemeinschaft** umfaßt die
– räumliche
– persönliche
– und geistige Gemeinschaft der Ehegatten.
Unter **Wirtschaftsgemeinschaft** ist die gemeinsame Erledigung der die Ehegatten berührenden wirtschaftlichen Angelegenheiten ihres Zusammenlebens zu verstehen.
Im allgemeinen wird man davon ausgehen können, daß 2 getrennte Wohnungen der Eheleute, die von diesen auch getrennt genutzt werden, als Beweis für ein dauerndes Getrenntleben anzusehen ist.Dies gilt selbstverständlich nicht, wenn die Eheleute nur vorübergehend räumlich getrennte Wohnungen bewohnen.

Beispiel:
Einer der beiden Ehegatten hält sich aus beruflichen Gründen eine längere Zeit im Ausland auf. Dies ist auch steuerrechtlich noch kein Indiz dafür, daß beide Ehegatten die geistige Lebensgemeinschaft aufgegeben haben.

Sogar in den Fällen, in denen die Ehegatten in Folge zwingender äußerer Umstände für eine nicht absehbare Zeit räumlich voneinander getrennt leben müssen, kann die eheliche Lebens- und Wirtschaftsgemeinschaft noch weiter bestehen, wenn die Ehegatten die erkennbare Absicht haben, die eheliche Verbindung in dem noch möglichen Rahmen noch aufrechtzuhalten und nach dem Wegfall der Hindernisse die volle eheliche Gemeinschaft wieder herzustellen.

Beispiele:
– Lange, schwere Krankheit, die mit einem Sanatoriumsaufenthalt eines Ehepartners verbunden ist,
– Verbüßung einer Freiheitsstrafe.

Das Steuerrecht geht in der Regel davon aus, daß die Angaben der Ehegatten, sie lebten nicht dauernd getrennt, anzuerkennen sind. Ausnahme: Die äußeren Umstände deuten darauf hin, daß das Bestehen einer ehelichen Lebens- und Wirtschaftsgemeinschaft nicht mehr gegeben ist (BFH-Urteile vom 5. 10. 66, BStBl. 1967 III S. 84 und S. 110).
Eine weitere Voraussetzung für die Möglichkeit der Zusammenveranlagung ist die **unbeschränkte Steuerpflicht beider Ehepartner.**

cc) Folgen der Zusammenveranlagung. Die Zusammenveranlagung ist wohl die 62 häufigste Form der ehelichen Einkommensbesteuerung. Bei der Zusammenveranlagung von Ehegatten werden die Einkünfte, die die Ehegatten erzielt haben, zusammengerechnet und den Ehegatten gemeinsam zugerechnet. Für die Ermittlung des zu versteuernden Einkommens werden im weiteren Verlauf die Ehegatten sodann **gemeinsam als Steuerpflichtige** behandelt (§ 26 b EStG).

Die Zusammenveranlagung führt zwar zu einer Zusammenrechnung, aber nicht zu einer einheitlichen Ermittlung der Einkünfte der Ehegatten, d. h. also, sind beide Ehepartner berufstätig, so sind deren Einkünfte gesondert, also getrennt voneinander zu ermitteln.

Beispiel:

Sie als Rechtsanwalt/Notar führen eine eigene Praxis und haben dementsprechend Einkünfte aus selbständiger Tätigkeit. Ihre Frau ist als Architektin in einem Ingenieurbüro angestellt. Daneben haben Sie und Ihre Frau jeweils auf getrennten Konten in getrennten Depots Wertpapiere, die Dividenden abwerfen. *Folge:* Sie als Freiberufler müssen eine Überschußrechnung bzw. eine Bilanz erstellen, um die Einkünfte aus selbständiger Tätigkeit zu ermitteln. Ihre Frau ist steuerrechtlich als nicht selbständige Arbeitnehmerin zu behandeln. Besteuerungsgrundlage ist hier bei ihr der Arbeitslohn, von dem Freibeträge (z. B. Weihnachtsfreibetrag, Arbeitnehmerfreibetrag) abzuziehen sind. Daneben kann sie selbstverständlich die Kosten, die berufsbedingt sind, ihrem Arbeitslohn gegenrechnen. Allerdings heißen diese Kosten nicht wie beim Freiberufler Betriebsausgaben, sondern Werbungskosten.

Daneben haben Sie und Ihre Frau Einkünfte aus Kapitalvermögen. Auch diese sind getrennt zu ermitteln, d. h., es werden die Einnahmen aus Kapitalvermögen den Ausgaben beispielsweise Depotgebühren und Fahrtkosten zur Bank gegenübergestellt, also in einer Überschußrechnung ermittelt. Diese Einkünfte werden jeweils getrennt den beiden Ehepartnern zugerechnet. Erst nach der Einkunftsermittlung werden die Einkünfte zum Gesamtbetrag der Einkünfte zusammengefaßt.

63 *dd) Getrennte Veranlagung.* Bei der getrennten Veranlagung von Ehegatten werden die Einkünfte der Ehegatten nicht zusammen veranlagt. Vielmehr sind jedem Ehegatten die von ihm bezogenen Einkünfte zuzurechnen. Dabei sind Einkünfte des einen Ehegatten nicht allein deshalb zum Teil dem anderen Ehegatten zuzurechnen, weil dieser bei der Erzielung der Einkünfte mitgewirkt hat. Die Frage, ob die Einkünfte dem Ehemann oder der Ehefrau zuzurechnen sind, ist dabei nach den jeweiligen gegebenen Verhältnissen zu beurteilen.

64 Durch die getrennte Veranlagung wird jeder Ehegatte selbst Steuerschuldner für die nach seinem zu versteuernden Einkommen festgesetzte Einkommensteuer. Die Folge: Es tritt **keine gesamtschuldnerische Haftung** der Ehegatten für die festgesetzten Steuern ein.

65 Beim Ermitteln des zu versteuernden Einkommens werden Sonderausgaben und außergewöhnliche Belastungen, soweit sie die Summe der bei der Veranlagung jedes Ehegatten in Betracht kommenden Pauschbeträge oder Pauschalen übersteigen, bis zur Höhe der bei der gemeinsamen Veranlagung der Ehegatten in Betracht kommenden Höchstbeträge je zur Hälfte bei der Veranlagung der Ehegatten abgezogen, wenn nicht die Ehegatten gemeinsam eine andere Aufteilung beantragen. Ausnahme: Sonderausgaben im Sinne des § 10 Abs. 1 Nr. 1 EStG können nur bei der Veranlagung des Ehegatten abgezogen werden, der sie geleistet hat. Es handelt sich hierbei um das **Realsplitting** (vgl. Rz. 65).

Bei der getrennten Veranlagung von Ehegatten achtet das Finanzamt be- **66** sonders auf **Verträge,** die **zwischen den Ehegatten** geschlossen worden sind. Voraussetzung für die steuerliche Anerkennung von Verträgen zwischen Ehegatten ist, daß sie ernsthaft vereinbart und tatsächlich durchgeführt worden sind. Maßstab für die Ernsthaftigkeit ist dabei, daß die gegenseitigen Beziehungen der Ehegatten im Rahmen des Vertragsverhältnisses im wesentlichen die gleichen sind, wie sie zwischen Fremden bestehen würden. Bei Ehegattenverträgen ist das Finanzamt immer besonders mißtrauisch. Verträge, bei denen keine klaren und eindeutigen Regelungen bestehen oder die tatsächliche Gestaltung der Verhältnisse mit den vertraglichen Abmachungen nicht übereinstimmt, sind steuerlich nicht zu berücksichtigen. Dies hat bereits der BFH in dem Urteil vom 31. 7. 1956 (BStBl. III S. 288) festgestellt. Ebenso wird die bloße Behauptung der Ehegatten, daß ein stillschweigender Abschluß eines Vertrages vorliege, im allgemeinen nicht ausreichen. Ist eine zwischen den Ehegatten geschlossene Vereinbarung bürgerlichrechtlich wegen Formmangels nichtig, so spricht auch das gegen die Ernsthaftigkeit der Vereinbarung (BFH-Urteil vom 10. 10. 1957, BStBl. III S. 419).

Und noch ein Hinweis: Bei rückwirkend geschlossenen Verträgen kann die Rückwirkung steuerlich nicht anerkannt werden.

13. Erhebung der Steuer und Vorauszahlung

a) Entstehen der Steuerschuld

Die Einkommensteuer entsteht grundsätzlich mit Ablauf des Veranla- **67** gungszeitraums, also bei Freiberuflern im allgemeinen mit Ablauf des Kalenderjahres. Steuerzahlungen werden jedoch schon früher fällig, und zwar in Form von sog. **„Einkommensteuervorauszahlungen".**

Unabhängig von der Frage, wann eine Steuer fällig wird, ist vorab kurz zu klären, wann überhaupt eine Steuerschuld entsteht. Erst wenn die Steuerschuld entstanden ist, kann sie fällig werden. Allgemein gesagt entsteht eine Steuer dann, wenn der Tatbestand verwirklicht ist, an den das Steuergesetz die Steuer knüpft. Grundsätzlich entsteht die Einkommensteuer nach § 36 Abs. 1 EStG mit Ablauf des Veranlagungszeitraums, also bei Freiberuflern im allgemeinen mit Ablauf des Kalenderjahres. Für die Vorauszahlungen bestimmt jedoch § 37 Abs. 1 Satz 2 EStG, daß sie jeweils mit Beginn des Kalendervierteljahres entstehen, für das die Vorauszahlungen zu entrichten sind. Ohne Belang ist es dabei, ob am Ende des Kalenderjahres überhaupt noch eine Steuerpflicht besteht.

b) Zeitpunkt der Vorauszahlung

Der Vorauszahlungszeitpunkt ist in § 37 Abs. 1 EStG festgelegt. Es han- **68** delt sich also um eine gesetzliche Frist, die nicht durch die Finanzverwaltung abgeändert, also weder verlängert noch verkürzt werden kann. Sie als Steuerpflichtiger haben jeweils am 10. März, 10. Juni, 10. September und 10. Dezember eines jeden Jahres Vorauszahlungen zu entrichten. Daß eine Zahlungsfrist bis zum 15. des jeweiligen Monats eingeräumt wird, ist keine Verlängerung der gesetzlichen Frist. Es werden lediglich keine **Säumniszuschläge** erhoben, wenn die Vorauszahlungen bis zum 15. des Fälligkeitsmonats bei der Finanzkasse eingegangen sind (§ 40 Abs. 3 der AO). Werden Vorauszahlungen in dem auf den Veranlagungszeitraum folgenden Kalenderjahr angepaßt, so ist ein etwa nachgeforderter Betrag innerhalb eines Monats nach Bekanntgabe des neuen Vorauszahlungsbescheids zu entrichten. Diese Frist gilt nicht, wenn die Vorauszahlung zum nächsten regelmäßigen Vorauszahlungstermin angepaßt wird.

Beispiel:

Das Finanzamt stellt anhand Ihrer Umsatzsteuervoranmeldungen im Oktober 1986 fest, daß Ihre Einkünfte wesentlich höher sind als im vorangegangenen Jahr. Daraufhin ergeht Mitte November 1986 ein neuer Einkommensteuervorauszahlungsbescheid für 1986, in dem zum 10. Dezember die Höhe der Einkommensteuervorauszahlungssumme entsprechend der voraussichtlichen gesamten Jahressteuerschuld angepaßt wird.

69   Bei verspäteten Zahlungen, also bei Zahlungen, die nicht bis zum Ablauf des Fälligkeitstages einschließlich der Schonfrist von 5 Tagen beim Finanzamt eingegangen sind, wird nach § 240 AO ein Säumniszuschlag von 1 Prozent des rückständigen auf 100 DM abgerundeten Steuerbetrags erhoben. Im einzelnen vergleichen Sie bitte Rz. 421 ff.

c) Höhe der Vorauszahlung

70   Das Finanzamt setzt die Vorauszahlungen durch **Vorauszahlungsbescheid** fest. Die Vorauszahlungen bemessen sich grundsätzlich nach der Einkommensteuer, die sich bei der letzten Veranlagung ergeben hat. Das Finanzamt kann bis zum Ablauf des auf den Veranlagungszeitraum folgenden Kalenderjahres Vorauszahlungen an die Einkommensteuer anpassen, die sich für den Veranlagungszeitraum voraussichtlich ergeben.

Negative Einkünfte aus Vermietung oder Verpachtung eines Gebäudes werden bei der Festsetzung der Vorauszahlungen nur für Kalenderjahre berücksichtigt, die nach der Anschaffung oder Fertigstellung dieses Gebäudes beginnen.

Vorauszahlungen sind nur festzusetzen, wenn sie mindestens 400 DM im Kalenderjahr und mindestens 100 DM pro Vorauszahlungszeitraum betragen.

71   Bei der Festsetzung oder Anpassung von Vorauszahlungen sind **Bausparbeiträge** stets auszuscheiden, d. h., sie wirken sich auf die Höhe der Vorauszahlung nicht aus, vielmehr werden sie erst bei der endgültigen Veranlagung berücksichtigt.

72   Ferner bleiben die nicht aus **Versicherungsbeiträgen** bestehenden Sonderausgaben und abziehbaren Spenden außer Betracht, wenn die Aufwendungen und abziehbaren Beträge insgesamt 1800 DM nicht übersteigen.

Dies bedeutet also, daß Sie, um eine Herabsetzung erreichen zu können, mindestens 1800 DM an Sonderausgaben nachweisen müssen, wobei Versicherungsbeiträge und Spenden nicht mitzählen.

Beispiel:

Ein Rechtsanwalt/Notar läßt sich im Jahre 1986 scheiden und vereinbart mit seiner geschiedenen Ehefrau ein Realsplitting in Höhe von 18000 DM. Bisher war diese Zahlung – da bisher noch nicht entstanden – bei der Bemessung der Vorauszahlung nicht berücksichtigt worden. Darüber hinaus entschließt sich der Steuerpflichtige, eine höhere Lebensversicherung abzuschließen, um seine Kinder, die in seinem Haushalt leben, gegen die finanziellen Eventualitäten des Lebens abzusichern. Er wendet dafür Jahresversicherungsbeiträge in Höhe von 7000 DM auf.

Folge: Bei der Beurteilung des Herabsetzungsantrags wird der Betrag von 18000 DM (Realsplitting) berücksichtigt, die Versicherungsbeiträge in Höhe von 7000 DM jedoch vorläufig unberücksichtigt gelassen. Erst im Veranlagungsverfahren wird entschieden, inwieweit sich die abzugsfähigen Versicherungsleistungen noch steuermindernd auswirken.

Bei der Festsetzung oder Anpassung der Einkommensteuervorauszahlung **73** sind außerdem **negative Einkünfte aus Vermietung oder Verpachtung,** die in der sog. Anlaufphase bei der Errichtung oder Anschaffung eines Gebäudes entstehen, grundsätzlich nicht mehr zu berücksichtigen. Die Anlaufphase endet
– beim Neubau eines Gebäudes und Umbau eines erworbenen Gebäudes mit Ablauf des Kalenderjahres, in dem das Gebäude oder der Aus- und Umbau fertiggestellt wird, und
– bei Anschaffung eines Gebäudes mit Ablauf des Kalenderjahres, in dem das Gebäude angeschafft wird.

Beispiel:

Sie erbauen im Jahr 1986 ein Mietshaus, um es als Kapitalanlage zu nutzen. Bereits in der Anlaufphase fallen erhebliche Kosten an, so z. B. Finanzierungskosten, Baubetreuungskosten, Gerichts- und Notarkosten. Bei der Ermittlung der Einkünfte aus Vermietung und Verpachtung ergibt sich auf Grund dieser Kosten ein Verlust. Dieser Verlust ist bei der Ermessung der Einkommensteuer für das Jahr 1987 nicht zu berücksichtigen.

Das gleiche gilt grundsätzlich auch für Kosten, die bei der Errichtung eines **74** **selbstgenutzten Wohnobjekts** anfallen. Hier allerdings hat der Gesetzgeber eine Ausnahme vorgesehen: Von den Einschränkungen des § 37 EStG sind ausgenommen die negativen Einkünfte aus Vermietung und Verpachtung eines Gebäudes, für das der Steuerpflichtige erhöhte Absetzungen nach § 7b EStG oder nach § 14a oder § 15 Berlinförderungsgesetz in Anspruch nimmt. In Anspruch genommen werden erhöhte Absetzungen allerdings nicht bereits dann, wenn der Steuerpflichtige erklärt, er wolle für ein in der Herstellung begriffenes oder noch anzuschaffendes Gebäude erhöhte Absetzungen geltend machen. Erst wenn der Steuerpflichtige nach dem Anschaffungs- oder Fertigstellungszeitpunkt die erhöhten Absetzungen tatsächlich geltend macht, können auch die in der Anlaufphase entstandenen Verluste bei der Vorauszahlung geltend gemacht werden.

Hier noch ein Hinweis: sind negative Einkünfte zu berücksichtigen, können auch bereits früher fällig gewesene Vorauszahlungen für den Veranlagungszeitraum rückwirkend herabgesetzt werden.

Beispiel:

Ein Rechtsanwalt/Notar beginnt im Jahr 1985 mit der Errichtung eines Einfamilienhauses, für das er erhöhte Absetzungen nach § 7b EStG in Anspruch nehmen will. Das Gebäude wird im August 1986 fertiggestellt. Für 1985 kann der Steuerpflichtige seine für das Gebäude gezahlten Werbungskosten nicht im Vorauszahlungsverfahren geltend machen, da er die erhöhten Absetzungen nach § 7b EStG ja erst im Veranlagungszeitraum 1986, also nach Fertigstellung, in Anspruch nehmen kann. Nach dem Fertigstellungszeitpunkt August 1986 können allerdings die Vorauszahlungen für den Veranlagungszeitraum 1986 nachträglich herabgesetzt werden.

d) Stundung

75   Die Vorauszahlungen können nach § 222 AO ebenso wie sonstige Geldleistungen gestundet werden. Voraussetzung ist, daß die Zahlung mit erheblichen Härten für den Steuerpflichtigen verbunden ist. Durch die Stundung darf allerdings der Anspruch auf die Steuer nicht gefährdet werden. Sie soll nur gegen Sicherheitsleistung gewährt werden.

e) Herabsetzung der Vorauszahlung

76   Eine Herabsetzung von Vorauszahlungen kann immer dann in Betracht kommen, wenn die tatsächlich zu erwartende Einkommensteuerzahlung für das Erhebungsjahr von der festgesetzten Vorauszahlung für das Erhebungsjahr nach unten abweicht. Eine Herabsetzung wird immer dann geboten sein, wenn
– Betriebseinschränkungen vorgenommen worden sind,
– dauernde Umsatzverringerungen drohen,
– Verluste bereits realisiert worden sind,
– außergewöhnliche Absetzungen notwendig sind.

77   Eine Herabsetzung kann auch dann angezeigt sein, wenn die persönliche Steuerpflicht nicht mehr besteht, z. B. beim Wegzug ins Ausland. Beachten Sie jedoch die einschlägigen Vorschriften des **Außensteuergesetzes.** Hier gibt es Formen von erweitert beschränkter Steuerpflicht, die jedoch im einzelnen nicht erläutert werden sollen (vergleichen Sie § 2 des Außensteuergesetzes).

Die Herabsetzung muß beim zuständigen Finanzamt beantragt werden. Es genügt die **Glaubhaftmachung** der Gründe. Ein schlüssiger Nachweis darf nicht gefordert werden. Sinnvoll kann es jedoch sein, eine vorläufige Einnahmen-Überschußrechnung zu erstellen, um die Gründe für die Herabsetzung eindeutig darzulegen.

Werden die Gründe für die Herabsetzung glaubhaft gemacht, so besteht ein Anspruch auf die Herabsetzung, d. h., das Finanzamt darf die Herabsetzung nicht nach eigenem Ermessen verweigern. Sollte sich das Finanzamt dennoch weigern, liegt eindeutig ein Ermessensmißbrauch der Verwaltung vor, gegen den nach abgabenrechtlichen Vorschriften vorgegangen werden sollte. Mit anderen Worten: Sie sollten Beschwerde gegen den Ablehnungsentscheid einlegen.

Ein Anspruch auf **rückwirkende Herabsetzung** der Vorauszahlung ist bis **78** zum Ablauf des folgenden Kalenderjahres ohne zeitliche Beschränkung anzuerkennen. Die Finanzämter haben die Vorauszahlungen zu ermäßigen, die bereits fällig gewesen sind, wenn das zu einer Anpassung an die tatsächlichen Verhältnisse geboten erscheint. So kann z. B. geltend gemacht werden, daß die bisher geleisteten Vorauszahlungen bereits die zu erwartende Steuerschuld übertreffen, so daß weitere Zahlungen im Kalenderjahr nicht mehr dem Sinn der Regelungen, nämlich Vorwegnahme der voraussichtlich bestehenden Jahressteuerschuld, entsprechen.

Verfahrensrechtlich ist eine rückwirkende Herabsetzung der Vorauszahlungen als Erlaß der Steuer zu werten. Vorauszahlungsbeträge, die zuviel entrichtet worden sind, können erstattet oder angerechnet werden.

f) Erhöhung der Vorauszahlung

Ein bedeutsames Hilfsmittel für die Anpassungen der Vorauszahlungen **79** nach oben ist für die Finanzämter die **Umsatzsteuervoranmeldung.** Am Jahresende werden Hochrechnungen mit Hilfe der EDV vorgenommen. In den Fällen, in denen der Umsatz gegenüber dem Vorjahr

- um mehr als 25 v. H., mindestens aber bei freien Berufen um 50000 DM, oder
- um mehr als 15 v. H., mindestens aber bei freien Berufen um 250000 DM gestiegen ist,

werden die Finanzämter prüfen, ob eine Anpassung angezeigt ist. Da die Steigerung des Umsatzes im allgemeinen nicht eine Steigerung des Gewinns um den gleichen Prozentsatz bewirkt, ist immer eine Prüfung des Einzelfalles notwendig. Die Anpassung erfolgt deshalb nicht automatisch. Das Finanzamt setzt sich vielmehr mit dem Steuerpflichtigen in Verbindung. Der Steuerpflichtige kann darlegen, welche Gründe einer Heraufsetzung entgegenstehen. Die Einwände sind innerhalb von 4 Wochen vorzubringen (OFD Nürnberg vom 22. 9. 1978 – S 2297 – 130 – St21).

Als Einwände gegen die Erhöhung einer Vorauszahlung kommen insbesondere größere Investitionen in Betracht, die den Erlös um den Gewinn durch höhere Abschreibungsbeträge und oder durch höhere Zinsaufwendungen schmälern. Stellen Sie eine Investitionsrechnung für das laufende Jahr auf. Wenn sich herausstellen sollte, daß Sie stark erweitern oder einen hohen Ersatzbedarf haben, dann sollten Sie dies gegen eine Erhöhung ins Feld führen.

II. Praxiseinnahmen

80   Den Begriff ,,Praxiseinnahmen" gibt es im Steuerrecht nicht. Die Praxis gilt als Betrieb. Alle durch die Praxis des Rechtsanwalts/Notars veranlaßten Zugänge in Geld oder Geldeswert stellen also steuerrechtlich **Betriebseinnahmen** dar.

1. Honorare

81   Zu den Betriebseinnahmen des Rechtsanwalts/Notars gehören natürlich in erster Linie die Honorare, die normalerweise im Jahr des Zahlungseinganges der Besteuerung unterliegen. Das ist jedoch anders bei Honorarzahlungen für eine Tätigkeit, die sich über mehrere Jahre erstreckt. Sie können gemäß § 34 Abs. 3 EStG auf die Jahre der Tätigkeit, höchstens jedoch auf drei Jahre verteilt werden. Dadurch wird die Auswirkung der Steuerprogression gemildert. Diese Ausnahmeregelung kommt nach der Rechtsprechung jedoch nur dann zur Anwendung (Abschn. 200 Abs. 3 Nr. 1 EStR),
– wenn der Rechtsanwalt/Notar sich während mehrerer Kalenderjahre ausschließlich der einen Sache gewidmet und die Vergütung dafür in einem Kalenderjahr erhalten hat oder
– wenn eine sich über mehrere Kalenderjahre erstreckende Sondertätigkeit, die von der übrigen Tätigkeit des Rechtsanwalts/Notars ausreichend abgrenzbar ist und nicht zum regelmäßigen Gewinnbetrieb gehört, in einem Kalenderjahr entlohnt wird.
Der Begriff der Sondertätigkeit wird dabei sehr eng ausgelegt. Gerade bei der normalen freiberuflichen Tätigkeit des Rechtsanwalts/Notars ergeben sich vielfach Aufgaben, die mehrere Jahre dauern können, wie z. B. im Rahmen von Prozessen, Testamentsvollstreckungen oder Konkursverwaltungen. Vergütungen dafür fallen aber nicht unter § 34 Abs. 3 EStG, sondern nur von der laufenden Berufstätigkeit abgrenzbare Sondertätigkeiten.

Beispiele:
    (1) Ein Rechtsanwalt/Notar schreibt mehrere Jahre lang ein Buch und erhält hierfür ein Honorar, das in einem Betrag gezahlt wird.
    (2) Ein Rechtsanwalt übernimmt unter Aufgabe seiner eigentlichen Berufstätigkeit eine mehrere Jahre dauernde umfangreiche Vermögensverwaltung und erhält nach Abschluß der Arbeiten einen einmaligen Betrag.

    Die in § 34 Abs. 3 EStG vorgesehene Verteilung der Entlohnung für einen mehrjährigen Auftrag kann jedoch grundsätzlich nur in Betracht kommen, wenn die Vertragsparteien nicht bereits vereinbarungsgemäß die Vergütung durch ins Gewicht fallende Teilzahlungen auf mehrere Jahre verteilt haben (BFH vom 10. 2. 1972, BStBl. II S. 529).
    Was die rechnerische Verteilung der Einkünfte aus mehrjähriger Tätigkeit anbetrifft, so gilt folgendes: Erstreckte sich die Tätigkeit auf einen kürzeren

Zeitraum als drei Jahre, muß der Entlohnungsbetrag den Jahren zugerechnet werden, in denen die Tätigkeit ausgeübt wurde, und zwar nach Maßgabe der in den betreffenden Jahren angefallenen Arbeitsleistung. Erstreckte sich die Tätigkeit auf einen längeren Zeitraum als drei Jahre und liegt eine nachträgliche Entlohnung vor, kann der Steuerpflichtige wählen, auf welche drei Kalenderjahre innerhalb dieses Zeitraumes, der nicht mehr als zehn Jahre umfassen darf, die Einkünfte verteilt werden sollen (Abschn. 200 Abs. 1 EStR). Die ausgewählten Kalenderjahre brauchen nicht zusammenzuhängen, der Entlohnungsbetrag ist jedoch gleichmäßig, also zu je einem Drittel auf die drei Veranlagungszeiträume zu verteilen (BFH vom 22. 11. 1974, BStBl. 1975 II S. 328). Bei vorzeitiger Entlohnung für künftige Veranlagungszeiträume ist im Jahr des Zuflusses entweder nach § 164 AO unter Vorbehalt der Nachprüfung oder nach § 165 AO vorläufig zu veranlagen, bis die Besteuerungsgrundlagen der Verteilungsjahre feststehen (BFH vom 17. 7. 1970, BStBl. II S. 683).

2. Sonstige Einnahmen

Neben den Honoraren als Haupteinkunftsquelle fallen im Rahmen der **82** freiberuflichen Tätigkeit des Rechtsanwalts/Notars noch weitere Einnahmen an, auf die der Vollständigkeit halber nunmehr kurz eingegangen wird. Wegen der nachrangigen Bedeutung dieser Einnahmen ist ihre Behandlung jedoch auf das Grundsätzliche beschränkt. Es sind in alphabetischer Reihenfolge:

– **Auslagenersatz**

Hat der Rechtsanwalt/Notar bei seiner Berufstätigkeit Auslagen und werden ihm diese erstattet, so ist der Erstattungsbetrag als Betriebseinnahme anzusetzen. Das hat jedoch keine steuerliche Auswirkung, da die Auslagen wieder als Betriebsausgaben abgesetzt werden können.

Beispiele:

Portokosten, Reisekosten, Telephonkosten.

– **Betriebsausgabenrückzahlung**

Werden dem Rechtsanwalt/Notar in dem Kalenderjahr Beträge zurückerstattet, in dem sie bei ihm zunächst Betriebsausgaben waren, dann sind die Betriebsausgaben um die Rückerstattungsbeträge zu kürzen. Erfolgt die Rückzahlung erst in einem späteren Jahr, so sind sie bei Zahlungseingang als Betriebseinnahme zu verbuchen.

Beispiele:

Zurückgezahlte Kraftfahrzeugsteuer bei Verkauf eines Betriebs-PKW; erstattete Beiträge zu beruflichen Versicherungen bei schadensfreiem Verlauf.

– **Ehrenamtliche Tätigkeit**

Aufwandsentschädigungen, die ein Rechtsanwalt/Notar für eine ehrenamtliche Tätigkeit in Berufs- und Standesorganisationen erhält, werden in der Regel als Ersatz für entgangene und entgehende Einnahmen (§ 24 Abs. 1 a EStG), also für Verdienstausfall, gewährt und sind insoweit als Betriebseinnahmen anzusehen, die im Rahmen der Haupttätigkeit, mit der sie im Zusammenhang stehen, zufließen. Die durch die ehrenamtliche Tätigkeit verursachten Aufwendungen können als Betriebsausgaben abgezogen werden. Nach dem koordinierten Ländererlaß vom 5. 2. 1973 (FR 1973 S. 114) sind von den Aufwandsentschädigungen grundsätzlich ein Drittel, mindestens 50 DM pro Monat steuerfrei, wenn Anspruch und Höhe der Aufwandsentschädigung in einem Gesetz oder einer Verordnung bestimmt sind. Soweit der Kreis der Anspruchsberechtigten und die Höhe der Aufwandsentschädigung nicht durch Gesetz oder Verordnung bestimmt wird, sind zwar ebenfalls ein Drittel der Aufwandsentschädigung und monatlich mindestens 50 DM als steuerfrei zu berücksichtigen, jedoch begrenzt auf den monatlichen Höchstbetrag von 300 DM.

– **Geschenke**

Macht der Klient dem Rechtsanwalt/Notar ein Geschenk, dann handelt es sich um eine Betriebseinnahme, wenn das Geschenk durch die berufliche Tätigkeit des Rechtsanwalts/Notars veranlaßt ist und es sich nicht um eine allgemein übliche Aufmerksamkeit von geringem Wert handelt.

– **Nebentätigkeiten**

Freiberufliche Einkünfte aus wissenschaftlicher und schriftstellerischer Nebentätigkeit des Rechtsanwalts/Notars, die bis 1981 steuerbegünstigt waren, sind ab 1982 in voller Höhe steuerpflichtig, müssen also den Betriebseinnahmen zugerechnet werden.

Beispiele:

Einnahmen aus Lehrtätigkeit, Vortragsveranstaltungen, Gutachtertätigkeit, Fachaufsätze, Fachbücher.

Die mit Einkünften aus Nebentätigkeiten zusammenhängenden Aufwendungen können selbstverständlich als Betriebsausgaben in Abzug gebracht werden.

– **Schadensersatzleistungen**

Schadensersatzleistungen durch Dritte müssen als Betriebseinnahmen verbucht werden, wenn ein Zusammenhang mit der Berufstätigkeit des Rechtsanwalts/Notars besteht.

Beispiel:

Entschädigungszahlungen für einen durch Unfall am Betriebs-PKW entstandenen Schaden.

Die durch den Schaden entstandenen Aufwendungen sind als Betriebsausgaben abzugsfähig. Entschädigungen, die zur Wiedergutmachung eines persönlichen Schadens dienen (z. B. Schmerzensgeld) sind der privaten Sphäre zuzurechnen und deshalb nicht als Betriebseinnahme zu erfassen. Im Einzelfall kann die Abgrenzung zwischen beruflich und privat bedingten Schadensersatzleistungen allerdings erhebliche Schwierigkeiten bereiten.

– Verkauf bzw. Entnahme von Praxisgegenständen
Auch Zahlungseingänge, die aus der Veräußerung von Praxisgegenständen herrühren, sind als Betriebseinnahmen zu verbuchen. Ist der veräußerte Praxisgegenstand noch nicht voll abgeschrieben, wird der im Anlageverzeichnis ausgewiesene Buchwert als Betriebsausgabe abgesetzt.

Beispiel:
Ein Rechtsanwalt/Notar verkauft eine Büromaschine, die im Anlageverzeichnis noch mit 200 DM zu Buche steht, zum Preis von 1000 DM. Zu verbuchen sind eine Betriebseinnahme von 1000 DM und eine Betriebsausgabe von 200 DM, so daß sich der zu versteuernde Gewinn um 800 DM erhöht.

Ist der Buchwert höher als der Veräußerungspreis, ergibt sich ein steuerlich abzugsfähiger Verlust.

In gleicher Weise sind Entnahmen von Praxisgegenständen ins Privatvermögen zu behandeln. Die Entnahme ist als **fiktive Betriebseinnahme** nach Maßgabe des sog. Teilwerts (§ 6 Abs. 1 Nr. 4 EStG), der in der Regel dem Marktpreis entspricht, zu verbuchen.

Ein besonderer Fall liegt vor, wenn die gesamte Praxis veräußert oder aufgegeben werden soll. Er wird aufgrund seiner Bedeutung nachfolgend in aller Ausführlichkeit behandelt.

3. Praxisverkauf, Praxisaufgabe und Praxisübertragung

Steuerlich macht es keinen Unterschied, ob eine Praxis veräußert oder 83
z. B. aus Altersgründen aufgegeben wird. Nach § 18 Abs. 3 i. V. m. § 16 Abs. 3 EStG gilt auch die Aufgabe der Praxis als Veräußerung. Die Problematik ist stets die gleiche, **stille Reserven werden aufgedeckt und sind zu versteuern.** Im folgenden umfaßt also der Begriff der Praxisveräußerung auch die Aufgabe einer Praxis.

Wird eine Praxis nicht weitergeführt, unterliegen alle stillen Reserven der Besteuerung. Dazu gehören auch eigene Räume. Das geschieht bei der Praxisaufgabe durch die Fiktion des Steuergesetzgebers, daß die Praxisräume im Zeitpunkt der Praxisaufgabe ins Privatvermögen des Steuerpflichtigen überführt werden. Da in diesem Fall kein Veräußerungspreis für die Räume anfällt, wird vom Finanzamt ein fiktiver Veräußerungspreis nach Maßgabe vergleichbarer Objekte am Markt festgesetzt und auf diese Weise die zu versteuernde stille Reserve ermittelt.

Der bei Verkauf oder bei Aufgabe einer Praxis anfallende **Veräuße-** 84
rungsgewinn – egal ob es sich um einen tatsächlich entstandenen Gewinn wie im Falle der Veräußerung oder um einen überwiegend fiktiven Gewinn wie im Falle der Praxisaufgabe handelt – ist definiert als der Betrag, um den der Veräußerungspreis nach Abzug der Veräußerungskosten den Wert des Praxisvermögens oder den Wert des Anteils am Praxisvermögen übersteigt. Gemäß § 16 Abs. 4 EStG wird der Veräußerungsgewinn nur zur Einkommensbesteuerung herangezogen, soweit er bei der Veräußerung der ganzen Praxis 30000 DM und bei Veräußerung eines Praxisteils den entsprechenden

Teil von 30000 DM übersteigt. Der **Freibetrag** ermäßigt sich jedoch um den Betrag, um den der Veräußerungsgewinn bei der Veräußerung der ganzen Praxis 100000 DM und bei der Veräußerung eines Praxisteils den entsprechenden Teil von 100000 DM übersteigt.

Beispiele:

(1) Ein Rechtsanwalt/Notar veräußert seine gesamte Praxis zu einem Preis von 250000 DM. An Veräußerungskosten z. B. für die Einschaltung eines Vermittlers und die Aufgabe von Annoncen entstanden ihm 5000 DM. Der Buchwert seiner Praxis beträgt 150000 DM. Daraus errechnet sich folgender zu versteuernder Veräußerungsgewinn:

Veräußerungspreis	250000 DM
Veräußerungskosten	./. 5000 DM
Buchwert	./. 150000 DM
Veräußerungsgewinn	95000 DM

Ergebnis: Da der Veräußerungsgewinn 100000 DM nicht übersteigt, ist der volle Freibetrag von 30000 DM abzuziehen. Es ergibt sich ein zu versteuernder Veräußerungsgewinn von 65000 DM.

(2) Gleiche Annahmen bezüglich Veräußerungspreis und Veräußerungskosten, jedoch der Praxisbuchwert in der Bilanz beträgt 135000 DM. Dann errechnet sich der zu versteuernde Veräußerungsgewinn wie folgt:

Veräußerungspreis	250000 DM
Veräußerungskosten	./. 5000 DM
Buchwert	./. 135000 DM
Veräußerungsgewinn	110000 DM

Ergebnis: Da der Veräußerungsgewinn 100000 DM um 10000 DM übersteigt, ist der Freibetrag von 30000 DM um diese 10000 DM auf 20000 DM zu kürzen, so daß sich ein zu versteuernder Veräußerungsgewinn von 90000 DM ergibt.

(3) 3 Gesellschafter haben zusammen eine Praxis zu gleichen Anteilen. Nun möchte einer der 3 Gesellschafter seinen Praxisanteil an die beiden anderen Gesellschafter veräußern. Man einigt sich auf einen Preis von 100000 DM. Veräußerungskosten fallen keine an. Der Buchwert der gesamten Praxis beträgt 150000 DM. Daraus errechnet sich folgender zu versteuernder Veräußerungsgewinn:

Veräußerungspreis des Praxis-Anteils	100000 DM
Buchwert des Praxis-Anteils	./. 50000 DM
Veräußerungsgewinn	50000 DM

Ergebnis: Der Veräußerungsgewinn von 50000 DM ist in voller Höhe zu versteuern, da der Veräußerungsgewinn den Anteil von 100000 DM, der dem veräußerten Praxis-Anteil entspricht – das ist ein Drittel, also 33333 DM –, um mehr übersteigt, als der Freibetrags-Anteil von 10000 DM ausmacht. Wäre der Veräußerungsgewinn nur 33333 DM oder weniger, könnte er um einen Freibetrag von 10000 DM gekürzt werden.

Diese an den drei Beispielen erläuterte Freibetragsregelung kommt zum Tragen für Steuerpflichtige, die im Zeitpunkt der Veräußerung weder das 55. Lebensjahr vollendet haben, noch dauernd berufsunfähig waren. Sie ist noch wesentlich günstiger bei **Vollendung des 55. Lebensjahres** oder der Praxisaufgabe wegen dauernder Berufsunfähigkeit. Für diese Fälle wurde im

Rahmen des Steuerentlastungsgesetzes 1984 mit Wirkung vom 1. 1. 1984 der Freibetrag von bisher 60000 DM auf 120000 DM und die Freibetragsgrenze von bisher 200000 DM auf 300000 DM angehoben (§ 16 Abs. 4 Satz 3 EStG), d. h. der Freibetrag beträgt maximal 120000 DM und vermindert sich um den Betrag, um den der Veräußerungsgewinn bei der Veräußerung der ganzen Praxis 300000 DM übersteigt. Wenn also ein Rechtsanwalt/Notar, der 55 Jahre oder älter ist, seine Praxis verkauft und dabei einen Veräußerungsgewinn von 420000 DM oder mehr erzielt, wird ihm steuerlich kein Freibetrag eingeräumt; liegt der Veräußerungsgewinn bei 300000 DM oder weniger, steht ihm der volle Freibetrag von 120000 DM zu; liegt der Veräußerungsgewinn zwischen 300000 DM und 420000 DM, erhält er einen Freibetrag, der um den Betrag gekürzt ist, um den der Veräußerungsgewinn 300000 DM übersteigt. Entsprechendes gilt für die Veräußerung eines Praxis-Anteils, bei der sich die Höhe des Freibetrages und der Freibetragsgrenze nach dem veräußerten Praxisanteil bemessen.

In den dargestellten Beispielen würde also unter der Annahme, daß der Steuerpflichtige das 55. Lebensjahr vollendet hat, jeweils der volle Freibetrag bzw. Freibetragsanteil zu gewähren sein. Eine Freibetragskürzung wäre in dem folgenden Beispiel gegeben.

Beispiel:

Ein Rechtsanwalt/Notar (60 J.) veräußert seine mit dem Wert von 100000 DM zu Buche stehende Praxis zum Preis von 430000 DM. An Veräußerungskosten mußte er 10000 DM aufwenden. Daraus errechnet sich folgender zu versteuernder Veräußerungsgewinn:

Veräußerungspreis	430000 DM
Veräußerungskosten	./. 10000 DM
Buchwert	./. 100000 DM
Veräußerungsgewinn	320000 DM

Ergebnis: Da der Veräußerungsgewinn 300000 DM um 20000 DM übersteigt, ist der Freibetrag von 120000 DM um 20000 DM auf 100000 DM zu kürzen, so daß sich ein zu versteuernder Veräußerungsgewinn von 220000 DM ergibt.

Neben der Freibetragsregelung kommt noch ein zusätzlicher einkommen- 85 steuerlicher Vorteil bei der Praxis-Veräußerung hinzu. Diese Veräußerungsgewinne zählen nämlich zu den sogenannten außerordentlichen Einkünften, die auf Antrag ermäßigt besteuert werden (§ 34 EStG). Der **ermäßigte Steuersatz** beträgt die Hälfte des durchschnittlichen Steuersatzes, der sich ergeben würde, wenn die tarifliche Einkommensteuer nach dem gesamten zu versteuernden Einkommen zu bemessen wäre.

Beispiel:

Ein Rechtsanwalt/Notar (60 J.), der verheiratet ist und mit seiner Ehefrau zusammen veranlagt wird, erzielt bei der Veräußerung seiner Praxis einen Veräußerungsgewinn von 240000 DM. Im Jahr der Veräußerung hat er noch einen laufenden Gewinn von 50000 DM, Einkünfte aus Vermietung und Verpachtung von 20000 DM und Einkünfte aus Kapitalvermögen von 10000 DM. Die Einkommensteuer errechnet sich dann wie folgt:

Laufender Gewinn		50 000 DM
Veräußerungsgewinn	240 000 DM	
davon steuerfrei	./. 120 000 DM	
zu versteuern		+ 120 000 DM
Einkünfte aus Vermietung und Verpachtung		+ 20 000 DM
Einkünfte aus Kapitalvermögen		+ 10 000 DM
Gesamtbetrag der Einkünfte		200 000 DM
Sonderausgaben (Annahme)		./. 16 000 DM
Zu versteuerndes Einkommen		184 000 DM

Nach der Einkommensteuer-Splittingtabelle ergibt sich ein Steuerbetrag von 71 346 DM. Daraus errechnet sich ein durchschnittlicher Steuersatz von $\frac{71\,346}{184\,000}$ = 38,78 v. H. Der ermäßigte Steuersatz beträgt mithin $\frac{38,78}{2}$ = 19,39 v. H.

Der endgültige Steuerbetrag ist nunmehr in folgender Weise zu ermitteln:

Zu versteuerndes Einkommen	184 000 DM	
abzüglich steuerpflichtiger Teil des Veräußerungsgewinns	./. 120 000 DM	
verbleiben	64 000 DM	
darauf entfallender Steuerbetrag (ESt-Splittingtabelle)		14 120 DM
ermäßigt zu versteuernder Einkommensteil	120 000 DM	
darauf entfallender Steuerbetrag (Steuersatz 19,39 v. H.)		+ 23 268 DM
Einkommensteuer insgesamt		37 388 DM

Ergebnis: Es ergibt sich durch die ermäßigte Versteuerung des Veräußerungsgewinnes eine Steuerersparnis von 71 346 DM (regulärer Steuerbetrag auf 184 000 DM) ./. 37 388 DM (tatsächlich zu zahlender Steuerbetrag) = 33 958 DM

Der ermäßigte Steuersatz kommt aber nur dann zur Anwendung, wenn die stillen Reserven in einem einheitlichen wirtschaftlichen Vorgang aufgedeckt werden. Die **Veräußerung einer Praxis im ganzen** ist anzunehmen, wenn alle wesentlichen Praxisgrundlagen innerhalb kurzer Zeit und damit in einem einheitlichen Vorgang – nicht nach und nach – gegen Entgelt in der Weise auf einen Erwerber übertragen werden, daß die Praxis als geschäftlicher Organismus fortgeführt werden kann. Nicht erforderlich ist, daß der Erwerber selbst die Praxis fortführt. Die Annahme einer Praxisveräußerung wird auch nicht dadurch ausgeschlossen, daß der Veräußerer Wirtschaftsgüter, die nicht zu den wesentlichen Praxisgrundlagen gehören, zurückbehält, um sie später bei sich bietender Gelegenheit zu veräußern.

86   Eine weitere Besonderheit ist die **Praxisveräußerung auf Rentenbasis.** In diesem Fall hat der Steuerpflichtige ein Wahlrecht (Abschn. 139 Abs. 10 EStR). Er kann den bei der Veräußerung entstandenen Gewinn sofort versteuern. Die Folge ist, daß ihm sowohl die Freibetragsregelung als auch der ermäßigte Steuersatz zugute kämen. Veräußerungsgewinn ist der Unterschiedsbetrag zwischen dem versicherungsmathematischen Barwert der Rente vermindert um etwaige Veräußerungskosten und dem Buchwert der Praxis im Zeitpunkt der Veräußerung. Die laufenden Rentenzahlungen würden dann wie die Renten aus der gesetzlichen Rentenversicherung oder aus berufsständischen Versorgungswerken nur noch mit dem Ertragsanteil der Besteuerung unterliegen.

Der Steuerpflichtige kann stattdessen aber auch eine sofortige Versteuerung des Veräußerungsgewinns ablehnen. Damit ist allerdings auch der Verzicht auf den Freibetrag und den ermäßigten Steuersatz verbunden. In diesen Fällen führen die Renteneinnahmen erst dann zu einem Veräußerungsgewinn, wenn sie zusammen mit den sonstigen Zahlungsansprüchen gegenüber dem Erwerber der Praxis nach Abzug der Veräußerungskosten den Wert des Praxisvermögens übersteigen. Der Veräußerungsgewinn wird erst im Zeitpunkt des Rentenbezugs steuerpflichtig und als nachträgliche Einkünfte aus selbständiger Arbeit behandelt, d. h. nicht der Ertragsanteil der Rente, sondern der volle Betrag unterläge der Besteuerung.

Beispiel:

Ein Rechtsanwalt/Notar (60 J./männlich) verkauft seine Praxis auf Rentenbasis. Die Jahresrente wird auf 30 000 DM festgelegt. Der versicherungsmathematische Barwert dieser Rente auf Lebenszeit (Leibrente) beträgt 291 150 DM (Rente 30 000 DM × Kapitalwert-Faktor von 9,705 gemäß Anl. 9 zum Bewertungsgesetz). An Veräußerungskosten sind 5000 DM angefallen. Der Buchwert der Praxis beläuft sich auf 100 000 DM. Das ergibt folgenden Veräußerungsgewinn:

Versicherungsmathematischer Barwert der Rente	291 150 DM
Veräußerungskosten	./. 5 000 DM
Buchwert der Praxis	./. 100 000 DM
Veräußerungsgewinn	186 150 DM

Wenn der Rechtsanwalt/Notar den Veräußerungsgewinn sofort versteuert, steht ihm, da er älter als 55 Jahre ist, ein Freibetrag von 120 000 DM zu und der Restbetrag von 66 150 DM wird nur mit der Hälfte seines durchschnittlichen Steuersatzes der Steuer unterzogen. Die laufenden Renteneinnahmen sind dann nur noch mit einem für 60jährige maßgeblichen Ertragsanteil von 29 v. H. (§ 22 Nr. 1 a EStG) zu versteuern, im vorliegenden Fall also mit 8700 DM jährlich.

Wenn der Rechtsanwalt/Notar eine sofortige Versteuerung des Veräußerungsgewinnes ablehnt, dann zahlt er zwar 3½ Jahre lang keine Steuern. Danach aber übersteigen die Renteneinnahmen den Buchwert der Praxis zuzüglich Veräußerungskosten und sind dann in voller Höhe mit alljährlich 30 000 DM zu versteuern.

Abschließend sei noch kurz auf die **unentgeltliche Praxisübertragung 87** eingegangen, wie sie häufig zwischen nahen Angehörigen vorkommt. Einkommensteuerrechtlich ist der Übertragungsvorgang ohne Bedeutung. Eine Auflösung der stillen Reserven kommt nicht in Betracht, da der Praxisübernehmer die Buchwerte fortführen kann (§ 7 EStDV).

Ein Problem ist die Frage, wann eine unentgeltliche Übertragung angenommen werden kann. Ein unentgeltlicher Erwerb nach § 7 EStDV liegt nur dann vor, wenn die wesentlichen Grundlagen der Praxis unentgeltlich übertragen werden (vgl. auch BFH vom 27. 7. 1961, BStBl. III S. 514). Werden dagegen wesentliche Praxisteile zurückbehalten – beispielsweise zwar nur wenige, aber sehr ertragreiche Mandanten –, so liegt aus einkommensteuerrechtlicher Sicht eine Betriebsaufgabe vor. Diese Aufgabe führt zur vollständigen Auflösung der stillen Reserven. Eine Buchwertfortführung des mit der Restpraxis Beschenkten kommt nicht in Frage. Die Auflösung der stillen Reserven bedeutet immer auch eine Versteuerung. Allerdings: Es kann der Freibetrag nach § 16 Abs. 4 EStG (vgl. Rz. 84) und auch die Tarifvergünstigung nach § 34 EStG (vgl. Rz. 85) in Anspruch genommen werden.

Ob überhaupt eine Praxis unentgeltlich übertragen worden ist, kann durchaus zweifelhaft sein. Unentgeltlich ist der Erwerb jedenfalls dann, wenn mit der Übertragung keinerlei Verpflichtungen gegenüber dem Übertragenden übernommen werden. Problematisch ist es, wenn dem sich zurückziehenden Senior von seinem Nachfolger eine Rente zugesichert wird. Hier kann es sich um eine Versorgungsrente, aber auch um eine Veräußerungsrente handeln. Der Unterschied: Eine **Versorgungsrente** ist nicht im Zusammenhang mit der Praxisübertragung zu sehen. Dies ist dann der Fall, wenn die Beteiligten Leistung und Gegenleistung nicht ausdrücklich gegeneinander unter Angemessenheitsgesichtspunkten abgewogen haben (vgl. BFH vom 21. 12. 1977, BStBl 1978 II S. 332; BFH vom 24. 10. 1978, BStBl. 1979 II S. 135). In diesem Fall hat der BFH betont, daß eine nur schwer widerlegbare Vermutung für einen familiären, außerbetrieblichen Charakter des Vorgangs spricht und daß solche Übergaben in der Regel unentgeltlich stattfinden.

Anders ist der Sachverhalt zu beurteilen, wenn zwischen Leistung und Gegenleistung eine Verbindung besteht und der Wert der beiden Leistungen einander entsprechen. Dann ist eine **Veräußerungsrente** gegeben. Als Folge davon müssen die stillen Reserven aufgelöst und versteuert werden (vgl. Rz. 86).

Soll die Praxis an einen nahen Angehörigen verpachtet werden, so wird dies von der Finanzverwaltung i. d. R. nicht anerkannt. Sie geht bei der **Verpachtung** einer freiberuflichen Praxis grundsätzlich von einer Betriebsaufgabe aus (Abschn. 147 Abs. 2 Satz 2 EStR). Die Folge wiederum: Versteuerung der stillen Reserven.

III. Praxisausgaben

88   Steuerrechtlich gilt die Praxis des Rechtsanwalts/Notars – wie mehrfach erwähnt – als Betrieb. Alle durch die Praxis veranlaßten Aufwendungen stellen also **Betriebsausgaben** dar (§ 4 Abs. 4 EStG). Je mehr Betriebsausgaben geltend gemacht werden können, um so geringer ist der steuerpflichtige Praxisgewinn und damit das zu versteuernde Einkommen des Rechtsanwalts/Notars. Für die Anerkennung als Betriebsausgaben ist es unerheblich, ob die Aufwendungen notwendig sind oder nicht. Wichtig ist allein, ob der Nachweis darüber geführt werden kann, daß die Aufwendungen durch die Praxis veranlaßt sind. Zu den Betriebsausgaben gehören auch die Abschreibungen, die wegen ihrer Bedeutung hier aber gesondert behandelt werden (vgl. Rz. 154 ff.).

1. ABC der Praxisausgaben

Im Rahmen einer Rechtsanwaltskanzlei bzw. eines Notariats können fol- **89** gende Betriebsausgaben anfallen (in alphabetischer Reihenfolge):

- **Abfindungen**
  Betrieblich veranlaßte Abfindungen, Abstandszahlungen oder Entschädigungen für den Erwerb eines Wirtschaftsgutes, für die Einräumung der Nutzungsmöglichkeit eines Wirtschaftsgutes, für die Aufgabe eines Mietrechts usw.

  Beispiel:
  Abfindung für die Freigabe von Räumen zur Ausübung der Praxis eines Rechtsanwalts/Notars.

- **Abschreibungen (AfA)**
  Siehe Rz. 154 ff.

- **Angehörige**
  Arbeitsverträge mit Familienangehörigen (Ehegatten, Kinder, Eltern) sind steuerlich nur zu berücksichtigen, wenn sichergestellt ist, daß sie auf betrieblicher Veranlassung beruhen, also nicht private Unterhaltsleistungen im Vordergrund stehen. Welche weiteren Voraussetzungen an derartige Arbeitsverträge geknüpft sind, wird im Rahmen der Ehegattenbeschäftigung (vgl. Rz. 102 ff.) detailliert ausgeführt. Die gleichen, im wesentlichen denen zwischen fremden entsprechenden Vertragsbedingungen müssen auch bei der Beschäftigung von Kindern und Eltern erfüllt sein.
  Steuerlich wirken sich Arbeitsverhältnisse zwischen zusammen zu veranlagenden Ehegatten einerseits und zwischen Praxisinhaber und dessen anderen Familienangehörigen andererseits regelmäßig unterschiedlich aus. Während bei Ehegatten der als Betriebsausgaben abzugsfähige Arbeitslohn des Arbeitnehmerehegatten, soweit er die Arbeitnehmerfreibeträge übersteigt, im Rahmen der Zusammenveranlagung den gemeinsamen Einkünften wieder hinzugerechnet wird (vgl. Rz. 123), ist dies bei Kindern und Eltern nicht der Fall. Haben die Kinder keine anderen Einkünfte, sind deshalb auf ihre den Praxisgewinn mindernden Arbeitsvergütungen infolge der einkommensteuerlichen Freibeträge keine oder kaum Steuern zu zahlen. Bei der Beschäftigung von Eltern ist dieser Vorteil zwar in aller Regel nicht gegeben, weil sie häufig über weitere Einkünfte verfügen, die zusammen mit der Arbeitsvergütung der Besteuerung unterliegen, dafür können sich aber besondere Steuervorteile aus der Berücksichtigung des Altersentlastungsbetrages nach § 24a EStG (vgl. Rz. 223) und des Altersfreibetrages nach § 32 Abs. 2 EStG (vgl. Rz. 222) ergeben.

- **Anlaufkosten**
  Aufwendungen, die vor der Praxiseröffnung und mit der Praxisgründung (Gründungskosten) anfallen.

Beispiele:

Kosten für die Planung und Organisation, Betriebsberatungskosten, Anschaffung von Fachbüchern und Büromaterial, Gerichts- und Notarkosten, Kosten der Kapitalbeschaffung usw.

– **Anschaffungskosten**

Die Anschaffung von Wirtschaftsgütern des Praxisvermögens ist stets betrieblich veranlaßt. Die dabei anfallenden Kosten stellen also Betriebsausgaben dar, die nach Maßgabe von Preis, Art und Nutzungsdauer des Wirtschaftsgutes abgeschrieben werden können (vgl. dazu Rz. 154 ff.).

– **Anwaltskosten**

Siehe Rechtsverfolgungskosten,

– **Arbeitslohn**

Siehe Personalkosten (Rz. 91).

– **Arbeitsmittel**

Gegenstände, die der Rechtsanwalt/Notar nach ihrer Art, ihrem Verwendungszweck und ihrer tatsächlichen Nutzung für seine berufliche Tätigkeit benötigt, gehören zum Praxisvermögen. Die Aufwendungen sind Betriebsausgaben, die nach Maßgabe von Preis, Art und Nutzungsdauer der Arbeitsmittel abgeschrieben werden können (vgl. dazu Rz. 155 ff.).

– **Arbeitszimmer**

Siehe Häusliches Arbeitszimmer (Rz. 144 ff.).

– **Auto**

Siehe Personenkraftwagen (Rz. 123 ff.).

– **Bankspesen**

Bankspesen sind insoweit als Betriebsausgaben zu berücksichtigen, als sie durch die Führung des laufenden Girokontos zur Abwicklung der Praxiseinnahmen und -ausgaben anfallen. Soweit Bankspesen im Zusammenhang mit der Verwahrung von Wertpapieren und deren Erträge anfallen, handelt es sich um Werbungskosten bei den Einkünften aus Kapitalvermögen.

– **Baukostenzuschüsse**

Baukostenzuschüsse, die der Rechtsanwalt/Notar im Rahmen der Neuanmietung von Praxisräumen bezahlt – auch **Mieterzuschüsse** genannt –, sind gleichmäßig auf die Dauer des abgeschlossenen Mietvertrags als Betriebsausgaben zu verteilen (Abschn. 163 Abs. 5 EStR), und zwar unabhängig davon, ob sie mit der laufenden Miete verrechnet werden oder nicht. Ein sofortiger Betriebsausgabenabzug im Jahr der Zahlung ist nicht zulässig.

Beispiel:

Ein Rechtsanwalt/Notar mietet im Jahre 1987 auf 6 Jahre eine Praxis und leistet einen Baukostenzuschuß von 6000 DM. Die Jahresmiete beträgt 12000 DM. Der Baukostenzuschuß ist nicht im Jahr der Zahlung abzugsfähig, sondern muß auf die Mietdauer 1987 bis 1992 mit jeweils 1000 DM verteilt werden, d. h. die Mietzahlungen schlagen jährlich mit 13000 DM zu Buche.

- **Bauzinsen**
Siehe Finanzierungskosten.
- **Beiträge**
Beiträge an Berufsverbände und Standesorganisationen sind insoweit Betriebsausgaben, als sie nicht Versorgungszwecken dienen. In den Beiträgen zur Rechtsanwaltskammer sind teilweise Umlagen für Versorgungskassen, Gruppenversicherungen u. ä. enthalten. Diese Umlagen können nicht als Betriebsausgaben, wohl aber als Sonderausgaben berücksichtigt werden (vgl. Rz. 188). Der reine abzugsfähige Beitrag und der Anteil für die Versorgungskasse sind aus den Satzungen zu entnehmen. Entsprechendes gilt für Beiträge der Notare an Notarversorgungskassen.

Nicht abzugsfähig als Betriebsausgaben sind Beiträge an Vereine, kirchliche Vereinigungen u. ä., selbst wenn die Mitgliedschaft dem Beruf förderlich ist (§ 12 Nr. 1 EStG). Sie fallen jedoch bei Erfüllung bestimmter Voraussetzungen unter die abzugsfähigen Sonderausgaben (vgl. Rz. 202 und 205).

- **Beratungskosten**
Siehe Rechtsverfolgungskosten.

- **Berufsfehler**
Wird ein Rechtsanwalt/Notar wegen eines bei der Berufsausübung begangenen Fehlers in Anspruch genommen, so sind die dadurch entstandenen Aufwendungen Betriebsausgaben, weil es sich bei der Haftung um eine typische Berufsgefahr handelt. Das gleiche gilt, wenn der Rechtsanwalt/Notar für ein Versehen seines Bürovorstehers oder eines anderen Angestellten haftbar gemacht wird. Tritt in derartigen Fällen die Berufshaftpflichtversicherung für den Schaden ein, so ist die Versicherungsleistung als Betriebseinnahme zu behandeln.

- **Berufsfortbildungskosten**
Siehe Fortbildungskosten.

- **Berufshaftpflichtversicherung**
Siehe Versicherungsprämien.

- **Berufskleidung**
Kann bei berufsbezogener Kleidung eine private Mitveranlassung nicht ausgeschlossen werden, so entfällt ihr Abzug als Betriebsausgabe. Nur wenn die private Mitbenutzung eines beruflich benötigten Kleidungsstücks praktisch ausgeschlossen wird, können Anschaffungskosten, Reparaturkosten und Reinigungskosten der Kleidung als Betriebsausgaben abgesetzt werden.

Beispiele:
Robe, Barett und Halsbinde für Rechtsanwälte (BFH vom 24. 1. 1958, BStBl. III S. 117).

- **Berufsreisen**
Siehe Geschäftsreise/Geschäftsgang und Reisekosten (Rz. 112ff.).
- **Betriebssteuern**
Siehe Steuern.

– Bewirtungskosten
Die Kosten zur Bewirtung von Geschäftsfreunden (Abschn. 20 Abs. 12 ff.
EStR) – Aufwendungen für Speisen, Getränke, sonstige zum sofortigen
Verzehr bestimmte Genußmittel (Tabakwaren), Garderobegebühren,
Trinkgeldern und dgl. – sind bei betrieblicher Veranlassung Betriebsausgaben, und zwar einschließlich der auf den Rechtsanwalt/Notar oder auf
seine an der Bewirtung teilnehmenden Arbeitnehmer entfallenden Aufwendungen (Abschn. 20 Abs. 15 Satz 3 EStR). Kann eine private Mitveranlassung nicht ausgeschlossen werden, sind die Aufwendungen nicht abziehbar (§ 12 Nr. 1 EStG). Das wird im Regelfall für die Bewirtung in der
Privatwohnung oder zu einem privaten Anlaß außerhalb der Wohnung
zutreffen (BFH vom 12. 12. 1968, BStBl. 1969 II S. 239).

Darüber hinaus sind Bewirtungskosten als Betriebsausgaben nur abziehbar, soweit sie nach der allgemeinen Verkehrsauffassung als **angemessen** anzusehen und soweit ihre Höhe **und** ihre **betriebliche Veranlassung
nachgewiesen** sind (§ 4 Abs. 5 Nr. 2 EStG). Die Angemessenheit richtet
sich nach den Umständen des Einzelfalles, also nach Größe und Art der
Praxis. Zum Nachweis der Höhe und der betrieblichen Veranlassung der
Aufwendungen hat der Rechtsanwalt/Notar auf einem amtlich vorgeschriebenen Vordruck die folgenden Angaben zu machen: Ort und Tag
der Bewirtung, bewirtete Personen, Anlaß der Bewirtung und Höhe der
Aufwendungen. Hat die Bewirtung in einer Gaststätte stattgefunden, so
ist dem Vordruck die Rechnung über die Bewirtung, die vom Inhaber der
Gaststätte oder einer von ihm bevollmächtigten Person unterschrieben
sein muß, beizufügen. Bei einem Gesamtrechnungsbetrag über 200 DM
muß die Rechnung den Namen des Bewirtenden enthalten (Abschn. 20
Abs. 17 EStR).

– Damnum
Bei der Auszahlung eines Kredits wird häufig zur Minderung der laufenden Zinszahlungen vom Kreditgeber ein **Darlehensabgeld** (auch bezeichnet als Damnum, Disagio oder Auszahlungsgebühr) einbehalten. Dieser
Unterschiedsbetrag zwischen zurückzuzahlendem Kreditnennbetrag und
niedrigerem Kreditauszahlungsbetrag ist unter der Voraussetzung, daß
der Kredit betrieblichen Zwecken dient, als Teil der Geldbeschaffungskosten – zinsähnlicher Aufwand – nach § 11 EStG im Zeitpunkt der Kredit-
auszahlung beim Schuldner in voller Höhe als Betriebsausgabe abzugsfähig, wenn er sich im marktüblichen Rahmen hält. Die Finanzverwaltung
ist gehalten, ein Damnum von 6 v. H. nicht zu beanstanden. Bei höheren
Sätzen wird ein Nachweis über die Marktüblichkeit verlangt. Der die
Marktüblichkeit übersteigende Betrag ist auf den Zinsfestschreibungszeit-
raum bzw. auf die Laufzeit des Kredits zu verteilen.

Beispiel:
Ein Rechtsanwalt/Notar schließt mit seiner Bank einen Kreditvertrag zur
Finanzierung von Einrichtungsgegenständen für seine Praxis über 100 000 DM
und 5 Jahre Laufzeit mit fester Zins- und Tilgungsleistung am 1. 10. 1987 ab.

Der Auszahlungsbetrag beträgt 90 v. H. (Damnum = 10 v. H.), d. h. ausgezahlt wird ein Kredit von 90 000 DM und zurückzuzahlen ist der Nennbetrag von 100 000 DM. Wenn im Zeitpunkt der Kreditbeanspruchung der marktübliche Auszahlungsbetrag bei fünfjähriger Kreditlaufzeit 93 v. H. (Damnum = 7 v. H.) beträgt, können nur 7000 DM sofort abgezogen werden, die restlichen 3000 DM sind zeitanteilig abzugsfähig, so daß der Betriebsausgabenabzug sich wie folgt errechnet:

1987	=	7 150 DM	(7000 DM sofort abzugsfähig, 150 DM zeitanteilig für 3 Monate)
1988	=	600 DM	
1989	=	600 DM	
1990	=	600 DM	
1991	=	600 DM	
1992	=	450 DM	
Insgesamt		10 000 DM	

– **Doppelte Haushaltsführung**
Siehe Rz. 134 ff.

– **Ehegattenbeschäftigung**
Siehe Rz. 102 ff.

– **Entschädigungen**
Siehe Abfindungen.

– **Erhaltungsaufwand**
Zum Erhaltungsaufwand der Praxisräume, der im Gegensatz zum über die Nutzungsdauer abschreibbaren Herstellungsaufwand sofort als Betriebsausgabe abzugsfähig ist, gehören vor allem die Aufwendungen für die laufenden Instandhaltungsarbeiten, die durch die gewöhnliche Nutzung der Praxisräume notwendig werden (Abschn. 157 Abs. 1 und 7 EStR).

Beispiele:

Ausbesserungsarbeiten an Fenstern, Türen und Wänden; Schönheitsreparaturen (Tapezieren, Streichen usw.); Erneuerung sanitärer Anlagen.

Darüber hinaus wird Erhaltungsaufwand auch anerkannt bei Aufwendungen für die Erneuerung von bereits in den Herstellungskosten der Praxisräume enthaltenen Teilen, unabhängig davon, ob sie verbraucht sind oder nicht (Abschn. 157 Abs. 1 EStR).

Beispiele:

Austausch von Fenstern (Holz- gegen Aluminiumrahmen, Einfach- gegen Doppelglas); Ersatz von mit Kohle beheizten Einzelöfen durch Elektro-Speicheröfen.

Bei größeren Aufwendungen kann der Erhaltungsaufwand entweder sofort abgezogen oder auf 2 bis 5 Jahre gleichmäßig verteilt werden (§ 82 b Abs. 1 EStDV). Für die in den einzelnen Kalenderjahren geleisteten größeren Aufwendungen kann jeweils ein besonderer Verteilungszeitraum gebildet werden (Abschn. 157 Abs. 2 EStR). Die Verteilung muß stets mit dem Jahr der Verausgabung beginnen. Werden die Rechnungen in mehreren Jahren gezahlt, so können auch mehrere sich überschneidende Verteilungszeiträume gebildet werden.

Beispiel:

Der Rechtsanwalt/Notar hat Erhaltungsaufwand im Jahre 1987 von 50000 DM, 1988 von 30000 DM und 1989 von 40000 DM. Er kann die Aufwendungen voll in dem jeweiligen Kalenderjahr abziehen, in welchem sie anfallen. Er kann sie aber auch auf das Jahr der Rechnungsbegleichung und die folgenden Jahre, höchstens jedoch die folgenden 4 Jahre, gleichmäßig verteilen. In dem Beispiel ergäbe sich bei Vollausschöpfung der 5-Jahres-Frist folgende Aufteilung:

1987 = 10000 DM
1988 = 10000 DM + 6000 DM = 16000 DM
1989 = 10000 DM + 6000 DM + 8000 DM = 24000 DM
1990 = 10000 DM + 6000 DM + 8000 DM = 24000 DM
1991 = 10000 DM + 6000 DM + 8000 DM = 24000 DM
1992 = 6000 DM + 8000 DM = 14000 DM
1993 = 8000 DM.

Außerdem ist zu beachten, daß alle Aufwendungen für einzelne Baumaßnahmen bis zu 4000 DM (Rechnungsbetrag ohne Mehrwertsteuer) auf Antrag stets als Erhaltungsaufwand behandelt werden und damit sofort abzugsfähig sind, es sei denn, die Aufwendungen dienen der endgültigen Fertigstellung einer Praxis in einem neu errichteten Gebäude (Abschn. 157 Abs. 4 EStR).

– Fachliteratur

Ausgaben für Fachbücher und Fachzeitschriften zum Zwecke der eigenen Berufsausübung und Berufsfortbildung stellen Betriebsausgaben dar. Aufwendungen für Bücher, Zeitschriften und Tageszeitungen allgemeinen Inhalts sind nur dann als Betriebsausgaben abzugsfähig, wenn sie ausschließlich Praxiszwecken dienen. Das ist z. B. der Fall, wenn sie im Wartezimmer ausliegen. Bei Tageszeitungen wird jedoch vorausgesetzt, daß der Rechtsanwalt/Notar darüber hinaus auch privat eine eigene Zeitung hält.

– Fahrtkosten

Siehe Rz. 114 und 123 ff.

– Fernsprechgebühren

Die Kosten für die Einrichtung und die Gebühren für die Benutzung eines Fernsprechers sind Betriebsausgaben, soweit die Anlage beruflichen Zwecken dient. Wenn die Anlage teils beruflichen, teils privaten Zwecken dient, so ist eine Aufteilung ggf. im Schätzungswege erforderlich. Befindet sich der Anschluß in der privaten Wohnung des Rechtsanwalts/Notars, so sind auch die festen Kosten wie die Telephongrundgebühren in einen beruflichen und privaten Nutzungsanteil aufzuteilen (BFH vom 16. 12. 1966, BStBl. 1967 III S. 249; BFH vom 21. 11. 1980, BStBl. 1981 II S. 131). Die Grundgebühren für das Telephon in der Praxis sind selbstverständlich in vollem Umfang abzugsfähig.

– Finanzierungskosten

Aufwendungen für die Beschaffung und Bereitstellung von Krediten (Geldbeschaffungskosten) sind Betriebsausgaben, wenn die Geldmittel für die Praxis aufgenommen werden.

Beispiele:

Zinsen, einschl. Bauzinsen und Bereitstellungszinsen, Vermittlungsprovisionen oder -gebühren, Damnum, Notariatsgebühren, Gerichtskosten, Abschlußgebühren, Beratungsgebühren, Verwaltungsgebühren.

– Fortbildungskosten

Kosten für die Fortbildung im ausgeübten Beruf, z. B. für Fachtagungen und Studienreisen, sind in voller Höhe als Betriebsausgaben abzugsfähig. Im wesentlichen handelt es sich bei den absetzbaren Aufwendungen um Teilnahmegebühren, Kosten für Fachliteratur, Schreibmittel und dgl., Fahrtkosten, Verpflegungsmehraufwendungen und Unterkunftskosten. Besonders zu Buche schlagen dabei regelmäßig die zuletzt genannten, den Reisekosten zuzurechnenden drei Kostenarten. Zum Umfang der Reisekosten wird auf Rz. 112 ff. verwiesen.

Von den Kosten für die Fortbildung, d. h. die Weiterbildung in einem bereits ausgeübten Beruf, sind die Kosten für die Ausbildung zu einem künftigen Beruf und für die Weiterbildung in einem nicht ausgeübten Beruf zu unterscheiden. Sie stellen keine Betriebsausgaben dar und können nur in begrenztem Umfang als Sonderausgaben abgezogen werden (vgl. Rz. 224).

– Geldbeschaffungskosten

Siehe Finanzierungskosten.

– Geldstrafen

Geldstrafen und Geldbußen können grundsätzlich nicht als Betriebsausgaben abgezogen werden, und zwar auch dann nicht,, wenn sie für eine Handlung im Rahmen der Praxistätigkeit verhängt wurden.

– Gerichtskosten

Siehe Rechtsverfolgungskosten.

– Geringwertige Wirtschaftsgüter

Siehe Rz. 161 ff.

– Geschäftsreise/Geschäftsgang

Eine Geschäftsreise liegt vor, wenn der Rechtsanwalt/Notar vorübergehend aus beruflichen Gründen in einer Entfernung von mindestens 15 km von seiner Praxis tätig wird. Bezüglich der Höhe der abzugsfähigen Betriebsausgaben anläßlich von Geschäftsreisen gelten die gleichen Kostenansätze wie bei Informationsreisen (vgl. Reisekosten Rz. 112 ff.).

Von der Geschäftsreise ist der Geschäftsgang zu unterscheiden, der bei einer Entfernung unter 15 km von der Praxis vorliegt. In dem Fall dürfen an Mehraufwendungen für Verpflegung höchstens 16 DM als Betriebsausgaben berücksichtigt werden (§ 8 Abs. 6 EStDV). Wenn der Geschäftsgang länger als 5 Stunden dauert, werden ohne Einzelnachweis für Verpflegungsmehraufwendungen 3 DM anerkannt (Abschn. 119 Abs. 5 EStR).

– **Gründungskosten**
Siehe Anlaufkosten.

– **Haftung**
Siehe Berufsfehler.

– **Hausgehilfin**
Bei Beschäftigung einer Hausgehilfin sowohl im Haushalt als auch in der Praxis sind nur die praxisbezogenen Aufwendungen als Betriebsausgaben abzugsfähig, sofern eine einwandfreie Trennung möglich ist (BFH vom 8. 11. 1979, BStBl. 1980 II S. 117).

– **Informationsreisen**
Siehe Reisekosten Rz. 112 ff.

– **Instandhaltungskosten**
Siehe Erhaltungsaufwand.

– **Kinder**
Siehe Angehörige.

– **Kleidung**
Siehe Berufskleidung.

– **Kontokorrentzinsen und -gebühren**
Soweit der Rechtsanwalt/Notar über ein Kontokorrentkonto ausschließlich seinen beruflichen Geldverkehr abwickelt, sind die Kontoführungsgebühren und Schuldzinsen durch Kontoüberziehung Betriebsausgaben. Werden über das Konto jedoch berufliche und private Vorgänge abgewikkelt, ist nur der beruflich veranlaßte Teil der Zinsaufwendungen und der Kontoführungsgebühren abzugsfähig. Die Aufteilung nach der beruflichen und privaten Veranlassung führen jedoch in der Praxis zu erheblichen Problemen. Deshalb hat der BFH auch eine Aufteilung im Schätzungswege zugelassen (BFH vom 19. 3. 1981, BStBl. 1983 II S. 721). Zur Vermeidung von Streitigkeiten mit der Finanzverwaltung empfiehlt es sich jedoch, den beruflichen und privaten Geldverkehr auf getrennten Konten abzuwickeln.

– **Kraftfahrzeug**
Siehe Personenkraftwagen (Rz. 123 ff.).

– **Krankheitskosten**
Krankheitskosten sind nur dann Betriebsausgaben, wenn der Zusammenhang mit dem Beruf eindeutig feststeht. Das dürfte für Rechtsanwälte/Notare die Ausnahme sein, beispielsweise als Folge eines Unfalls in der Praxis oder auf einer Berufsfahrt. Die Kosten dürfen jedoch nicht von dritter Seite ersetzt worden sein. Die Anerkennung von Krankheitskosten als Betriebsausgaben infolge eines Herzinfarktes eines Rechtsanwaltes/Notars hat der BFH abgelehnt (BFH vom 4. 10. 1968, BStBl. 1969 II S. 179).

– **Miete**
Miete und Mietnebenkosten für Praxisräume sind Betriebsausgaben (vgl. auch Praxisräume). Dazu gehört auch die Miete für den Praxis-Parkplatz.

– **Mieterabfindungen**
Siehe Abfindungen.

– Mietereinbauten

Läßt der Rechtsanwalt/Notar auf eigene Rechnung Einbauten und Umbauten in von ihm angemieteten Praxisräumen ausführen, kann er die Aufwendungen hierfür sofort in voller Höhe als Betriebsausgaben abziehen, wenn es sich um Erhaltungsaufwand (Abschn. 157 Abs. 1 EStR) oder um Baumaßnahmen handelt, die in dem Haus auch unabhängig von der durch den Rechtsanwalt/Notar vorgenommenen beruflichen Nutzung hätten ausgeführt werden müssen (BdF v. 15. 1. 1976, BStBl. I S. 66; BFH vom 21. 2. 1978, BStBl. II S. 345), also im allgemeinen Funktions- und Nutzungszusammenhang des Gebäudes und nicht spezifisch der Praxis stehen.

Beispiele:

Erneuerung von Fenstern und Türen, Einbau oder Veränderung einer Zentralheizung.

In allen anderen Fällen ist ein sofortiger Betriebsausgabenabzug in voller Höhe nicht möglich. Die Aufwendungen müssen im Wege der Abschreibung (vgl. Rz. 154ff.) geltend gemacht werden. Solche Fälle sind gegeben bei:

(1) nur vorübergehend eingefügten Gegenständen;

(2) sogenannten Betriebsvorrichtungen (= Maschinen und sonstige Vorrichtungen aller Art, die zu einer Praxis gehören);

(3) Einbauten oder Umbauten, die unmittelbar dem besonderen beruflichen Zweck des Rechtsanwalts/Notars dienen und mit dem Gebäude nicht in einem einheitlichen Funktions- und Nutzungszusammenhang stehen;

(4) Einbauten oder Umbauten, deren wirtschaftlicher Eigentümer der Rechtsanwalt/Notar bleibt. Wirtschaftlicher Eigentümer bleibt er, wenn der Hauseigentümer mit Beendigung des Mietvertrages zwar einen Herausgabeanspruch hinsichtlich der Ein- oder Umbauten hat, diesem Anspruch jedoch keine wirtschaftliche Bedeutung mehr zukommt. Das ist in der Regel der Fall, wenn die eingebauten Sachen während der voraussichtlichen Mietdauer technisch oder wirtschaftlich verbraucht werden oder der Rechtsanwalt/Notar bei Beendigung des Mietvertrages vom Hauseigentümer mindestens die Erstattung des noch verbleibenden gemeinen Werts (Einzelveräußerungspreis) des Einbaus oder Umbaus verlangen kann (BdF vom 15. 1. 1976, BStBl. I S. 66).

Die Abschreibungsdauer von Mietereinbauten richtet sich nach der voraussichtlichen Mietdauer. Fällt jedoch die voraussichtliche betriebsgewöhnliche Nutzungsdauer kürzer aus, ist diese maßgebend.

– Mieterzuschüsse

Siehe Baukostenzuschüsse.

– Mietvorauszahlungen

Mietvorauszahlungen dürfen nicht sofort in vollem Umfang als Betriebsausgaben geltend gemacht werden, sondern mindern den Praxisgewinn erst im Zeitpunkt ihrer Verrechnung mit den laufenden Mietzahlungen.

– Parkgebühren
Bei beruflichen Fahrten anfallende Parkgebühren sind Betriebsausgaben.
– Parkplatzmiete
Siehe Miete.
– Personalkosten
Siehe Rz. 90 ff.
– Personenkraftwagen
Siehe Rz. 123 ff.
– Praxisräume
Die steuerliche Behandlung der Praxisräume richtet sich danach, ob sie gemietet sind oder dem Praxisinhaber selbst gehören. Wird die Praxis in gemieteten Räumen betrieben, so ist die Miete einschließlich der Mietnebenkosten für Heizung, Strom, Wasser und dgl. als Betriebsausgabe anzusetzen. Werden die gemieteten Räume nur teilweise als Praxis und zum anderen Teil privat genutzt, ist eine Aufteilung der Gesamtmiete nach Maßgabe der genutzten Fläche notwendig.

Befindet sich die Praxis im eigenen Miethaus, sind von den Gesamtaufwendungen für das Haus einschließlich der Abschreibungen (vgl. Rz. 166 ff.) die auf den als Praxis genutzten Teil entfallenden Aufwendungen nach dem Nutzflächenverhältnis herauszurechnen.

Beispiel:
Ein Rechtsanwalt/Notar benutzt ein Viertel der Nutzfläche seines Miethauses als eigene Praxis. Die Gesamtaufwendungen an Schuldzinsen, Abschreibungen und sonstigen Kosten für das Haus betragen 20 000 DM im Jahr. Als Betriebsausgaben kann er 5000 DM geltend machen.

Auch wenn sich die Praxis im ausschließlich selbstgenutzten, eigenen Wohnobjekt befindet, und zwar sowohl unabhängig von der Art des Wohnobjektes – Eigentumswohnung, Einfamilienhaus, Zweifamilienhaus, Mehrfamilienhaus – als auch unabhängig von der Besteuerung des zu eigenen Wohnzwecken genutzten Teils (vgl. dazu: Beck-Rechtsberater im dtv Nr. 5240: Steuervorteile durch Haus- und Wohnbesitz), ist der auf die Praxis entfallende Teil der Gesamtaufwendungen nach Maßgabe des Nutzflächenverhältnisses herauszurechnen und als Betriebsausgabe absetzbar. Aufwendungen, die ausschließlich auf die Praxisräume entfallen – z. B.: Instandsetzungsaufwendungen (vgl. dazu Erhaltungsaufwand) –, sind auch nur bei diesen zu berücksichtigen (Abschn. 164 b Abs. 20 Satz 4 EStR).
– Praxiswert
Siehe Praxiserwerb Rz. 174 ff.
– Promotionskosten
Promotionskosten gehören zu den Kosten der Berufsausbildung und können deshalb nicht als Betriebsausgaben, sondern nur in begrenztem Umfang als Sonderausgaben geltend gemacht werden (vgl. Rz. 204).
– Prozeßkosten
Siehe Rechtsverfolgungskosten.

– **Rechtsanwaltskosten**
Siehe Rechtsverfolgungskosten.

– **Rechtsverfolgungskosten**
Beratungskosten (Rechtsberatung, Steuerberatung), Vertretungskosten und Prozeßkosten, die im Zusammenhang mit der Praxis des Rechtsanwalts/Notars stehen, also der Durchsetzung seiner Ansprüche – wie beispielsweise die Eintreibung von Honorarforderungen – oder der Abwehr gegen ihn als Praxisinhaber erhobener Ansprüche dienen, sind Betriebsausgaben.

Praxisbedingte Prozeßkosten (Rechtsanwalts- und Gerichtskosten) sind nicht nur bei Zivil- und Verwaltungsprozessen abzugsfähig, sondern auch bei Strafprozessen, wenn die dem Steuerpflichtigen zu Last gelegte Tat unter Anlegung eines strengen Maßstabs nur aus seiner beruflichen Tätigkeit heraus erklärbar ist und das Strafgericht zu einem Freispruch gelangt (Abschn. 120 Abs. 2 Satz 1 EStR). Unter den gleichen Voraussetzungen sind auch die Verteidigungskosten in einem Bußgeld- oder Ordnungsgeldverfahren Betriebsausgaben (Abschn. 120 Abs. 2 Satz 3 EStR).

Steuerberatungs- und Steuerprozeßkosten sind im Zusammenhang mit der Gewinnermittlung (Buchführung/Erstellung der Überschußrechnung und dgl.) zweifelsfrei Betriebsausgaben. Die Rechtslage ist zwar eindeutig hinsichtlich der Steuerberatungskosten zur Ermittlung der Betriebssteuern, aber unklar hinsichtlich der Personensteuern, die auch beruflich veranlaßt, jedoch nicht abziehbar sind. So rechnen die Übertragung des Praxisergebnisses in den Einkommensteuer-Erklärungsvordruck und das weitere Ausfüllen der Steuererklärung sowie die Beratung in Fragen des Sonderausgabenabzugs, der Veranlagungsform und des Tarifs nicht mehr zur Ermittlung der beruflichen Einkünfte (BFH vom 30. 4. 1965, BStBl. III S. 410 und 412). Zu beachten ist jedoch, daß Steuerberatungskosten, soweit sie nicht Betriebsausgaben sind, ohne zahlenmäßige Begrenzung als Sonderausgaben abgezogen werden können (§ 10 Abs. 1 Nr. 6 EStG). Ist eine einwandfreie Abgrenzung nicht möglich, so müssen die Kosten im Schätzungswege aufgeteilt werden. Betragen die Steuerberatungskosten im Kalenderjahr insgesamt nicht mehr als 1000 DM, so wird eine vom Steuerpflichtigen vorgenommene Aufteilung in Betriebs- und Sonderausgaben aus Vereinfachungsgründen ohne nähere Prüfung anerkannt (Abschn. 102 EStR).

Abschließend noch ein Hinweis: Zu den Steuerberatungskosten gehören auch die Aufwendungen für Steuerfachliteratur, also auch dieses Buch ist steuerlich abzugsfähig.

– **Rechtsschutzversicherung**
Siehe Versicherungsprämien.

– **Reisekosten**
Siehe Geschäftsreise/Geschäftsgang und Rz. 112ff.

– **Renten**
Der Erwerb einer Praxis erfolgt häufig auf Rentenbasis. Der Betriebsausgabenabzug der Rentenzahlungen bzw. der in den Renten enthaltenen

Zinsausgaben richtet sich danach, ob sich Leistung und Gegenleistung beim Praxiskauf entsprechen (vgl. dazu im einzelnen Rz. 182 ff.).

– Schadensersatzleistungen
Schadensersatzleistungen an Dritte sind Betriebsausgaben, wenn ihr Rechtsgrund in der beruflichen Tätigkeit des Rechtsanwalts/Notars liegt. Auf das Verschulden und auf die Behandlung beim Empfänger kommt es nicht an (vgl. Berufsfehler).

Beispiel:
Fristversäumnis durch den Rechtsanwalt.

– Schuldzinsen
Siehe Finanzierungskosten.

– Sonderabschreibungen
Siehe Rz. 159 f.

– Spenden
Spenden sind keine Betriebsausgaben, sondern Sonderausgaben (vgl. Rz. 205).

– Sprachkurse
Die Kosten für Sprachkurse können bei beruflicher Veranlassung zu Betriebsausgaben führen (vgl. Fortbildungskosten). Wenn die Berufsbezogenheit fehlt, handelt es sich um nicht abzugsfähige Aufwendungen für die Allgemeinbildung. Es können jedoch auch Sonderausgaben in Form von Aus- oder Weiterbildungskosten vorliegen (vgl. Rz. 204).

– Steuerberatungskosten
Siehe Rechtsverfolgungskosten.

– Steuern
Als Betriebsausgaben sind nur die Betriebssteuern zu berücksichtigen. Dazu zählt beim Rechtsanwalt/Notar in der Regel nur die Umsatzsteuer, die Kraftfahrzeugsteuer für betriebliche Fahrzeuge und die Grundsteuer für Betriebsgrundstücke. Personensteuern wie die Einkommensteuer, Vermögensteuer und Kirchensteuer dürfen bei der Gewinnermittlung nicht abgezogen werden. Die Kirchensteuer ist allerdings als Sonderausgabe in unbegrenzter Höhe abziehbar (vgl. Rz. 202). Steuerliche Nebenleistungen wei Stundungszinsen, Hinterziehungszinsen, Aussetzungszinsen, Säumniszuschläge, Verspätungszuschläge und Zwangsgelder (§ 3 Abs. 3 AO) sind nur dann als Betriebsausgaben zu behandeln, wenn sie mit abzugsfähigen Steuern zusammenhängen (Abschn. 121 Abs. 1 EStR).

– Strafen
Siehe Geldstrafen.

– Strafverteidigungskosten
Siehe Rechtsverfolgungskosten.

– Studienreisen
Siehe Reisekosten Rz. 112 ff.

– Telefonkosten
Siehe Fernsprechgebühren.

– Umzugskosten
Kosten, die beim Umzug der Praxis entstehen, sind grundsätzlich in voller Höhe als Betriebsausgaben abzugsfähig. Umzugskosten für den Privathaushalt können dagegen nur dann als Betriebsausgaben abgezogen werden, wenn einwandfrei feststeht, daß der Umzug nahezu ausschließlich beruflich veranlaßt war und private Gründe keine oder nur eine ganz untergeordnete Rolle spielen (vgl. Rz. 151 ff.).

– Unentgeltliche Zuwendungen
Siehe Personalkosten (Rz. 90 ff.).

– Verluste
Verluste durch Bürgschaften, Darlehen, Diebstahl, Unterschlagungen oder Zerstörung mindern nur dann den Gewinn, wenn ihre Entstehung betrieblich veranlaßt ist. Im Rahmen der Gewinnermittlung durch Überschußrechnung (§ 4 Abs. 3 EStG) muß jedoch geprüft werden, ob nicht die Anschaffungskosten des Wirtschaftsgutes, dessen Verlust zu beklagen ist, bereits als Betriebsausgabe abgesetzt waren oder ob der Verlust nicht auf andere Weise berücksichtigt wird.

Bei Rechtsanwälten/Notaren ist die Übernahme von Bürgschaften oder die Gewährung von Darlehen im Normalfall eine berufsfremde Tätigkeit (BFH vom 2. 9. 1971, BStBl. 1972 II S. 334). Der Betriebsausgabenabzug eines daraus resultierenden Verlustes kommt also nur ausnahmsweise in Betracht, und zwar wenn aufgrund besonderer Umstände ein Zusammenhang mit der Tätigkeit als Rechtsanwalt/Notar gegeben ist und dieser zweifelsfrei nachgewiesen werden kann. Verluste von Gegenständen durch Diebstahl oder Zerstörung wirken sich dann gewinnmindernd aus, wenn die betreffenden Wirtschaftsgüter noch im Anlageverzeichnis aufgeführt sind. Geldverluste durch Diebstahl oder Unterschlagung werden als Betriebsausgabe nur berücksichtigt, wenn ihre vorherige Zugehörigkeit zum Betriebsvermögen eindeutig klargestellt ist (BFH vom 25. 1. 1962, BStBl. III S. 366). Fehlt es am Nachweis einer klaren Trennung zwischen betrieblicher und privater Geldbewegung, wird ein derartiger Verlust als Privatentnahme und nicht als Betriebsausgabe behandelt.

– Verpflegungsmehraufwendungen
Siehe Geschäftsreise/Geschäftsgang, Reisekosten (vgl. Rz. 117 ff.), Doppelte Haushaltsführung (vgl. Rz. 141).

– Versicherungsprämien
Prämien für Versicherungen, die berufliche Risiken abdecken, sind Betriebsausgaben. Dazu gehören vor allem die Berufshaftpflichtversicherung, die Versicherungen für das ausschließlich beruflich genutzte Kraftfahrzeug, wie Haftpflicht-, Kasko-, Insassenunfall- und Rechtsschutzversicherung, die Sachversicherungen für Praxisgebäude und Praxiseinrichtung, wie Feuer- und Diebstahlversicherung, allgemeine Gruppenunfallversicherung zugunsten aller Praxisangehörigen einschließlich des Praxisinhabers. Die Prämie für eine Unfallversicherung des Rechtsanwalts/Notars ist im allgemeinen nicht abzugsfähig als Betriebsausgabe, da die Vor-

aussetzung einer besonders gefahrgeneigten Tätigkeit beim Rechtsanwalt/ Notar normalerweise nicht gegeben sein dürfte.

Sind Versicherungsprämien sowohl beruflich wie privat bedingt, ist ein anteiliger Betriebsausgabenabzug zulässig, wenn sich eine klare Risikoabgrenzung bezüglich der beruflichen Tätigkeit durchführen läßt, wie beispielsweise beim privat und beruflich genutzten Personenkraftwagen (vgl. Rz. 123 ff.). Prämien für Privatversicherungen des Rechtsanwalts/Notars können dagegen nicht als Betriebsausgaben, sondern allenfalls im Rahmen der beschränkt abzugsfähigen Sonderausgaben (vgl. Rz. 186 ff.) geltend gemacht werden.

2. Einzeldarstellungen von Praxisausgaben

a) Personalkosten

90   Die Personalkosten umfassen alle Ausgaben, die im Zusammenhang mit der Beschäftigung von Arbeitnehmern anfallen. Das sind nicht nur die Arbeitslöhne einschließlich der Lohn- und Kirchensteuer sowie der Arbeitgeberbeiträge zur Sozialversicherung, sondern auch Sachbezüge und sonstige Zuwendungen an das Personal, und zwar unabhängig davon, ob diese Zuwendungen lohnsteuerpflichtig sind oder nicht (vgl. auch Rz. 265 ff.). Grundsätzlich stellen sämtliche Kosten für das Praxispersonal gewinnmindernde Betriebsausgaben dar. Voraussetzung ist allerdings, daß die Arbeitnehmertätigkeit sich ausschließlich auf die Arbeit in der Praxis bezieht und keine Verquickung mit Arbeiten für den Privathaushalt des Arbeitgebers gegeben ist. Zu den abziehbaren Praxisausgaben gehören vor allem:

– Bruttoarbeitslöhne

91   Dazu zählen auch Urlaubsgelder, Weihnachtsgratifikationen, Zahlungen für Überstunden und sonstige Vergütungen für Arbeitsleistungen, die Lohn- und Kirchensteuer sowie die Arbeitgeberanteile zur Renten-, Kranken- und Arbeitslosenversicherung. Ist ein Arbeitnehmer von der gesetzlichen Rentenversicherungspflicht befreit, dann sind die entsprechenden Arbeitgeberzuschüsse zu einer Lebensversicherung des Arbeitnehmers, einer freiwilligen Weiterversicherung in der gesetzlichen Rentenversicherung oder einer öffentlich-rechtlichen Versicherungs- oder Versorgungseinrichtung der Berufsgruppe des Arbeitnehmers betrieblich abzugsfähig.

– Zukunftssicherungsbeiträge

92   Freiwillige Zahlungen für die Zukunftssicherung von Arbeitnehmern oder ihnen nahestehende Personen, insbesondere für den Fall der Krankheit, des Unfalls, der Invalidität, des Alters oder des Todes. Sie sind bis zu einem Betrag von 312 DM jährlich (Zukunftssicherungsfreibetrag) steuerfrei (§ 2 Abs. 3 Nr. 2 Satz 3 LStDV), wenn die Ausgaben zusätzlich zum Barlohn erbracht werden, unmittelbar an die der Zukunftssicherung dienende Einrichtung geleistet werden, beim Arbeitnehmer Sonderausgaben

darstellen können und es sich nicht um Ausgaben handelt, die der Arbeitnehmer aufgrund einer gesetzlichen Verpflichtung zu leisten hat (Abschn. 11 Abs. 5 LStR).

– **Direktversicherungsbeiträge**
Aufwendungen für die Alterssicherung des Arbeitnehmers in Form einer 93
betrieblichen Direktversicherung. Sie sind nach § 40b EStG bis jährlich
2400 DM pauschal mit 10 v. H. zu versteuern und unterliegen nicht der
Sozialversicherungspflicht.

– **Freie Unterkunft und Verpflegung**
Aufwendungen für freie Unterkunft und Verpflegung von Arbeitneh- 94
mern. Ihre Höhe bemißt sich nach der Sachbezugsverordnung 1987
(BGBl. 1986 I S. 2657). Danach wird der Wert der freien Kost und Wohnung einschließlich Heizung und Beleuchtung in den Ländern Baden-
Württemberg, Bayern, Hessen, Rheinland-Pfalz, Niedersachsen und
Schleswig-Holstein auf monatlich 495 DM und in den übrigen Bundeslän-
dern auf monatlich 520 DM festgesetzt. Wird freie Kost und Wohnung
nur teilweise zur Verfügung gestellt, so sind anzusetzen:

für die Wohnung	34 v. H.
für Heizung	10 v. H.
für Beleuchtung	2 v. H.
für Frühstück	12 v. H.
für Mittagessen	21 v. H.
für Abendessen	21 v. H.

des Wertes im jeweiligen Bundesland. Diese Sachbezüge sind lohnsteuer-
und sozialversicherungspflichtig. Wird als Sachbezug nur freie Unterkunft
gewährt, ist für die Bewertung der Wohnung der ortsübliche Mietpreis
und für Heizung der übliche Mittelpreis des Verbrauchsorts anzusetzen.
Wenn im Einzelfall die Feststellung des ortsüblichen Mietpreises außergewöhnliche Schwierigkeiten bereitet, so ist die Wohnung mit 2,50 DM pro
m², bei einfacher Ausstattung (ohne Zentralheizung, fließendes Wasser
oder Toilette) mit 1,50 DM pro m² monatlich, mindestens jedoch mit 34
v. H. des Wertes im jeweiligen Bundesland anzusetzen. Für die Beleuchtung sind stets 2 v. H. des Wertes im jeweiligen Bundesland maßgebend.

– **Fahrtkostenzuschüsse**
Zuschüsse des Arbeitgebers zu den Kosten seiner Arbeitnehmer für Fahr- 95
ten zwischen Wohnung und Arbeitsstätte. Bei Benutzung öffentlicher
Verkehrsmittel sind die Aufwendungen in Höhe der tatsächlich angefalle-
nen Kosten und bei Benutzung eines eigenen PKW bis zu 0,36 DM pro
Doppelkilometer je Arbeitstag lohnsteuerfrei.

– **Reisekosten**
Ersatz von Reisekosten eines Arbeitnehmers durch seinen Arbeitgeber. 96
Diese Aufwendungen sind nur bis zu der Höhe steuerfrei, in der die Reise-
kosten beim Arbeitnehmer als Werbungskosten anerkannt würden
(Abschn. 25 Abs. 9 LStR). Darüber hinausgehende Beträge gehören zum
steuerpflichtigen Arbeitslohn.

– **Geschenke**

97   Geschenke des Arbeitgebers an seine Arbeitnehmer, wenn ihnen berufliche Gründe zugrunde liegen. Handelt es sich um Jubiläumsgeschenke,
besteht Lohnsteuerfreiheit, soweit folgende Beträge nicht überschritten
werden (§ 4 LStDV):

bei einem 10jährigen Arbeitnehmerjubiläum   600 DM
bei einem 25jährigen Arbeitnehmerjubiläum   1200 DM
bei einem 40-, 50- oder 60jährigen Arbeitnehmerjubiläum   2400 DM
bei einem Geschäftsjubiläum von 25 Jahren bzw. ein Mehrfaches von 25 Jahren pro Arbeitnehmer   1200 DM

– **Beihilfen**

98   Beihilfen des Arbeitgebers für besondere Ereignisse im Privatleben seiner
Arbeitnehmer. Lohnsteuerfreiheit besteht jedoch nur für Heiratsbeihilfen
bis 700 DM und für Geburtsbeihilfen bis 500 DM pro Kind, und zwar
unter der Voraussetzung, daß die Zeitspanne zwischen Auszahlungszeit-
punkt und dem Beihilfe auslösenden Ereignis nicht mehr als 3 Monate
beträgt.

– **Annehmlichkeiten**

99   Aufwendungen, die der Arbeitgeber im Rahmen seiner Fürsorgepflicht
oder im betrieblichen Interesse für seine Arbeitnehmer erbringt. Sie rechnen nicht zum Arbeitslohn, unterliegen also nicht der Lohnsteuerpflicht.
Typische Annehmlichkeiten sind (Abschn. 53 LStR).

(1) Das unentgeltliche oder verbilligte Überlassen berufsspezifischer
Kleidung, die dem Arbeitnehmer nur während des Dienstes zur Verfügung steht, und zwar einschließlich der Aufwendungen für die Reinigung.

(2) Gewährung kostenloser oder verbilligter Mahlzeiten am Arbeitsplatz
(Abschn. 19 LStR). Sie sind bis zu 1,50 DM lohnsteuerfrei. Das gleiche
gilt für Essenszuschüsse in Form von Essensmarken, nicht jedoch für
Barzuschüsse. Darüber hinausgehende Beträge sind lohnsteuerpflichtig.

(3) Kostenlose oder verbilligte Überlassung von Getränken und Genuß-
mitteln am Arbeitsplatz.

(4) Sachzuwendungen bei Betriebsveranstaltungen, z. B. in Form von
Speisen, Getränken, Tabakwaren, Theaterkarten usw., soweit sie den üblichen Rahmen nicht übersteigen (BFH vom 22. 3. 1985, BStBl. II S. 529
und S. 532). Mit dieser neuen Entscheidung hat der BFH die bisherige
Regelung, wonach für Betriebsveranstaltungen höchstens 50 DM pro Arbeitnehmer lohnsteuerfrei verausgabt werden durften und schon ein ge-
ringfügiges Überschreiten des Betrages von 50 DM zur Steuerpflicht der
gesamten Zuwendungen führte, aufgehoben.

– **Sonstige Aufwendungen**

100 Ersatz sonstiger berufsbedingter Aufwendungen des Arbeitnehmers. Dazu gehören beispielsweise Verpflegungszuschüsse für mehr als zwölfstündige Abwesenheit pro Arbeitstag (Abschn. 22 Abs. 2 LStR), Ersatz beruflich veranlaßter Umzugskosten (Abschn. 26 LStR) und die Übernahme
der Kosten für doppelte Haushaltsführung (Abschn. 27 LStR). Sie sind bis

zu den Beträgen lohnsteuerfrei, die dem Arbeitnehmer als Werbungskosten anerkannt würden.

Abschließend sei nochmals darauf hingewiesen, daß die genannten Perso- **101** nalkosten nur dann den Praxisgewinn mindern, wenn die Arbeitnehmertätigkeit zweifelsfrei dem Praxisbereich zugeordnet werden kann. Beschäftigt der Arbeitgeber einen Arbeitnehmer sowohl in der Praxis als auch in seiner Privatwohnung – Beispiel: Putzfrau arbeitet in der Praxis und in der Privatwohnung –, ist Voraussetzung für den Betriebsausgabenabzug, daß sich die Kosten nach objektiven und leicht nachprüfbaren Merkmalen auf die Praxistätigkeit und die übrige Tätigkeit in der Privatwohnung aufteilen lassen (BFH vom 8. 11. 1979, BStBl. 1980 II S. 117). Nicht als Betriebsausgaben abzugsfähig sind jedoch die Aufwendungen für eine ausschließlich hauswirtschaftliche Arbeiten verrichtende Hausgehilfin, auch nicht, wenn die Ehefrau des Arbeitgebers in der Praxis voll mitarbeitet und aus diesem Grunde eine Hausgehilfin eingestellt werden muß (BFH vom 10. 5. 1973, BStBl. II S. 631).

b) Ehegattenbeschäftigung

Um Mißbräuchen Vorschub zu leisten, hat der Gesetzgeber strenge Vor- **102** aussetzungen an die Anerkennung des Arbeitsverhältnisses zwischen Ehegatten geknüpft (Abschn. 57 LStR, Abschn. 174a EStR). Als Grundvoraussetzung für die steuerliche Anerkennung gilt, daß der **Arbeitsvertrag ernsthaft vereinbart und tatsächlich durchgeführt** worden ist. Rückwirkend abgeschlossene Verträge werden steuerlich nicht anerkannt.

Maßstab für die Ernsthaftigkeit von Ehegatten-Arbeitsverträgen ist, daß die Vertragsbedingungen im wesentlichen denen zwischen Fremden entsprechen. Nach der Rechtsprechung des Bundesverfassungsgerichts können an den Nachweis der Ernsthaftigkeit sogar noch strengere Anforderungen als bei Verträgen mit Fremden gestellt werden. Deshalb ist eine eindeutige Vereinbarung erforderlich. Dazu gehört:

– **Vereinbarung über die Höhe des Arbeitslohnes**
Fehlt die Vereinbarung über die Höhe des Arbeitslohnes, ist der Vertrag nicht wirksam (BFH vom 8. 3. 1962, BStBl. III S. 218). Steuerlich anerkannt wird allerdings nur ein angemessener Arbeitslohn, also ein Betrag, den eine fremde Arbeitskraft für eine gleichartige Tätigkeit erhalten würde.

– **Tatsächliche Zahlung des Gehaltes zum üblichen Zahlungszeitpunkt**
Der Arbeitnehmer-Ehegatte muß über ein eigenes Konto verfügen, auf das wie unter Fremden zu den vertraglich festgelegten Zahlungsterminen das Gehalt zu überweisen ist. Üblich ist eine monatliche Zahlung. Eine einmalige Zahlung zum Jahresende wäre unüblich und hätte deshalb die Nichtanerkennung des Arbeitsverhältnisses zur Folge, es sei denn, für die nicht ausgezahlten Gehälter wird eine Verzinsung wie unter Fremden vereinbart. Da aber bei Jahreszahlungen immer Schwierigkeiten seitens der Finanzbehörden zu erwarten sind, empfiehlt es sich jedoch, den üblichen Zahlungsrhythmus zu vereinbaren und einzuhalten.

- **Schriftform des Arbeitsvertrages**
  Eine schriftliche Abfassung des Arbeitsvertrages ist zwar nicht vorge-
  schrieben, zur Vermeidung von Beweisschwierigkeiten bezüglich der
  Ernsthaftigkeit des Arbeitsverhältnisses ist sie dennoch empfehlenswert.
  Denn die bloße Behauptung der Ehegatten, daß ein stillschweigender Abschluß eines Vertrages vorliege, reicht nach Ansicht der Finanzverwaltung
  im allgemeinen nicht aus.
- **Folgerungen aus dem Arbeitsverhältnis wie bei Fremden**
  Dazu gehört vor allem die Einbehaltung und Abführung der Lohnsteuer
  und Sozialversicherungsbeiträge, soweit Sozialversicherungspflicht besteht.

Der steuerlichen Anerkennung eines sonst ordnungsgemäß vereinbarten
und tatsächlich durchgeführten Arbeitsverhältnisses steht nicht entgegen,
daß:
- der Arbeitgeber-Ehegatte über das Gehaltskonto des Arbeitnehmer-Ehegatten die uneingeschränkte Verfügungsmacht besitzt,
- der Arbeitnehmer-Ehegatte den erhaltenen Arbeitslohn dem Arbeitgeber-
  Ehegatten als Darlehen wieder zur Verfügung stellt, vorausgesetzt es werden angemessene Verzinsungs- und Rückzahlungsmodalitäten vereinbart.

103   Welche **steuerlichen Vorteile** ergeben sich nun aus dem Ehegatten-Arbeitsverhältnis? Der Arbeitgeber-Ehegatte kann den Lohn und den Arbeitgeberanteil zur Sozialversicherung als Betriebsausgaben absetzen. Damit vermindert sich entsprechend sein zu versteuerndes Einkommen. Im Rahmen
der Ehegattenzusammenveranlagung aber wird das Gehalt des Arbeitnehmer-Ehegatten den Einkünften des Arbeitgeber-Ehegatten wieder hinzugerechnet. Davon abgezogen werden jedoch die dem Arbeitnehmer-Ehegatten
zustehenden Freibeträge in Höhe von 1644 DM (564 DM Werbungskosten-
pauschale, 480 DM Arbeitnehmerfreibetrag und 600 DM Weihnachtsfreibetrag) und der Arbeitgeberanteil zur Sozialversicherung.

Beispiel:

Ein Rechtsanwalt/Notar beschäftigt seine Frau in der eigenen Praxis zu einem
monatlichen Bruttogehalt von 1000 DM. An monatlichen Sozialversicherungsbeiträgen, die zur Hälfte vom Arbeitgeber-Ehegatten zusätzlich zum Gehalt zu
zahlen sind und zur Hälfte wie die Lohnsteuer vom Gehalt einbehalten werden,
fällt für die Rentenversicherung 187 DM (18,7 v. H. des Bruttogehaltes), für die
Krankenversicherung 120 DM (12 v. H. des Bruttogehaltes, leichte Unterschiede
je nach Krankenkasse) und für die Arbeitslosenversicherung 43 DM (4,3 v. H. des
Bruttogehaltes) an. Unter der Annahme, das jährliche zu versteuernde Einkommen des Rechtsanwalts/Notars betrüge ohne die Beschäftigung seiner Ehefrau
100000 DM, errechnet sich der jährliche steuerliche Vorteil aufgrund des Ehegat-
ten-Arbeitsvertrages wie folgt:

Zu versteuerndes Einkommen ohne Ehegatten-Arbeitsvertrag	100000 DM
./. Ehegattengehalt einschl. Lohnsteuer	./. 12000 DM
./. Arbeitgeberanteil zur Sozialversicherung	./. 2100 DM
+ Ehegatten-Gehalt	+ 12000 DM
./. Arbeitnehmer-Freibeträge	./. 1644 DM
Zu versteuernde Einkommen mit Ehegatten-Arbeitsvertrag	96252 DM

Ergebnis: In diesem Beispiel errechnet sich aus der Arbeitnehmertätigkeit der Ehefrau ein steuerlicher Vorteil von 1 672 DM (29 014 DM Einkommensteuer nach der Splittingtabelle auf 100 000 DM ./. 27 342 DM Einkommensteuer auf 96 252 DM).

Allein aus steuerlichen Gründen ist eine der **normalen Lohnsteuer** unterliegende Arbeitnehmertätigkeit des Ehegatten in der Praxis des Ehepartners nicht besonders vorteilhaft. Die Steuerersparnis hängt natürlich von den Einkommensverhältnissen des Rechtsanwalts/Notars ab, würde also bei einem höheren zu versteuernden Einkommen wie im Beispiel unterstellt sogar noch geringfügig höher und umgekehrt geringer bei einem niedrigeren Freiberufler-Einkommen ausfallen. Dem stehen außerdem aber Sozialversicherungsbeiträge gegenüber, die den Steuervorteil in jedem Fall bei weitem übertreffen, im obigen Beispiel immerhin insgesamt 4200 DM als Arbeitnehmer- und Arbeitgeberanteil. Darüber hinaus wirkt sich der Betriebsausgabenabzug des Arbeitgeberanteils zur Rentenversicherung aufgrund einer entsprechenden Kürzung des Vorwegabzugs im Rahmen der Sonderausgaben (§ 10 Abs. 2 Nr. 2a EStG) steuerlich im Ergebnis häufig nicht aus. Allerdings können auch außersteuerliche Gründe, wie beispielsweise eine angemessene sozialversicherungsrechtliche Absicherung des Ehepartners, die ihrerseits Einsparungen von Privatversicherungsbeiträgen bewirken, den Abschluß eines normalen Ehegatten-Arbeitsverhältnisses zweckmäßig sein lassen.

Aus rein steuerlichen Gründen aber empfiehlt sich immer ein Ehegatten-Arbeitsverhältnis auf Basis einer Gehaltsvereinbarung, die eine **Lohnsteuerpauschalierung** zuläßt. Das ist nur dann der Fall, wenn eine kurzfristige Beschäftigung oder eine Beschäftigung in geringem Umfang und gegen geringen Arbeitslohn vorliegt (§ 40a Abs. 1 EStG). Eine kurzfristige Beschäftigung ist gegeben, wenn der Arbeitnehmer-Ehegatte gelegentlich, nicht regelmäßig wiederkehrend beschäftigt wird, die Dauer der Beschäftigung 18 zusammenhängende Arbeitstage nicht übersteigt und der Arbeitslohn durchschnittlich 42 DM je Arbeitstag nicht übersteigt oder die Beschäftigung zu einem unvorhergesehenen Zeitpunkt sofort erforderlich wird. Eine Beschäftigung in geringem Umfang und gegen geringen Arbeitslohn ist gegeben, wenn der Arbeitnehmer-Ehegatte zwar laufend beschäftigt wird, die wöchentliche Arbeitszeit jedoch 19 Stunden und der wöchentliche Arbeitslohn 120 DM nicht übersteigt. Grundsätzlich jedoch ist zu beachten, daß eine Pauschalierung nur zulässig ist, wenn der durchschnittliche Stundenlohn während der Beschäftigungsperiode 12 DM nicht überschreitet (§ 40a Abs. 3 EStG).

Für diese Fälle ist im Einkommensteuergesetz die Möglichkeit der Lohnsteuerpauschalierung mit einem Pauschsteuersatz von 10 v. H. des Arbeitslohnes vorgesehen. D. h. mit der Abführung der 10prozentigen Lohnsteuerpauschale auf das Arbeitseinkommen des Arbeitnehmer-Ehegatten seitens des Arbeitgeber-Ehegatten entfällt die Hinzurechnung des Arbeitseinkommens zum Freiberufler-Einkommen im Rahmen der Zusammenveranlagung. Der Arbeitslohn aber kann in voller Höhe als Betriebsausgabe von den

Praxiseinnahmen abgezogen werden. Dabei ist jedoch zu beachten, daß der Arbeitgeber-Ehegatte die pauschale Lohnsteuer zu übernehmen hat (§ 40 Abs. 3 EStG). Außerdem ist er unabhängig davon, ob der Arbeitnehmer-Ehegatte einer steuererhebungsrechtlichen Religionsgemeinschaft angehört oder nicht, zur Abführung einer pauschalen Kirchensteuer von 7 v. H. der Lohnsteuer verpflichtet. Und schließlich trägt der Arbeitgeber-Ehegatte nach § 381 RVO bis zu einem Einkommen des Arbeitnehmer-Ehegatten von ¹⁄₁₀ der Beitragsbemessungsgrenze der Rentenversicherung – das sind im Jahre 1987 monatlich 570 DM – die Sozialversicherungsbeiträge voll.

Beispiel:

Ein Rechtsanwalt/Notar beschäftigt seine Frau in der eigenen Praxis zu einem monatlichen Gehalt von 500 DM. Ihre Arbeitszeit wird auf weniger als 19 Wochenstunden festgesetzt, so daß keine Arbeitslosenversicherungspflicht besteht (§ 169 Nr. 6 i. V. m. § 102 Abs. 1 Arbeitsförderungsgesetz). An monatlicher Lohn- und Kirchensteuer sind pauschal 53,50 DM zu zahlen. Die monatlichen Beiträge für die Renten- und Krankenversicherung betragen 153,50 DM, die der Arbeitgeber-Ehegatte zusätzlich zum Gehalt zu zahlen hat. Das zu versteuernde Jahreseinkommen des Rechtsanwalts/Notars ohne die Beschäftigung seiner Ehefrau wird mit 100000 DM angenommen. Der jährliche steuerliche Vorteil aufgrund der Beschäftigung des Ehegatten errechnet sich dann wie folgt:

Zu versteuerndes Einkommen ohne Ehegatten-Arbeitsvertrag		100000 DM
Ehegattengehalt	./.	6000 DM
Lohn- und Kirchensteuerpauschale (10,7 v. H.)	./.	642 DM
Sozialversicherungsbeiträge	./.	1842 DM
Zu versteuerndes Einkommen mit Ehegatten-Arbeitsvertrag		91516 DM

Ergebnis: In diesem Beispiel errechnet sich aus der Arbeitnehmertätigkeit der Ehefrau ein steuerlicher Vorteil von 3796 DM (29014 DM ESt auf 100000 DM ./. 25218 DM ESt auf 91516 DM) abzüglich 642 DM gezahlte pauschale Lohn- und Kirchensteuer, die nicht im Rahmen der Einkommensteuerveranlagung angerechnet wird, also von insgesamt 3154 DM. Dem stehen aber Sozialversicherungsbeiträge von 1842 DM gegenüber, die den finanziellen Gesamtvorteil auf 1312 DM schrumpfen lassen. Wenn dadurch jedoch gleichzeitig private Versicherungsbeiträge wie insbesondere Krankenversicherungsbeiträge wegfallen, sind diese bei der Vorteilsberechnung hinzuzurechnen. Außerdem werden Ansprüche gegen die Rentenversicherung erworben.

105   Wer jedoch auch die Sozialversicherungsbeiträge einsparen möchte, muß als Arbeitgeber-Ehegatte eine Vereinbarung mit dem Arbeitnehmer-Ehegatten treffen, wonach der monatliche Arbeitslohn 420 DM nicht übersteigt und die wöchentliche Arbeitszeit weniger als 15 Stunden beträgt. In dem Fall besteht keine Sozialversicherungspflicht und der Lohn kann pauschal versteuert werden.

Beispiel:

Ein Rechtsanwalt/Notar beschäftigt seine Ehefrau in der eigenen Praxis zu einem monatlichen Gehalt von 380 DM bei einer wöchentlichen Arbeitszeit von 10 Stunden. An monatlicher Lohn- und Kirchensteuer sind pauschal 40,66 DM zu zahlen, Sozialversicherungsbeiträge fallen nicht an. Das zu versteuernde Jahreseinkommen des Rechtsanwalts/Notars ohne die Beschäftigung seiner Ehefrau wird mit 100000 DM angenommen. Der jährliche steuerliche Vorteil aufgrund der Beschäftigung des Ehegatten errechnet sich dann wie folgt:

Zu versteuerndes Einkommen ohne Ehegatten-Arbeitsvertrag	100000 DM
Ehegattengehalt	./. 4560 DM
Lohn- und Kirchensteuerpauschale (10,7 v. H.)	./. 488 DM
Zu versteuerndes Einkommen mit Ehegatten-Arbeitsvertrag	94952 DM

Ergebnis: In diesem Beispiel errechnet sich aus der Arbeitnehmertätigkeit der Ehefrau ein steuerlicher Vorteil von 2256 DM (29014 DM ESt auf 100000 DM ./. 26758 DM ESt auf 94952 DM) abzüglich 488 DM gezahlte pauschale Lohn- und Kirchensteuer, die im Rahmen der Einkommensteuerveranlagung nicht angerechnet wird, also von insgesamt 1768 DM.

Der höhere finanzielle Gesamtvorteil durch die Beschäftigung des Ehegatten in der eigenen Praxis ist also immer dann zu erzielen, wenn die Gehaltsvereinbarung unter der Sozialversicherungspflichtgrenze von monatlich 420 DM liegt. Wer aber auch den Sozialversicherungsschutz für seinen Ehegatten wünscht, sollte eine Gehaltsvereinbarung zwischen 420 DM und 500 DM monatlich treffen, die noch den Vorteil der Lohnsteuerpauschalierung mit sich bringt. Darüber hinausgehende Gehaltsvereinbarungen sind nur aus außersteuerlichen Gründen sinnvoll.

Zu erwähnen sind schließlich noch folgende weitere Vorteile aus einem **106** Ehegatten-Arbeitsverhältnis:

– **Vermögenswirksame Leistungen**
Die Vergünstigungen nach dem 5. Vermögensbildungsgesetz für Leistungen bis 936 DM pro Jahr (Arbeitnehmersparzulage, Prämie) stehen auch dem Arbeitnehmer-Ehegatten zu, wenn im Rahmen der Zusammenveranlagung mit dem Arbeitgeber-Ehegatten das gemeinsam zu versteuernde Einkommen jährlich 48000 DM zuzüglich 1800 DM pro Kind nicht übersteigt.

– **Aufwendungen für die Zukunftssicherung**
Leistungen für die Zukunftssicherung des Arbeitnehmer-Ehegatten wie für den Fall der Krankheit, des Unfalls, der Invalitität, des Alters oder des Todes. Sie sind lohnsteuerfrei, soweit sie 312 DM jährlich nicht übersteigen (§ 2 Abs. 3 Nr. 2 LStDV).

– **Sonstige betriebsübliche Aufwendungen**
Geburtsbeihilfen, Unterstützungen, die Gewährung freier Unterkunft und Verpflegung, soweit sie ausnahmsweise zum tariflichen oder vertraglich vereinbarten angemessenen Gehalt gehört, und ähnliche Zuwendungen an den Arbeitnehmer-Ehegatten können unter der Voraussetzung, daß sie betriebsüblich sind, als Betriebsausgaben abgesetzt werden (BVerfG vom 22. 7. 1970, BStBl. II S. 652).

c) Direktversicherung für den mitarbeitenden Ehegatten

Rechtsanwälte/Notare, die ihren Ehepartner in der eigenen Praxis beschäf- **107** tigen und für diesen eine Direktversicherung als betriebliche Altersversorgungsleistung abschließen, können erhebliche Steuerersparnisse erzielen,

wenn sie die vom Gesetzgeber, von der Rechtsprechung und der Finanzverwaltung entwickelten Rahmenbedingungen beachten.

108 Eine Direktversicherung ist eine **Lebensversicherung auf das Leben des
Arbeitnehmers,** die durch den Arbeitgeber abgeschlossen worden ist und
bei der der Arbeitnehmer oder seine Hinterbliebenen hinsichtlich der Versor-
gungsleistungen ganz oder teilweise bezugsberechtigt sind (§ 1 Abs. 2
BetrAVG). Bei Ehegatten-Arbeitsverhältnissen ist also Versicherungsnehmer der Arbeitgeber-Ehegatte und Versicherter der Arbeitnehmer-Ehegatte.
Die Anerkennung von Direktversicherungsbeiträgen zugunsten des Arbeitnehmer-Ehegatten als steuerlich abzugsfähige Betriebsausgaben hängt von
folgenden **Voraussetzungen** ab (BMF-Schreiben vom 4. 9. 1984 – IV B 1 – S
2176 – 85/84):

– **Anerkanntes Ehegatten-Arbeitsverhältnis**
Arbeitsverhältnisse zwischen Ehegatten werden steuerrechtlich nur anerkannt, wenn sie ernsthaft vereinbart sind und tatsächlich durchgeführt
werden. Maßstab für die Ernsthaftigkeit ist, daß die gegenseitigen Beziehungen der Ehegatten im Rahmen des Arbeitsverhältnisses im wesentlichen die gleichen sind, wie sie zwischen Fremden bestehen würden
(Abschn. 174a Abs. 3 EStR).

– **Ernsthaftes Wollen und klare Vereinbarung**
Die Verpflichtung aus der Zusage der Direktversicherung muß ernstlich
gewollt sowie klar und eindeutig vereinbart sein. Da bei Abschluß einer
Direktversicherung zugunsten des Arbeitnehmer-Ehegatten das Vertrags-
verhältnis durch die Einschaltung eines Versicherungsunternehmens und
durch die Begründung einer bestimmten Rechtsstellung des Bezugsbe-
rechtigten geprägt ist, bedarf es in der Regel keiner weiteren Prüfung der
Ernsthaftigkeit der getroffenen Vereinbarungen (BFH vom 10. 11. 1982,
BStBl. 1983 II S. 173).

– **Betriebliche Veranlassung**
Der Abschluß der Versicherung muß dem Grunde nach betrieblich veranlaßt sein. Das ist der Fall, wenn auch familienfremden Arbeitnehmern, die
nach ihren Tätigkeits- und Leistungsmerkmalen mit dem Arbeitnehmer-
Ehegatten vergleichbar sind oder eine geringerwertige Tätigkeit ausüben,
eine vergleichbare Direktversicherung eingeräumt oder zumindest ernsthaft angeboten worden ist. Dabei reicht es aus, daß die betriebliche Altersversorgung nur einer Spitzengruppe, zu der auch der Arbeitnehmer-Ehegatte gehört, erteilt wird (BFH vom 30. 3. 1983, BStBl. II S. 664). Außerdem dürfen die familienfremden Arbeitnehmer im Zeitpunkt des Ab-
schlusses oder des ernsthaften Angebotes der Versicherung auf ihr Leben
dem Betrieb nicht wesentlich länger angehört haben als der Arbeitnehmer-Ehegatte in dem Zeitpunkt, in dem die Versicherung auf sein Leben
abgeschlossen wird. Und schließlich muß die Direktversicherung für den
familienfremden Arbeitnehmer, wenn der Arbeitnehmer-Ehegatte eine
zusätzliche Versorgung zum Gehalt erhalten hat, ebenfalls als eine zusätzliche Entlohnung und nicht etwa im Wege der Gehaltsumwandlung eingeräumt oder ernsthaft angeboten worden sein.

Ist ein betriebsinterner Vergleich nicht möglich, wird die betriebliche Veranlassung der Direktversicherung auch dann anerkannt, wenn der Arbeitgeber-Ehegatte mit hoher Wahrscheinlichkeit einem familienfremden Arbeitnehmer mit den Tätigkeits- und Leistungsmerkmalen des Arbeitnehmer-Ehegatten ebenfalls eine solche betriebliche Altersversorgung eingeräumt haben würde (BFH vom 28. 7. 1983, BStBl. 1984 II S. 60). Bei diesem sog. betriebsexternen Vergleich kommt es also darauf an, ob die Vereinbarung über die betriebliche Altersversorgung im wesentlichen wie unter Fremden ausgestaltet ist.

Beispiele:

Es werden neben dem Arbeitnehmer-Ehegatten keine weiteren Arbeitnehmer beschäftigt; es wird eine der Tätigkeit des Arbeitnehmer-Ehegatten gleichwertige Tätigkeit von anderen Arbeitnehmern im Betrieb nicht ausgeübt und Arbeitnehmern mit geringerwertiger Tätigkeit wird keine Direktversicherung gewährt oder ernsthaft angeboten.

– Angemessenheit

Wenn die betriebliche Veranlassung einer Direktversicherung des Arbeitnehmer-Ehegatten bejaht wird, muß darüber hinaus geprüft werden, ob sie der Höhe nach angemessen ist. Hat der Arbeitgeber mehrere Arbeitnehmer beschäftigt, ist diese Prüfung im betriebsinternen Vergleich der Beiträge zur Direktversicherung des Arbeitnehmer-Ehegatten mit Beiträgen zu Direktversicherungen oder entsprechenden ernsthaften Angeboten auf Abschluß einer Direktversicherung zugunsten familienfremder Arbeitnehmer durchzuführen.

Hat der Arbeitgeber keine vergleichbaren Arbeitnehmer, bleibt nur die Möglichkeit des betriebsexternen Vergleichs. In diesen Fällen stellt sich zum einen die Frage, ob die geleisteten Beiträge für die Direktversicherung zusammen mit dem tatsächlich gezahlten Arbeitsentgelt nicht zu einer überhöhten Lohnzahlung führen (BFH vom 30. 3. 1983, BStBl. II S. 664). Zum anderen ist die Frage zu klären, ob die Leistungen der betrieblichen Altersversorgung zusammen mit einer zu erwartenden Sozialversicherungsrente 75 v. H. des letzten steuerlich anzuerkennenden Arbeitslohns des Arbeitnehmer-Ehegatten nicht übersteigen. Um die Angemessenheit der Höhe der betrieblichen Altersversorgung überprüfen zu können, muß die Finanzverwaltung demnach die voraussichtliche Höhe der späteren Rentenbezüge des Arbeitnehmer-Ehegatten ermitteln. Ist der mitarbeitende Ehegatte nicht in der gesetzlichen Rentenversicherung versichert, liegt im Normalfall auch keine Überversorgung vor. Besteht jedoch eine Mitgliedschaft in der gesetzlichen Rentenversicherung, wird aus Vereinfachungsgründen eine verbleibende Versorgungslücke von maximal 30 v. H. der letzten Aktivbezüge unterstellt, so daß bei Überschreiten dieser Grenze durch Direktversicherungsleistungen von einer Überversorgung ausgegangen werden kann. Auf das Merkmal der Überversorgung kommt es aber nur an, wenn ein betriebsinterner Vergleich nicht möglich ist. Ist ein Teil der betrieblichen Altersversorgungsleistungen als überhöht und damit nicht angemessen anzusehen, so kann nicht für die gesamte Altersversorgung des Arbeitnehmer-Ehegatten, sondern nur hinsichtlich des nicht angemessenen Teils der Direktversicherungsbeiträge die steuerrechtliche Anerkennung versagt werden.

109 Welche **Steuervorteile** sind nun mit dem Abschluß steuerlich anzuerkennender Direktversicherungen zugunsten des mitarbeitenden Ehegatten verbunden? Grundsätzlich stellen die vom Arbeitgeber gezahlten Beiträge für eine Direktversicherung beim Arbeitnehmer lohnsteuerpflichtigen Arbeitslohn dar. Insoweit sind die Beiträge im Rahmen des § 10 EStG als Sonderausgaben abzugsfähig. Das gilt jedoch nicht, und darin liegt der eigentliche Steuervorteil begründet, soweit die Beiträge nach § 2 Abs. 3 Nr. 2 LStDV unter den Zukunftssicherungsfreibetrag in Höhe von 312 DM fallen oder nach § 40b EStG pauschal der Lohnsteuer unterworfen werden.

110 Für die Inanspruchnahme des **Zukunftssicherungsfreibetrages** ist eine wesentliche Voraussetzung, daß der Arbeitgeber die Direktversicherungsbeiträge zusätzlich zum Arbeitslohn erbringt. Für die Lohnsteuerpauschalierung – die nach Abzug des Zukunftssicherungsfreibetrages verbleibenden Direktversicherungsbeiträge sind bis 2400 DM pauschal mit 10 v. H. zu versteuern – kommt es hingegen nicht darauf an, ob die Beiträge zusätzlich zum Arbeitslohn oder durch Gehaltsumwandlung erbracht werden (Abschn. 96 Abs. 2 LStR). Folgende Bedingungen sind für die **Pauschalierung der Lohnsteuer** zu beachten:

– Die Versicherung darf nicht auf den Erlebensfall eines früheren als des 60. Lebensjahres abgeschlossen sein (§ 40b Abs. 1 Satz 2 EStG).
– Die Abtretung oder Beleihung eines dem Arbeitnehmer eingeräumten unwiderruflichen Bezugsrechts in dem Versicherungsvertrag muß ausgeschlossen sein (BMF-Schreiben vom 6. 6. 1980, BStBl. I S. 728).
– Eine vorzeitige Kündigung des Versicherungsvertrags durch den Arbeitnehmer muß ausgeschlossen sein (§ 40b Abs. 1 Satz 2 EStG).
– Die Versicherungsbeiträge müssen aus dem ersten Dienstverhältnis des Arbeitnehmers bezogen werden (§ 40b Abs. 2 Satz 1 EStG).

Wenn die genannten Voraussetzungen erfüllt sind und der Arbeitgeber-Ehegatte beim Abschluß einer Direktversicherung für seinen mitarbeitenden Ehegatten die steuerlich begünstigten Höchstbeträge ausnutzt, lassen sich erhebliche Steuerersparnisse erzielen. Außerdem fallen keine Sozialversicherungsbeiträge an, wenn die Direktversicherungsleistungen zusätzlich zum Arbeitsentgelt gezahlt werden.

Beispiel:
Ein Rechtsanwalt/Notar beschäftigt seinen Ehepartner im eigenen Betrieb und zahlt ihm zusätzlich zum Gehalt einen Jahresbeitrag für eine Direktversicherung von 2712 DM. Nach Abzug des steuer- und sozialversicherungsfreien Zukunftssicherungsfreibetrages verbleibt eine Beitragszahlung von 2400 DM, auf die pauschal 10 v. H. Lohnsteuer und, unabhängig davon ob der Arbeitnehmer-Ehegatte Mitglied einer Konfessionsgemeinschaft ist oder nicht, 0,7 v. H. Kirchensteuer (7 v. H. der Lohnsteuer) zu entrichten sind. Auch die 2400 DM unterliegen nicht der Sozialversicherungspflicht. Der Arbeitgeber-Ehegatte kann die gesamten Bei-

tragsleistungen an die Direktversicherung zuzüglich der darauf entfallenden Steuern als Betriebsausgaben abziehen. Der daraus resultierende jährliche Einkommensteuervorteil bei einem angenommenen Spitzensteuersatz (= Grenzsteuersatz) von 50 v. H. errechnet sich wie folgt:

Direktversicherungsbeitrag	2712,00 DM
Lohn- und Kirchensteuerpauschale (10,7 v. H.)	+ 256,80 DM
Betriebsausgaben	2968,80 DM
Einkommensteuerersparnis (50 v. H.)	./. 1484,80 DM

Ergebnis: In diesem Beispiel errechnet sich aus dem Abschluß der Direktversicherung für den mitarbeitenden Ehegatten ein steuerlicher Vorteil von 1228 DM (1484,80 DM Steuerersparnis ./. 256,80 DM gezahlte Pauschalsteuer). Das sind 45,3 v. H. der Direktversicherungsbeiträge.

Zusätzlich haben die Ehegatten die Möglichkeit, weitere Altersversor- **111** gungsaufwendungen im Rahmen des § 10 EStG als Sonderausgaben (vgl. Rz. 186 ff.) geltend zu machen, weil durch die pauschal versteuerten Direktversicherungsbeiträge der Höchstbetrag für den Abzug von Vorsorgeaufwendungen nicht gekürzt wird.

d) Reisekosten

Reisen können erhebliche Kosten verursachen. Sind sie beruflich bedingt, **112** stellen diese Kosten für den Rechtsanwalt/Notar Betriebsausgaben dar, die den zu versteuernden Gewinn entsprechend mindern. Wegen der damit verbundenen teils beträchtlichen Steuerersparnis werden von der Finanzverwaltung für die Anerkennung der steuerlichen Absetzbarkeit von Reisekosten jedoch strenge Maßstäbe angesetzt. Dabei geht es um die Verquickung von Berufs- und Privatinteressen, deren klare Trennung nicht immer zweifelsfrei ist. Da die Kosten für privat veranlaßte Reisen bzw. für den Teil einer Reise, der der privaten Lebensführung zuzurechnen ist, steuerlich nicht absetzbar sind, kommt der Führung des Nachweises, daß eine Reise ausschließlich oder überwiegend beruflichen Zwecken diente, die entscheidende Bedeutung zu. Das dürfte für reine Geschäftsreisen in aller Regel problemlos sein, für Informationsreisen zu Fachtagungen hingegen häufig Schwierigkeiten bereiten.

Durch die höchstrichterliche Rechtsprechung sind eine Reihe von Kriterien entwickelt worden, die der Finanzverwaltung eine **Trennung zwischen beruflicher und privater Veranlassung** einer Reise bzw. von Teilen einer Reise erleichtern sollen. Die Kenntnis dieser Kriterien ist wichtig, weil sie dem Steuerpflichtigen schon in der Planungsphase einer Reise die Möglichkeit geben, die Reisegestaltung entsprechend der Voraussetzungen für die steuerliche Absetzbarkeit der Reisekosten vorzunehmen. Als entscheidende **Kriterien für die berufliche Veranlassung** von Informationsreisen zu Fachtagungen gelten:

– Berufsbezogene Programmgestaltung

Das Tagungsprogramm muß auf die speziellen beruflichen Belange der Tagungsteilnehmer abgestellt sein.

- Straffe zeitliche Programmgestaltung
  Überflüssige Ruhetage sind zu vermeiden. Das bedeutet aber nicht, daß im Programm enthaltene Entspannungsphasen zur Erhaltung der Aufnahmefähigkeit der Teilnehmer, wie mehrstündige Ruhepausen und vortragsfreie Wochenenden, dem entgegenstehen.
- Gleichartigkeit des Teilnehmerkreises
  Der Teilnehmerkreis muß sich aus Angehörigen der gleichen Berufsgruppe zusammensetzen.
- Nachweis der Teilnahme an den Veranstaltungen
  Der Zahlungsnachweis allein genügt normalerweise nicht. Hinzu kommen muß eine Bescheinigung der Tagungsleitung über die Anwesenheit bei den Fachveranstaltungen. Auch inhaltliche Aufzeichnungen über die einzelnen Veranstaltungen kommen als Nachweis der Teilnahme in Betracht.

Für eine private Veranlassung von Reisen zu Fachtagungen sprechen **folgende Indizien:**

- Wahl eines touristisch interessanten Tagungsortes
- Häufiger Ortswechsel, der nicht aus sachlichen Gründen geboten ist
- Veranstaltung durch ein allgemeines Reiseunternehmen
- Besichtigung beliebter Touristenziele
- Verlegung des Programms in eine Zeit mit vielen Wochenenden und Feiertagen
- Benutzung eines erholsamen und zeitaufwendigen Beförderungsmittels zum Tagungsort
- Vorangehende oder nachfolgende Urlaubsreise am Tagungsort
- Mitnahme des Ehepartners, soweit das nicht aus beruflichen Gründen notwendig ist
- Unangemessenheit der Kosten im Verhältnis zum Praxisgewinn

Die Anerkennung der Reisekosten als Betriebsausgaben wird von der Finanzverwaltung an Hand dieser vom Bundesfinanzhof in laufender Rechtsprechung entwickelten Kriterien geprüft. Die Maßstäbe werden üblicherweise um so höher angelegt, je kostenträchtiger eine Reise ausfällt, d. h. an eine Auslandsreise werden bei der Prüfung der beruflichen Veranlassung höhere Anforderungen gestellt als an eine Inlandsreise. Ergibt die Prüfung, daß eine Reise auch aus privaten Gründen unternommen wurde und sind diese nicht nur von ganz untergeordneter Bedeutung, dann wird eine **Trennung der Kosten** in einen nicht als Betriebsausgaben berücksichtigungsfähigen privat veranlaßten Teil und einen als Betriebsausgaben berücksichtigungsfähigen beruflich veranlaßten Teil vorgenommen. Allerdings wird dann der beruflich veranlaßte Teil üblicherweise sehr eng ausgelegt und die besonders ins Gewicht fallenden Kostenanteile, wie insbesondere die Fahrtkosten, die gerade bei Auslandsreisen sehr zu Buche schlagen, dem privaten Sektor zugerechnet. Es empfiehlt sich deshalb immer, einen möglichst überzeugenden Nachweis über die ausschließliche oder überwiegend berufliche Veranlassung einer Reise zu führen.

Wird die ausschließliche oder überwiegend berufliche Veranlassung einer **113** Reise finanzamtlich anerkannt, sind **folgende Kosten** als Betriebsausgaben steuermindernd **abzugsfähig** (Abschnitt 119 Abs. 3 EStR):

– **Fahrtkosten**

Fahrtkosten können in Höhe der tatsächlichen Aufwendungen abgezogen **114** werden, und zwar unabhängig davon, ob die Reise im Inland oder Ausland stattfand. Sie sind durch Vorlage der Fahrkarten, Quittungen von Reisebüros oder Tankstellen, Fahrtenbücher oder in ähnlicher Weise nachzuweisen. Bei Benutzung eines privaten PKW, d. h. eines PKW, der nicht zum Praxisvermögen gehört, können die Fahrtkosten stattdessen aber auch ohne Einzelnachweis in Höhe eines Pauschbetrages von 0,42 DM je gefahrenen Kilometer geltend gemacht werden.

– **Übernachtungskosten**

Hinsichtlich der steuerlichen Berücksichtigung von Übernachtungskosten **115** (= Unterbringungskosten) ist zwischen Inlandsreisen und Auslandsreisen zu unterscheiden. Bei **Inlandsreisen** können Übernachtungskosten nur **in der nachgewiesenen Höhe** abgezogen werden. Pauschbeträge gibt es nicht. Das schließt jedoch nicht aus, daß die Höhe der Übernachtungskosten geschätzt werden kann, wenn ihre Entstehung dem Grunde nach unbestritten ist. Im Falle der Übernachtung bei Bekannten oder Verwandten läßt das Finanzamt aber keinen Betriebsausgabenabzug zu. Die Kosten des Frühstücks gehören zu den Aufwendungen für Verpflegung. Sie sind mit 15 v. H. des Verpflegungspauschbetrages (vgl. Rz. 120) herauszurechnen, wenn im Rechnungsbetrag der Übernachtungsstätte eine Aufschlüsselung fehlt.

Bei **Auslandsreisen** hingegen können die Übernachtungskosten anstelle **116** des Einzelnachweises auch mit besonderen Pauschbeträgen anerkannt werden. Insoweit besteht ein **Wahlrecht**. Dieses Wahlrecht ist einheitlich für die gesamte Reise zu treffen. Bei mehreren Reisen innerhalb eines Jahres kann das Wahlrecht allerdings unterschiedlich ausgeübt werden. Die Pauschbeträge sind nach Ländergruppen und Jahreseinkünften in folgender Weise gestaffelt (Abschn. 119 Abs. 4 Nr. 2 EStR):

Bei Jahreseinkünften von	Ländergruppe			
	I	II	III	IV
	DM	DM	DM	DM
nicht mehr als 40 000 DM	41	55	69	84
mehr als 40 000 DM	46	60	74	89

Die wichtigsten europäischen Reiseländer sind folgenden Ländergruppen zugeordnet (Abschn. 119 Abs. 4 Nr. 7 EStR):

Ländergruppe   I: Griechenland, Jugoslawien, Österreich, Portugal, Spanien

Ländergruppe II: Luxemburg, Niederlande
Ländergruppe III: Belgien, Dänemark, Frankreich, Italien, Schweiz, Sowjetunion
Ländergruppe IV: Finnland, Großbritannien, Irland, Norwegen, Schweden (nachrichtlich: Japan, Saudi-Arabien, USA)

– **Mehraufwendungen für Verpflegung**

117   Hinsichtlich der Verpflegungsmehraufwendungen besteht nicht nur bei Auslandsreisen, sondern auch bei Inlandsreisen ein **Wahlrecht zwischen** dem **Einzelnachweis und** der Inanspruchnahme von **Pauschbeträgen.** Wiederum gilt, daß die einmal getroffene Entscheidung sich auf alle Tage einer Reise bezieht. Eine unterschiedliche Ausübung des Wahlrechts ist nur von Reise zu Reise möglich, nicht aber innerhalb einer Reise.

118   Beim Einzelnachweis wird als Mehraufwand derjenige Betrag steuerlich berücksichtigt, der sich nach **Abzug der Haushaltsersparnis** von den gesamten Aufwendungen für Verpflegung ergibt. Die Haushaltsersparnis ist mit ⅕ der Aufwendungen für Verpflegung, höchstens mit 6 DM je Reisetag, anzusetzen. Ein Abzug der Haushaltsersparnis ist jedoch nur insoweit vorzunehmen, als dadurch die Pauschbeträge für Verpflegungsmehraufwand nicht unterschritten werden.

119   Außerdem sind die Verpflegungsmehraufwendungen auch bei Einzelnachweis nicht unbegrenzt abzugsfähig. Hier hat der Gesetzgeber folgende **Höchstbeträge** für einen vollen Reisetag (Abwesenheit mehr als 12 Stunden) festgesetzt (§ 8 EStDV):
– bei Inlandsreisen 64 DM
– bei Auslandsreisen gestaffelt nach Ländergruppen zwischen 70 und 134 DM

120   Bei der Beanspruchung von **Pauschbeträgen** für Verpflegungsmehraufwendungen werden im Rahmen von **Inlandsreisen** folgende Tagessätze anerkannt:
– für eintägige Reisen bei Jahreseinkünften von nicht mehr als

25 000 DM	31 DM
mehr als 25 000 DM, aber nicht mehr als 50 000 DM	33 DM
mehr als 50 000 DM	35 DM

– für mehrtägige Reisen bei Jahreseinkünften von nicht mehr als

25 000 DM	42 DM
mehr als 25 000 DM, aber nicht mehr als 50 000 DM	44 DM
mehr als 50 000 DM	46 DM

Die Anwendung der vollen Pauschbeträge setzt eine mehr als zwölfstündige Abwesenheit voraus. Sie ermäßigt sich für jeden Reisetag, an dem die Abwesenheit
– nicht mehr als 12 Stunden, aber mehr als 10 Stunden gedauert hat, auf   ⁸⁄₁₀
– nicht mehr als 10 Stunden, aber mehr als 7 Stunden gedauert hat, auf   ⁵⁄₁₀
– nicht mehr als 7 Stunden, aber mehr als 5 Stunden gedauert hat, auf   ³⁄₁₀

Für Reisen, die 5 Stunden Abwesenheit nicht übersteigen, gibt es keinen Pauschbetrag. In dem Fall müssen die Reisekosten grundsätzlich im einzelnen nachgewiesen werden.

Im Rahmen von **Auslandsreisen** sind bei der Beanspruchung von **121** **Pauschbeträgen** für Verpflegungsmehraufwendungen die Tagessätze nach Ländergruppen und Jahreseinkünften in folgender Weise gestaffelt (Abschn. 119 Abs. 4 Nr. 1 EStR):

Bei Jahreseinkünften von	Ländergruppe			
	I	II	III	IV
	DM	DM	DM	DM
nicht mehr als 40 000 DM	45	60	75	90
mehr als 40 000 DM	50	66	81	96

Für Auslandsreisetage, an denen die Abwesenheit nicht mehr als 12 Stunden beträgt, sind die gleichen Abschläge auf die vollen pauschalen Verpflegungsmehraufwendungen wie bei inländischen Reisen (vgl. Rz. 120) vorzunehmen.

– **Nebenkosten**

Und schließlich sind auch die Reise-Nebenkosten, wie z. B. die Kosten für **122** die Beförderung und Aufbewahrung von Gepäck, für Telephon, Telegramme, Porto, Garage, Parkplatz, für die Benutzung von Straßenbahn oder Taxi am Reiseort, für Reisegepäck- und Flugunfallversicherungen usw. steuerlich abzugsfähig, und zwar in nachgewiesener oder glaubhaft gemachter Höhe.

e) Personenkraftwagen

aa) Berufliche Nutzung. In aller Regel benutzt der Rechtsanwalt/Notar seinen **123** Personenkraftwagen (PKW) beruflich und privat. Da das Finanzamt nur den beruflich veranlaßten Teil der Aufwendungen für den PKW als Betriebsausgaben anerkennt, ist eine Aufteilung der Gesamtaufwendungen entsprechend der Nutzungsverhältnisse erforderlich (Abschn. 118 Abs. 3 EStR; BFH vom 9. 10. 1953, BStBl. III S. 337).

Der Nachweis über den beruflichen Nutzungsanteil des PKW obliegt **124** grundsätzlich dem Steuerpflichtigen. Er wird am besten mittels eines **Fahrtenbuches** geführt, in dem sämtliche Fahrten nach der Anzahl der zurückgelegten Kilometer und dem beruflichen oder privaten Zweck nebst den steuerrechtlich gesondert zu behandelnden Fahrten zwischen Wohnung und Arbeitsstätte angegeben sind. Die Finanzverwaltung verlangt jedoch nicht, daß ein solches Fahrtenbuch fortwährend erstellt wird. Wenn die Nutzungsverhältnisse keinen großen Schwankungen unterliegen, genügt der Nachweis

für einen repräsentativen Zeitraum von einem Vierteljahr bis zu einem Jahr.
Die auf diese Weise glaubhaft gemachte Nutzungsaufteilung kann bis zu
einer wesentlichen Änderung der Verhältnisse für die Kostenzurechnung
auch späterer Jahre zugrunde gelegt werden. Ein hoher beruflicher Nutzungsanteil in der Phase der Fahrtenbuchführung wirkt sich also auch in der
Folgezeit aus. Der Steuerpflichtige hat somit durchaus Spielraum, den beruflichen Nutzungsanteil zu seinen Gunsten zu beeinflussen.

125   Wenn dieser Nachweis nicht oder nicht glaubhaft geführt wird, geht die
Finanzverwaltung aus Vereinfachungsgründen davon aus, daß der **private**
Nutzungsanteil mindestens 20 bis 25 v. H. der Gesamtnutzung beträgt
(Abschn. 118 Abs. 2 Satz 3 EStR). Der Ansatz wird nicht schematisch, son-
dern nach den tatsächlichen Verhältnissen des Einzelfalles vorgenommen,
wobei die Ortsbezogenheit der beruflichen Tätigkeit, Größe und Preis des
Wagens, private Lebensverhältnisse und ähnliche Kriterien Berücksichti-
gung finden.

126   Liegt der jeweilige Anteil für die berufliche und private Nutzung fest, sind
die jährlichen Gesamtaufwendungen für das Fahrzeug zu ermitteln. Dazu
gehören zunächst die **PKW-Anschaffungskosten,** die sich zusammensetzen
aus:

– Kaufpreis
– Aufwendungen für Sonderausstattungen, die nicht im Kaufpreis enthalten
  sind
– Überführungskosten
– Zulassungsgebühren.

Die Anschaffungskosten sind, soweit sie nach der allgemeinen Verkehrsauffassung die Grenze der Angemessenheit nicht überschreiten (Abschn. 20
Abs. 22 Nr. 3 EStR) – diese Grenze dürfte in der Praxis je nach Einzelfall bei
maximal 50 000 DM liegen – auf die Gesamtnutzungsdauer zu verteilen und
abzuschreiben. Für Neuwagen ist in der Regel von einer vierjährigen Nutzungsdauer auszugehen, d. h. der jährliche Abschreibungsbetrag (AfA) beläuft sich auf 25 v. H. der Anschaffungskosten. Es kann aber auch eine längere oder kürzere Nutzungsdauer in Betracht kommen. Vor allem bei Kauf
eines Gebrauchtwagens wird meist von einer kürzeren Nutzungsdauer auszugehen sein, der jährliche Abschreibungssatz also höher ausfallen. Bei der
Berechnung des Jahres-Abschreibungsbetrages ist außerdem zu beachten,
daß im Anschaffungsjahr der Ansatz des vollen Abschreibungsbetrages nur
zulässig ist, wenn die Anschaffung des PKW in die erste Jahreshälfte fällt; bei
Anschaffung in der zweiten Jahreshälfte ist nur der halbe Jahres-Abschreibungsbetrag anzusetzen (Abschn. 43 Abs. 7 Satz 3 EStR).

127   Neben den abschreibbaren Anschaffungskosten fallen an weiteren **laufen-**
den Aufwendungen an:

– Kraftfahrzeugsteuer
– Beiträge zur Kraftfahrzeughaftpflichtversicherung
– Beiträge zur Kraftfahrzeugrechtsschutzversicherung
– Beiträge zu Kraftfahrervereinigungen (z. B. ADAC)

- Kraftstoffkosten
- Kosten für Öl
- Wartungskosten
- Reparaturkosten
- Pflegekosten
- TÜV-Gebühren
- Aufwendungen für eine Garage
- ggf. Aufwendungen für den angestellten Fahrer.

Alle bisher genannten Aufwendungen gelten als durch die PKW-Nutzung **128** bedingt und sind sämtlich bei der Aufteilung der Kosten nach Maßgabe der beruflichen und privaten Nutzungsverhältnisse zu berücksichtigen.

Beispiel:
Ein Rechtsanwalt/Notar, der seinen PKW nachgewiesenermaßen zu 80 v. H. beruflich nutzt, kauft sich zum Jahresbeginn einen neuen Wagen. Die Anschaffungskosten betragen insgesamt 28 000 DM. Seine laufenden Aufwendungen für diesen Wagen machen im Anschaffungsjahr 8000 DM aus. Der als Betriebsausgaben absetzbare berufliche Nutzungsanteil berechnet sich für das erste Jahr also wie folgt:

Anschaffungskosten	28 000 DM
Abschreibungsbetrag (4 Jahre Nutzungsdauer)	7 000 DM
Laufende Aufwendungen	8 000 DM
Jahresgesamtkosten	15 000 DM
Betriebsausgaben (80 v. H.)	12 000 DM

bb) Fahrten zwischen Wohnung und Praxis. Eine Besonderheit stellen jedoch **129** die Kosten für Fahrten zwischen Wohnung und Praxis dar (Abschn. 20 a EStR). Sie sind zwar ebenfalls Betriebsausgaben, dürfen jedoch normalerweise nicht mit den tatsächlichen Kosten, sondern nur **pauschal mit 0,36 DM pro km** für die einfache Entfernung zwischen Wohnung und Praxis abgezogen werden (§ 4 Abs. 5 Nr. 6 i. V. m. § 9 Abs. 1 Nr. 4 EStG). Das sind für die Hin- und Rückfahrt pro gefahrenen km also 0,18 DM. Außerdem ist die Abzugsfähigkeit auf eine Hin- und Rückfahrt täglich begrenzt. Eine Heimfahrt zum Mittagessen ist privater Natur und deshalb nicht abzugsfähig. Ist jedoch die tägliche Arbeitszeit zwangsläufig um mehr als vier Stunden unterbrochen, so handelt es sich um zwei selbständige Arbeitszeiten und die Pauschbeträge können in diesem Fall für zwei Fahrten zwischen Wohnung und Praxis gewährt werden (BFH vom 17. 12. 1971, BStBl. 1972 II S. 260). Werden schließlich an einem Tag mehrere Fahrten zwischen Wohnung und Praxis aus beruflichen Gründen durchgeführt, so dürfen auch diese Fahrten mit den Pauschbeträgen als Betriebsausgaben berücksichtigt werden (Abschn. 20 a Abs. 3 Satz 4 EStR).

Werden hingegen anläßlich einer Fahrt zwischen Wohnung und Praxis oder umgekehrt andere berufliche Angelegenheiten miterledigt, so können die dadurch bedingten Mehraufwendungen in voller Höhe als Betriebsausgaben abgezogen werden. Eine weitere Ausnahme von der Pauschalregelung besteht für **Körperbehinderte,** deren Erwerbsfähigkeit um mindestens

70 v. H. gemindert ist sowie für erheblich gehbehinderte Personen, deren Erwerbsfähigkeit um mindestens 50 v. H. gemindert ist. Sie können für Fahrten zwischen Wohnung und Praxis statt der Kilometerpauschale die im Regelfall weit höheren tatsächlichen Aufwendungen abziehen (Abschn. 20 a Abs. 4 EStR).

130　Zur Ermittlung der nicht abzugsfähigen Betriebsausgaben sind die **Aufwendungen** für Fahrten zwischen Wohnung und Praxis **gesondert festzustellen** (Abschn. 20 a Abs. 2 EStR). Aus Vereinfachungsgründen dürfen diese Aufwendungen unter Berücksichtigung der Gesamtfahrleistung mit Hilfe der Tabellen der deutschen Automobilklubs berechnet werden. Der Unterschiedsbetrag zwischen den so ermittelten Aufwendungen und den unter Zugrundelegung der Kilometer-Pauschbeträge errechneten abzugsfähigen Betriebsausgaben ist dem Praxisgewinn hinzuzurechnen.

Beispiel:

　Ein Rechtsanwalt/Notar fährt mit seinem PKW jährlich rd. 30000 km, davon 4000 km zwischen Wohnung und Praxis. Die Kosten je km Fahrleistung betragen nach der Tabelle eines Automobilklubs 0,40 DM. Auf die Fahrten zwischen Wohnung und Praxis entfallen also 4000 × 0,40 DM = 1600 DM. Absetzbar sind aber nur 4000 × 0,18 DM = 720 DM. Der Unterschiedsbetrag von 880 DM ist als nicht abzugsfähige Betriebsausgabe dem Praxisgewinn hinzuzurechnen.

　Es bleibt dem Steuerpflichtigen jedoch unbenommen, die tatsächlichen Aufwendungen zwischen Wohnung und Praxis nachzuweisen und den daraus ermittelten Unterschiedsbetrag zu den Pauschbeträgen dem Praxisgewinn hinzuzurechnen.

Beispiel:

　Ein Rechtsanwalt/Notar fährt mit seinem PKW jährlich rd. 15000 km, davon 3000 km zwischen Wohnung und Praxis. Die Gesamtaufwendungen (einschl. AfA) für seinen PKW betragen 4500 DM. Auf 1 km Fahrleistung entfallen also 4500 DM : 15000 = 0,30 DM. Auf die Fahrten zwischen Wohnung und Praxis entfallen danach 3000 × 0,30 DM = 900 DM. Absetzbar sind aber nur 3000 × 0,18 DM = 540 DM. Der Unterschiedsbetrag von 360 DM ist als nicht abzugsfähige Betriebsausgabe dem Gewinn hinzuzurechnen.

131　*cc) Unfallschäden.* Erleidet ein Rechtsanwalt/Notar auf einer beruflichen Fahrt einen Unfall mit seinem PKW, so sind die Unfallkosten ohne Rücksicht auf sein Verschulden in vollem Umfang Betriebsausgaben, es sei denn, daß für den Unfall private Gründe maßgebend sind (Abschn. 118 Abs. 3 Satz 6 EStR). Ein privater Grund ist z. B. bei durch Alkoholgenuß beeinträchtigter Fahrtüchtigkeit gegeben. Als abzugsfähige Betriebsausgaben gelten nicht nur die unmittelbaren Unfallkosten, sondern alle Aufwendungen, die mit dem Unfall zusammenhängen. Dazu gehören neben den Reparaturkosten auch Gesundheitsschäden, soweit diese nicht durch Entschädigungszahlungen Dritter gedeckt werden, Aufwendungen für einen Mietwagen, Gerichts- und Anwaltskosten sowie Zinsen für ein zur Deckung des Schadens aufgenommenes Darlehen.

Die Kosten für auf Privatfahrten entstehende Unfallschäden sind dagegen keine Betriebsausgaben. Eine Aufteilung im Verhältnis der beruflichen zur privaten Nutzung kommt nicht in Betracht (Abschn. 118 Abs. 3 Sätze 4 und 5 EStR). Ebenfalls nicht abzugsfähig sind Geldstrafen und Geldbußen im Straßenverkehr, und zwar auch dann nicht, wenn sie mit einer beruflichen Fahrt zusammenhängen (BFH vom 6. 11. 1968, BStBl. 1969 II S. 74).

dd) Zweitwagen. Auch die Aufwendungen für einen Zweitwagen sind steuer- **132** lich als Betriebsausgaben absetzbar, soweit eine berufliche Nutzung gegeben ist. Dabei handelt es sich wiederum um ein Nachweisproblem. Wurde ein Fahrtenbuch geführt, erfolgt die steuerliche Berücksichtigung entsprechend der Aufzeichnungen. Wurde kein Fahrtenbuch geführt, wird das Finanzamt bei der Ermittlung des beruflichen Nutzungsanteils neben Kilometerleistung und Anschaffungskosten auch berücksichtigen, ob Ehepartner und Kinder eigene Führerscheine, aber keine eigenen Autos haben, was Rückschlüsse auf einen hohen privaten Nutzungsanteil zuläßt.

Häufig wird der berufliche Nutzungsanteil des Zweitwagens dem beruflichen Nutzungsanteil des Erstwagens entsprechen. Selbst wenn diese Voraussetzung nicht gegeben ist, kann es zweckmäßig sein, aus Vereinfachungsgründen einen mittleren und gleich hohen beruflichen Nutzungsanteil für beide Wagen anzusetzen, weil dadurch eine einheitliche Aufteilung aller PKW-Kosten möglich ist.

ee) PKW-Verkauf. Die steuerlichen Auswirkungen bei Verkauf des beruflich **133** genutzten PKW hängen davon ab, ob das Fahrzeug zum Betriebs- oder Privatvermögen gehört. Wird der PKW zum überwiegenden Teil beruflich genutzt, zählt er zum Betriebsvermögen. Überwiegt jedoch der private Nutzungsanteil, zählt der PKW unter der für Rechtsanwälte/Notare normalerweise gegebenen Voraussetzung, daß der Gewinn durch Einnahmeüberschußrechnung ermittelt wird (§ 4 Abs. 3 EStG), zum Privatvermögen. Das muß keineswegs ein Nachteil sein. Im Gegenteil, denn der bei Verkauf erzielte Veräußerungserlös eines im Privatvermögen gehaltenen beruflich genutzten PKW unterliegt nicht der Besteuerung. Das ist anders für zum Betriebsvermögen rechnende PKW. Wird für diese ein Veräußerungserlös erzielt, erhöht sich dadurch der zu versteuernde Praxisgewinn.

Beispiel:

Ein Rechtsanwalt/Notar nutzt seinen PKW zu 80 v. H. beruflich. Der PKW gehört also zum Betriebsvermögen. Nachdem der Wagen abgeschrieben ist, verkauft er ihn für 10000 DM. Da der Buchwert durch die Abschreibung inzwischen auf 0 DM gesunken ist, muß der erzielte Preis von 10000 DM in voller Höhe als Einnahme dem Praxisgewinn hinzugerechnet werden.

Es kann deshalb ratsam sein, für zum Betriebsvermögen gehörende PKW nicht den höchsten zulässigen Abschreibungssatz von 25 v. H. in Anspruch zu nehmen, denn die Abschreibungen auf den PKW vermindern nur hinsichtlich des beruflichen Nutzungsanteils den Praxisgewinn, während der Verkaufserlös in vollem Umfang den steuerpflichtigen Praxisgewinn erhöht.

Beispiel:
Ein PKW kostet bei Anschaffung 40000 DM. Er wird zu 60 v. H. beruflich genutzt und gehört deshalb zum Betriebsvermögen. Nach 3 Jahren wird der Wagen zum Preis von 26000 DM verkauft.

Wenn der PKW mit dem Höchstsatz von 25 v. H. abgeschrieben wird, ergeben sich folgende Gewinnauswirkungen:

Kaufpreis	40000 DM
Abschreibung (40000 DM × 0,25 × 3)	30000 DM
Gewinnmindernder beruflicher Nutzungsanteil (30000 DM × 0,6)	18000 DM
Buchwert bei Verkauf	10000 DM
Verkaufspreis	26000 DM
Gewinnerhöhender Verkaufserlös (Verkaufspreis ./. Buchwert)	16000 DM

Ergebnis: Insgesamt errechnet sich aus der Abschreibung des beruflichen Nutzungsanteils und dem Verkaufserlös eine Gewinnminderung von 2000 DM.

Wenn der PKW hingegen nur mit 12,5 v. H. (8jährige Nutzungsdauer) abgeschrieben wird, ergeben sich folgende Gewinnauswirkungen:

Kaufpreis	40000 DM
Abschreibung (40000 DM × 0,125 × 3)	15000 DM
Gewinnmindernder beruflicher Nutzungsanteil (15000 DM × 0,6)	9000 DM
Buchwert bei Verkauf	25000 DM
Verkaufspreis	26000 DM
Gewinnerhöhender Verkaufserlös	1000 DM

Ergebnis: Insgesamt errechnet sich aus der Abschreibung des beruflichen Nutzungsanteils und dem Verkaufserlös eine Gewinnminderung von 8000 DM. Die Gewinnminderung ist also um 6000 DM höher als bei Ausnutzung der zulässigen Abschreibungshöchstbeträge.

f) Doppelte Haushaltsführung

134   Eine doppelte Haushaltsführung liegt immer dann vor, wenn der Steuerpflichtige außerhalb des Beschäftigungsortes einen eigenen Hausstand unterhält und außerdem am Beschäftigungsort wohnt. Die daraus resultierenden notwendigen Mehraufwendungen können steuerlich abgesetzt werden, wenn die doppelte Haushaltsführung beruflich veranlaßt ist. Diese für die Arbeitnehmer im Gesetz verankerte Regelung (§ 9 Abs. 1 Satz 3 Nr. 5 EStG) gilt entsprechend auch für Rechtsanwälte/Notare, die aus beruflichen Gründen zwei verschiedene Haushalte führen (§ 4 Abs. 4 EStG).

Die Anerkennung der steuerlichen Abzugsfähigkeit von Mehraufwendungen wegen doppelter Haushaltsführung als Betriebsausgaben hängt von folgenden **Voraussetzungen** ab (Abschn. 27 Abs. 1 und 4 LStR, Abschn. 20a Abs. 6 EStR):

– Berufliche Veranlassung

135   Das Halten einer zweiten Wohnung muß aus beruflichen Gründen veranlaßt sein. Davon kann ausgegangen werden, wenn der Rechtsanwalt/Notar durch die Einrichtung des zweiten Haushalts am Beschäftigungsort erhebliche Fahrzeit und/oder Fahrtkosten einsparen kann. Auch bei kurzer Entfernung zwischen Familienwohnsitz und Beschäftigungsort kann eine berufliche Veranlassung gegeben sein, wenn z. B. gesundheitliche Gründe

den Bezug einer Wohnung in der Nähe des Beschäftigungsortes notwendig machen (BFH vom 9. 3. 1979, BStBl. II S. 520). Die doppelte Haushaltsführung nach der Heirat ist nur dann beruflich veranlaßt, wenn beide Ehegatten an verschiedenen Orten ihrem Beruf nachgehen, jeweils dort wohnen und eine der beiden Wohungen zur gemeinsamen Familienwohnung machen (BFH vom 20. 3. 1980, BStBl. II S. 445); sie ist jedoch privat veranlaßt, wenn ein Ehegatte nicht berufstätig ist und die gemeinsame Wohnung in dessen bisheriger Wohnung genommen wird, während der berufstätige Ehegatte seine Wohnung am Beschäftigungsort beibehält (BFH vom 20. 12. 1982, BStBl. 1983 II S. 306). Auch die Wegverlegung des gemeinsamen Hausstandes vom Beschäftigungsort unter Beibehaltung eines zweiten Haushalts am Beschäftigungsort erfüllt nicht die gesetzlichen Voraussetzungen (BFH vom 2. 12. 1981, BStBl. 1982 II S. 298).

Ist der doppelte Haushalt jedoch einmal aus beruflichem Anlaß begründet worden, spielt es keine Rolle mehr, ob die Beibehaltung auf beruflichen oder privaten Gründen beruht (Abschn. 27 Abs. 1 Satz 7 LStR). So sind die Mehraufwendungen auch dann abzugsfähig, wenn die Aufrechterhaltung des doppelten Haushalts private Gründe hat, z. B. weil die Familie des Steuerpflichtigen nicht an dessen Beschäftigungsort umziehen will.

– Eigener Hausstand

Voraussetzung für die Anerkennung einer doppelten Haushaltsführung ist **136** ferner ein eigener Hausstand des Steuerpflichtigen. Einen eigenen Hausstand unterhält er dann, wenn er über eine Wohnung verfügt, die seinen Lebensbedürfnissen entspricht und in der haushaltswirtschaftliches Leben herrscht, an dem er sich sowohl finanziell als auch persönlich maßgeblich beteiligt (Abschn. 27 Abs. 4 LStR). Eine maßgebliche finanzielle Beteiligung an den Kosten des Familienhaushalts liegt vor, wenn die Zuwendungen nicht erkennbar unzureichend sind, wobei die Beteiligung auch darin bestehen kann, daß Mittel zur Beschaffung von Möbeln und sonstigen Gegenständen für den Familienhaushalt angespart werden. Die persönliche Mitwirkung am Familienhaushalt als Mittelpunkt der gemeinsamen Lebensinteressen hängt unter anderem von der Entfernung zum Beschäftigungsort ab.

Ledige, dauernd getrennt lebende Ehegatten, Geschiedene und Verwitwete können grundsätzlich keinen doppelten Haushalt führen, es sei denn, sie haben vor Aufnahme der auswärtigen Beschäftigung mit von ihnen finanziell abhängigen Angehörigen (z. B. Kinder, Eltern, Geschwister) einen eigenen Hausstand unterhalten, den sie auch nach Beginn der auswärtigen Beschäftigung weiterführen (BFH vom 16. 11. 1971, BStBl. 1972 II S. 132).

– Unterkunft am Beschäftigungsort

Eine Anerkennung der doppelten Haushaltsführung hat schließlich noch **137** zur Voraussetzung, daß der Steuerpflichtige an dem vom Familienwohnsitz entfernten Beschäftigungsort wohnt. Er muß dort allein wohnen, d. h. er darf nicht mit seiner Familie oder seiner Ehefrau einen Hausstand am

Beschäftigungsort unterhalten (BFH vom 29. 11. 1974, BStBl. 1975 II S. 459). Der Ort des eigenen Hausstandes und der Beschäftigungsort müssen auseinanderfallen (BFH vom 21. 1. 1972, BStBl. II S. 262). Zum Beschäftigungsort zählt auch das gesamte Einzugsgebiet des Ortes (BFH vom 9. 11. 1971, BStBl. 1972 II S. 134).

138 Wenn die vorgenannten drei Voraussetzungen erfüllt sind, kommen als steuerlich **abzugsfähige Mehraufwendungen** bei einem Beschäftigungsort im Inland in Betracht (Abschn. 27 Abs. 1 und 3 LStR, Abschn. 20a Abs. 6 Sätze 13 und 14 EStR):

– Erste und letzte Fahrt

139 Abzugsfähig sind die tatsächlichen Fahrtkosten für die erste Fahrt zum Beschäftigungsort und für die letzte Fahrt vom Beschäftigungsort zum Ort des eigenen Hausstands. Wer für diese Fahrten einen eigenen PKW benutzt, kann ohne besonderen Nachweis der tatsächlich entstandenen Fahrtkosten pro gefahrenen Kilometer 0,42 DM geltend machen.

– Familienheimfahrt

140 Abzugsfähig sind die Fahrtkosten für jeweils eine tatsächlich durchgeführte Familienheimfahrt wöchentlich. Bei Benutzung eines eigenen Personenkraftwagens werden ohne besonderen Nachweis pro Entfernungskilometer zwischen dem Ort des eigenen Hausstands und dem Beschäftigungsort 0,36 DM anerkannt.

– Verpflegung

141 Abzugsfähig sind die notwendigen Mehraufwendungen für Verpflegung, und zwar ohne Einzelnachweis für die ersten zwei Wochen seit Beginn der Tätigkeit am auswärtigen Beschäftigungsort 42 DM täglich und für die Folgezeit 16 DM täglich. Im Falle des Einzelnachweises sind in den ersten 14 Tagen der doppelten Haushaltsführung bis 64 DM und in der Folgezeit bis 22 DM täglich absetzbar (§ 6 LStDV, § 8a EStDV), wobei zunächst von den tatsächlichen Aufwendungen als Haushaltsersparnis ein Fünftel dieser Aufwendungen, höchstens aber 6 DM, abgezogen werden müssen. Der Höchstsatz von 64 DM wird also erreicht, wenn die Verpflegungskosten mindestens 70 DM betragen.

Für die Tage, an denen sich der Steuerpflichtige in dem gemeinsamen Hausstand aufhält, kommt der Pauschsatz für Verpflegungsmehraufwand nicht zur Anwendung, da keine Mehraufwendungen entstehen. Außerdem ist zu beachten, daß im Veranlagungszeitraum der Verpflegungsmehraufwand nur einheitlich über die Pauschsätze oder den Einzelnachweis geltend gemacht werden kann; ein Wechsel zwischen beiden Methoden innerhalb eines Veranlagungszeitraums ist nicht zulässig (BFH vom 5. 11. 1971, BStBl. 1972 II S. 139).

– Unterkunft

142 Abzugsfähig sind nur die notwendigen Kosten der Unterkunft am Beschäftigungsort in nachgewiesener Höhe, also für Miete, Heizung, Strom, Wasser usw. Überhöhte Kosten sind allerdings nach Lage des Einzelfalles auf die notwendigen Beträge zu reduzieren (BFH vom 16. 3. 1979, BStBl. II S. 473).

Bewohnt der Steuerpflichtige am Beschäftigungsort eine Wohnung, die ihm selbst gehört, so können seine Aufwendungen als Eigentümer (Abschreibungen, Reparaturen usw.) anstelle der Miete als Kosten der doppelten Haushaltsführung geltend gemacht werden (BFH vom 3. 12. 1982, BStBl. 1983 S. 467), allerdings begrenzt auf die Höhe üblicher Unterkunftskosten.

Die hier dargestellten als Betriebsausgaben abzugsfähigen Mehraufwen- **143** dungen wegen doppelter Haushaltsführung beziehen sich, darauf sei nochmals hingewiesen, nur auf Beschäftigungsorte im Inland. Liegt der Beschäftigungsort im Ausland, kommen besondere Regelungen (Abschn. 27 Abs. 2 LStR, Abschn. 20a Abs. 6 Satz 13 EStR) zum Tragen. Der Fall einer doppelten Haushaltsführung im Inland wird abschließend an einem Beispiel erörtert.

Beispiel:

Ein verheirateter Rechtsanwalt/Notar verlegt zum Jahresbeginn seine Praxis an einen 70 km vom Familienwohnsitz, den er beibehält, entfernten Ort. Dort bezieht er eine Wohnung, für die er monatlich an Miete und Nebenkosten 700 DM bezahlt. Für die Fahrten zwischen eigenem Hausstand und Beschäftigungsort benutzt er seinen eigenen Personenkraftwagen. Er ist 50 Wochen im Jahr am auswärtigen Beschäftigungsort tätig, und zwar jeweils an den 5 Werktagen. Soweit Pauschsätze für Mehraufwendungen anwendbar sind, verzichtet er auf Einzelnachweise. Am Jahresende kann er folgende Kosten für doppelte Haushaltsführung als Betriebsausgaben geltend machen:

– Erste Fahrt zum Beschäftigungsort (70 km × 0,42 DM)	29,40 DM
– Familienheimfahrten (50 Wochen × 70 km × 0,36 DM)	1 260,00 DM
– Verpflegungsmehraufwendungen für die ersten 2 Wochen (10 Werktage × 42 DM)	420,00 DM
– Verpflegungsmehraufwendungen für 48 Wochen (48 Wochen × 5 Werktage × 16 DM)	3 840,00 DM
– Unterkunft am Beschäftigungsort (700 DM Miete × 12 Monate)	8 400,00 DM
Summe	13 949,40 DM

g) Häusliches Arbeitszimmer

Aufwendungen für ein in der eigenen oder gemieteten Wohnung des **144** Rechtsanwalts/Notars eingerichtetes Arbeitszimmer können als Betriebsausgaben abgezogen werden, wenn feststeht, daß das Zimmer so gut wie **ausschließlich beruflich genutzt** wird (BFH vom 10. 3. 1970, BStBl. 1970 II S. 458). Das gilt auch dann, wenn das Arbeitszimmer nicht erforderlich (BFH vom 18. 10. 1983, BStBl. 1984 II S. 110) und/oder wenn eine private Mitbenutzung nur von untergeordneter Bedeutung ist.

Ob ein Raum die an ein häusliches Arbeitszimmer zu stellenden Voraus- **145** setzungen für eine nahezu ausschließliche berufliche Nutzung erfüllt, wird üblicherweise anhand folgender **Beweisanzeichen** entschieden (BFH vom 28. 10. 1964, BStBl. 1965 III S. 16):

– Art und Umfang der beruflichen Nutzung

– Trennung des Arbeitszimmers von den übrigen Räumen
– Einrichtung des Arbeitszimmers
– Größe der übrigen Wohnräume
– Größe der Familie

Ein Betriebsausgabenabzug kann also von der Finanzverwaltung nicht versagt werden, wenn in dem Zimmer nahezu ausschließlich berufliche Arbeiten – z. B. Buchführung, Schreiben von Rechnungen usw. – verrichtet werden, es sich um kein Durchgangszimmer zu anderen privat genutzten Räumen handelt, in ihm lediglich Arbeitsmöbel – Schreibtisch, Schreibtischlampe, Schreibtischsessel, Regale, Aktenschränke usw. – stehen und für die Familie genügend Wohnraum bleibt.

146   Sind auf Basis dieser Abgrenzungsmerkmale die Aufwendungen für das Arbeitszimmer dem Grunde nach als Betriebsausgaben anzuerkennen, so ist zur Ermittlung der Höhe der Aufwendungen u. a. maßgebend, ob sich das Arbeitszimmer in einer eigenen oder gemieteten Wohnung befindet. Wenn das Arbeitszimmer in einer Eigentumswohnung oder im eigenen Haus – egal, ob es sich nun um ein alleinbewohntes Ein-, Zwei- oder Mehrfamilienhaus oder um eine eigengenutzte Wohnung in einem ansonsten vermieteten Zwei- oder Mehrfamilienhaus handelt – gelegen ist, kommen als **abziehbare Aufwendungen** insbesondere die folgenden Kosten in Betracht (BFH vom 18. 10. 1983, BStBl. 1984 II S. 110):

– Schuldzinsen für Kredite, die zur Anschaffung, Herstellung oder Reparatur des Gebäudes oder der Eigentumswohnung verwendet worden sind
– Gebäudeabschreibung, soweit sie nicht bereits bei den Einkünften aus Vermietung und Verpachtung geltend gemacht werden
– Gebäudeversicherung
– Schornsteinfegergebühren
– Grundsteuer
– Müllabfuhrgebühren
– Wassergeld (einschl. Abwassergebühren)
– Stromkosten
– Heizungskosten
– Reinigungskosen (einschl. Straßenreinigungsgebühren)
– Aufwendungen für die Ausstattung des Zimmers
– Aufwendungen für die Renovierung des Zimmers.

147   Soweit die Kosten nicht – wie z. B. die Aufwendungen für die Ausstattung oder die Renovierung des Zimmers – nur für das häusliche Arbeitszimmer, sondern für das ganze Gebäude oder die ganze Eigentumswohnung anfallen, ist allein der auf das häusliche Arbeitszimmer entfallende Anteil der Gesamtaufwendungen als Betriebsausgaben abziehbar. Dieser Anteil ist grundsätzlich nach dem **Wohnflächenverhältnis,** also dem Verhältnis der Fläche des Arbeitszimmers zur Gesamtwohnfläche, zu ermitteln. Für die Wohnflächenberechnung ist § 42 der II Berechnungsverordnung (BGBl. 1984 I S. 553) maßgebend. Danach gehören zur Wohnfläche keine Nebenräume wie Keller, Waschküchen, Abstellräume, Dachböden, Trockenräume und Vorratsräume.

Beispiel:

Ein Rechtsanwalt/Notar hat in seinem Einfamilienhaus ein 15 m² großes Arbeitszimmer. Die gesamte Nutzfläche einschließlich aller Nebenräume beträgt 180 m², die Wohnfläche ohne Nebenräume 150 m². Seine Kosten in Form von Schuldzinsen, Gebäudeabschreibungen und Betriebskosten für das ganze Gebäude belaufen sich im Jahre 1987 auf 20 000 DM. Die als Betriebsausgaben für das häusliche Arbeitszimmer steuerlich abzugsfähigen Aufwendungen berechnen sich wie folgt:

Gesamtaufwendungen	20 000 DM
Aufteilungsverhältnis Arbeitszimmer zur Wohnfläche ohne Nebenräume	$\frac{1}{10}$
Auf das Arbeitszimmer entfallen demnach Aufwendungen in Höhe von	2000 DM

Ergebnis: Nach dieser Aufteilungsmethode errechnet sich also ein Betriebsausgabenabzug für das häusliche Arbeitszimmer von 2000 DM. Im Falle der Einbeziehung der Nebenräume in die Wohnfläche würde sich das Aufteilungsverhältnis auf $\frac{1}{12}$ verringern und damit der Betriebsausgabenabzug lediglich 1667 DM betragen.

Darüber hinaus steht es dem Steuerpflichtigen frei, eine noch günstigere **148** Aufteilungsmethode zu entwickeln, beispielsweise wenn die Betriebskosten für das Arbeitszimmer deutlich höher liegen als für die anderen Räume. Das muß jedoch im einzelnen nachgewiesen werden, was nur in Ausnahmefällen gelingen dürfte.

Bei der Ermittlung der anteiligen Kosten für ein **häusliches Arbeitszimmer** **149** **in einer Mietwohnung** ist nach der gleichen Aufteilungsmethode wie bei der eigenen Wohnung zu verfahren, nur die Kostenpalette differiert. So entfallen beispielsweise die Finanzierungskosten, also insbesondere Schuldzinsen auf Baukredite, sowie natürlich die Gebäudeabschreibungen. Dafür kommen die Mietaufwendungen und die Umlagen für Nebenleistungen hinzu.

Was die nicht aufzuteilenden Kosten für das Arbeitszimmer anbetrifft, wie **150** insbesondere **Ausstattungskosten,** so sind sie unabhängig von den Eigentumsverhältnissen an der Wohnung in voller Höhe als Betriebsausgaben abzugsfähig, und zwar bis zum Wert von 800 DM einschließlich Mehrwertsteuer sofort im Jahr der Anschaffung (Abschn. 84a EStR i. V. m. Abschn. 30 Abs. 3 LStR), bei höherem Wert verteilt über die voraussichtliche Nutzungsdauer. Selbst wenn ein Arbeitszimmer nicht vorhanden ist bzw. von der Finanzverwaltung nicht anerkannt wird, sind die Aufwendungen für überwiegend beruflich bedingte Einrichtungsgegenstände, die sich in der Privatwohnung befinden – z. B. Schreibtisch, Aktenschrank usw. – als Betriebsausgaben absetzbar (BFH vom 18. 2. 1977, BStBl. II S. 464).

h) Umzugskosten bei Wechsel der Privatwohnung

Kosten, die durch den Wechsel der Privatwohnung entstehen, kann der **151** Rechtsanwalt/Notar nur dann als Betriebsausgaben geltend machen, wenn einwandfrei feststeht, daß der Umzug nahezu ausschließlich auf **berufliche** **Gründe** zurückgeht und private Gründe keine oder nur eine ganz untergeordnete Rolle spielen. Der Umzug muß also durch eine Praxisverlegung, den Wechsel der Berufstätigkeit oder sonstige Veränderungen im beruflichen Bereich veranlaßt sein (BFH vom 18. 10. 1974, BStBl. 1975 II S. 327).

152 Für Arbeitnehmer ist die Abzugsfähigkeit der Umzugskosten als Werbungskosten eindeutig geregelt (Abschn. 26 Abs. 1 LStR). Die gleichen Grundsätze gelten auch für den Betriebsausgabenabzug der Umzugskosten von Freiberuflern. So werden für den beruflich veranlaßten Umzug des Privathaushalts Kosten bis zur Höhe der Beträge anerkannt, die ein vergleichbarer Bundesbeamter nach dem Bundesumzugskostengesetz (BUKG i. d. F. vom 13. 11. 1973, BGBl. I S. 1629, zuletzt geändert durch Trennungsgeldverordnung vom 20. 5. 1986, BGBl. I S. 745) erhalten würde. Danach gehören zur Umzugskostenvergütung (§ 3 BUKG):

(1) Beförderungsauslagen (§ 4 BUKG)

(2) Reisekosten (§ 5 BUKG)

(3) Mietentschädigungen bei doppelten Mietzahlungen für die alte und die neue Wohnung (§ 6 BUKG)

(4) Wohnungsvermittlungsgebühren (§ 6 a BUKG)

(5) Aufwendungen zum Beschaffen von Kochherden, Öfen und anderen Heizgeräten (§ 7 BUKG)

(6) Auslagen für zusätzlichen Unterricht der Kinder (§ 8 BUKG)

(7) Sonstige Umzugskosten in nachgewiesener Höhe (§ 10 BUKG; Verordnung zu § 10 BUKG, BGBl. 1974 I S. 103). Dazu zählen z. B. Aufwendungen für:

– Vorhänge

– Telefon, wenn in der bisherigen Wohnung ein Telefon vorhanden war

– Ummeldung von Autos

– durch den Schulwechsel der Kinder verursachte Kosten (Umschulungsgebühren, Schulbücher usw.)

– Schönheitsreparaturen in der bisherigen Wohnung, wenn sich aus dem Mietvertrag hierzu eine Verpflichtung ergibt, und zwar verteilt über einen längeren Zeitraum

(8) Pauschvergütung für sonstige Umzugsauslagen (§ 9 BUKG)

Anstelle des Einzelnachweises für sonstige Umzugsauslagen kann auch eine Pauschvergütung in Anspruch genommen werden, die sich nach Familienstand und Einkommen am Tage vor dem Einladen des Umzugsgutes richtet (§ 9 Abs. 1 BUKG i. V. m. Abschn. 26 Abs. 2 LStR):

Jahreseinkommen	Ledige	Verheiratete
bis 25 000 DM	450 DM	750 DM
25 001 bis 35 000 DM	525 DM	900 DM
35 001 bis 50 000 DM	600 DM	1050 DM
mehr als 50 000 DM	675 DM	1200 DM

Dem Verheirateten gleichgestellt ist der Verwitwete, der Geschiedene und der Ledige, der eine der in § 9 Abs. 4 BUKG genannten Personen –

das sind vor allem unterkunftsbedürftige und unterhaltsbedürftige Verwandte – in der neuen Wohnung aufgenommen hat. Außerdem erhöht sich der Pauschvergütungsbetrag für jede der in § 4 Abs. 3 Sätze 2 und 3 BUKG genannten Personen – das sind vor allem der Ehegatte und die Kinder – um 180 DM, wenn sie auch nach dem Umzug mit dem Umziehenden in häuslicher Gemeinschaft leben. Und schließlich wird ein Zuschlag in Höhe von 40 v. H. der gesamten Pauschvergütung gewährt, wenn der letzte Umzug nicht mehr als 5 Jahre zurückliegt.

Beispiel:

Ein Rechtsanwalt/Notar, der verwitwet ist und 3 Kinder hat, die noch bei ihm wohnen, muß zum zweiten Mal innerhalb von 5 Jahren aus beruflichen Gründen seinen privaten Wohnsitz verlegen. Sein Jahreseinkommen beträgt mehr als 50 000 DM. Er kann für sonstige Umzugskosten folgende Pauschvergütung geltend machen:

Grundbetrag für Verheiratete mit einem Jahreseinkommen über 50 000 DM	1200 DM
Zusatzbetrag für 3 Kinder	540 DM
Grundbetrag + Zusatzbetrag	1740 DM
Darauf Zuschlag wegen zweimaligen Umzug von 40 v. H.	696 DM
Pauschvergütung insgesamt	2436 DM

Abschließend sei noch darauf hingewiesen, daß die dargestellte Umzugs- **153** kostenvergütung sich auf inländische Umzüge bezieht. Für **Auslandsumzüge** gelten Sondervorschriften (vgl. §§ 16 ff. BUKG).

IV. Abschreibungen

Wirtschaftsgüter, soweit es sich nicht um Grund und Boden handelt, nut- **154** zen sich im Laufe der Zeit ab und verlieren dabei an Wert. Diesen fortlaufenden Wertverlust berücksichtigt das Steuerrecht durch die sogenannten Abschreibungen, die der Gesetzgeber **„Absetzung für Abnutzung" (AfA)** nennt. Die Abschreibungen auf das Praxisvermögen des Rechtsanwalts/Notars rechnen zu den Betriebsausgaben, die wegen ihrer besonderen Bedeutung jedoch üblicherweise gesondert behandelt werden. Dabei ist zu unterscheiden zwischen den Abschreibungen auf das bewegliche Anlagevermögen – das sind vor allem Einrichtungsgegenstände einer Praxis – und den Abschreibungen auf das unbewegliche Anlagevermögen; das ist vor allem das im Eigentum des Rechtsanwalts/Notars befindliche Praxisgebäude.

1. Abschreibung von Praxisgegenständen

Die Aufwendungen für Praxisgegenstände, deren betriebsgewöhnliche **155** Nutzung sich auf mehr als ein Jahr erstreckt und die in einem Anlageverzeichnis aufgeführt werden müssen, sind mit Ausnahme der geringwertigen

Wirtschaftsgüter (vgl. Rz. 161 ff.) mittels der Abschreibung auf die Nutzungsdauer zu verteilen. Die Nutzungsdauer der einzelnen Praxisgegenstände ist zu schätzen. Orientierungshilfe bietet die vom Bundesfinanzministerium herausgegebene **Abschreibungstabelle.** Danach beträgt die Nutzungsdauer der hauptsächlichen Anlagegüter in Praxen von Rechtsanwälten/Notaren für:

– Beleuchtungskörper innen	8 Jahre
– Beleuchtungskörper außen	3 Jahre
– Büromaschinen (Buchungsmaschinen, Diktiergeräte, Elektronenrechner, Fotokopiergeräte, Rechenmaschinen, Schreibmaschinen, Tonbandgeräte, Vervielfältigungsgeräte usw.)	5 Jahre
– Büromöbel	10 Jahre
– Klimaanlagen	8 Jahre
– Nachrichtenübermittlungsgeräte	8 Jahre
– Panzerschränke	20 Jahre
– Personenkraftwagen	4 Jahre

Im Einzelfall können besondere Verhältnisse auch zu einer kürzeren Nutzungsdauer und damit höheren Abschreibungswerten führen.

a) Normalabschreibung

156   Soweit es sich nicht um sogenannte geringwertige Wirtschaftsgüter handelt, die sofort in voller Höhe als Betriebsausgaben absetzbar sind (vgl. Rz. 161 ff.), stehen bei beweglichen Anlagegütern des Praxisvermögens die beiden Methoden der Normalabschreibung zur Wahl:
– Lineare Abschreibung nach § 7 Abs. 1 EStG
– Degressive Abschreibung nach § 7 Abs. 2 EStG.
Bei der **linearen Abschreibung** werden die Aufwendungen gleichmäßig auf die voraussichtliche Nutzungsdauer des Praxisgegenstandes verteilt. Bei der **degressiven Abschreibung** werden dagegen die Praxisgegenstände nicht mit gleichen, sondern mit fallenden Jahresbeträgen abgeschrieben, und zwar durch Bemessung der Abschreibung nach einem unveränderlichen Hundertsatz vom jeweiligen Buchwert (Restwert). Der dabei anzuwendende Hundertsatz ist begrenzt. Er darf höchstens das Dreifache des bei linearer Abschreibung in Betracht kommenden Hundertsatzes betragen und 30 v. H. nicht übersteigen.

Beispiel:
Ein Rechtsanwalt/Notar kauft ein Fernschreibgerät zum Preis von 40 000 DM. Die finanzamtlich anerkannte Nutzungsdauer beläuft sich auf 8 Jahre. Bei Anwendung der linearen Abschreibungsmethode beträgt der Abschreibungssatz 12,5 v. H. Daraus errechnet sich ein jährlicher Abschreibungsbetrag von 5000 DM. Bei Anwendung der degressiven Abschreibungsmethode beträgt der höchste zulässige Abschreibungssatz 30 v. H., weil das Dreifache des linearen Abschreibungssatzes mit 37,5 v. H. die Höchstgrenze von 30 v. H. übersteigt. Daraus errechnen sich folgende Abschreibungsbeträge:

1. Jahr (30 v. H. von 40000 DM Anschaffungskosten)   12000 DM
2. Jahr (30 v. H. von 28000 DM Restwert)   7840 DM
3. Jahr (30 v. H. von 20160 DM Restwert)   6048 DM
usw.

Wichtig ist außerdem zu wissen, daß von der degressiven zur linearen **157**
Abschreibungsmethode ein **Wechsel** möglich ist, nicht aber umgekehrt ein
Wechsel von der linearen zur degressiven Abschreibungsmethode (§ 7 Abs. 3
EStG). Wer also möglichst hohe Abschreibungsbeträge in den Anfangsjahren erzielen möchte und deshalb die degressive Abschreibung vorzieht, sollte
dann auf die lineare Abschreibung umsteigen, wenn der degressive Abschreibungsbetrag den linearen Abschreibungsbetrag auf den Restwert unterschreitet.

Beispiel:
Bei Fortführung des vorgenannten degressiven Abschreibungsbeispiels ergibt
sich folgende Entwicklung der Abschreibungsbeträge:
4. Jahr (30 v. H. von 14112 DM Restwert)   4234 DM
5. Jahr (30 v. H. von 9888 DM Restwert)   2967 DM
6. Jahr (30 v. H. von 6921 DM Restwert)   2076 DM
Der lineare Abschreibungsbetrag auf den Restwert ab dem 6. Jahr betrüge
dagegen 6921 DM : 3 = 2307 DM. Für die restlichen 3 Jahre Nutzungsdauer
wäre in diesem Fall also ein Wechsel der Abschreibungsmethode im 6. Jahr empfehlenswert.

Beachtet werden muß auch, daß **abnutzbare Wirtschaftsgüter** im Jahr der **158**
Anschaffung grundsätzlich **nur zeitanteilig** für die Monate ab dem Anschaf-
fungszeitpunkt **abschreibbar** sind. Aus Vereinfachungsgründen ist jedoch
für abnutzbare bewegliche Wirtschaftsgüter, wie für Praxisgegenstände, der
Ansatz des vollen Jahres-Abschreibungsbetrages bei Anschaffung in der ersten Jahreshälfte und des halben Jahres-Abschreibungsbetrages bei Anschaffung in der zweiten Jahreshälfte zulässig (Abschnitt 43 Abs. 7 EStR).

b) Sonderabschreibung

Nach § 7g EStG können Rechtsanwälte/Notare, deren **Praxis-Einheits-** **159**
wert 120000 DM nicht übersteigt, auf Praxisgegenstände neben der normalen Abschreibung zusätzlich im Jahr der Anschaffung oder Herstellung eine
10prozentige Sonderabschreibung vornehmen. Diese Sonderabschreibung
kann nur bei Anschaffung oder Herstellung neuer beweglicher Wirtschaftsgüter des Anlagevermögens, die vom Praxisinhaber ausschließlich bzw. fast
ausschließlich betrieblich genutzt werden, in Anspruch genommen werden.
Eine ausschließliche bzw. fast ausschließliche betriebliche Nutzung ist gegeben, wenn der außerbetriebliche Nutzungsanteil 10 v. H. nicht übersteigt.
Ein Kraftfahrzeug z. B. kommt deshalb normalerweise für die Sonderabschreibung nicht in Betracht, weil der außerbetriebliche Nutzungsanteil selten unter 10 v. H. liegt. Als weitere Begünstigungsvoraussetzung muß das
Wirtschaftsgut mindestens ein Jahr nach seiner Anschaffung oder Herstellung in der Praxis des begünstigten Rechtsanwalts/Notars verbleiben.

Bei der Vorteilsberechnung ist zu berücksichtigen, daß nach der Beanspruchung der Sonderabschreibung, die nur im Erstjahr der Anschaffung oder Herstellung des Wirtschaftsgutes statthaft ist, sich in den Folgejahren die Abschreibung nach dem Restwert und die Restnutzungsdauer des Wirtschaftsgutes bemißt.

Beispiele:

(1) Anschaffung von Büromöbeln zum Preis von 100000 DM. Ihre Nutzungsdauer beträgt 10 Jahre. Sie sollen linear abgeschrieben werden, und zwar in Kombination mit der Sonderabschreibung. Die jährlichen Abschreibungsbeträge berechnen sich wie folgt:

Anschaffungskosten	100000 DM
Linearer Abschreibungsbetrag	
1. Jahr (10 v. H.)	./. 10000 DM
Sonderabschreibungsbetrag	
1. Jahr (10 v. H.)	./. 10000 DM
Restbetrag für die Abschreibung in den Folgejahren	80000 DM
Abschreibungsbetrag 1. Jahr	20000 DM
Abschreibungsbetrag 2.–10. Jahr jeweils	8889 DM

(2) Anschaffung von Büromöbeln zum Preis von 100000 DM. Ihre Nutzungsdauer beträgt 10 Jahre. Sie sollen degressiv abgeschrieben werden, und zwar in Kombination mit der Sonderabschreibung. Die jährlichen Abschreibungsbeträge berechnen sich wie folgt:

Anschaffungskosten	100000 DM
Degressiver Abschreibungsbetrag	
1. Jahr (30 v. H.)	./. 30000 DM
Sonderabschreibungsbetrag	
1. Jahr (10 v. H.)	./. 10000 DM
Restbetrag für die Abschreibung in den Folgejahren	60000 DM
Abschreibungsbetrag 1. Jahr	40000 DM
Abschreibungsbetrag 2. Jahr (30 v. H. von 60000 DM Restwert)	18000 DM
Abschreibungsbetrag 3. Jahr (30 v. H. von 42000 DM Restwert)	12600 DM

usw.

160 Wiederum ist zu beachten, daß bei beweglichen Wirtschaftsgütern der Ansatz des vollen linearen bzw. degressiven Jahres-Abschreibungsbetrages im 1. Jahr nur möglich ist, wenn die Anschaffung bzw. Herstellung in die erste Jahreshälfte fällt, während bei Anschaffung bzw. Herstellung in der zweiten Jahreshälfte lediglich der halbe Jahres-Abschreibungsbetrag zulässig ist (Abschnitt 43 Abs. 7 EStR). Das gilt jedoch nicht für die Sonderabschreibungen, die ausnahmslos im Anschaffungs- bzw. Herstellungsjahr mit dem vollen Betrag anzusetzen sind.

c) Sofortabschreibung

161 Normalerweise sind Wirtschaftsgüter des Anlagevermögens über einen mehrjährigen Zeitraum abzuschreiben. Die damit verbundenen steuerlichen

Ersparnisse treten also nicht sofort in vollem Umfang auf, sondern stellen sich erst nach und nach ein, und zwar entsprechend der Nutzungsdauer des Wirtschaftsguts, die der Abschreibung zugrunde liegt. Der Steuerpflichtige ist jedoch an möglichst frühzeitigen Steuerersparnissen interessiert. Erreichen kann er das zum einen, indem er die betriebsgewöhnliche Nutzungsdauer des Wirtschaftsguts gegenüber dem Finanzamt möglichst kurz ausweist oder indem er bei Anschaffung oder Herstellung des Wirtschaftsguts darauf achtet, daß die Ausnahmeregelung für sogenannte „**geringwertige Wirtschaftsgüter**" zur Anwendung kommt. Nach § 6 Abs. 2 EStG hat der Steuerpflichtige nämlich die Möglichkeit, Wirtschaftsgüter, deren Anschaffungs- oder Herstellungskosten 800 DM nicht übersteigen, sofort in voller Höhe abzuschreiben.

An die Sofortabschreibung sind jedoch einige Anforderungen gestellt. So 162 heißt es in **§ 6 Abs. 2 EStG** wörtlich:

„Die Anschaffungs- oder Herstellungskosten von abnutzbaren beweglichen Wirtschaftsgütern des Anlagevermögens, die einer selbständigen Nutzung fähig sind, können im Jahr der Anschaffung oder Herstellung in voller Höhe als Betriebsausgaben abgesetzt werden, wenn die Anschaffungs- oder Herstellungskosten, vermindert um einen darin enthaltenen Vorsteuerbetrag, für das einzelne Wirtschaftsgut 800 DM nicht übersteigen."

Es muß sich also um ein Wirtschaftsgut handeln, das folgende **Voraussetzungen** erfüllt:

(1) Das Wirtschaftsgut muß zum **Anlagevermögen** gehören, d. h. der Praxis langfristig dienen und darf sich im Gegensatz zum Umlaufvermögen nicht in relativ kurzer Zeit technisch oder wirtschaftlich abnutzen.

(2) Das Wirtschaftsgut muß **abnutzbar** sein, d. h. seine Nutzung im Gegensatz zum nicht abnutzbaren Anlagevermögen wie Grund und Boden zeitlich begrenzt sein.

(3) Das Wirtschaftsgut muß **beweglich** sein, d. h. es darf im Gegensatz zu unbeweglichen Wirtschaftsgütern nicht fest mit dem Grund und Boden verbunden sein und muß sich im Gegensatz zu „immateriellen" Wirtschaftsgütern wie Patente und Nutzungsrechte um körperliche Gegenstände handeln.

(4) Das Wirtschaftsgut muß **selbständig nutzungsfähig** sein, d. h. es darf nach seiner betrieblichen Zweckbestimmung nicht an einen ausschließlichen Nutzungszusammenhang mit anderen Wirtschaftsgütern gebunden sein.

Nur wenn ein Wirtschaftsgut die vorgenannten Bedingungen erfüllt, ist 163 die Sofortabschreibung zulässig. Nicht vorgeschrieben dagegen ist, daß es sich um ein neues Wirtschaftsgut handelt. Es kann also auch gebraucht sein. Was nun die im Gesetz erwähnte Wertgrenze für geringwertige Wirtschaftsgüter anbetrifft, ist besonders zu beachten, daß es sich dabei um den **Nettopreis** handelt. Sowohl die Umsatzsteuer als auch Preisnachlässe wie beispielsweise die Barzahlungsrabatte können bei der **Ermittlung der Wertgrenze** in Abzug gebracht werden.

Beispiel:

Ein Rechtsanwalt/Notar erwirbt für seine Praxis eine nicht im Nutzungszusammenhang mit anderen Wirtschaftsgütern stehende Rechenmaschine zum Bruttopreis von 934,80 DM. Darin enthalten sind 14 Prozent Mehrwertsteuer. Außerdem wird ihm ein Barzahlungsrabatt von 3 Prozent gewährt. Der maßgebliche Nettopreis berechnet sich wie folgt:

Bruttopreis	934,80 DM
abzüglich Mehrwertsteuer	./. 114,80 DM
	820,00 DM
abzüglich Barzahlungsrabatt	./. 24,60 DM
Nettopreis	795,40 DM

Ergebnis: Die Rechenmaschine ist sofort abschreibbar, weil der Nettopreis unter 800 DM liegt.

164   Bezogen auf den Bruttopreis kann das sofort abschreibbare Wirtschaftsgut also 912 DM (800 DM zuzüglich 14 Prozent Mehrwertsteuer) oder, wenn Preisnachlässe vereinbart werden, sogar mehr kosten. Die Abschreibung muß **im Jahr der Anschaffung oder Herstellung** erfolgen. Das ist nicht etwa das Jahr der Kaufpreiszahlung, sondern im Falle der Anschaffung das Jahr, in dem der Käufer die Verfügungsmacht über das Wirtschaftsgut erhält und im Falle der eigenen Herstellung das Jahr, in dem das Wirtschaftsgut gebrauchsfertig wird. In späteren Jahren ist eine Nachholung der Sofortabschreibung nicht mehr möglich. Wer den maßgeblichen Abschreibungstermin versäumt, kann das Wirtschaftsgut nur noch normal über einen längeren Zeitraum nach Maßgabe der Nutzungsdauer abschreiben. Auch ist es nicht möglich, zunächst nur einen Teil sofort abzuschreiben und den Rest über die Nutzungsdauer zu verteilen. Sofortabschreibung bedingt immer eine Abschreibung in voller Höhe im Jahr der Anschaffung oder Herstellung.

165   Abschließend ist noch darauf hinzuweisen, daß sofort abzuschreibende geringwertige Wirtschaftsgüter in einem besonders zu führenden **Verzeichnis** erfaßt sein müssen, und zwar unter Angabe des Tages sowie der Kosten der Anschaffung oder Herstellung. Das Verzeichnis braucht jedoch nicht geführt zu werden, wenn sich die erforderlichen Angaben aus der Buchführung ergeben oder die Anschaffungs- oder Herstellungskosten für das einzelne Wirtschaftsgut nicht mehr als 100 DM betragen.

2. Abschreibung des Praxisgebäudes

166   Ist der Rechtsanwalt/Notar Eigentümer der Praxisräume, dann sind die darauf entfallenden Abschreibungen Betriebsausgaben. Befinden sich die Praxisräume in einem dem Rechtsanwalt/Notar gehörenden Gebäude, das nur zum Teil als Praxis genutzt wird, dann sind die auf den als Praxis genutzten Teil entfallenden Abschreibungen nach Maßgabe des Nutzflächenverhältnisses herauszurechnen und als Betriebsausgabe abzugsfähig.

Die Gebäudeabschreibung hängt sowohl vom Gebäudetyp – Eigentumswohnung, Einfamilienhaus, Zweifamilienhaus, Mehrfamilienhaus – als auch von der Gebäudenutzung – Vermietung, Selbstnutzung zu Wohnzwecken, gemischte Nutzung – als auch vom Jahr der Gebäudefertigstellung ab. Die Abschreibung der Praxisräume richtet sich danach, welcher Gebäudekategorie sie zuzurechnen sind. Es würde zu weit führen, diese Abschreibungsmodalitäten hier in allen Einzelheiten darzustellen. Dazu sei verwiesen auf den Beck-Rechtsberater im dtv Nr. 5240, Steuervorteile durch Haus- und Wohnbesitz. Die nachfolgenden Ausführungen sind deshalb auf die für Praxisgebäude maßgeblichen Abschreibungsbedingungen begrenzt.

Nach § 7 Abs. 4 Satz 1 und Abs. 5 Satz 1 EStG ist eine Verteilung der **167** Anschaffungs- oder Herstellungskosten bei Gebäuden auf einen Zeitraum von 50 Jahren vorgeschrieben. Die **lineare Abschreibung** (AfA) beträgt bei Gebäuden, die nach dem 31. 12. 1924 fertiggestellt worden sind, jährlich 2 v. H. und bei Gebäuden, die vor dem 1. 1. 1925 fertiggestellt worden sind, jährlich 2,5 v. H. der Anschaffungs- oder Herstellungskosten. Die **degressive AfA** beträgt:

8 Jahre	je 5,00 v. H.	40 v. H.
6 Jahre	je 2,50 v. H.	15 v. H.
36 Jahre	je 1,25 v. H.	45 v. H.
50 Jahre		100 v. H.

der Anschaffungs- oder Herstellungskosten.

Die Anwendung der degressiven AfA setzt voraus, daß das Gebäude vom Steuerpflichtigen hergestellt oder bis zum Ende des Jahres der Fertigstellung angeschafft worden ist. Lineare und degressive AfA sind sowohl für im Betriebsvermögen wie auch für im Privatvermögen gehaltene Gebäude wahlweise anwendbar. Das Gebäude muß allerdings zur Erzielung von Einkünften verwendet werden, d. h. bei Selbstnutzung zu eigenen Wohnzwecken sind diese Abschreibungsmöglichkeiten nicht gegeben.

Zum 1. 1. 1986 hat der Gesetzgeber die steuerlichen Abschreibungsbedin- **168** gungen für Praxisgebäude verbessert. Der Abschreibungszeitraum ist auf 25 Jahre vermindert worden. Die jährlich zulässigen Abschreibungssätze haben sich dadurch verdoppelt, und zwar:

– die **lineare AfA** auf 4 v. H. der Anschaffungs- oder Herstellungskosten,
– die **degressive AfA** auf

4 Jahre	je 10,0 v. H.	40 v. H.
3 Jahre	je 5,0 v. H.	15 v. H.
18 Jahre	je 2,5 v. H.	45 v. H.
25 Jahre		100 v. H.

der Anschaffungs- oder Herstellungskosten.

Diese Abschreibungsverbesserung gilt jedoch nur für Gebäude,
– die zum Betriebsvermögen gehören,
– die nicht Wohnzwecken dienen und
– für die der Antrag auf Baugenehmigung nach dem 31. März 1985 gestellt worden ist.

Zu den begünstigten Gebäuden gehören neben ganzen Gebäuden auch **169** **Gebäudeteile,** die selbständige unbewegliche Wirtschaftsgüter sind, sowie

Eigentumswohnungen und im Teileigentum stehende Räume (§ 7 Abs. 5a EStG). Um ein Gebäude oder ein selbständiges Gebäudeteil handelt es sich auch (Abschn. 42a Abs. 2 EStR):

– bei einem Anbau, der zu einer Verschachtelung mit dem bestehenden Gebäude führt, wenn die in das bisherige Gebäude einbezogenen Neubauteile dem Gebäude das Gepräge geben,
– bei einem grundlegenden Umbau, durch den das Gebäude in seinem Zustand so wesentlich verändert wird, daß es bei objektiver Betrachtung als neues Wirtschaftsgut erscheint,
– bei einem Anbau, der nicht zu einer Verschachtelung mit dem bestehenden Gebäude führt, soweit durch den Anbau nicht nur eine Baulichkeit oder sonstige Einrichtung geschaffen wird, die dem bestehenden Gebäude derart dient, daß es ohne die Baulichkeit oder sonstige Einrichtung als unvollständig erscheint,
– bei einem Anbau oder einer Aufstockung des Gebäudes, wenn dadurch selbständige Gebäudeteile geschaffen werden.

Gebäudeteile, die nicht in einem einheitlichen Nutzungs- und Funktionszusammenhang mit dem Gebäude stehen, sind selbständige Wirtschaftsgüter (Abschn. 13b Abs. 1 Satz 1 EStR). Wird ein Gebäude teils eigenbetrieblich, teils fremdbetrieblich, teils zu eigenen Wohnzwecken und teils zu fremden Wohnzwecken genutzt, so ist jeder der vier unterschiedlich genutzten Gebäudeteile ein besonderes Wirtschaftsgut, weil das Gebäude in verschiedenen Nutzungs- und Funktionszusammenhängen steht (Abschn. 13b Abs. 2 Satz 1 EStR).

170 Hervorzuheben ist aber, daß nur **zum Betriebsvermögen gehörende Gebäude** verbessert abgeschrieben werden können, nicht hingegen die zum Privatvermögen gehörenden Gebäude. Handelt es sich bei einem Gebäude um ein einheitliches Wirtschaftsgut, kann es nur insgesamt oder gar nicht zum Betriebsvermögen gehören. Besteht ein Gebäude aus mehreren selbständigen Gebäudeteilen, die besondere Wirtschaftsgüter sind, so ist grundsätzlich für jedes einzelne Wirtschaftsgut zu prüfen, ob es zum Betriebsvermögen oder zum Privatvermögen gehört (Abschn. 13b Abs. 3 Satz 1 EStR).

Beispiel:
    Ein Rechtsanwalt/Notar errichtet ein Gebäude, das er zu einem Drittel als eigene Praxis nutzt und zu zwei Drittel an Gewerbetreibende vermietet. Übernimmt er nur den Praxisteil ins Betriebsvermögen, kann er auch nur dafür die verbesserte AfA in Anspruch nehmen. Gehören auch die vermieteten Teile zum Betriebsvermögen (sog. gewillkürtes Betriebsvermögen), ist das ganze Gebäude verbessert abzuschreiben.

171 Zu beachten ist ferner, daß selbst dann, wenn ein Gebäude zum Betriebsvermögen gehört, die verbesserte AfA nur angewendet werden darf, soweit das Gebäude **nicht Wohnzwecken** dient. Sowohl für die Nutzung zu eigenen Wohnzwecken als auch für die Nutzung zu fremden Wohnzwecken ist die verbesserte AfA ausgeschlossen.

Beispiel:

Ein Rechtsanwalt/Notar errichtet ein Gebäude für 600000 DM, das er zu einem Drittel als eigene Praxis nutzt, zu einem Drittel selbst bewohnt und zu einem Drittel als Wohnung vermietet. Selbst wenn er zulässigerweise das ganze Gebäude ins Betriebsvermögen übernimmt, ist die verbesserte AfA nur auf den als Praxis genutzten Gebäudeteil von 200000 DM anwendbar. Nimmt er die degressive AfA in Anspruch, kann er sein zu versteuerndes Einkommen in den ersten vier Jahren jeweils um 10 v. H. von 200000 DM usw. mindern.

Gehört dem Steuerpflichtigen das Grundstück jedoch nur teilweise, kann **172** es auch nur insoweit als Betriebsvermögen behandelt werden. Bei **Miteigentum des Ehegatten** zählt dessen auf die Praxis entfallender Anteil nicht zum Betriebsvermögen.

Beispiel:

Errichtet im vorgenannten Beispiel der Rechtsanwalt/Notar das Gebäude zusammen mit seinem Ehepartner auf einem gemeinsamen Grundstück, so ist nur die Hälfte vom Praxisgebäudeanteil (= 100000 DM) Betriebsvermögen. Als degressive AfA ist dann nur 10 v. H. von 100000 = 10000 DM jährlich abzugsfähig.

Abschließend sei nochmals darauf hingewiesen, daß die neuen günstigeren **173** Abschreibungssätze nur für Gebäude gelten, für die der **Antrag auf Baugenehmigung nach dem 31. März 1985** gestellt worden ist. Ohne Bedeutung ist, wer den Antrag auf Baugenehmigung stellt, denn die verbesserte AfA steht nicht nur dem Bauherrn, sondern auch dem Erwerber eines Gebäudes zu.

3. Abschreibung bei Kauf einer Praxis

Der Erwerb einer Praxis bringt für den Käufer hohe Kostenbelastungen **174** mit sich, die häufig nur aufgrund der damit verbundenen einkommensteuerlichen Entlastungen getragen werden können. Deshalb ist die Kenntnis der einkommensteuerlichen Folgen beim Praxiserwerb von weitreichender Bedeutung und für die Kaufentscheidung unerläßlich. Die einkommensteuerliche Behandlung richtet sich nach der Art der Kaufpreiszahlung, die in bar, in Raten oder auf Rentenbasis erfolgen kann. Je nachdem, welcher Zahlungsmodus vereinbart wird, ergeben sich unterschiedliche Steuerentlastungsbeträge.

a) Barkauf

Der Kaufpreis stellt für den Praxiserwerber eine gewinnmindernde und **175** damit einkommensteuermindernde Betriebsausgabe dar. Diese Betriebsausgaben können aber keinesfalls, auch nicht beim Barkauf, im Jahr des Kaufes sofort in voller Höhe geltend gemacht werden, sondern müssen über einen längeren Zeitraum abgeschrieben werden. Die Abschreibungsdauer richtet sich nach der Nutzungsdauer der mit dem Kaufpreis abgegoltenen Wirtschaftsgüter. Da die Nutzungsdauer der Wirtschaftsgüter unterschiedlich lang ist, muß deshalb der **Kaufpreis auf die Wirtschaftsgüter aufgeteilt** werden. Dabei ist zu beachten, daß der Kaufpreis üblicherweise nicht nur für die Praxisgegenstände, sondern auch für die Übernahme des Klientenstammes und für den vom alten Praxisinhaber geschaffenen guten Ruf der Praxis gezahlt wird. Wenn keine Vereinbarung über die Höhe dieses sog. ideellen Praxiswertes getroffen wurde, muß er geschätzt werden.

176   Auch der **ideelle Praxiswert** ist abschreibbar, und zwar in relativ kurzer Zeitspanne von 3–5 Jahren (BStBl. III 1958 S. 330). Bei den **Praxisgegenständen** ist zum einen zu unterscheiden nach der Höhe der Anschaffungskosten, denn geringwertige Wirtschaftsgüter, deren Anschaffungspreis 800 DM zuzüglich Mehrwertsteuer nicht übersteigt, können im Jahr der Anschaffung in voller Höhe abgeschrieben werden. Zum anderen sind die Praxisgegenstände nach der Nutzungsdauer zu unterscheiden, die maßgebend ist für den Abschreibungszeitraum der nicht geringwertigen Praxisgegenstände.

Beispiel:
    Ein Rechtsanwalt/Notar kauft eine Praxis zum Preis von 350 000 DM. Der ideelle Praxiswert wird auf 30 v. H. geschätzt und die Summe der geringwertigen Wirtschaftsgüter mit 25 000 DM beziffert. Der Restkaufpreis von 220 000 DM verteilt sich zu 150 000 DM auf Anlagegüter mit 5jähriger Nutzungsdauer und zu 70 000 DM auf Praxiseinrichtungsgegenstände mit 10jähriger Nutzungsdauer. Bei einer unterstellten Abschreibungsdauer des ideellen Praxiswertes von 3 Jahren und der Anwendung der linearen Abschreibungsmethode nach § 7 Abs. 1 EStG für die Praxisgegenstände, also einer gleichmäßigen Verteilung der Anschaffungskosten auf die voraussichtliche Nutzungsdauer, ergeben sich folgende Abschreibungsbeträge, die der Praxiserwerber als Betriebsausgabe von seinem zu versteuernden Einkommen abziehen kann:

1. Jahr (Jahr des Erwerbs)	
Ideeller Praxiswert	35 000 DM
Geringwertige Wirtschaftsgüter	25 000 DM
Anlagegüter mit 5jähriger Nutzungsdauer	30 000 DM
Anlagegüter mit 10jähriger Nutzungsdauer	7 000 DM
Abschreibungssumme	97 000 DM
2. und 3. Jahr (ohne geringwertige Wirtschaftsgüter) jeweils	72 000 DM
4. und 5. Jahr jeweils	37 000 DM
6. bis 10. Jahr (nur noch Anlagegüter mit 10jähriger Nutzungsdauer) jeweils	7 000 DM

177   Wichtig ist, daß der Praxiserwerber die vom Gesetzgeber eingeräumten **Gestaltungsmöglichkeiten** bezüglich der Höhe der Abschreibungen nutzt, um die für ihn günstigste steuerliche Entlastungswirkung zu erzielen. Rechnet er mit steigenden Gewinnen im Zeitablauf, ist wegen der Progression der Einkommensteuer zu Beginn der Abschreibungsperiode von den niedrigsten Abschreibungssätzen auszugehen und umgekehrt bei ungünstiger zukünftiger Gewinnerwartung oder bei hohem Liquiditätsbedarf in den Anfangsjahren des Praxisaufbaues.

Beispiel:

Gleiche Annahme über Kaufpreishöhe und -aufteilung wie im vorgennannten Beispiel. Es wird mit steigenden Gewinnen für die Zukunft gerechnet, die anfänglichen Abschreibungsbeträge sollen daher möglichst niedrig gehalten werden. Deshalb wird auf die sofortige Abschreibung der geringwertigen Wirtschaftsgüter verzichtet zugunsten einer 10jährigen Abschreibungsdauer und für den ideellen Praxiswert die maximale Nutzungsdauer von 5 Jahren zugrunde gelegt. Somit ergeben sich folgende Abschreibungsbeträge:

1. bis 5. Jahr		
Ideeller Praxiswert		21 000 DM
Anlagegüter mit 5jähriger Nutzungsdauer		30 000 DM
Anlagegüter mit 10jähriger Nutzungsdauer		9 500 DM
Jährliche Abschreibungssumme		60 500 DM
6. bis 10. Jahr	jeweils	9 500 DM

Wenn die Abschreibungsbeträge in den Anfangsjahren besonders hoch ausfallen sollen, empfiehlt sich die Anwendung der degressiven anstelle der linearen Abschreibungsmethode. Diese nur für bewegliche Wirtschaftsgüter des Anlagevermögens, wozu auch die Praxisgegenstände rechnen, zulässige Methode erlaubt eine Abschreibung in fallenden Jahresbeträgen nach Maßgabe eines festen Prozentsatzes, der aber weder das Dreifache des linearen Abschreibungssatzes noch den Höchstsatz von 30 v. H. übersteigen darf (§ 7 Abs. 2 EStG).

Beispiel:

Ein bewegliches Wirtschaftsgut kostet 100 000 DM und die Nutzungsdauer beträgt 10 Jahre. Der lineare Abschreibungssatz ist demnach 10 v. H., so daß der höchste degressive Abschreibungssatz von 30 v. H. angewendet werden darf. Betrüge die Nutzungsdauer 20 Jahre, wäre der lineare Abschreibungssatz 5 v. H. und damit der höchste degressive Abschreibungssatz 15 v. H. Die Abschreibungsbeträge bei einem degressiven Abschreibungssatz von 30 v. H. errechnen sich wie folgt:

1. Jahr (30 v. H. von 100 000 DM Anschaffungskosten)	30 000 DM
2. Jahr (30 v. H. von 70 000 DM Restwert)	21 000 DM
3. Jahr (30 v. H. von 49 000 DM Restwert)	14 700 DM
usw.	

Wichtig ist außerdem zu wissen, daß von der degressiven zur linearen **178** Abschreibungsmethode ein **Wechsel** möglich ist, nicht aber umgekehrt ein Wechsel von der linearen zur degressiven Abschreibungsmethode. Wer also möglichst hohe Abschreibungsbeträge in den Anfangsjahren erzielen möchte und deshalb die degressive Abschreibung vorzieht, sollte dann auf die lineare Abschreibung umsteigen, wenn der degressive Abschreibungsbetrag den linearen Abschreibungsbetrag auf den Restwert unterschreitet.

Beispiel:

Bei Fortführung des vorgennannten degressiven Abschreibungsbeispiels ergibt sich folgende Entwicklung der Abschreibungsbeträge:

4. Jahr (30 v. H. von 34 300 DM Restwert)	10 290 DM
5. Jahr (30 v. H. von 24 010 DM Restwert)	7 203 DM

6. Jahr (30 v. H. von 16807 DM Restwert)   5042 DM
7. Jahr (30 v. H. von 11765 DM Restwert)   3530 DM
8. Jahr (30 v. H. von 8235 DM Restwert)   2471 DM
Der lineare Abschreibungsbetrag auf den Restwert ab dem 8. Jahr betrüge dagegen 8235 : 3 = 2745 DM. Für die restlichen 3 Jahre Nutzungsdauer wäre in diesem Fall also ein Wechsel der Abschreibungsmethode im 8. Jahr empfehlenswert.

179   Beachtet werden muß auch, daß die **Praxisgegenstände** im Jahr der Anschaffung grundsätzlich **nur zeitanteilig** für die Monate seit dem Praxiserwerb **abschreibbar** sind. Aus Vereinfachungsgründen ist jedoch für abnutzbare bewegliche Wirtschaftsgüter, wie Praxisgegenstände, der Ansatz des vollen Jahres-Abschreibungsbetrages bei Anschaffung in der ersten Jahreshälfte und des halben Jahres-Abschreibungsbetrages bei Anschaffung in der zweiten Jahreshälfte zulässig (Abschnitt 43 Abs. 7 EStR). Die Nutzung dieser Abschreibungsvergünstigung im ersten Jahr und insbesondere die Wahl der richtigen Abschreibungsmethode sind entscheidend für die Erzielung möglichst hoher steuerlicher Entlastungen in den Anfangsjahren. Der Praxiskäufer hat also eine Reihe von Möglichkeiten, gemäß seiner Einkunftserwartungen und/oder seiner Liquiditätswünsche die Kaufpreis-Abschreibung so zu gestalten, daß die für ihn günstigste Entlastungswirkung erreicht wird. Die steuerlichen Ersparnisunterschiede durch geschickte Abschreibungsgestaltung können beträchtlich sein.

180   Bisher wurde unterstellt, daß der Praxis-Barkauf aus Eigenmitteln erfolgt. Nimmt der Käufer jedoch zur Finanzierung des Kaufpreises Fremdmittel auf, so fallen gegenüber dem Kreditgeber Zinszahlungen an. Diese **Zinsen** sind zusätzlich zur Abschreibung des Kaufpreises im Jahr der Zahlung als Betriebsausgaben abziehbar.

b) Ratenkauf

181   Beim Kauf einer Praxis in Raten wird auch dann ein Zinsanteil unterstellt, wenn Zinszahlungen nicht ausdrücklich vereinbart wurden. Die Raten sind also in den eigentlichen Kaufpreis, der nach der obigen Methode abgeschrieben wird und den Zinsaufwand für die Stundung des nicht sofort zahlbaren Kaufpreises, der im Zahlungszeitpunkt die Einkommensteuer mindert, aufzuteilen. Das ist einfach, wenn in der Ratenvereinbarung zu bestimmten Zeiten und in bestimmter Höhe Zinszahlungen zusätzlich zu den Ratenzahlungen festgelegt sind. Sind die Zinszahlungen aber in den Raten enthalten, ohne daß eine Zinsvereinbarung getroffen wurde, muß der in den Raten enthaltene Zinsbetrag herausgerechnet werden. Dazu ist der **Gegenwartswert** der Summe aller Raten, auch **Barwert** genannt, zu bestimmen.

Beispiel:

Ein Rechtsanwalt/Notar kauft eine Praxis zum Preis von 400000 DM, zahlbar in 10 Jahresraten von 40000 DM, die jeweils am Jahresende fällig sind. Zinszahlungen sind nicht vereinbart worden. Der Abzinsungsfaktor bei 10jährigen in gleichen Jahresraten und am jeweiligen Jahresende zu tilgenden Forderungen bei einem üblicherweise zu unterstellenden Zinssatz von 5,5 v. H. beträgt 0,75376 (vgl. Hilfstafel 1a, Anlage 1 der Vermögensteuer-Richtlinien), so daß sich ein Gegenwartswert von 400000 DM × 0,75376 = 301504 DM errechnet. Der im Kaufpreis enthaltene Zinsanteil macht also 98496 DM aus. Während der Gegenwartswert auf die Praxisgegenstände und den ideellen Praxiswert in der dargestellten Weise aufzuteilen und abzuschreiben ist, sind die Zinszahlungen nach Maßgabe der jährlichen Ratenzahlungen abzüglich der Barwertminderung als Betriebsausgabe absetzbar. Die Berechnungsweise ist folgende:

1. Jahr
   - Barwert für 10 Jahre auf den Kaufpreis von 400000 DM
     (Abzinsungsfaktor A 10 = 0,75376)   301504 DM
   - Barwert für 9 Jahre auf den Kaufpreis abzüglich Tilgung der
     1. Rate von 40000 DM, also auf 360000 DM (Abzinsungs-
     faktor A 9 = 0,77247)   278089 DM
   - Barwertminderung 10 auf 9 Jahre   23415 DM
   - Zins (Rate 40000 ./. Barwertminderung)   16585 DM
2. Jahr
   - Barwertminderung 9 auf 8 Jahre (A 8 = 0,79182)   24707 DM
   - Zins   15293 DM
3. Jahr
   - Barwertminderung 8 auf 7 Jahre (A 7 = 0,81185)   26064 DM
   - Zins   13936 DM
4. Jahr
   - Barwertminderung 7 auf 6 Jahre (A 6 = 0,83259)   27496 DM
   - Zins   12504 DM
5. Jahr
   - Barwertminderung 6 auf 5 Jahre (A 5 = 0,85406)   29010 DM
   - Zins   10990 DM
6. Jahr
   - Barwertminderung 5 auf 4 Jahre (A 4 = 0,87629)   30606 DM
   - Zins   9394 DM
7. Jahr
   - Barwertminderung 4 auf 3 Jahre (A 3 = 0,89913)   32310 DM
   - Zins   7690 DM
8. Jahr
   - Barwertminderung 3 auf 2 Jahre (A 2 = 0,92316)   34042 DM
   - Zins   5958 DM
9. Jahr
   - Barwertminderung 2 auf 1 Jahr (A 1 = 0,94787)   35938 DM
   - Zins   4062 DM
10. Jahr
   - Barwertminderung letztes Jahr (A 0 = 1)   37915 DM
   - Zins   2085 DM

Zinssumme 1.–10. Jahr   98497 DM

c) Kauf auf Rentenbasis

Bei Kauf einer Praxis gegen Rentenzahlungen hängt die steuerliche Be- **182** handlung davon ab, ob sich Leistung und Gegenleistung entsprechen oder ob der Versorgungscharakter der Rente überwiegt. Wenn die Rente nach wirtschaftlichen Grundsätzen bemessen ist, handelt es sich um eine sogenannte betriebliche **Kaufpreisrente.** In dem Fall ist, wie beim Ratenkauf (vgl. Rz. 181), der Gegenwartswert der Rente zu bestimmen, auf die Praxisgegenstände sowie den ideellen Praxiswert aufzuteilen und entsprechend ihrer Nutzungsdauer abzuschreiben. Außerdem ist der in den Renten enthaltene Zinsanteil als Betriebsausgabe absetzbar, und zwar nach Maßgabe der oben dargestellten Methode. Der jährliche Zinsanteil ergibt sich durch Abzug der jährlichen Barwertminderung von dem Jahresrentenbetrag. Je nachdem, ob es sich um eine an die Lebenszeit einer Person geknüpfte **Leibrente** handelt oder um eine **Zeitrente,** die im Unterschied zur Ratenvereinbarung eine mehr als 10jährige Zeitspanne voraussetzt, kommen unterschiedliche Abzinsungsfaktoren bei der Berechnung der Barwertminderung zu Anwendungen. Ansonsten aber unterscheidet sich die steuerliche Behandlung nicht vom Ratenkauf.

183   Das ist jedoch anders, wenn die Rente nicht nach wirtschaftlichen Grundsätzen bemessen ist, sondern der Wert der Rente den Wert der Praxis übersteigt. In diesem Fall spricht man von einer privaten **Versorgungsrente,** die nicht als Betriebsausgabe abzugsfähig ist. Derartige Vereinbarungen sind üblich zwischen unterhaltsverpflichteten und -berechtigten Personen, wie insbesondere zwischen Eltern und Kindern. Die steuerliche Behandlung der Rente ist dann davon abhängig, ob der Wert der Praxis mehr oder weniger als die Hälfte des Renten-Barwertes ausmacht. Liegt der Praxiswert über dem hälftigen Renten-Barwert, sind die Rentenzahlungen in Höhe des **Ertragsanteils** als **Sonderausgaben** einkommensteuerlich abzugsfähig. Liegt der Praxiswert aber unter dem hälftigen Renten-Barwert, überwiegt also der Unterhaltscharakter, ist auch kein Sonderausgabenabzug möglich (vgl. Abschn. 123 Abs. 3 EStR).

Beispiel:

Ein 65jähriger Rechtsanwalt/Notar überläßt seinem Sohn die Praxis mit der Auflage, ihm bis an sein Lebensende eine Rente von monatlich 3000 DM zu zahlen. Der Wert der Praxis wird auf 100000 DM veranschlagt. Um festzustellen, ob der Unterhaltscharakter der Rente überwiegt, muß zunächst der Gegenwartswert der Rente ermittelt werden. Dieser berechnet sich wie folgt:
Jahresrente 36000 DM × Kapitalwertfaktor 8,332 für Leibrenten von 65jährigen (vgl. Anlage 9 des Bewertungsgesetzes) = 299952 DM Gegenwartswert der Rente.
Es überwiegt in diesem Fall also der Unterhaltscharakter der Rente, so daß kein steuerlicher Abzug möglich ist. Würde der Gegenwartswert der Rente zwischen 100000 DM und 200000 DM betragen, wäre im Rahmen der Sonderausgaben ein Betrag von 24 v. H. der Jahresrente (= Ertragsanteil für Renten an eine Person, die bei Beginn der Rente das 65ste Lebensjahr vollendet hat; vgl. § 22 EStG) alljährlich einkommensteuerlich abzugsfähig. Würde der Gegenwartswert der Rente dem Wert der Praxis von 100000 DM entsprechen, wäre die jährliche Barwertminderung zu ermitteln und die jeweilige Differenz zur Jahresrente im Rahmen der Betriebsausgaben zusätzlich zur Abschreibung des Gegenwartswertes als fiktiver Zinsanteil einkommensteuerlich abzugsfähig.

Wenn der Unterhaltscharakter der Rentenzahlungen beim Praxiserwerb **184**
überwiegt und somit ein steuerlicher Abzug weder als Betriebsausgaben
noch als Sonderausgaben möglich ist, kommt allenfalls noch ein Abzug als
außergewöhnliche Belastung nach § 33 EStG in Betracht, allerdings nur
dann, wenn die Rentenzahlungen die dort festgelegte zumutbare Eigenbelastung des Steuerpflichtigen, die nach Einkommenshöhe, Familienstand und
Kinderzahl berechnet wird, übersteigen.

V. Sonderausgaben

Sonderausgaben sind private Ausgaben, die nicht in wirtschaftlichem Zu- **185**
sammenhang mit einer der sieben Einkunftsarten des EStG stehen und daher
weder Betriebsausgaben noch Werbungskosten darstellen (§ 10 Abs. 1
Satz 1 EStG), aber dennoch aus gesellschaftspolitischen Gründen steuerlich
abgezogen werden können. § 10 EStG enthält eine abschließende Aufzählung der teils begrenzt und teils unbegrenzt abzugsfähigen Sonderausgaben.
Wegen ihrer besonderen Bedeutung für den Rechtsanwalt/Notar werden
nachfolgend zunächst die als beschränkt abzugsfähige Sonderausgaben zu
berücksichtigenden Vorsorgeaufwendungen behandelt. Für diese Aufwendungen wird ein **Vorsorge-Pauschbetrag** von 300 DM (bei Verheirateten
600 DM) abgezogen, wenn nicht höhere Beträge nachgewiesen werden
(§ 10c Abs. 2 EStG i. V. m. § 10c Abs. 4 Nr. 1 EStG).

1. Vorsorgeaufwendungen

a) Versicherungsbeiträge

Der Rechtsanwalt/Notar hat wie jedermann ein elementares Interesse dar- **186**
an, sich gegen die Hauptrisiken des Lebens wie Krankheit, Alter und Invalidität zu versichern. Das ist jedoch mit hohen Kosten verbunden, weil er im
Gegensatz zum sozialversicherungspflichtigen Arbeitnehmer, dessen Beitragsleistungen zur Hälfte vom Arbeitgeber getragen werden, die Versicherungsbeiträge voll aus seinem verfügbaren Einkommen aufzubringen hat.
Der Staat hilft dabei, indem er die steuerliche Abzugsfähigkeit dieser Aufwendungen im Rahmen bstimmter Höchstbeträge zuläßt. Zur optimalen
Gestaltung des Versicherungsschutzes ist es deshalb wichtig, die derzeitige
Regelung der steuerlich berücksichtigungsfähigen Versicherungsbeiträge zu
beachten.

Soweit es sich um Beiträge zu Versicherungen handelt, die im Zusammen- **187**
hang mit der Praxis des Rechtsanwalts/Notars stehen, stellen diese natürlich
Betriebsausgaben dar und sind somit in unbegrenzter Höhe abzugsfähig.
Hier geht es um Beiträge an Versicherungen, die dem **privaten Bereich** und
nicht der Praxis des Rechtsanwalts/Notars zuzuordnen sind. Einkommensteuerrechtlich gehören sie zu den beschränkt abzugsfähigen Sonderausgaben
und bilden zusammen mit den Bausparbeiträgen die sogenannten Vorsorge-

aufwendungen. Aber nicht alle Versicherungen zählen zu den steuerlich begünstigten. So sind z. B. Sachversicherungen wie Brand-, Hausrats- und Kaskoversicherungen ausgenommen. Auch die Rechtsschutzversicherung gehört nicht dazu. Berücksichtigungsfähig sind nur die im Einkommensteuergesetz (EStG) aufgezählten Versicherungsarten. Dabei handelt es sich ausnahmslos um **Personenversicherungen.**

188 Für den Rechtsanwalt/Notar bedeutsam sind folgende als Vorsorgeaufwendungen **berücksichtigungsfähige Versicherungsbeiträge** (§ 10 Abs. 1 Nr. 2 EStG, Abschn. 88 EStR):

- Freiwillige Beiträge an die gesetzliche Rentenversicherung; Pflichtbeiträge zu einer beruflichen Versorgungseinrichtung.
- Freiwillige Beiträge an eine gesetzliche Krankenkasse; Beiträge an eine private Krankenversicherung; dazu gehören auch Beiträge für Krankentagegeld- und Krankenhaustagegeldversicherungen.
- Beiträge zu Haftpflichtversicherungen, z. B. zur Privat-, Familien-, Kraftfahrzeug-, Jagd- und Tierhaftpflichtversicherung; ist jedoch eine betriebliche Veranlassung gegeben, wie z. B. bei der Berufshaftpflichtversicherung, sind die Beiträge Betriebsausgaben und keine Sonderausgaben; ist eine private und betriebliche Veranlassung gegeben, wie z. B. bei der KFZ-Versicherung für privat und beruflich genutzte PKW, muß eine Aufteilung nach dem Nutzungsverhältnis erfolgen.
- Beiträge zu Unfallversicherungen; dazu gehört auch die Fluggast-Unfallversicherung.
- Beiträge zu bestimmten Lebensversicherungen. Im Gesetz werden folgende Versicherungen auf den Erlebens- und Todesfall aufgezählt:
  (1) Risikoversicherung auf den Todesfall,
  (2) Rentenversicherung ohne Kapitalwahlrecht,
  (3) Rentenversicherung mit Kapitalwahlrecht nach frühestens 12 Jahren und gegen laufende Beitragsleistung,
  (4) Kapitalversicherung gegen laufende Beitragsleistungen mit Sparanteil bei einer Laufzeit von mindestens 12 Jahren.

Dazu gehören auch die Berufsunfähigkeitsversicherung, die Ausbildungsversicherung sowie die Aussteuerversicherung, wenn sie wie eine Lebensversicherung nach Maßgabe der vorgenannten Bedingungen ausgestaltet sind. Beiträge zu fondsgebundenen Lebensversicherungen sind vom Sonderausgabenabzug ausgeschlossen. Darüber hinaus werden folgende Versicherungen nicht begünstigt: Rentenversicherungen mit Kapitalwahlrecht gegen Einmalbeitrag, Rentenversicherung mit Kapitalwahlrecht gegen laufende Beitragsleistungen, bei denen das Kapitalwahlrecht vor Ablauf von 12 Jahren nach Vertragsabschluß ausgeübt werden kann, und Kapitalversicherungen gegen laufende Beitragsleistungen, die Sparanteile enthalten, mit einer Vertragsdauer von weniger als 12 Jahren.

189 Die steuerliche Abzugsfähigkeit der genannten Versicherungsbeiträge ist jedoch immer dann ausgeschlossen, wenn sie mit Kredit finanziert werden **(Kreditaufnahmeverbot),** in wirtschaftlichem Zusammenhang mit steuer-

freien Einnahmen stehen oder nicht an Sozialversicherungsträger bzw. nicht an inländische Versicherungsunternehmen gezahlt werden (§ 10 Abs. 2 EStG).

Hinsichtlich der Höhe der abzugsfähigen Versicherungsbeiträge ist die **190** allgemeine **Höchstbetragsregelung** für Vorsorgeaufwendungen (§ 10 Abs. 3 Nr. 1 EStG) zu beachten. Die Höchstbeträge sind abhängig vom Familienstand. Kinder werden ab Jahresbeginn 1986 nicht mehr berücksichtigt. Gegenwärtig belaufen sich die Höchstbeträge auf 2340 DM für Alleinstehende und 4680 DM für zusammen veranlagte Ehegatten.

Vor Anwendung dieser allgemeinen Höchstbetragsregelung dürfen Versicherungsbeiträge bis zu einem Betrag von 3000 DM für Alleinstehende und 6000 DM für zusammen veranlagte Ehegatten als **Vorwegabzug** geltend gemacht werden (§ 10 Abs. 3 Nr. 2 EStG). Versicherungsbeiträge, die den allgemeinen Höchstbetrag und den Vorwegabzug übersteigen, sind schließlich noch zur Hälfte, höchstens jedoch bis zu 50 v.H. des allgemeinen Höchstbetrages, steuerlich abziehbar (§ 10 Abs. 3 Nr. 3 EStG).

Insgesamt ergeben sich folgende steuerlich berücksichtigungsfähige Vorsorgeaufwendungen:

Vorsorgeaufwendungen	Familienstand	
	Alleinstehende	Verheiratete
Vorwegabzug (§ 10 Abs. 3 Nr. 2 EStG)	3000 DM	6000 DM
Allgemeiner Höchstbetrag (§ 10 Abs. 3 Nr. 1 EStG)	2340 DM	4680 DM
Hälftiger Höchstbetrag (§ 10 Abs. 3 Nr. 3 EStG)	2340 DM	4680 DM
Aufzuwendender Vorsorgehöchstbetrag	7680 DM	15360 DM
Steuerwirksamer Vorsorgehöchstbetrag	6510 DM	13020 DM

Wer den steuerlichen Höchstbetrag an Vorsorgeaufwendungen von 6510 DM für Alleinstehende und 13020 DM für Verheiratete ausschöpfen möchte, muß also Vorsorgeaufwendungen von 7680 DM bzw. 15360 DM im Jahr tätigen.

Wie sich der das zu versteuernde Einkommen mindernde Vorsorgeaufwand errechnet, soll nunmehr an einigen Beispielen erläutert werden. Dabei wird zunächst unterstellt, daß der Rechtsanwalt/Notar keine Bausparbeiträge, die ebenfalls zu den Vorsorgeaufwendungen rechnen, aber anders als Versicherungsbeiträge behandelt werden, steuerlich geltend macht.

Beispiele:

(1) Ein verheirateter Rechtsanwalt/Notar führt für seine Ehefrau und für sich an die gesetzliche Rentenversicherung jeweils Beträge in Höhe von 10000 DM ab. An Kranken-, Unfall- und Haftpflichtversicherungsbeiträgen leistet er

7000 DM; insgesamt betragen seine Aufwendungen für die Renten-, Kranken-, Unfall- und Haftpflichtversicherung also 27000 DM. Der das zu versteuernde Einkommen mindernde Versicherungsaufwand errechnet sich wie folgt:

Vorwegabzug nach § 10 Abs. 3 Nr. 2 EStG	6000 DM
Allgemeiner Höchstbetrag nach § 10 Abs. 3 Nr. 1 EStG	4680 DM
Hälftiger Höchstbetrag nach § 10 Abs. 3 Nr. 3 EStG (27000 DM ./. 6000 DM ./. 4680 DM = 16320 DM; davon 50 v. H. = 8160 DM; davon höchstens abzugsfähig 50 v. H. von 4680 DM = 2340 DM)	2340 DM
	13020 DM

Ergebnis: Steuerlich wirksam sind Versicherungsaufwendungen in Höhe von 15360 DM, die das zu versteuernde Einkommen um 13020 DM mindern. Der übersteigende Versicherungsaufwand von 11640 DM bleibt steuerlich unberücksichtigt.

(2) Ein verheirateter Rechtsanwalt/Notar führt Renten-, Kranken-, Unfall- und Haftpflichtversicherungsbeiträge von 14000 DM ab. Der das zu versteuernde Einkommen mindernde Versicherungsaufwand errechnet sich wie folgt:

Vorwegabzug nach § 10 Abs. 3 Nr. 2 EStG	6000 DM
Allgemeiner Höchstbetrag nach § 10 Abs. 3 Nr. 1 EStG	4680 DM
Hälftiger Höchstbetrag nach § 10 Abs. 3 Nr. 3 EStG (14000 DM ./. 6000 DM ./. 4680 DM = 3320 DM; davon 50 v. H. = 1660 DM)	1660 DM
	12340 DM

Ergebnis: Der gesamte Versicherungsaufwand von 14000 DM ist steuerlich wirksam. Das zu versteuernde Einkommen vermindert sich um 12340 DM. Es verbleibt eine Lücke von 1360 DM (6000 DM Vorwegabzug + 4680 DM allgemeiner Höchstbetrag + 4680 DM hälftiger Höchstbetrag ./. 14000 DM tatsächlich getätigter Versicherungsaufwand), die durch zusätzliche Versicherungsbeiträge steuerlich ausgeschöpft werden kann.

(3) Ein verheirateter Rechtsanwalt/Notar zahlt keine Renten-, Unfall- und Haftpflichtversicherungsbeiträge, sondern lediglich Krankenversicherungsbeiträge in Höhe von 5500 DM. Der für das steuerbegünstigte Lebensversicherungssparen verbleibende Betrag errechnet sich dann für ihn wie folgt:

Vorwegabzug nach § 10 Abs. 3 Nr. 2 EStG (6000 DM ./. 5500 DM)	500 DM
Allgemeiner Höchstbetrag nach § 10 Abs. 3 Nr. 1 EStG	4680 DM
Hälftiger Höchstbetrag nach § 10 Abs. 3 Nr. 3 EStG	4680 DM
	9860 DM

Ergebnis: Der Rechtsanwalt/Notar kann Lebensversicherungsbeiträge in Höhe von 9860 DM steuerlich geltend machen, wovon 4680 DM jedoch nur mit dem hälftigen Betrag von 2340 DM das zu versteuernde Einkommen mindern.

191   Anders sieht es aus, wenn der Ehegatte des Rechtsanwalts/Notars eine Tätigkeit als Arbeitnehmer ausübt. In dem Fall ist der Vorwegabzug zunächst um die Arbeitgeberanteile zur gesetzlichen Rentenversicherung des pflichtversicherten Ehegatten zu kürzen (§ 10 Abs. 3 Nr. 2 EStG). Außerdem verringert sich der im Rahmen der Höchstbetragsregelung abziehbare Sonderausgabenbetrag um die Arbeitnehmeranteile des sozialversicherungspflichtigen Ehegatten zur Renten-, Kranken- und Arbeitslosenversicherung.

Beispiel:

Ein verheirateter Rechtsanwalt/Notar führt steuerlich berücksichtigungsfähige Versicherungsbeiträge in Höhe von 15000 DM ab. Seine Ehefrau geht einer sozialversicherungspflichtigen Beschäftigung nach. Ihr Bruttojahresverdienst beträgt 24000 DM. Der das zu versteuernde Einkommen mindernde Versicherungsaufwand des Selbständigen errechnet sich wie folgt:

Vorwegabzug nach § 10 Abs. 3 Nr. 2 EStG (6000 DM ./. Arbeitgeberanteil zur gesetzlichen Rentenversicherung des Arbeitnehmerehegatten in Höhe von 9,35 v. H. von 24000 DM, also 2244 DM = 3756 DM)	3756 DM
Allgemeiner Höchstbetrag nach § 10 Abs. 3 Nr. 1 EStG	4680 DM
Hälftiger Höchstbetrag nach § 10 Abs. 3 Nr. 3 EStG	2340 DM
Arbeitnehmeranteil zur Renten-, Kranken- und Arbeitslosenversicherung in Höhe von rd. 17,5 v. H. auf 24000 DM	./. 4080 DM
	6696 DM

Ergebnis: Vom Gesamtbetrag der Versicherungsaufwendungen des Rechtsanwalts/Notars in Höhe von 15000 DM sind nur 9036 DM steuerlich wirksam, und zwar mit dem das zu versteuernde Einkommen mindernden Betrag von 6696 DM. Der übersteigende Betrag von 5964 DM bleibt aufgrund der Arbeitnehmertätigkeit des Ehegatten steuerlich unberücksichtigt.

Insbesondere der Spielraum für das steuerbegünstigte Lebensversicherungssparen wird durch eine sozialversicherungspflichtige Tätigkeit des Ehegatten wesentlich eingeschränkt.

Beispiel:

Ein verheirateter Rechtsanwalt/Notar führt außer Krankenversicherungsbeiträgen in Höhe von 3000 DM keine Versicherungsbeiträge ab. Seine berufstätige Ehefrau bezieht als Arbeitnehmerin ein sozialversicherungspflichtiges Bruttoeinkommen von 24000 DM. Der für das steuerbegünstigte Lebensversicherungssparen verbleibende Vorsorgebetrag errechnet sich wie folgt:

Vorwegabzug nach § 10 Abs. 3 Nr. 2 EStG (6000 DM ./. 2244 DM Arbeitgeberanteil zur gesetzlichen Krankenversicherung des Arbeitnehmer-Ehegatten ./. 3000 DM Krankenversicherungsbeitrag des Rechtsanwalts/Notars = 756 DM)	756 DM
Allgemeiner Höchstbetrag nach § 10 Abs. 3 Nr. 1 EStG	4680 DM
Hälftiger Höchstbetrag nach § 10 Abs. 3 Nr. 3 EStG	4680 DM
Arbeitnehmeranteil zur Renten-, Kranken- und Arbeitslosenversicherung in Höhe von rd. 17,5 v. H. auf 24000 DM	./. 4080 DM
	6036 DM

Ergebnis: Der Rechtsanwalt/Notar kann Lebensversicherungsbeiträge in Höhe von 6036 DM steuerlich geltend machen, wovon 4680 DM jedoch nur mit dem hälftigen Betragn von 2340 DM abzugsfähig sind. Das zu versteuernde Einkommen mindert sich somit um 3696 DM.

An dieser Stelle sei jedoch darauf hingewiesen, daß der **Abschluß von** 192 **Lebensversicherungen** aus rein steuerlichen Gründen **mit Risiken verbunden** ist. So kann nie ausgeschlossen werden, daß sich durch gesetzliche Eingriffe der steuerliche Abzugsbetrag für Vorsorgeaufwendungen verkürzt, wie das beispielsweise im Rahmen des Steuerreformgesetzes 1986/88 durch

Streichung der Kinderkomponente geschehen ist. Außerdem verändern sich im Zeitablauf die individuellen Versicherungsverhältnisse. Versicherungsbeiträge werden erhöht, neue Versicherungen kommen hinzu, Sozialversicherungspflicht für den Rechtsanwalt/Notar selbst oder seinen Ehegatten tritt ein und dgl. mehr. Der Spielraum für das steuerbegünstigte Lebensversicherungssparen kann also starken Schwankungen unterliegen. Wer eine Lebensversicherung allein aus steuerlichen Gründen abschließt und die Höhe der Versicherungssumme vom unausgeschöpften Betrag bei den Vorsorgeaufwendungen im Jahr des Versicherungsabschlusses abhängig macht, sollte sich deshalb klar darüber sein, daß diese Kalkulation nicht unbedingt aufgehen muß, weil Lebensversicherungsverträge den Versicherungsnehmer langfristig binden sowie laufende Beitragszahlungen voraussetzen und Beitragskürzungen während der Vertragslaufzeit für den Versicherungsnehmer mit erheblichen finanziellen Einbußen verbunden sein können.

b) Bausparbeiträge

193   Neben Versicherungsbeiträgen sind schließlich auch noch Bausparbeiträge im Rahmen der beschränkt abzugsfähigen Sonderausgaben als Vorsorgeaufwendungen steuerlich begünstigt (§ 10 Abs. 1 Nr. 3 EStG). Dazu gehören auch **Abschlußgebühren, Umschreibegebühren** und **Zinsen auf das Bausparguthaben** (Abschn. 92 Abs. 4 EStR).

194   Die steuerliche Begünstigung von Bausparbeiträgen setzt voraus, daß sie nicht mit Kredit finanziert (**Kreditaufnahmeverbot**) und an inländische Bausparkassen geleistet werden (§ 10 Abs. 2 EStG). Außerdem müssen die Baudarlehen bestimmt sein (Abschn. 92 Abs. 2 EStR):
– zum Bau, zum Erwerb oder zur Verbesserung eines Wohngebäudes bzw. einer Eigentumswohnung, zum Erwerb eines Dauerwohnrechts oder zur Beteiligung an der Finanzierung des Baues oder Erwerbs eines Gebäudes gegen Überlassung einer Wohnung;
– zum Erwerb von Bauland;
– zum Erwerb von Wohnbesitz;
– zur Durchführung baulicher Maßnahmen des Mieters zur Modernisierung seiner Wohnung;
– zur völligen oder teilweisen Ablösung von Verpflichtungen, z. B. Hypotheken, die im Zusammenhang mit den vorgenannten Vorhaben eingegangen sind.

195   Da Bausparbeiträge auch prämienbegünstigt sind nach dem Wohnungsbau-Prämiengesetz (WoPG), kann der Freiberufler zwischen der Inanspruchnahme des einkommensteuerlichen Sonderausgabenabzugs und der Erlangung einer **Wohnungsbauprämie** wählen. Eine gleichzeitige Beanspruchung von Sonderausgabenabzug und Wohnungsbauprämie ist aufgrund des **Kumulierungsverbots** (§ 10 Abs. 5 EStG) ausgeschlossen.
    Für den Rechtsanwalt/Notar ist das prämienbegünstigte Bausparen jedoch von nachrangiger Bedeutung. Die Inanspruchnahme der Wohnungsbauprämie kommt nur dann in Betracht, wenn der Höchstbetrag der begünsti-

gungsfähigen Vorsorgeaufwendungen durch Versicherungsbeiträge bereits völlig oder nahezu ausgeschöpft ist. In dem Fall kommt als weiteres Beanspruchungshindernis die Einhaltung der im Wohnungsbau-Prämiengesetz festgelegten Einkommensgrenzen von 24 000 DM (Alleinstehende)/48 000 DM (Ehegatten) zu versteuerndes Einkommen zuzüglich 900 DM je Kind und Elternteil hinzu.

Ist der Sonderausgaben-Höchstbetrag der begünstigungsfähigen Vorsorgeaufwendungen nicht ausgeschöpft, erweist sich in aller Regel der steuerliche Sonderausgabenabzug von Bausparbeiträgen als günstiger, weil die prämienbegünstigten Aufwendungen auf 800 DM (Alleinstehende)/1600 DM (Ehegatten) begrenzt sind (§ 3 Abs. 2 WoPG) und der Prämiensatz nur 14 v. H. zuzüglich 2 Prozentpunkte je berücksichtigungsfähiges Kind beträgt (§ 3 Abs. 1 WoPG).

Es ist jedoch zu beachten, daß auch der Sonderausgabenabzug von Bausparbeiträgen Begrenzungen unterliegt. So kann der Steuerpflichtige Bausparbeiträge, die nach Ablauf von vier Jahren seit Vertragsabschluß geleistet werden, nur bis zu 150 v. H. der im Durchschnitt während der ersten vier Jahre geleisteten Beiträge an Bausparkassen geltend machen (**Eineinhalbfach-Regelung** nach § 10 Abs. 1 Nr. 3 EStG, Abschn. 93 EStR). **196**

Beispiel:

Ein Rechtsanwalt/Notar hat in den ersten 4 Jahren nach Abschluß des Bausparvertrages Bausparbeiträge von insgesamt 12 000 DM geleistet, im Jahresdurchschnitt also 3000 DM. In den Folgejahren sind dann nur noch jährliche Einzahlungen auf diesen Vertrag von höchstens 4500 DM als Sonderausgaben einkommensteuerlich begünstigt.

Steuerpflichtige, die darüber hinausgehende Beiträge im Rahmen der Sonderausgaben absetzen wollen, können das nur über Leistungen auf andere Bausparverträge tun. Verfügen sie nicht über zusätzliche Bausparverträge, empfiehlt sich der Abschluß eines neuen Vertrages.

Außerdem können Bausparbeiträge nur im Rahmen der Sonderausgaben-Höchstbeträge nach § 10 Abs. 3 Nr. 1 und 3 EStG, nicht aber im Rahmen des Vorwegabzuges nach § 10 Abs. 3 Nr. 2 EStG geltend gemacht werden (vgl. dazu die Übersicht unter Rz. 190). **197**

Beispiel:

Der jährliche Beitragsaufwand eines verheirateten Rechtsanwalts/Notars an Versicherungen beträgt insgesamt 4000 DM. Auf Bausparverträge zahlt er 10 000 DM ein. Die Eineinhalbfach-Regelung nach § 10 Abs. 1 Nr. 3 EStG wird beachtet. Der für das steuerbegünstigte Bausparen berücksichtigungsfähige Vorsorgeaufwand errechnet sich wie folgt:

Höchstbetrag nach § 10 Abs. 3 Nr. 1 EStG	4680 DM
Hälftiger Höchstbetrag nach § 10 Abs. 3 Nr. 3 EStG	4680 DM
	9360 DM

Ergebnis: Der Rechtsanwalt/Notar kann Bausparbeiträge in Höhe von 9360 DM geltend machen, wovon 4680 DM jedoch nur mit dem hälftigen Betrag von 2340 DM das zu versteuernde Einkommen mindern. Der nach Abzug der

Versicherungsbeiträge in Höhe von 4000 DM verbleibende Restbetrag von 2000 DM im Rahmen des Vorwegabzugs kann für das steuerbegünstigte Bausparen nicht genutzt werden. Es sind also 9360 DM an Bausparbeiträgen aufzuwenden, die sich mit 7020 DM steuerlich auswirken. Die nicht ausgeschöpften 2000 DM im Rahmen des Vorwegabzugs könnten für das steuerbegünstigte Lebensversicherungssparen genutzt werden.

198 Schließlich ist zu beachten, daß eine **Nachversteuerung** der steuerbegünstigten Bausparbeiträge erfolgt (§ 10 Abs. 6 Nr. 2 EStG, § 31 EStDV, Abschn. 94 EStR), wenn vor Ablauf von zehn Jahren seit Vertragsabschluß die Bausparsumme ganz oder zum Teil ausgezahlt, geleistete Beiträge ganz oder zum Teil zurückgezahlt oder Ansprüche aus dem Bausparvertrag abgetreten oder beliehen werden, es sei denn, die empfangenen Beträge werden unverzüglich – d. h. innerhalb von 12 Monaten – und unmittelbar zum Wohnungsbau für den Rechtsanwalt/Notar oder im Falle der Abtretung für dessen Angehörige verwendet.

2. Andere Sonderausgaben

199 Neben den Vorsorgeaufwendungen sind im Gesetz noch eine Reihe von Sonderausgaben aufgezählt, auf die nachfolgend in der Reihenfolge ihrer gesetzlichen Behandlung kurz einzugehen ist. Für diese Aufwendungen wird ein **Sonderausgaben-Pauschbetrag** von 270 DM (bei Verheirateten 540 DM) abgezogen, wenn nicht höhere Beträge nachgewiesen werden (§ 10c Abs. 1 EStG i. V. m. § 10c Abs. 4 Nr. 1 EStG).

a) Unterhaltsleistungen an den Ehegatten

200 Unterhaltsleistungen an den geschiedenen oder getrennt lebenden Ehegatten (§ 10 Abs. 1 Nr. 1 EStG, Abschn. 86b EStR) können ab 1986 bis zu 18000 DM im Kalenderjahr als Sonderausgaben abgezogen werden, wenn

– der Unterhaltsverpflichtete den Sonderausgabenabzug beantragt,
– der Unterhaltsberechtigte diesem Antrag zustimmt und
– der Unterhaltsberechtigte unbeschränkt einkommensteuerpflichtig ist.

Der Antrag muß für jedes Kalenderjahr neu gestellt werden. Unerheblich ist, ob die Unterhaltsleistung aufgrund einer gesetzlichen Unterhaltspflicht oder freiwillig erbracht wird. Ferner ist ohne Bedeutung, ob es sich um laufende oder einmalige Leistungen handelt. Auch Sachleistungen sind zu berücksichtigen, z. B. der Nutzungswert der dem Unterhaltsberechtigten unentgeltlich überlassenen Wohnung. Leistet jemand Unterhalt an mehrere geschiedene Ehegatten, so sind die Unterhaltsleistungen an jeden Empfänger bis zu 18000 DM abziehbar.

Zu beachten ist jedoch, daß der Unterhaltsempfänger die Unterhaltsleistungen als sonstige Einkünfte versteuern muß.

b) Renten und dauernde Lasten

Für den Sonderausgabenabzug von Renten und dauernden Lasten (§ 10 **201**
Abs. 1 Nr. 1a EStG, Abschn. 87 EStR), die auf besonderen Verpflichtungs-
gründen beruhen, ist u. a. Voraussetzung, daß die Aufwendungen keine Betriebsausgaben oder Werbungskosten sind und nicht mit steuerbefreiten Einkünften in wirtschaftlichem Zusammenhang stehen. Der Begriff der Rente
erfordert, daß sie auf längere Sicht gezahlt wird. Bei zeitlich befristeten
Renten ist mindestens ein Zeitraum von zehn Jahren erforderlich. Eine dauernde Last liegt vor, wenn über längere Zeit wiederkehrende Beträge gezahlt
werden, wobei die Zahlungen nicht regelmäßig und in gleichbleibender Höhe erfolgen müssen.

Renten und dauernde Lasten, die freiwillig oder aufgrund einer freiwillig
begründeten Rechtspflicht geleistet werden, sind nicht als Sonderausgaben
abziehbar. Das gilt auch für Zuwendungen an eine gegenüber dem Steuerpflichtigen oder seinem Ehegatten gesetzlich unterhaltsberechtigte Person
oder an deren Ehegatten. Steht den Zuwendungen eine Gegenleistung gegenüber, kommt es darauf an, ob der Unterhaltscharakter der Zuwendung
oder der Gesichtspunkt der Gegenleistung überwiegt. Überwiegt der Unterhaltscharakter, so fallen die Zuwendungen in voller Höhe unter das Abzugs-
verbot, überwiegt der Gesichtspunkt der Gegenleistung, greift das Abzugs-
verbot nicht ein.

Als abzugsfähige Renten kommen in der Hauptsache unentgeltlich ge-
währte Leibrenten, deren Dauer von der Lebenszeit einer Person abhängt, in
Betracht. In diesen Fällen kann der Geber nur den Teil der Rente absetzen,
den der Empfänger als Ertragsanteil (= Zinsanteil) versteuern muß. Dauernde Lasten und Renten, deren Dauer auf ein bestimmtes Enddatum abgestellt
ist (sog. Zeitrenten), können beim Geber in voller Höhe abgesetzt werden,
da sie auch vom Empfänger entsprechend zu versteuern sind.

c) Kirchensteuern

Kirchensteuern gehören zu den unbeschränkt abzugsfähigen Sonderausga- **202**
ben (§ 10 Abs. 1 Nr. 4 EStG, Abschn. 101 EStR). Sie können in der im
Veranlagungszeitraum tatsächlich entrichteten Höhe abzüglich etwaiger in
demselben Veranlagungszeitraum erstatteter oder gutgeschriebener Beträge
abgezogen werden. Dabei ist ohne Bedeutung, ob es sich um Vorauszahlungen oder um Abschlagszahlungen handelt oder für welchen Zeitraum sie
entrichtet worden sind. Der Abzug ist jedoch ausgeschlossen, soweit es sich
um willkürliche, die voraussichtliche Steuerschuld weit übersteigende Zahlungen handelt (BFH vom 25. 1. 1963, BStBl. III S. 141).

d) Steuerberatungskosten

Steuerberatungskosten (§ 10 Abs. 1 Nr. 6 EStG, Abschn. 102 EStR), zu **203**
denen auch Aufwendungen für Steuerfachliteratur wie dieses Buch gehören,
können nur insoweit als Sonderausgaben abgezogen werden, als sie weder

Betriebsausgaben noch Werbungskosten sind. Ist eine einwandfreie Abgrenzung nicht möglich, so müssen die Kosten im Schätzwege aufgeteilt werden. Betragen die Steuerberatungskosten im Kalenderjahr insgesamt nicht mehr als 1000 DM, so wird eine vom Steuerpflichtigen vorgenommene Aufteilung in Sonderausgaben und Betriebsausgaben bzw. Werbungskosten aus Vereinfachungsgründen ohne nähere Prüfung anerkannt.

e) Aufwendungen für die Berufsausbildung

204   Aufwendungen des Steuerpflichtigen für seine eigene Berufsausbildung oder für seine Weiterbildung in einem nicht ausgeübten Beruf (§ 10 Abs. 1 Nr. 7 EStG, Abschn. 103 EStR) sind bis zu 900 DM im Kalenderjahr als Sonderausgaben abziehbar. Bei einer durch die Ausbildung bedingten auswärtigen Unterbringung erhöht sich dieser Betrag auf 1200 DM. Die genannten Aufwendungen können auch dann abgesetzt werden, wenn dem Steuerpflichtigen Kosten für die Berufsausbildung seines Ehegatten erwachsen. Hat nur ein Ehegatte Aufwendungen für die Berufsausbildung, wird der Höchstbetrag nur einmal gewährt, auch wenn die Kosten höher als 900 DM bzw. 1200 DM sind.

Von den Sonderausgaben abziehbaren Aufwendungen für die Berufsausbildung sind die Aufwendungen für die Weiterbildung in einem ausgeübten Beruf (Fortbildungskosten) zu unterscheiden, die bei freiberuflich tätigen Rechtsanwälten/Notaren zu den Betriebsausgaben gehören (vgl. Rz. 89).

f) Spenden

205   Ausgaben (Spenden und Beiträge) zur Förderung mildtätiger, kirchlicher, religiöser, wissenschaftlicher und staatspolitischer Zwecke und der als besonders förderungswürdig anerkannten gemeinnützigen Zwecke (§§ 10b und 34g EStG, Abschn. 111–113 EStR) sind bis zur Höhe von insgesamt 5 v. H. des Gesamtbetrages der Einkünfte oder 2 v. T. der Summe der gesamten Umsätze zuzüglich der im Kalenderjahr aufgewendeten Löhne und Gehälter als Sonderausgaben abzugsfähig.

Für Ausgaben zur Förderung staatspolitischer Zwecke, also für Spenden und Mitgliedsbeiträge an politische Parteien, ist ein Sonderausgabenabzug aber nur möglich, soweit sie die nach § 34g EStG berücksichtigungsfähigen Ausgaben übersteigen. Nach § 34g EStG sind die tatsächlichen Ausgaben für politische Parteien zur Hälfte von der Einkommensteuer abziehbar, jedoch begrenzt auf den Höchstbetrag von 600 DM und im Falle der Ehegatten-Zusammenveranlagung von 1200 DM. Die berücksichtigungsfähigen Ausgaben nach § 34g EStG betragen also maximal 1200 DM bzw. 2400 DM. Der darüber hinausgehende Betrag ist im Rahmen der Sonderausgaben abzugsfähig, und zwar aufgrund des Bundesverfassungsgerichtsurteils vom 14. Juli 1986 (BStBl. II S. 684) nicht mehr begrenzt auf 5 v. H. des Gesamtbetrags der Einkünfte oder 2 v. T. der Umsätze, Löhne und Gehälter, sondern bis zu einer Neuregelung durch den Gesetzgeber vorläufig einheitlich für alle Steuerpflichtigen begrenzt auf den Höchstbetrag von 100000 DM bzw. für zusammen veranlagte Ehegatten auf den Höchstbetrag von 200 000 DM (vgl. BMF-Schreiben vom 29. September 1986, BStBl. I S. 488). Außerdem ist zu beachten, daß Parteispenden, deren Gesamtwert im Kalenderjahr 20 000 DM übersteigt, nur abgezogen werden können, wenn sie nach § 25 des Parteiengesetzes im Rechenschaftsbericht verzeichnet worden sind.

Bei Spenden für wissenschaftliche und als besonders förderungswürdig anerkannte kulturelle Zwecke schließlich verdoppelt sich der Sonderausgabenabzugsbetrag von 5 v. H. auf 10 v. H. des Gesamtbetrages der Einkünfte. Der Satz von 2 v. T. wird jedoch für diese Zwecke nicht erhöht.

VI. Außergewöhnliche Belastungen

Bei den außergewöhnlichen Belastungen handelt es sich um Aufwendun- **206** gen, die dem Privatbereich des Steuerpflichtigen zuzurechnen sind. Ihre steuerliche Berücksichtigung erfolgt aus sozialen Gründen und wird nur auf Antrag gewährt. Sie sind grundsätzlich nicht in voller Höhe abzugsfähig. Nach der Höhe der steuerlichen Abzugsfähigkeit unterscheidet der Gesetzgeber zwischen folgenden **Arten** der außergewöhnlichen Belastung:
– außergewöhnliche Belastung allgemeiner Art nach § 33 EStG
– außergewöhnliche Belastung in besonderen Fällen nach § 33 a EStG
– Pauschbeträge für Körperbehinderte und Hinterbliebene nach § 33 b EStG
– Kinderbetreuungskosten Alleinstehender nach § 33 c EStG.

1. Außergewöhnliche Belastung allgemeiner Art

Die steuerliche Abzugsfähigkeit außergewöhnlicher Belastungen nach § 33 **207** EStG setzt voraus, daß dem Rechtsanwalt/Notar infolge eines außergewöhnlichen Ereignisses größere Aufwendungen als der überwiegenden Mehrzahl der Steuerpflichtigen gleicher Einkommens-, Vermögens- und Familienverhältnisse erwachsen und er sich ihnen aus rechtlichen, tatsächlichen oder sittlichen Gründen nicht entziehen kann. Berücksichtigungsfähig sind nur notwendige Ausgaben, die einen angemessenen Betrag nicht übersteigen und nicht zu den Betriebsausgaben, Werbungskosten oder Sonderausgaben gehören.

Die steuerliche Anerkennung setzt außerdem voraus, daß die Aufwendun- **208** gen nicht durch Dritte (z. B. Versicherungen) erstattet werden und die zumutbare Eigenbelastung des Rechtsanwalts/Notars übersteigen. Die **zumutbare Belastung** ergibt sich aus der Tabelle auf S. 96.

Beispiel:

Ein Rechtsanwalt/Notar, verheiratet und 2 Kinder, hat im Veranlagungszeitraum zusammen mit seiner Ehefrau Einkünfte von insgesamt 150 000 DM und außergewöhnliche Belastungen nach § 33 EStG von 20 000 DM. Seine zumutbare Eigenbelastung beträgt 4 v. H. von 150 000 DM, also 6000 DM. Als außergewöhnliche Belastung werden somit nur 14 000 DM steuerlich berücksichtigt.

bei einem Gesamtbetrag der Einkünfte	bis 30000 DM	über 30000 DM bis 100000 DM	über 100000 DM
1. bei Rechtsanwälten/Notaren ohne Kinder			
– Alleinstehende und getrennt veranlagte Ehegatten	5	6	7
– Zusammenveranlagte Ehegatten	4	5	6
2. bei Rechtsanwälten/Notaren mit Kindern			
– 1 oder 2 Kinder	2	3	4
– 3 oder mehr Kinder	1	1	2
	vom Hundert des Gesamtbetrages der Einkünfte		

209   Als außergewöhnliche Belastung nach § 33 EStG kommen in der Hauptsache Aufwendungen in Betracht, die dem Rechtsanwalt/Notar selbst oder seinen Angehörigen im Sinne des § 15 AO durch Krankheit, Tod, Unfall oder Unwetterschäden verursacht worden sind. Aber auch andere bzw. aus anderen Ursachen resultierende Aufwendungen, wie beispielsweise im Zusammenhang mit einer Scheidung für die Wiederbeschaffung von Hausrat und Kleidung, für die Aussteuer, für Kuren, wegen Pflegebedürftigkeit, zur Tilgung von Schulden u. dgl. mehr, sind unter bestimmten Voraussetzungen berücksichtigungsfähig. Die Abgrenzung hängt jedoch sehr vom Einzelfall ab, wie aus der umfangreichen BFH-Rechtsprechung zu diesem Themenbereich hervorgeht (vgl. dazu Abschn. 186–189a EStR). Eine erschöpfende Aufzählung ist deshalb nicht möglich.

2. Außergewöhnliche Belastung in besonderen Fällen

210   In § 33a EStG sind einige Fälle außergewöhnlicher Belastung gesondert geregelt. Bei diesen Aufwendungen ist im Gegensatz zu den außergewöhnlichen Belastungen allgemeiner Art kein Eigenbelastungsanteil in Abzug zu bringen. Dafür sind sie auf bestimmte Höchstbeträge begrenzt. Dabei ist zu beachten, daß sich für jeden vollen Monat, in dem die Voraussetzungen für die Steuervergünstigung nicht vorliegen, der berücksichtigungsfähige Betrag um ein Zwölftel ermäßigt (§ 33a Abs. 4 EStG).

a) Unterhalt und Berufsausbildung von Personen, für die kein Kinderfreibetragsanspruch besteht

211   Erwachsen einem Rechtsanwalt/Notar zwangsläufig Aufwendungen für den Unterhalt und eine etwaige Berufsausbildung von Personen, für die weder er noch eine andere Person Anspruch auf einen Kinderfreibetrag hat (§ 33a Abs. 1 EStG), dann kann er diese Aufwendungen bis zum Höchstbetrag von jährlich 4500 DM für unterhaltene Personen im Alter von 18 und mehr Jahren und bis zum Höchstbetrag von jährlich 2484 DM für unterhaltene Personen unter 18 Jahren steuerlich geltend machen. Voraussetzung ist jedoch, daß die unterhaltene Person kein Vermögen über 30000 DM besitzt (Abschn. 190 Abs. 2 EStR). Außerdem sind die Höchstbeträge um alle Einkünfte und Bezüge der unterhaltenen Person, die zur Bestreitung ihres Unterhalts bestimmt oder geeignet sind, zu kürzen, soweit sie den Betrag von 4500 DM übersteigen (Abschn. 190 Abs. 3 EStR).

Beispiel:

Ein Rechtsanwalt/Notar zahlt seiner Mutter jährlich 8000 DM Unterhalt. Das Vermögen der Mutter beträgt weniger als 30000 DM, ihre eigenen Einkünfte belaufen sich auf jährlich 6000 DM. Da die eigenen Einkünfte der Mutter den Betrag von 4500 DM um 1500 DM übersteigt, ist der abzugsfähige Höchstbetrag um 1500 DM zu kürzen. Der Rechtsanwalt/Notar kann also nur 3000 DM als außergewöhnliche Belastung geltend machen.

Sofern dem Rechtsanwalt/Notar neben den typischen Aufwendungen für Unterhalt und Berufsausbildung auf Grund außergewöhnlicher Umstände besondere Aufwendungen für die unterhaltene Person erwachsen, so ist auf diese Aufwendungen nicht § 33a Abs. 1 EStG, sondern § 33 EStG anzuwenden (Abschn. 190 Abs. 1 EStR, vgl. Rz. 207).

b) Ausbildungsfreibeträge

Erwachsen einem Rechtsanwalt/Notar Aufwendungen für die Berufsaus- **212** bildung eines Kindes, für das er einen Kinderfreibetrag erhält (§ 33a Abs. 2 EStG), so werden folgende Ausbildungsfreibeträge gewährt:
– für ein Kind im Alter von 18 und mehr Jahren bei Unterbringung im Haushalt des Rechtsanwalts/Notars 1800 DM jährlich und bei auswärtiger Unterbringung 3000 DM jährlich;
– für ein Kind unter 18 Jahren bei auswärtiger Unterbringung 1200 DM jährlich.
Die Ausbildungsfreibeträge vermindern sich jeweils um die eigenen Einkünfte und Bezüge des Kindes, soweit sie 2400 DM im Kalenderjahr übersteigen. Sie werden außerdem um die Zuschüsse gekürzt, die das Kind als Ausbildungsbeihilfe aus öffentlichen Mitteln bezieht. Dazu gehören z. B. die als Zuschuß gewährten Leistungen nach dem Bundesausbildungsförderungsgesetz, nach dem Arbeitsförderungsgesetz sowie steuerfreie Stipendien (Abschn. 191 Abs. 6 EStR).

c) Aufwendungen für eine Hausgehilfin/Haushaltshilfe

Beschäftigt der Rechtsanwalt/Notar ganztägig eine Hausgehilfin oder **213** auch nur stundenweise eine Haushaltshilfe (§ 33a Abs. 3 EStG), so kann er diese Aufwendungen, höchstens jedoch 1200 DM jährlich, als außergewöhnliche Belastung geltend machen, wenn er oder sein nicht dauernd von ihm getrennt lebender Ehegatte das 60. Lebensjahr vollendet hat oder nicht nur vorübergehend körperlich hilflos bzw. schwer körperbehindert ist. Eine schwere Körperbehinderung liegt vor, wenn die Erwerbsfähigkeit um mindestens 45 v. H. gemindert ist (Abschn. 193 Abs. 2 Satz 5 EStR).

Gleiches gilt, wenn ein zum Haushalt des Rechtsanwalts/Notars gehörendes Kind oder eine andere zu seinem Haushalt gehörige unterhaltene Person, für die ihm eine Ermäßigung nach § 33a Abs. 1 EStG (vgl. Rz. 211) gewährt wird, nicht nur vorübergehend körperlich hilflos oder schwer körperbehindert ist oder wenn die Beschäftigung einer Hausgehilfin/Haushaltshilfe wegen Krankheit einer der genannten Personen erforderlich ist.

Und schließlich kann unabhängig von der Höhe der tatsächlichen Kosten ein Betrag von 1200 DM als außergewöhnliche Belastung abgezogen werden, wenn der Rechtsanwalt/Notar oder sein Ehegatte in einem Heim (Altenheim, Altenwohnheim, Pflegeheim und gleichartige Einrichtung) oder dauernd zur Pflege untergebracht ist und die Aufwendungen für die Unterbringung Kosten für Dienstleistungen enthalten, die mit denen einer Hausgehilfin/Haushaltshilfe vergleichbar sind (Abschn. 193 Abs. 3 EStR).

d) Freibetrag für einen Elternteil

214   Für Kinder dauernd getrennt lebender oder geschiedener Ehegatten sowie für nichteheliche Kinder wird bei dem Elternteil, dem die Kinder nicht zuzuordnen sind, zur Berücksichtigung von Mehraufwendungen für die Pflege des Eltern-Kind-Verhältnisses ein Freibetrag von 600 DM jährlich als außergewöhnliche Belastung abgezogen (§ 33a Abs. 1a EStG). Voraussetzung ist, daß der Steuerpflichtige für die betreffenden Kinder einen Kinderfreibetrag erhält und seiner Unterhaltsverpflichtung nachkommt (Abschn. 190a EStR).

3. Pauschbeträge für Körperbehinderte und Hinterbliebene

215   Körperbehinderte Personen erhalten nach § 33b EStG auf Antrag, wenn sie nicht höhere Aufwendungen nachweisen, die bei Anwendung des § 33 EStG (vgl. Rz. 207ff.) zu einem höheren Abzugsbetrag führen, je nach dem Grad der Minderung ihrer Erwerbsfähigkeit folgende steuerfreien Pauschbeträge (§ 33b Abs. 3 EStG): *(vgl. Tabelle auf S. 99)*

216   Für Blinde und für Körperbehinderte, die infolge der Körperbehinderung auf ständige Hilfe angewiesen sind, erhöht sich der Pauschbetrag auf 7200 DM. Die Gewährung des erhöhten Pauschbetrages ist nicht davon abhängig, daß eine Pflegeperson beschäftigt wird (Abschn. 194 Abs. 2 Satz 2 EStR).

217   Personen, denen laufende Hinterbliebenenbezüge nach dem Bundesversorgungsgesetz, aus der gesetzlichen Unfallversicherung, nach beamtenrechtlichen Vorschriften wegen eines Dienstunfalls des Verstorbenen oder nach den Vorschriften des Bundesentschädigungsgesetzes zustehen, erhalten auf Antrag einen steuerfreien Pauschbetrag von jährlich 720 DM (§ 33b Abs. 4 EStG, Abschn. 194 Abs. 16 bis 18 EStR).

Stufe	Bei einer Minderung der Erwerbsfähigkeit um v. H.	Jahresbetrag DM
1	25 bis 34	600
2	35 bis 44	840
3	45 bis 54	1110
4	55 bis 64	1410
5	65 bis 74	1740
6	75 bis 84	2070
7	85 bis 90	2400
8	91 bis 100	2760

Steht der Pauschbetrag für Körperbehinderte oder für Hinterbliebene einem Kind des Steuerpflichtigen zu, für das er einen Kinderfreibetrag erhält, so wird der Pauschbetrag auf Antrag auf den Steuerpflichtigen übertragen, wenn ihn das Kind nicht in Anspruch nimmt (§ 33b Abs. 5 EStG, Abschn. 194 Abs. 13 bis 15 EStR).

4. Kinderbetreuungskosten Alleinstehender

Betreuungskosten für zum Haushalt eines alleinstehenden Rechtsanwalts/ **218** Notars gehörende Kinder können nach § 33c EStG bei Übersteigen der zumutbaren Eigenbelastung nach § 33 EStG (vgl. Rz. 208) als außergewöhnliche Belastung berücksichtigt werden, wenn sie wegen
– Erwerbstätigkeit oder
– körperlicher, geistiger oder seelischer Behinderung oder
– Krankheit (länger als 3 Monate)
des Rechtsanwalts/Notars unbedingt notwendig sind. Ihre Abzugsfähigkeit ist auf jährlich 4000 DM bei einem Kind begrenzt. Dieser Betrag erhöht sich für jedes weitere Kind um 2000 DM. Gehört das Kind gleichzeitig zum Haushalt von zwei Alleinstehenden, so steht jedem von ihnen der maßgebliche Betrag zur Hälfte zu. Ohne Einzelnachweis wird pro Kind ein Pauschbetrag von jährlich 480 DM berücksichtigt.

VII. Sonstige Abzugsbeträge

Es gibt noch eine Reihe weiterer Beträge, die bei der Ermittlung des zu **219** versteuernden Einkommens in Abzug zu bringen sind. Sie gehören steuersystematisch weder zur Gruppe der Betriebsausgaben bzw. Werbungskosten, noch zur Gruppe der Sonderausgaben oder außergewöhnlichen Belastungen. Von Bedeutung für den freiberuflich tätigen Rechtsanwalt/Notar sind dabei vor allem:
– Kinderfreibetrag nach § 32 Abs. 1–6 EStG
– Haushaltsfreibetrag nach § 32 Abs. 7 EStG

- Altersfreibetrag nach § 32 Abs. 8 EStG
- Altersentlastungsbetrag nach § 24a EStG
- Freibetrag für freie Berufe nach § 18 Abs. 4 EStG
- Verlustabzug nach § 10d EStG

1. Kinderfreibetrag

220 Für leibliche Kinder, angenommene Kinder und Pflegekinder erhält der Rechtsanwalt/Notar einen Freibetrag von jeweils 1242 DM/2484 DM (Alleinstehende/Zusammenveranlagte Ehegatten), wenn folgende Voraussetzungen erfüllt sind (§ 32 Abs. 1–6 EStG; Abschn. 180–183e EStR):
(1) Das Kind hat das 16. Lebensjahr noch nicht vollendet.
(2) Das Kind hat das 16. Lebensjahr, aber noch nicht das 27. Lebensjahr vollendet. In dem Fall wird der Kinderfreibetrag nur gewährt, wenn es
- für einen Beruf ausgebildet wird oder
- eine Berufsausbildung mangels Ausbildungsplatzes nicht beginnen oder fortsetzen kann oder
- den gesetzlichen Grundwehrdienst oder Zivildienst leistet und eine Berufsausbildung dadurch unterbrochen wird oder
- freiwillig für die Dauer von nicht mehr als drei Jahren Wehr- oder Polizeivollzugsdienst an Stelle des gesetzlichen Grundwehrdienstes oder Zivildienstes leistet und eine Berufsausbildung dadurch unterbrochen wird oder
- eine vom gesetzlichen Grundwehrdienst oder Zivildienst befreiende Tätigkeit als Entwicklungshelfer ausübt und eine Berufsausbildung dadurch unterbrochen wird oder
- ein freiwilliges soziales Jahr im Sinne des Gesetzes zur Förderung eines freiwilligen sozialen Jahres (BGBl. 1975 I S. 3155) leistet oder
- wegen körperlicher, geistiger oder seelischer Behinderung außerstande ist, sich selbst zu unterhalten.
(3) Das Kind hat das 27. Lebensjahr vollendet, aber ist wegen körperlicher, geistiger oder seelischer Behinderung außerstande, sich selbst zu unterhalten.
Dauernd getrennt lebenden oder geschiedenen Ehegatten sowie Eltern eines nichtehelichen Kindes wird der Kinderfreibetrag grundsätzlich je zur Hälfte gewährt. Unter bestimmten Voraussetzungen ist aber auch die Übertragung auf einen Elternteil möglich (§ 32 Abs. 6 EStG).

2. Haushaltsfreibetrag

221 Einen Haushaltsfreibetrag von 4536 DM erhält der Rechtsanwalt/Notar bei Erfüllung folgender Voraussetzungen (§ 32 Abs. 7 EStG, Abschn. 179 EStR):
- Es findet weder das Splittingverfahren für zusammen veranlagte Ehegatten auf ihn Anwendung noch wird er getrennt veranlagt und
- er erhält einen Kinderfreibetrag.

Leben die Eltern dauernd getrennt oder sind sie nicht bzw. nicht mehr miteinander verheiratet, dann wird der Haushaltsfreibetrag dem Elternteil gewährt, in dessen Wohnung das Kind erstmals im Kalenderjahr mit Hauptwohnung gemeldet war. Ist das Kind nicht bei einem Elternteil gemeldet oder ist es in der gemeinsamen Wohnung der Eltern mit Hauptwohnung gemeldet, hat die Mutter Anspruch auf den Haushaltsfreibetrag, es sei denn, der Vater weist durch eine Bescheinigung der zuständigen Behörde nach, daß das Kind zu seinem Haushalt gehört.

3. Altersfreibetrag

Dem Rechtsanwalt/Notar, der vor Beginn des Jahres, für das die Einkom- **222** mensteuer erhoben werden soll, 64 Jahre alt geworden ist, steht ein Altersfreibetrag von 720 DM zu. Dieser Altersfreibetrag verdoppelt sich bei Ehegatten auf 1440 DM, wenn jeder Ehegatte das 64. Lebensjahr vollendet hat (§ 32 Abs. 8 EStG, Abschn. 178 EStR).

4. Altersentlastungsbetrag

Dem Rechtsanwalt/Notar, der vor Beginn des Jahres, für das die Einkom- **223** mensteuer erhoben werden soll, 64 Jahre alt geworden ist, steht auch ein Altersentlastungsbetrag nach § 24a EStG zu. Er beträgt 40 v. H. des Arbeitslohns und der positiven Summe der Einkünfte, höchstens jedoch 3000 DM im Kalenderjahr, wobei bestimmte Einkünfte wie Leibrenten nach § 22 Nr. 1a EStG – das sind auch die Renten aus berufsständischen Versorgungswerken der Rechtsanwälte/Notare – außer Betracht bleiben (Abschn. 171a EStR).

Beispiel:

Ein 65jähriger Rechtsanwalt/Notar hat im Kalenderjahr 1987 folgende Einkünfte:

– Arbeitslohn	28 000 DM
– darin enthalten Renten	22 000 DM
– Einkünfte aus Kapitalvermögen	10 000 DM
– Verluste aus Vermietung und Verpachtung	./. 13 000 DM

Der Altersentlastungsbetrag beträgt 40 v. H. des Arbeitslohnes (28 000 DM ./. 22 000 DM = 6000 DM), das sind 2400 DM. Die Einkünfte aus Kapitalvermögen und aus Vermietung und Verpachtung werden für die Berechnung des Altersentlastungsbetrages nicht berücksichtigt, weil ihre Summe negativ ist (+ 10 000 DM ./. 13 000 DM = ./. 3000 DM).

Dieser Altersentlastungsbetrag steht bei zusammen veranlagten Ehegatten, wenn jeder Ehegatte das 64. Lebensjahr vollendet hat, beiden Ehegatten zu.

5. Freibetrag für freie Berufe

224   Seit 1954 unverändert in seiner Höhe ist der sogenannte Freiberufler-Freibetrag (§ 18 Abs. 4 EStG). Er beläuft sich auf 5 v. H. der Einnahmen aus freier Berufstätigkeit. Der Freibetrag ist jedoch begrenzt auf 1200 DM jährlich und wird nur gewährt, wenn die Einkünfte aus freier Berufstätigkeit überwiegen.

Beispiel:

Ein Rechtsanwalt/Notar hat 1986 ausschließlich Einkünfte aus freier Berufstätigkeit erzielt. Seine Betriebseinnahmen beliefen sich auf 100000 DM und seine Betriebsausgaben auf 50000 DM. Der Freibetrag errechnet sich wie folgt:

5 v. H. von 100000 DM Einnahmen ergeben 5000 DM; der der Besteuerung unterliegende Einnahmenüberschuß von 50000 DM darf aber nur um den Höchstbetrag von 1200 DM auf 48800 DM gemindert werden.

Bei Anwalts-/Notargemeinschaften hat jeder Beteiligte Anspruch auf den Freibetrag. Er ist nach dem auf den Beteiligten entfallenden Anteil an den Betriebseinnahmen zu bemessen. Aus Vereinfachungsgründen können die gesamten Betriebseinnahmen nach dem Gewinnverteilungsschlüssel aufgeteilt werden (Abschn. 148 Abs. 3 EStR). Bei Ehegatten, die beide freiberuflich tätig sind, steht jedem Ehegatten der Freibetrag zu (Abschn. 148 Abs. 4 EStR).

6. Verlustabzug

225   Sollte der Rechtsanwalt/Notar in einem Jahr Verluste aus selbständiger Tätigkeit haben, und kann er diese Verluste im Verlustentstehungsjahr nicht mit anderen positiven Einkünften ausgleichen, so sind sie rück- bzw. vorzutragen (§ 10 d EStG, Abschn. 115 EStR). In den Verlustrücktrags- bzw. Verlustvortragsjahren sind sie wie Sonderausgaben vom Gesamtbetrag der Einkünfte abzuziehen.

Zunächst ist ein Verlustrücktrag in das vorletzte Jahr durchzuführen. Führt dieser Verlustrücktrag noch nicht zum völligen Ausgleich des Verlustes, weil der im vorletzten Jahr erzielte Gewinn nicht so hoch war wie der zurückgetragene Verlust, so erfolgt hinsichtlich des verbliebenen Betrages ein Verlustrücktrag in das letzte Jahr. Der Verlustrücktrag ist für beide Jahre zusammen auf 10 Mio. DM begrenzt. Der Verlustberücksichtigung in einem Rücktragsjahr steht nicht entgegen, daß ein Steuerbescheid für diese Jahre bereits unanfechtbar geworden ist. Übersteigen die Verluste 10 Mio. DM oder ist ein Abzug der nicht ausgeglichenen Verluste nicht möglich, sind sie in den folgenden 5 Jahren abzuziehen.

VIII. Sozietäten und Bürogemeinschaften

1. Arten

Sowohl Rechtsanwälte als auch Notare können sich zu Bürogemeinschaf- **226** ten zusammenschließen. Zu unterscheiden sind

– die Sozietäten, bei denen das Betriebsvermögen als Gesamthandsvermögen behandelt wird von den
– Praxisgemeinschaften, bei denen die einzelnen Mitglieder selbständig bleiben.

Meist werden beide Arten in der Gesellschaftsform der „Gesellschaft bürgerlichen Rechts" geführt. Damit sind sie für Zwecke der Einkommensbesteuerung grundsätzlich als Mitunternehmer nach § 15 EStG zu behandeln. Allerdings: Da es sich um einen Zusammenschluß von Freiberuflern handelt, haben die Gesellschafter Einkünfte aus selbständiger Arbeit nach § 18 EStG. Dies ändert jedoch nichts daran, daß die Form der Gewinnermittlung nach den Grundsätzen des § 15 EStG (Einkünfte aus Gewerbebetrieb) zu ermitteln sind. Eine Gewerbesteuerbelastung fällt allerdings i. d. R. nicht an.

2. Gründung

a) Neugründung

Wenn Sie eine Sozietät neu gründen, so fallen bei der Einkommensbe- **227** steuerung keine Besonderheiten an. Betriebsausgaben, die Sie vor der eigentlichen Gründung aufwenden, sind vorweggenommene Betriebsausgaben. Sie mindern also den steuerlich zu ermittelnden Gewinn ebenso wie die Betriebsausgaben während des laufenden Geschäftsbetriebs.

b) Einbringungen

Wird eine Praxis in eine bestehende Sozietät eingebracht, so ergeben sich **228** Probleme hinsichtlich der Bewertung sowie bei der Frage, ob die stillen Reserven der Einzelpraxis bei der Einbringung aufgedeckt und versteuert werden müssen.

Bei der Lösung der Probleme hilft § 24 UmwStG. Nach dieser Vorschrift besteht ein Wahlrecht zwischen einer Buchwertfortführung und der Aufdekkung der stillen Reserven. I. d. R. ist eine Buchwertfortführung aus steuerlichen Überlegungen heraus günstiger. Neben den genannten Wertansätzen läßt das Umwandlungsteuergesetz auch den Ansatz von Zwischenwerten zu. Die Folge: die stillen Reserven werden teilweise aufgedeckt und versteuert. Die Freibetragsregelung nach § 16 Abs. 4 und die Tarifermäßigung nach § 34 EStG (vgl. Rz. 84) können dabei in Anspruch genommen werden.

3. Gewinnfeststellungsverfahren

a) Begriff

229 Im Falle einer Sozietät ist der Gewinn einheitlich und gesondert festzustellen. Dies bedeutet, daß alle Betriebseinnahmen und alle Betriebsausgaben in einem einheitlichen Verfahren festgestellt werden. Was dabei Betriebseinnahme und was Betriebsausgabe ist, bestimmt sich nach den allgemeinen Regeln der Einkommensbesteuerung. Vergleichen Sie dazu die ausführlichen Darstellungen der Rz. 80 ff.

Gesondert und einheitlich werden die einkommensteuerpflichtigen Einkünfte festgestellt, wenn an den Einkünften mehrere Personen beteiligt sind und die Einkünfte diesen Personen steuerlich zugerechnet werden (§§ 180 Abs. 1 Nr. 2a, 179 Abs. 2 AO).

b) Verfahren

230 Die Gewinnfeststellung geschieht in einem besonderen, von der eigentlichen Einkommensteuerveranlagung losgelösten Verfahren. Nachdem der Gewinn nach den allgemeinen Regeln der Einkommensbesteuerung ermittelt worden ist, muß die Gewinnverteilung auf die einzelnen Gesellschafter festgestellt werden. Dies geschieht in der Regel nach den zivilrechtlichen Abreden über die Gewinnverteilung.

Betriebsausgaben, die ein Gesellschafter allein für die Gesellschaft aufwendet, werden bei ihm als Sonderbetriebsausgaben berücksichtigt.

Beispiele:
- persönliche Aufwendungen für von der Praxis genutzte Wirtschaftsgüter, die zivilrechtlich einem Mitunternehmer gehören (Kfz, Schreibmaschine, Büro);
- vom Gesellschafter allein getragene Reisekosten für Geschäftsreisen zugunsten der Sozietät;
- Darlehenszinsen für ein Darlehen, das zum Erwerb des Sozietätsanteils aufgenommen wurde;
- Steuerberatungskosten, die im Zusammenhang mit dem Sozietätsanteil anfallen

Wichtig zu wissen ist, daß die Sonderbetriebsausgaben i. d. R. nur im gesonderten Feststellungsverfahren geltend gemacht werden können. Das Betriebsstättenfinanzamt – also das Finanzamt, das für die Feststellung des Gewinns zuständig ist – berücksichtigt die Sonderbetriebsausgaben bei der Verteilung des Gewinns jeweils bei demjenigen, der die Aufwendungen getragen hat.

Beispiel:
Der gemeinschaftliche Gewinn einer Sozietät, an der drei Rechtsanwälte beteiligt sind, beträgt 600000 DM. Die zivilrechtliche Gewinnverteilungsabrede sieht vor, daß der Gewinn zu gleichen Teilen zu verteilen ist. Rechtsanwalt A hat für seine Außendienstfahrten sein Privatfahrzeug eingesetzt und hierfür insgesamt Kosten von 7500 DM errechnet. Rechtsanwalt B hat sich im Veranlagungsjahr in

die Sozietät eingekauft und dafür einen Kredit aufnehmen müssen. Er hat Schuldzinsen in Höhe von 10000 DM aufgewendet. Rechtsanwalt C macht keine Sonderbetriebsausgaben geltend.

Folge: Die Sonderbetriebsausgaben müssen in der gesonderten Feststellungserklärung geltend gemacht werden. Die Gewinnverteilung, die das Betriebsstättenfinanzamt vornimmt, sieht folgendermaßen aus:

Rechts- anwalt	Sozietäts- gewinn DM	Sonderbetriebs- ausgaben DM	Steuerlicher Gesamtgewinn DM
A	200 000	7 500	192 500
B	200 000	10 000	190 000
C	200 000	–	200 000
Insgesamt:	600 000	17 500	582 000

Also: Vergessen Sie auf keinen Fall, die Sonderbetriebsausgaben im Feststellungsverfahren geltend zu machen. Denn: Ihr Wohnsitzfinanzamt, das für die Durchführung der Einkommensbesteuerung zuständig ist, ist an die Feststellung des Betriebsstättenfinanzamts gebunden. Haben Sie in der Feststellungserklärung vergessen, die Sonderbetriebsausgaben anzugeben, so sollten Sie den Feststellungsbescheid auf keinen Fall bestandskräftig werden lassen. Erheben Sie Einspruch und melden die Sonderbetriebsausgaben nach.

IX. Einkünfte aus Kapitalvermögen

1. Trennung: Kapital – Kapitalerträge

Wie eingangs bereits erwähnt, müssen auch Einkünfte, die aus Kapitalvermögen stammen, der Besteuerung unterworfen werden. § 20 EStG zählt abschließend auf, welche Einkünfte unter das Einkommensteuergesetz fallen. Dabei ist scharf zu unterscheiden zwischen dem Kapital als Geldanlage und den Früchten, die aus dieser Anlage gezogen werden. Den Einkünften aus Kapitalvermögen unterliegen nur die Früchte aus der Anlage, also die Kapitalerträge. Auf die Höhe des angelegten Kapitals kommt es dabei nicht an. **231**

Auch Wertsteigerungen oder Wertminderungen sowie Gewinne oder Verluste aus der Veräußerung der Kapitalanlage sind keine Einkünfte im Sinne des § 20 EStG. Grundsätzlich sind Veräußerungsgewinne einkommensteuerfrei. Eine Ausnahme bildet lediglich der ,,**Spekulationsgewinn**`` nach den §§ 22, 23 EStG, der unter bestimmten Voraussetzungen besteuert wird.

Beispiel:

Als Freiberufler müssen Sie für Ihr Alter selbst Vorsorge treffen. Sie haben sich im Jahr 1982 aus Ihrem privaten Kapitalbestand Aktien im Wert von 100000 DM zugelegt. Bis 1986 haben Sie eine Wertsteigerung von 120 v. H. erreicht.

(1) Sie halten die Aktien in der Hoffnung, daß sich die Steigerungen noch fortsetzen. Den bisher unrealisierten Gewinn in Höhe von 120 000 DM brauchen Sie nicht der Einkommensteuer zu unterwerfen.

(2) Sie verkaufen die Aktien und realisieren dadurch einen Gewinn von 120 000 DM, der Ihrem Konto gutgeschrieben wird. Auch hier ist der ,,Veräußerungsgewinn" nicht der Einkommensteuer zu unterwerfen.

(3) Die jährlichen Dividenden sind jedoch Einkünfte aus Kapitalvermögen im Sinne des § 20 EStG. Sie sind zu versteuern.

2. Zurechnung der Einkünfte

232   Die Einkünfte aus Kapitalvermögen sind stets demjenigen zuzurechnen, der eigenes Kapital zur Erzielung von Einnahmen einsetzt (BFH, BStBl. 1977 II S. 115) oder dem diese Einnahmen als bürgerlich-rechtlichem oder wirtschaftlichem Inhaber von Vermögenswerten zustehen (BFH, BStBl. 1982 II S. 540).

Beispiel:

Ihre Tochter hat von Ihnen ein unverzinsliches Darlehen in Höhe von 100 000 DM erhalten. Sie hat damit festverzinsliche Wertpapiere erworben. Die Zinseinnahmen sind Ihrer Tochter zuzurechnen.

Erhält jemand Einnahmen aus Kapitalvermögen, ohne zugleich Inhaber der betreffenden Vermögenswerte zu sein, dann sind diese Einnahmen nicht von ihm, sondern von dem Kapitaleigner zu versteuern.

Beispiel:

Ein Rechtsanwalt/Notar ist an einer Familienkapitalgesellschaft beteiligt. Die jährlichen Gewinnanteile hat er seinem Sohn übereignet, der das Geld zur Finanzierung seiner Ausbildung verwendet.

Folge: Die Gewinnausschüttungen sind nicht dem Sohn, sondern dem Rechtsanwalt/Notar zuzurechnen.

3. Zurechnung beim Nießbrauch

233   Ein besonders Zurechnungsproblem entsteht bei der Einräumung eines unentgeltlichen Nießbrauchs. In der Praxis ist dieses Rechtsinstrument weit verbreitet. Deshalb hier eine etwas eingehendere Erläuterung.

Grundsätzlich ist zu unterscheiden zwischen dem Vorbehalts- und Vermächtnisnießbrauch und dem Zuwendungsnießbrauch.

a) Vorbehalts- und Vermächtnisnießbrauch

Behält sich jemand anläßlich der schenkweisen Übertragung von Kapitalvermögen an den übertragenen Wirtschaftsgütern den Nießbrauch – also die Fruchtziehung aus dem Kapitalvermögen – vor oder ist der Nießbrauch an Kapitalvermögen durch einen Erben als neuem, zur Verfügung über das

Kapitalvermögen Berechtigten auf Grund einer letztwilligen Verfügung bestellt worden, so sind die Einnahmen dem Nießbraucher zuzurechnen.

Beispiele:

(1) Sie sind Eigentümer eines Wertpapierdepots, das jährlich ansehnliche Erträge abwirft. Im Wege der vorweggenommenen Erbfolge übertragen Sie dieses Wertpapierdepot auf Ihre Kinder. Zur Altersversorgung behalten Sie sich jedoch die Erträge daraus vor.

Folge: Zwar sind die Kinder Eigentümer des Depots geworden. Die Erträge daraus müssen jedoch Sie als Nießbraucher versteuern.

(2) Der Vater eines Rechtsanwalts/Notars ist verstorben. In seinem Testament verfügte er, daß zwar sein GmbH-Anteil auf seinen Sohn übergehen soll, die Erträge daraus hat er jedoch seiner hinterbliebenen Witwe im Wege des Vermächtnisnießbrauchs vermacht.

Folge: Die Witwe muß die Erträge der Einkommensteuer unterwerfen.

Also: Der unentgeltliche Vorbehaltsnießbrauch führt dazu, daß dem bisherigen Inhaber der Vermögenswerte auch weiterhin die Erträge zuzurechnen sind. Bei Wertpapieren werden im allgemeinen auch die mit ihnen verbundenen Inhaberrechte dem Nießbraucher vorbehalten. Der neue Inhaber ·hat lediglich eine formale Rechtsposition.

b) Zuwendungsnießbrauch

Von Zuwendungsnießbrauch wird dann gesprochen, wenn der Eigentü- **234** mer eines Kapitalvermögens auch weiterhin Eigentümer bleibt, die Erträge daraus jedoch einem anderen zuwendet. Diese Konstruktion wurde gerne gewählt, um zwar weiterhin Verfügungsberechtigter eines Vermögens zu bleiben, jedoch die Besteuerung der Erträge auf eine Person zu verschieben, die einen geringeren Steuersatz hatte. Als Folge daraus sollte Einkommensteuer gespart werden.

Die höchstrichterliche Finanzrechtsprechung hat diese Konstruktion in mehreren Urteilen steuerlich uninteressant werden lassen. Denn steuerlich muß der Eigentümer auch dann die Erträge versteuern, wenn sie nachweislich und auf Grund einer gesicherten Rechtsposition – nämlich der Nießbraucheinräumung – einem anderen zufließen.

Beispiel:

Ein Rechtsanwalt/Notar muß sein Einkommen mit einem Steuersatz von 56 v. H. versteuern. Dies ist ihm zuviel. Er überträgt einen Teil seiner Einkünfte im Wege des Zuwendungsnießbrauchs auf seine Tochter, die bisher keinerlei Einkünfte hat und dementsprechend lediglich einen Steuersatz in Höhe von 22 v. H. hat. Das Kapitalvermögen selbst bleibt beim Vater.

Folge: Der Vater hat sich verrechnet. Er kannte die Rechtsprechung des BFH nicht. Denn: Obwohl die Tochter tatsächlich die Erträge auf Grund einer gesicherten Rechtsposition erhält und auch für eigene Zwecke verbraucht, muß der Vater sie weiterhin versteuern.

4. Die einzelnen Einnahmen

a) Überblick

235   Nach § 20 Abs. 1 Nr. 1 EStG gehören zu den Einkünften aus Kapitalvermögen
- Gewinnanteile (Dividenden),
- Ausbeuten und
- sonstige Bezüge aus Aktien, Kuxen, Genußrechten,

mit denen das Recht am Gewinn und Liquidationserlös einer Kapitalgesellschaft verbunden ist.

Weiterhin gehören dazu Erträge aus Anteilen an
- Gesellschaften mit beschränkter Haftung,
- Erwerbs- und Wirtschaftsgenossenschaften,
- Kolonialgesellschaften und
- bergbautreibenden Vereinigungen,

die die Rechte einer juristischen Person haben.

Bei den vorstehend aufgeführten Beträgen handelt es sich vornehmlich um Erträge aus solchen Beteiligungen, die ihrem Inhaber einen Anspruch auf einen Teil des Reingewinns gewähren. Die betreffenden Gesellschaften besitzen als juristische Personen eine eigene Rechtspersönlichkeit. Sie haben eigenes Vermögen und betreiben das Unternehmen selbst. Aus diesem Grund sind die dem Steuerpflichtigen zufließenden Erträge keine Einkünfte aus Gewerbebetrieb, sondern Einkünfte aus Kapitalvermögen.

b) Gewinnanteile (Dividenden)

236   Zu den Gewinnanteilen gehören nicht nur laufende Gewinnausschüttungen, sondern auch die aus besonderem Anlaß gewährten Extradividenden.

c) Ausbeuten

237   Ausbeuten sind die Beträge, die von bergrechtlichen Gewerkschaften bzw. von bergbautreibenden Vereinigungen mit eigener Rechtspersönlichkeit an die Inhaber der Anteile ausgeschüttet werden.

d) Sonstige Bezüge

238   Sonstige Bezüge sind alle in Geld oder Geldeswert bestehenden Güter, die ein Beteiligter von seiner Gesellschaft erhält und die sich nicht als Rückzahlung des Nennkapitals, sondern als Ertrag der Beteiligung darstellen.

239   Zu den sonstigen Bezügen gehören grundsätzlich auch **Freiaktien** und **Freianteile**. Freianteile liegen vor, wenn eine Gesellschaft bei Durchführung einer Kapitalerhöhung ihren Gesellschaftern neue Anteile gewährt.

e) Kapitalherabsetzungen und Auflösungen

240   Zu den Einnahmen aus Kapitalvermögen gehören auch Bezüge, die auf Grund einer Kapitalherabsetzung oder nach der Auflösung unbeschränkt steuerpflichtiger Körperschaften oder Personenvereinigungen anfallen. Diese Regelung muß nicht unbedingt zum Nachteil des Steuerpflichtigen ausschlagen. Vielmehr soll dadurch erreicht werden, daß die gesamte auf dem ausschüttbaren Gewinn lastende Körperschaftsteuer auf die Einkommensteuer des Anteilseigners angerechnet werden kann.

f) Anzurechnende oder zu vergütende Körperschaftsteuer

Zu den Einnahmen aus Kapitalvermögen gehört auch die Körperschaft- **241** steuer, die auf die Einkommensteuer anzurechnen oder zu vergüten ist. Dies ist eine Konsequenz aus dem körperschaftsteuerrechtlichen Anrechnungsverfahren, das an in diesem Leitfaden nicht weiter erläutert werden soll. Nur soviel: Um die von einer Körperschaft ausgeschütteten Gewinne nur einmal mit Steuern vom Einkommen zu belegen und um dabei der Leistungsfähigkeit des Einkommensteuerpflichtigen Rechnung tragen zu können, muß bei den einzelnen Anteilseignern der Gewinn der Körperschaft zugrunde gelegt werden, der ohne die Vorbelastung durch die Körperschaft zur Ausschüttung zur Verfügung gestanden hätte.

Beispiel:
Sie sind Gesellschafter einer GmbH. Sie erhalten im Jahr 1986 eine Gewinnbeteiligung in Höhe von 100 000 DM. Zudem erhalten Sie eine Körperschaftsteuergutschrift in Höhe von 56 250 DM. Dieser Betrag ist dem Einkommen aus Kapitalvermögen hinzuzurechnen. Die Körperschaftsteuergutschrift wird mit Ihrer Einkommensteuerschuld verrechnet.

g) Einnahmen aus Beteiligungen als stiller Gesellschafter

Nach § 230 HGB ist stiller Gesellschafter, wer sich an einem Handelsge- **242** werbe, das ein anderer betreibt, mit einer Vermögenseinlage in der Weise beteiligt, daß seine Einlage in das Vermögen des Inhabers des Handelsgeschäfts übergeht und nur dieser nach außen in Erscheinung tritt (vgl. zum Begriff: *Baumbach/Duden/Hopt*, Handelsgesetzbuch, 27. Auflage München 1987, §§ 230 ff.).

Wird eine stille Gesellschaft **aufgelöst,** so erhält der stille Gesellschafter **243** nach § 235 HGB in der Regel lediglich sein Guthaben ausgezahlt. Der ,,Stille" ist also regelmäßig lediglich am Gewinn oder Verlust beteiligt, nicht jedoch an den stillen Reserven. Die Einkünfte aus dieser ,,typisch" stillen Beteiligung sind als Einkünfte aus Kapitalvermögen zu versteuern.

Beispiel:
Um sein verdientes Geld anzulegen, beteiligt sich ein Rechtsanwalt an einer GmbH. Um jedoch nach außen nicht in Erscheinung zu treten, bevorzugt er eine stille Beteiligung. Im Beteiligungsvertrag wird vereinbart, daß der Stille
– mit 10 v. H. seiner Beteiligung am Gewinn der Gesellschaft beteiligt ist;
– im Falle der Auflösung der Gesellschaft mit dem Buchwert seiner Beteiligung abgefunden wird.

Folge: Es handelt sich hier um eine „typisch" stille Beteiligung. Die Gewinnanteile sind den Einkünften aus Kapitalvermögen hinzuzurechnen.

244 Der tyisch still Beteiligte wird von den stillen Reserven ausgeschlossen, d. h., er nimmt letztlich nur an dem in der Bilanz ausgewiesenen Erfolg teil. Dieses wirtschaftlich unerwünschte Ergebnis kann durch den Beteiligungsvertrag ausgeschlossen werden. Steuerlich ist dabei jedoch zu beachten, daß der Stille dadurch nicht mehr Einkünfte aus Kapitalvermögen erzielt, sondern zum **„Mitunternehmer"** wird.

Das bedeutet für ihn: Auch seine laufenden Einkünfte aus der Beteiligung werden als Einkünfte aus Gewerbebetrieb deklariert. Er muß darauf – je nach Höhe – nicht nur Einkommensteuer sondern auch Gewerbesteuer zahlen. Diese Form der stillen Beteiligung wird als **„atypisch"** bezeichnet.

Beispiel:

Es wird vereinbart, daß der Stille im Falle der Auflösung der Gesellschaft am Auflösungserlös und im Falle des Verkaufs der Gesellschaft am Veräußerungserlös teilhaben soll.

Folge: Es handelt sich um eine atypisch stille Beteiligung. Der Stille bezieht Einkünfte aus Gewerbebetrieb im Sinne des § 15 Abs. 1 Nr. 2 EStG.

h) Zinsen aus Sparanteilen in Versicherungsbeiträgen

245 Zu den Einnahmen aus Kapitalvermögen gehören stets Zinsen aus
– Kapitalversicherung aus Einmalbetrag,
– Rentenversicherung mit Kapitalwahlrecht gegen Einmalbetrag,
– Rentenversicherungen mit Kapitalwahlrecht gegen laufende Beitragsleistung, bei denen die Auszahlung des Kapitals zu einem Zeitpunkt vor Ablauf von 12 Jahren seit Vertragsabschluß verlangt werden kann,
– Kapitalversicherungen gegen laufende Beitragsleistungen, wenn der Vertrag nicht für die Dauer von mindestens 12 Jahren abgeschlossen ist.

246 Dagegen zählen Zinsen oder Gewinnanteile aus den folgenden aufgezählten Versicherungen auf den Erlebens- oder Todesfall nicht zu den Einkünften aus Kapitalvermögen:
– Risikoversicherungen, die nur für den Todesfall eine Leistung vorsehen,
– Rentenversicherungen ohne Kapitalwahlrecht,
– Rentenversicherung mit Kapitalwahlrecht gegen laufende Beitragsleistungen, wenn das Kapitalwahlrecht nicht vor Ablauf von 12 Jahren seit Vertragsabschluß ausgeübt werden kann,
– Kapitalversicherung gegen laufende Beitragsleistungen mit Sparanteilen, wenn der Vertrag für die Dauer von mindestens 12 Jahren abgeschlossen worden ist.

247 Dieser Katalog deckt sich mit der Aufzählung der **Vorsorgeaufwendungen** in § 10 Abs. 1 Nr. 2b EStG. Dort wird geregelt, daß die Beiträge zu diesen Versicherungen als Sonderausgaben im Rahmen von Vorsorgeaufwendungen beschränkt abzugsfähig sind. Die Befreiungsvorschrift des § 20 Abs. 1 Nr. 6 EStG begünstigt die Anlageform in Versicherungen zusätzlich dadurch, daß die Zinsen steuerfrei belassen werden.

Voraussetzung für die Freistellung der Zinsen ist, **248**
– daß sie entweder mit den Beiträgen verrechnet oder
– die Zinsen im Versicherungsfall oder
– im Fall des Rückkaufs des Vertrages frühestens nach Ablauf von 12 Jahren seit Vertragsabschluß ausgezahlt werden.

Beispiele:

(1) Ein Rechtsanwalt hat ein Einfamilienhaus gekauft. Um seine Familie für den Fall seines Todes abzusichern, schließt er eine Risikoversicherung ab. Kennzeichen dieser Versicherung ist es, daß die Versicherungssumme – anders als bei einer Kapitalversicherung – nur im Todesfall ausgezahlt wird. Die auf die Beitragsleistungen entfallenden Zinsen werden in der Regel dazu benutzt, durch Verrechnung mit den Beiträgen die monatliche Belastung niedrig zu halten.
Folge: Die Zinsen sind nicht einkommensteuerpflichtig, da sie zur Verrechnung mit den laufenden Beiträgen genutzt werden.

(2) Ein Rechtsanwalt/Notar hat eine Lebensversicherung abgeschlossen mit einer Laufzeit von 15 Jahren. Er erfüllt damit die Vorauszahlungen für den Abzug der Beiträge als Vorsorgeaufwendungen. Allerdings hat er vereinbart, daß die Zinsen, die ihm die Versicherung gutschreibt, jährlich ausgezahlt werden.
Folge: Durch diese Vereinbarung fallen die Zinsen unter die Einkünfte aus Kapitalvermögen und müssen versteuert werden. Hätte der Steuerpflichtige vereinbart – wie es an sich auch üblich ist –, die Zinsen zur Erhöhung der Versicherung zu nutzen oder zur Minderung der laufenden Beiträge, wäre ihm die Besteuerung erspart geblieben.

Vorsicht ist auch geboten im Fall des Rückkaufs des Vertrags vor Ablauf **249** von 12 Jahren seit dem Vertragsabschluß. Auch in diesem Fall entfällt rückwirkend die Steuerfreiheit.

Beispiel:

Ein Versicherungsvertrag wurde über eine Laufzeit von 15 Jahren abgeschlossen. Es wurde vereinbart, daß die Zinsen der Kapitalsumme am Ende der Laufzeit zugeschlagen werden sollen.
Folge: Der Versicherungsvertrag erfüllt sowohl die Voraussetzungen des § 10 EStG zum Abzug als Vorsorgeaufwendungen als auch die Voraussetzung des § 20 EStG – also der Steuerfreiheit der Zinsen. Wenn allerdings von der Möglichkeit des Rückkaufs der Versicherung vor Ablauf von 12 Jahren Gebrauch gemacht wird, müssen die Zinsen rückwirkend versteuert werden.

Die Versicherungen sind in dem soeben geschilderten Beispielsfall ver- **250** pflichtet, die Höhe der steuerpflichtigen Kapitalerträge zu ermitteln und dem zuständigen Finanzamt zu melden. Deshalb braucht auf die Berechnungsweise an dieser Stelle nicht weiter eingegangen zu werden. Wichtig zu wissen ist jedoch, daß automatisch eine Meldung von der Versicherung an das Finanzamt erfolgt. Mit einer Nachversteuerung muß also in jedem Fall gerechnet werden.

i) Zinsen aus sonstigen Kapitalforderungen

Neben den bereits erwähnten Zinsen sind nach § 20 Abs. 1 Nr. 7 EStG alle **251** sonstigen Leistungen zu verstehen, die ein Schuldner erbringt, um fremdes

Kapital zu nutzen. Dabei ist es unerheblich, ob diese Leistungen auf Grund eines zivilrechtlichen Vertrages erbracht werden oder auf Grund einer gesetzlichen Verpflichtung. So zählen empfangene Verzugszinsen ebenso zu den Einkünften aus Kapitalvermögen wie z. B. die Zinsen, die das Finanzamt für zu erstattende Steuern in bestimmten Fällen zu zahlen hat.

Selbstverständlich werden auch alle gutgeschriebenen Zinsen aus Forderungen gegenüber einem Kreditinstitut von der Einkommensteuer erfaßt, also auch alle Zinsen auf Sparguthaben, Termingelder oder Schuldverschreibungen. Auch die Erträge aus festverzinslichen Wertpapieren sind zu erfassen.

Zu den Einkünften aus Kapitalvermögen gehören auch
– Einnahmen aus der Veräußerung von Dividendenscheinen und sonstigen Ansprüchen durch den Anteilseigner sowie
– von Zinsscheinen durch den Inhaber von Schuldverschreibung, wenn die dazugehörigen Aktien, sonstigen Anteile oder Schuldverschreibung nicht mit veräußert werden.

252   Weiterhin sind zu versteuern sog „**Stückzinsen**". Das sind Einnahmen aus der Veräußerung von Zinsscheinen, wenn die dazugehörigen Schuldverschreibungen mit veräußert werden und das Entgelt für die auf den Zeitraum bis zur Veräußerung der Schuldverschreibung entfallenden Zinsen des laufenden Zinszahlungszeitraums gesondert in Rechnung gestellt sind.

Beispiel:
Ein Steuerpflichtiger hat am 1. 10. 1986 festverzinsliche Wertpapiere im Nennwert von 100 000 DM zum Kurs von 100 v. H. zuzüglich Stückzinsen ab 1. 7. 1986 in Höhe von 4000 DM erworben. Zum 31. 12. 1986 hat er die auf die Wertpapiere entfallenden Zinsen für die Zeit vom 1. 7. bis zum 31. 12. 1986 in Höhe von 8500 DM vereinnahmt.
Folge: Der Steuerpflichtige hat lediglich (8500 DM ./. 4000 DM =) 4500 DM als Einnahmen aus Kapitalvermögen zu versteuern.

5. Werbungskosten bei Einkünften aus Kapitalvermögen

253   Auch bei der Ermittlung von Einkünften aus Kapitalvermögen sind grundsätzlich solche Aufwendungen als Werbungskosten abzuziehen, die mit den Einkünften im Zusammenhang stehen. Der Zusammenhang muß allerdings unmittelbar sein, d. h., die Werbungskosten müssen zur Erwerbung, Sicherung und Erhaltung der Kapitaleinnahmen dienen. Derartige Aufwendungen sind deshalb, auch wenn sie gleichzeitig zur Sicherung und Erhaltung des Kapitalstamms dienen, insoweit als Werbungskosten anzuerkennen.

254   Nicht als Werbungskosten anerkannt werden Schuldzinsen, die für einen zum Erwerb von Wertpapieren aufgenommenen Kredit gezahlt werden, wenn bei der Anschaffung der Kapitalanlage nicht die Absicht zur Erzielung von Überschüssen, sondern die Absicht zur Realisierung von Wertsteigerungen der Kapitalanlage im Vordergrund steht oder auf Dauer gesehen ein

Überschuß der Kapitaleinnahmen über die Ausgaben nicht erwartet werden kann (BFH vom 21. 7. 1981, BStBl. 1982 II S. 36, 37 und 40 und vom 23. 3. 1982, BStBl. II S. 463).

Beispiel:

Ihr Freund ist leitender Bankangestellter eines renommierten Kreditinstituts und hat Ihnen einen unfehlbaren Aktientip gegeben. Die Wertsteigerungen innerhalb der nächsten drei Monate sollen angeblich mehr als 50 Prozent betragen. Sie folgen diesem Insidertip und kaufen Aktien im Werte von 200 000 DM auf Kredit. Sie beabsichtigen nach Eintritt der Wertsteigerung die Aktien direkt wieder zu verkaufen, ohne auf eine Dividendenausschüttung zu warten.

Folge: Die für den Kredit gezahlten Zinsen können nicht als Werbungskosten bei der Ermittlung der Einkünfte aus Kapitalvermögen anerkannt werden, da sie nicht im Zusammenhang mit den Dividendenzahlungen aus dem Aktienkauf zu sehen sind. Sie hatten vielmehr die Absicht zu spekulieren.

Denken Sie in diesem Zusammenhang daran: Sollten Sie innerhalb von **255** sechs Monaten seit Anschaffung Ihr Aktienpaket verkaufen, müssen Sie mit der Besteuerung des Veräußerungsgewinns rechnen.

Aufwendungen, die auf ein Vermögen entfallen, das nicht zur Erzielung **256** von Kapitaleinkünften angelegt ist oder bei dem Kapitalerträge nicht zu erwarten sind, können nicht als Werbungskosten anerkannt werden.

Beispiel:

Um Ihre finanzielle Existenzgrundlage abzusichern, kaufen Sie bei niedrigen Preisen 10 kg Gold. Da Sie derzeit nicht liquide sind, finanzieren Sie diesen Kauf mit Hilfe eines Kreditinstituts. Die für den Kredit aufzuwendenden Zinsen sind nicht als Werbungskosten abzuziehen, da aus dem Gold keinerlei Erträge zu erwarten sind.

Beachten Sie: Selbst wenn Sie Veräußerungsgewinne in späteren Jahren **257** erzielen, können Sie die Zinsen nicht abziehen, da andererseits die Veräußerungsgewinne nicht der Einkommensteuer unterliegen.

Ohne Einzelnachweis können Werbungskosten in Höhe von 100 DM pauschal abgezogen werden. Bei Ehegatten, die die Voraussetzung für die Zusammenveranlagung erfüllen, erhöht sich dieser Pauschbetrag auf insgesamt 200 DM. Dieser verdoppelte Pauschbetrag steht den Ehegatten im Falle der Zusammenveranlagung gemeinsam zu. Die Ehegatten können daher in diesem Fall nur entweder den Pauschbetrag von 200 DM oder nachgewiesene höhere Werbungskosten geltend machen. Es ist nicht zulässig, daß einer der Ehegatten den halben Pauschbetrag und der andere Ehegatte Werbungskosten in nachgewiesener Höhe abzieht. Deshalb: Nachgewiesene höhere Werbungskosten können nur abgezogen werden, wenn die Werbungskosten beider Ehegatten zusammen mehr als 200 DM betragen (BFH vom 17. 1. 1969, BStBl. II, S. 376).

Der Pauschbetrag kann auch dann voll in Anspruch genommen werden, **258** wenn nur einer der Ehegatten Einnahmen aus Kapitalvermögen bezogen hat.

6. Sparer-Freibetrag

259   Nachdem die Einkünfte aus Kapitalvermögen durch die Gegenüberstellung von Einnahmen und Werbungskosten errechnet worden sind, wird ein weiterer Betrag steuermindernd abgezogen: der Sparer-Freibetrag. Bei Ledigen beträgt der Freibetrag 300 DM, bei Verheirateten verdoppelt er sich auf 600 DM. Er steht beiden Ehegatten gemeinsam zu und ist bei der Veranlagung bei jedem Ehegatten je zur Hälfte abzuziehen.

X. Einkünfte aus Vermietung und Verpachtung

260   Eine wichtige Einkunftsquelle ist die Vermietung oder Verpachtung von Grundeigentum. Die Objekte, um die es bei der Besteuerung geht, sind

– das Einfamilienhaus,
– das Zweifamilienhaus,
– Drei- und Mehrfamilienhäuser,
– die Eigentumswohnung,
– unbebaute Grundstücke,
– gewerblich genutzte Grundstücke,
– freiberuflich genutzte Grundstücke,
– selbstgenutzte Wohnobjekte.

Die steuerliche Behandlung ist nicht etwa einheitlich. Der Gesetzgeber hat höchst unterschiedliche Besteuerungsvorschriften für die verschiedenen Nutzungsarten erlassen. Es würde den Rahmen dieses Buches sprengen, in der notwendigen Ausführlichkeit auf diese Einkunftsart einzugehen. Deshalb sollen hier nur die Grundzüge der Einkunftsart ,,Vermietung und Verpachtung" erwähnt werden.

261   Bei der Besteuerung der Einkünfte aus Vermietung und Verpachtung handelt es sich – wie auch bei den anderen Einkunftsarten – um eine Nettobesteuerung, d. h., von den Einnahmen werden die mit diesen Einnahmen im Zusammenhang stehenden Ausgaben abgezogen. Die Ausgaben heißen in der Einkunftsart Vermietung und Verpachtung **,,Werbungskosten"**. Die Einkünfte werden also nach folgendem Schema ermittelt:

$$\begin{array}{l} \text{Einnahmen} \\ - \underline{\text{Werbungskosten}} \\ = \text{Einkünfte} \end{array}$$

262   Ergibt sich bei dieser Rechnung ein Verlust aus Vermietung und Verpachtung, so ist er mit den übrigen Einkünften zu verrechnen. Diese **Verlustausgleichsmöglichkeit** hat in der Praxis zu den vielfältigen Anlagemodellen geführt, die darauf abzielten, in der Anfangsphase des Immobilienerwerbs einen möglichst hohen Buchverlust zu erzielen, um mit den so ersparten Steuern die Immobilie zum Teil zu finanzieren.

Aber nicht nur Immobilienanleger nutzen den Verlustausgleich. Die **263**
Steuerersparnis macht es vielen Bürgern überhaupt erst möglich, Wohnei-
gentum zu erwerben. Der Mechanismus wirkt sich im Ergebnis dadurch
besonders günstig aus, daß den steuerlich geltend gemachten Verlusten aus
Vermietung und Verpachtung langfristig Wertsteigerungen gegenüberste-
hen, die jedoch nicht zu den Einkünften aus Vermietung und Verpachtung
gehören. Die Veräußerung spielt sich in der Vermögenssphäre des Steuerpflichtigen ab, nicht in der einkommensteuerrechtlich relevanten Einkom-
menssphäre. Eine Ausnahme bildet lediglich die Besteuerung des **Spekula-
tionsgewinns,** der immer dann anfällt, wenn eine Immobilie innerhalb einer
Frist von 2 Jahren verkauft wird und dabei ein Veräußerungserlös anfällt.
Dabei kommt es nicht darauf an, ob die Absicht zu spekulieren tatsächlich
bestanden hat.

Diese wenigen Hinweise mögen an dieser Stelle genügen. Ausführlich **264**
können Sie sich zur Besteuerung des privaten Haus- und Wohnbesitzes in-
formieren bei Dornbusch/Jasper/Piltz, Steuervorteile durch Haus- und
Wohnbesitz, Beck-Rechtsberater im dtv 5240; zur Besteuerung von Immo-
bilienanlagen vgl. Dornbusch/Jasper, Steuervorteile für Immobilienanleger –
ein kritischer Wegweiser, Beck-Rechtsberater im dtv 5247.

Zweites Kapitel. Rechtsanwalt/Notar als Arbeitgeber

I. Vorbemerkung

Bedienen Sie sich als Rechtsanwalt/Notar der Mithilfe von Arbeitneh- **265** mern, so legt Ihnen das Gesetz bestimmte Verpflichtungen auf. U. a. sind Sie dazu verpflichtet, vom Arbeitslohn Lohnsteuer zu berechnen. Darüber hinaus gibt es bestimmte sozialversicherungsrechtliche Pflichten, nämlich die Anmeldung des Arbeitnehmers bei der Krankenkasse und die Errechnung, Einbehaltung und Abführung von Sozialversicherungsbeiträgen, also von Krankenkassen-, Rentenversicherungs- und Arbeitslosenversicherungsbeiträgen. Diese Pflichten, denen Sie als Arbeitgeber nachzukommen haben, werden im folgenden erläutert.

II. Arbeitslohn

Die Lohnsteuer wird nach dem Arbeitslohn bemessen, unabhängig davon, **266** ob es sich nun tarifrechtlich um Stundenlohn oder um monatliche Gehälter oder etwa um Einmalzahlungen handelt. Zum Arbeitslohn zählen alle Einnahmen, die dem Arbeitnehmer aus einem bestehenden Dienstverhältnis zufließen (vgl. dazu auch Rz. 90 ff.). Einnahmen sind dabei alle Güter, die in Geld oder Geldeswert bestehen.

Zur Berechnung der Lohnsteuer ist es gleichgültig,
– ob es sich um einmalige oder laufende Einnahmen handelt,
– ob ein Rechtsanspruch auf sie besteht,
– unter welcher Form oder Bezeichnung sie gewährt werden.

Es folgt eine Aufzählung der gängigen Arbeitslöhne, die unter den ver- **267** schiedensten Bezeichnungen in der Praxis vorkommen (in alphabetischer Reihenfolge).
– **Entlohnungen,** für Dienste, die über die regelmäßige Arbeitszeit hinausgehen (z. B. Entlohnungen für Überstunden, Überschichten, Sonntagsarbeit)
– **Entschädigungen** als Ersatz für entgangenen oder entgehenden Arbeitslohn (wichtig bei vorzeitiger Kündigung des Arbeitsverhältnisses).
– **Entschädigungen** für Nebenbeschäftigungen im Rahmen eines Dienstverhältnisses
– **Entschädigungen,** die als Abgeltung für nichtgewährten Urlaub gezahlt werden
– **Entschädigungen,** die privaten Arbeitnehmern zur Bestreitung des Dienstaufwandes gezahlt werden.
– **Erschwerniszuschläge**
– **Gehälter**

- **Geldgeschenke** sind regelmäßig als steuerpflichtiger Arbeitslohn und nicht als Gelegenheitsgeschenke zu behandeln (BFH vom 17. 7. 1981 BStBl. II S. 773).
- **Gratifikationen**
- **Löhne**
- **Lohnsteuerbeträge,** nachgeforderte, die der Arbeitgeber anläßlich eines Haftungsbescheides oder einer Lohnsteueraußenprüfung für den Arbeitnehmer übernimmt. Es handelt sich um Arbeitslohn des Kalenderjahres, in dem der Verzicht des Arbeitgebers auf den Ausgleichsanspruch gegen den Arbeitnehmer erkennbar wird (BFH vom 10. 2. 1961, BStBl. III S. 139 und vom 24. 4. 1961 BStBl. III S. 285). Entsprechendes gilt für nachgeforderte Kirchensteuer und Arbeitnehmeranteile an den Sozialversicherungsbeiträgen.
- **Lohnzuschläge,** die wegen der Besonderheit der Arbeit gewährt werden.
- **Provisionen**
- **Sachbezüge,** also Güter, die in Geldeswert bestehen; dazu gehören insbesondere der Bezug von

  Beleuchtung,

  Heizung,

  Kleidung, freier

  Kost,

  Wohnung, freier

  Für die Bewertung der Sachbezüge sind die üblichen Mittelpreise des Verbrauchsorts maßgebend. Die für die Finanzverwaltung zuständigen obersten Landesbehörden können den Wert von bestimmten Sachbezügen unter Berücksichtigung von Durchschnittswerten festsetzen und bekanntgeben. Eine Ausnahme besteht für Arbeitnehmer, für deren Sachbezüge durch Rechtsverordnung nach § 17 Nr. 3 Viertes Buch Sozialgesetzbuch SGB IV besondere Werte bestimmt worden sind.
- **Sozialversicherungsbeiträge,** die aufgrund einer gesetzlichen Verpflichtung die durch den Arbeitgeber übernommen werden.
- **Studienbeihilfen,** die mit Rücksicht auf ein künftiges Dienstverhältnis gezahlt werden, sowie Studienbeihilfen, die nach Beendigung des Studiums gezahlt werden.
- **Tantiemen**
- **Telefonkosten:** Der private Anteil, der vom Arbeitgeber übernommenen festen und laufenden Kosten eines Telefonanschlusses in der Wohnung des Arbeitnehmers (BFH vom 26. 7. 1974 BStBl. II S. 777, und vom 20. 3. 1976 BStBl. II S. 507).
- **Trinkgelder,**
- **Zukunftssicherung:** Ausgaben des Arbeitgebers für die Zukunftssicherung des Arbeitnehmers (Ausgaben für den Fall der Krankheit, des Unfalls, der Invalidität, des Alters, des Todes), soweit sie 312 DM pro Jahr übersteigen.
- **Zuwendungen,** besondere, die auf Grund des Dienstverhältnisses gewährt werden (z. B. Zuschüsse im Krankheitsfalle).

III. Abgrenzung: Arbeitslohn – Vorteile – Annehmlichkeiten

Nicht alles, was ein Arbeitgeber seinen Arbeitnehmern zukommen läßt, **268** wird lohnsteuerrechtlich als Arbeitslohn angesehen (vgl. dazu auch Rz. 90 ff.). Als nicht steuerpflichtiger Arbeitslohn sind z. B. folgende Zuwendungen oder Überlassungen anzusehen (in alphabetischer Reihenfolge).

Annehmlichkeiten

Bei den steuerfreien Annehmlichkeiten handelt es sich in erster Linie um Sachzuwendungen. Das Einkommensteuergesetz kennt diesen Begriff nicht. Er ist vielmehr von der Rechtsprechung entwickelt worden. Der Bundesfinanzhof spricht von Annehmlichkeiten, wenn ein Vorteil aus der Sicht des Arbeitnehmers sich nicht lediglich auf die Art und Weise bezieht, in der der Arbeitnehmer seine Arbeitsleistung zu erbringen hat und wenn nach der Verkehrsanschauung ein objektiver Betrachter diese Leistung nicht als individuelle Gegenleistung des Arbeitgebers für die Zurverfügungstellung der Arbeitskraft des einzelnen Arbeitnehmers ansehen würde (BFH, BStBl. 1977 II, S. 99).

Arbeitgeberdarlehen, Zinsersparnisse

Zinsersparnisse bei zinslosen oder zinsverbilligten Arbeitgeberdarlehen sind unter bestimmten Voraussetzungen steuerfrei. Zinsersparnisse sind anzunehmen, wenn der Zinssatz für das Darlehen 4 v. H. unterschreitet. Im einzelnen gilt folgendes:

(1) Zinsersparnisse bis zu insgesamt 2000 DM sind steuerfrei, wenn die Darlehen mit der Errichtung oder dem Erwerb einer eigengenutzten Wohnung im Inland zusammenhängen. Dies gilt auch für Zinszuschüsse und den aus den öffentlichen Kassen gezahlten Aufwendungszuschüssen.

Beispiel:

Sie gewähren Ihrer Gehilfin ein Darlehen zum Kauf einer Eigentumswohnung in Höhe von 50000 DM zu einem Zinssatz 3,5 v. H. pro Jahr. Üblicherweise müssen am Kreditmarkt 7 v. H. gezahlt werden. Die Zinsersparnis beträgt demnach 1750 DM. Diese Ersparnis ist steuerfrei, da sie unter der Grenze von 2000 DM liegt.

Der Höchstbetrag von 2000 DM jährlich gilt auch, wenn die zu eigenen Wohnzwecken genutzte Wohnung Ihrem Arbeitnehmer nur zum Teil gehört. *Wichtig:* Wollen Ehepaare, die beide Arbeitnehmer sind, gemeinsam ein Wohnobjekt bauen oder erwerben und erhalten sie von ihren jeweiligen Arbeitgebern ein zinsgünstiges Darlehen, so steht der Höchstbetrag **jedem** Ehegatten einzeln zu.

Ein Arbeitgeberdarlehen im Zusammenhang mit einer Wohnung ist immer dann anzunehmen, wenn Darlehen
– zur Errichtung oder Anschaffung einer Wohnung oder eines Gebäudes verwendet worden sind,

– zur Verbesserung einer eigengenutzten Wohnung verwendet werden und diese Verbesserung im Zusammenhang mit der Anschaffung steht,

– zur Ablösung von Verpflichtungen bestimmt sind, die im Zusammenhang mit der Errichtung oder Anschaffung einer zu eigenen Wohnzwecken genutzten Wohnung stehen.

(2) Gewähren Sie ihren Arbeitnehmern in anderen als den unter (1) erwähnten Fällen ein Darlehen, so gehören die Zinsen zum Arbeitslohn. Ausnahme: Zinsersparnisse sind steuerfrei, wenn die Summe der vom Arbeitgeber gewährten und noch nicht getilgten **Darlehen** im Zeitpunkt der Lohnzahlung nicht mehr als 5000 DM beträgt. Zinsersparnisse sind wiederum dann anzunehmen, wenn der Zinssatz für das Darlehen 4 v. H. unterschreitet.

Arbeitgeberjubiläum

Zum steuerpflichtigen Arbeitslohn gehören nicht Jubiläumsgeschenke des Arbeitgebers an seine Arbeitnehmer anläßlich seines Geschäfts- oder Praxisjubiläums. *Voraussetzung:* Die Jubiläumsgeschenke dürfen bei dem einzelnen Arbeitnehmer 1200 DM nicht übersteigen. Als Praxisjubiläum gilt nur das 25-jährige Bestehen der Praxis oder ein Mehrfaches von 25 Jahren. Voraussetzung für die Steuerfreiheit ist es wiederum, daß Sie als Arbeitgeber bei der Berechnung der maßgebenden Zeiträume bei allen Jubiläen nach einheitlichen Grundsätzen verfahren.

Arbeitnehmerjubiläum

Zum steuerpflichtigen Arbeitslohn gehören nicht Jubiläumsgeschenke des Arbeitgebers an seine Arbeitnehmer anläßlich eines Arbeitnehmerjubiläums, soweit sie die folgenden Beträge nicht übersteigen

– bei einem 10-jährigen Jubiläum 600 DM

– bei einem 25-jährigen Jubiläum 1200 DM

– bei 40-, 50- oder 60-jährigen Jubiläum 2400 DM.

Voraussetzung für die Steuerfreiheit ist es, daß der Arbeitgeber bei der Berechnung der maßgeblichen Dienstzeiten für alle Arbeitnehmer und bei allen Jubiläen eines Arbeitnehmers nach einheitlichen Grundsätzen vorgeht. Unschädlich ist es auch, wenn das Jubiläumsgeschenk nachträglich den Arbeitnehmern gewährt wird, unter den Voraussetzungen, daß sie die oben genannten Dienstjahre abgeleistet haben.

Arbeitskleidung

Der Wert der unentgeltlichen oder verbilligten Überlassung der Arbeitskleidung, wenn es sich um typische Berufskleidung handelt, insbesondere um Arbeitsschutzkleidung, die dem Arbeitnehmer nur während der Dienstzeit zur Verfügung steht, gehört nicht zum Arbeitslohn.

Arbeitnehmer in der einer Anwalts-/Notarkanzlei haben im allgemeinen keine typische Berufskleidung. Zuschüsse zur Kleidung, die als solche bezeichnet wird, sind deshalb als steuerpflichtiger Arbeitslohn anzusehen.

Dienstleistungen, verbilligte

Sie können ihren Arbeitnehmern auch anbieten, im Fall des Falles Ihre Hilfe als Rechtsanwalt/Notar verbilligt in Anspruch zu nehmen. Der Preisvorteil muß allen Arbeitnehmern angeboten werden und muß mit der jeweiligen Gebührenordnung vereinbart sein. Dem Finanzamt gegenüber können Sie die Argumentation des Reichsfinanzhofs entgegenhalten, wenn es zu Streitigkeiten kommt. Der RFH hat die Rabattgewährung des Arbeitgebers beim Kauf von Gegenständen des täglichen Bedarfs als steuerfreie Annehmlichkeit angesehen (RFH, RStBl. 1939 S. 299). Für eine Rabattgewährung bei Dienstleistungen ist es zwar noch zu keiner Entscheidung gekommen. Die Argumente des RFH dürften aber auch in diesem Fall greifen.

Beachten Sie aber: Für die Nichterfassung eines Preisvorteils als Arbeitslohn soll in jedem Fall der geldwerte Vorteil seiner Höhe nach nicht ungewöhnlich und übermäßig sein (BFH, BStBl. 1973 II S. 64).

Essensgeldzuschüsse

Die Finanzverwaltung erkennt nach den Richtlinien auch Essenszuschüsse als steuerfreie Annehmlichkeit an, soweit sie 1,50 DM pro Tag nicht übersteigen. Allerdings: Es muß sichergestellt sein, daß der Zuschuß tatsächlich für Lebensmittel verwendet wird. Eine Barauszahlung ist deshalb ausgeschlossen. Sie können Gutscheine ausgeben, die von vielen Gaststätten, Kaufhäusern oder Supermärkten an Zahlungsstatt angenommen werden. Es gibt mittlerweile bundesweit operierende Unternehmen, die ihnen die Arbeit des Gutschein-Ausstellens und -Abrechnens abnehmen.

Kinderbetreuungskosten

Die Übernahme der Kosten für die die **Beaufsichtigung eines Kindes** durch den Arbeitgeber für die Dauer des Dienstes des Arbeitnehmers (BFH, BStBl 1963 III, S. 329) sind nach der Rechtsprechung als Annehmlichkeit anzusehen. Wollen Sie Ihre tüchtige Gehilfin, die wegen ihres Kindes nicht mehr berufstätig sein kann, nicht verlieren, so bieten Sie an, die Kosten für die Betreuung des Kindes zu übernehmen. Ganz eindeutig ist die Rechtsprechung allerdings in dieser Hinsicht nicht. So wurden die Kosten für einen betriebsfremden Kindergarten, die einem männlichen Arbeitnehmer von seinem Arbeitgeber erstattet wurden, nicht als Annehmlichkeit angesehen (BFH, BStBl. 1975 II, S. 888). Dieses letzte Urteil ist jedoch nicht recht einzusehen. Zumindest dürfte die Übernahme der Kosten nicht davon abhängig gemacht werden, ob es sich um einen betriebseigenen oder einen betriebsfremden Kindergarten handelt.

Schadensersatz

Schadensersatzleistungen des Arbeitgebers, soweit er zur Leistung vertraglich oder gesetzlich verpflichtet ist, gehören nicht zum steuerpflichtigen Arbeitslohn.

Unfallschäden

Ersatzleistungen des Arbeitgebers, die zur Beseitigung von Unfallschäden am eigenen Kfz des Arbeitnehmers dienen, wenn der Unfall auf einer Dienstreise, einem Dienstgang, einer Fahrt zwischen Wohnung und Arbeitsstätte oder einer Familienheimfahrt entstanden ist, zählen insoweit nicht zum Arbeitslohn, als die ersetzten Beträge beim Arbeitnehmer als Werbungskosten anerkannt würden.

Wohnungen, verbilligte

Bei Gewährung von freien oder verbilligten Wohnungen in Gebäuden, die dem Arbeitgeber gehören, ist der Unterschiedsbetrag zwischen dem Preis, zu dem die Wohnung überlassen wird, und dem ortsüblichen objektiven Mietpreis als Arbeitslohn anzusehen, wenn der Unterschiedsbetrag 40 DM monatlich nicht übersteigt. Diese Wertgrenze beruht auf Urteilen aus den sechziger Jahren. Die Verwaltung wendet sie dennoch an, obwohl seit der Zeit Preisniveauentwicklungen eine Anpassung nach oben erforderlich gemacht hätten.

Ein Hinweis: Subjektive Merkmale, z. B. daß die Wohnung – gemessen an den persönlichen Bedürfnissen des Arbeitnehmers – zu groß ist, werden nicht berücksichtigt.

IV. Arbeitgeberpflichten

1. Aufbewahren der Lohnsteuerkarten

269   Das Einkommensteuergesetz verpflichtet den Arbeitgeber, die Lohnsteuerkarte des Arbeitnehmers entgegenzunehmen und aufzubewahren. Die amtlichen Eintragungen – so beispielsweise ein Freibetrag nach § 7b EStG bei einem Wohneigentümer – sind bei der Berechnung der Lohnsteuer zu beachten. Die Ihnen als Arbeigeber bekanntgewordenen persönlichen Daten Ihrer Arbeitnehmer haben Sie geheimzuhalten.

Verlangt der Arbeitnehmer während des Jahres seine Lohnsteuerkarte zurück, so ist sie ihm auszuhändigen, wenn Eintragungen beim Finanzamt oder der Gemeinde beantragt werden. Dies ist z. B. regelmäßig der Fall bei
– Geburt eines Kindes (Berichtigung der Kinderzahl); der bei der Berechnung der Lohnsteuer zu berücksichtigende Kinderfreibetrag bewirkt eine niedrigere Lohnsteuer;
– Heirat; die Lohnsteuer wird ab sofort nach dem Splittingtarif abgerechnet; der höher verdienende Ehepartner wird in der Regel in Steuerklasse III eingestuft, der andere in Steuerklasse V;
– höheren Werbungskosten (z. B. Umzug in eine weiter von der Arbeitsstätte entfernte Wohnung); es kann ein höheres Kilometergeld geltend gemacht werden (0,36 DM pro Entfernungskilometer);
Legt der Arbeitnehmer Ihnen eine neue Lohnsteuerkarte vor, so ist ab sofort nach dieser Karte abzurechnen. Die alte Karte ist so auszufüllen, als wechsele der Arbeitnehmer den Arbeitgeber.

2. Lohnzahlungszeitraum

Unter Lohnzahlungszeitraum ist der Zeitraum zu verstehen, für den je- **270** weils der laufende Arbeitslohn gezahlt wird. In einer Rechtsanwalts/Notarpraxis ist dies im allgemeinen der Kalendermonat.

Werden Nachzahlungen geleistet für frühere Lohnzahlungszeiträume, so sind sie den Lohnzahlungszeiträumen zuzurechnen, für die sie geleistet worden sind.

3. Berechnen der Lohnsteuer

a) Anmelden und Abführen der Lohnsteuer

Als Arbeitgeber haben Sie die Verpflichtung, spätestens am 10. Tag nach **271** Ablauf eines jeden Lohnsteueranmeldungszeitraumes
– dem Finanzamt, das für Ihre Kanzlei zuständig ist, eine Steuererklärung einzureichen, in der Sie die Summe der im Lohnsteueranmeldungszeitraum einzubehaltenen oder/und zu übernehmenden Lohnsteuer angeben (Lohnsteueranmeldung),
– die im Lohnsteueranmeldungszeitraum insgesamt einbehaltene und übernommene Lohnsteuer an das für Sie zuständige Betriebsstättenfinanzamt abzuführen.

Die Lohnsteueranmeldung ist nach amtlich vorgeschriebenem Vordruck **272** abzugeben und vom Arbeitgeber oder von einer zu seiner Vertretung berechtigten Person zu unterschreiben. Diese zur Vertretung berechtigte Person kann im Lohnsteueranmeldungsverfahren z. B. auch Ihr Steuerberater sein, oder Ihre Buchhalterin, die Sie in Ihrer Praxis mit der Lohnabrechnung betraut haben. Befreit sind Sie erst von der Verpflichtung zur Abgabe weiterer Lohnsteueranmeldungen, wenn die Arbeitnehmer, für die ein Lohnkonto zu führen ist, nicht mehr bei Ihnen beschäftigt sind.

Wichtig in diesem Zusammenhang: Dies müssen Sie auch dem Finanzamt mitteilen. Es reicht eine kurze formlose Erklärung, daß Sie keine Arbeitnehmer mehr beschäftigen.

Der **Lohnsteueranmeldungszeitraum** ist grundsätzlich der Kalendermo- **273** nat. Es gibt allerdings Ausnahmen. So z. B. brauchen Sie die Lohnsteuer nur im Kalendervierteljahr anzumelden, wenn diese für das vorangegangene Kalenderjahr mehr als 600 DM, aber nicht mehr als 6000 DM betragen hat.

Hat die abzuführende Lohnsteuer für das vorangegangene Kalenderjahr nicht mehr als 600 DM betragen, so reicht eine jährliche Anmeldung.

Hat Ihre Praxis nicht während des ganzen vorangegangenen Kalenderjah- **274** res bestanden, so ist die für das vorangegangene Kalenderjahr abzuführende Lohnsteuer für die Feststellung des Lohnsteueranmeldungszeitraums auf ein Jahr umzurechnen.

Beispiel:

Im Oktober 1986 haben Sie Ihre Praxis gegründet. Sie beschäftigen eine Fachgehilfin. Pro Monat müssen Sie 120 DM an Lohnsteuer abführen. Im Jahre 1986 sind dies also 360 DM. Um festzustellen, welcher Anmeldungszeitraum für Sie im Jahr 1987 in Frage kommt, sind diese 360 DM auf das Jahr umzurechnen. Also 360 DM multipliziert mit $\frac{12}{12}$ = 1200 DM. Damit übersteigt die abzuführende Lohnsteuer den Betrag von 600 DM, Sie sind verpflichtet, vierteljährlich Lohnsteueranmeldungen anzugeben. Sollten Sie für Ihre Praxis im Jahre '87 weitere Mitarbeiter einstellen und sich die Lohnsteuer in diesem Jahr auf über 6000 DM stellen, so müssen Sie ab 1988 monatliche Lohnsteueranmeldungen abgeben.

275   Wenn die Praxis im vorangegangenen Jahr überhaupt noch nicht bestanden hat, so ist die auf einen Jahresbetrag umgerechnete, für den ersten vollen Kalendermonat nach der Eröffnung der Praxis abzuführende Lohnsteuer maßgebend.

Beispiel:

Am 15. Juni 1986 haben Sie Ihre Praxis eröffnet, im Juli zahlen Sie dementsprechend erstmals ein volles Monatsgehalt aus. Diese Lohnsteuer multiplizieren Sie mit 12 und dividieren durch 7.

b) Nettolohnvereinbarung

276   Hat der Arbeitgeber mit einem Arbeitnehmer eine Nettolohnvereinbarung getroffen, so erhöht sich der Bruttoarbeitslohn um die übernommene Lohnsteuer. Denn: Die vom Arbeitgeber übernommenen Abzugsbeträge sind Teile des Arbeitslohns. Die Berechnung der Lohnsteuer ist in diesen Fällen recht kompliziert. Sie sollten – schon um sich die Rechenarbeit zu ersparen – nur Bruttolöhne und -gehälter aushandeln.

c) Lohnsteuerabzug ohne Lohnsteuerkarte

277   Hat der Arbeitnehmer Ihnen eine Lohnsteuerkarte schuldhaft nicht vorgelegt oder die Rückgabe der ihm ausgehändigten Lohnsteuerkarte schuldhaft verzögert, so müssen Sie die Lohnsteuer nach der **Steuerklasse VI** ermitteln. Weist allerdings der Arbeitnehmer nach, daß er die Nichtvorlage oder verzögerte Rückgabe der Lohnsteuerkarte nicht zu vertreten hat, so können Sie die Lohnsteuerberechnung nach den Ihnen bekannten Familienverhältnissen des Arbeitnehmers vornehmen. Eine Besonderheit besteht im Monat Januar eines jeden Jahres. In diesem Lohnabrechnungszeitraum können Sie den Lohn nach den Merkmalen der Lohnsteuerkarte für das vorangegangene Kalenderjahr ermitteln, solange keine neue Lohnsteuerkarte vorliegt. Ihr Arbeitnehmer hat allerdings bis zum 31. März Ihnen die Lohnsteuerkarte auszuhändigen. Tut er das nicht, sind Sie verpflichtet, bei Schuldhaftigkeit die Lohnsteuer nach Steuerklasse VI zu berechnen. Haben sich die Eintragungen, etwa Freibeträge, Kinder, Familienstand gegenüber der Lohnsteuerkarte im vorangegangenen Jahr geändert, so ist nachträglich die Steuer für den Monat Januar neu zu berechnen.

4. *Aufzeichnungspflichten beim Lohnsteuerabzug: Das Lohnkonto*

Als Arbeitgeber haben Sie für jeden Arbeitnehmer und für jedes Kalender- **278**
jahr ein sog. Lohnkonto zu führen. In dieses Lohnkonto sind die für den
Lohnsteuerabzug erforderlichen Merkmale aus der Lohnsteuerkarte oder aus
einer entsprechenden Bescheinigung zu übernehmen. Bei jeder Lohnzahlung
für das Kalenderjahr, für welches das Lohnkonto gilt, sind im Lohnkonto die
Art und die Höhe des gezahlten Arbeitslohnes einschließlich der steuerfreien
Bezüge sowie die einbehaltene und übernommene Lohnsteuer einzutragen.
Entsprechendes gilt für etwa gezahltes Kurzarbeitergeld.

In das Lohnkonto sind folgende persönlichen Merkmale des Arbeitneh-
mers aufzunehmen:
– Angaben zur Person des Arbeitnehmers,
– Steuerklasse,
– Zahl der Kinderfreibeträge,
– Zahl der Kinder,
– Religion,
Den Lohn bzw. das Gehalt betreffend sind die folgenden Angaben anzuge-
ben:
– Bruttolohn oder -gehalt je Lohnzahlungszeitraum,
– vermögenswirksam gezahlte Leistungen,
– Arbeitnehmer-Sparzulage,
– Lohnsteuer,
– Kirchensteuer,
– Sozialversicherungsbeiträge,
– Nettoauszahlung,
– Arbeitgeberbeiträge zur Sozialversicherung.

Lohn- bzw. Gehaltskontokarten können Sie im Bürofachhandel beziehen. **279**
Wenn Sie über eine EDV-Anlage bzw. einen Personal-Computer verfügen,
empfiehlt es sich, ein neutrales Lohnkonto zu entwickeln und abzuspeichern.
Sie brauchen dann nur noch die persönlichen Daten Ihrer Arbeitnehmer über
den Bildschirm in das Formblatt einzusetzen und abzuspeichern. Zum Ende
des Lohnzahlungszeitraums füllen Sie – sofern sich gegenüber dem Vormonat nichts geändert hat – mit Hilfe der Kopie-Funktion den jeweils abzurechnenden Monat aus, indem Sie die Daten des vorangegangenen Monats in den
abzurechnenden Monat übernehmen.

Mittlerweile werden eine ganze Reihe brauchbarer Software-Programme **280**
zur Unterstützung der EDV-Lohnbuchführung angeboten. Sie sind allerdings nicht ganz preiswert. Aber: Wenn Sie die Lohnbuchführung selbst
durchführen wollen, kann sich ein gutes Programm durchaus lohnen. Denken Sie jedoch daran, daß Sie auch über eine Fachkraft verfügen müssen, die
mit dem Programm umgehen kann und der Sie die Lohnbuchführung anver-
trauen wollen.

Zur Sicherung der elektonisch erstellten Daten ist es sinnvoll, jeden Monat **281**
eine Sicherungskopie anzulegen und am Jahresende das Lohnkonto auszu-

drucken. Die Lohnbuchführung lediglich auf Diskette oder Festplatte wird derzeit von den Finanzämtern noch nicht als ordnungsmäßige Buchführung anerkannt.

5. Abschluß des Lohnkontos

282   Am Ende des Kalenderjahres oder bei Beendigung eines Dienstverhältnisses müssen Sie das Lohnkonto des Arbeitnehmers abschließen. Auf Grund der Eintragungen im Lohnkonto ist dem Arbeitnehmer auf der Lohnsteuerkarte folgendes zu bescheinigen:
– Die Dauer des Dienstverhältnisses während des Kalenderjahres,
– die Art und Höhe des gezahlten Arbeitslohns,
– die einbehaltene Lohnsteuer,
– ausgezahltes Kurzarbeitergeld.

283   Wenn Sie die Lohnbuchführung mit EDV selbst erstellen, hilft Ihnen ein gutes Software-Programm beim Abschluß des Lohnkontos. Insbesondere spart es Ihnen die lästige Rechnerei.

Liegt Ihnen eine Lohnsteuerkarte nicht vor, ist eine **Lohnsteuerbescheinigung** nach einem entsprechenden amtlich vorgeschriebenen Muster zu erteilen. Die Lohnsteuerbescheinigung ist dem Arbeitnehmer auszuhändigen, wenn das Dienstverhältnis im Ablauf des Kalenderjahres beendet wird, der Arbeitnehmer zur Einkommensteuer veranlagt wird oder beim Finanzamt den Lohnsteuerjahresausgleich beantragt. In den übrigen Fällen hat der Arbeitgeber die Lohnsteuerbescheinigung dem Finanzamt einzureichen.

284   In bestimmten Fällen haben Sie als Arbeitgeber einen sog. **Lohnzettel** nach amtlich vorgeschriebenem Muster auszuschreiben, der dieselben Angaben wie die Lohnsteuerbescheinigung enthält. Der Lohnzettel ist dem für dem Arbeitgeber zuständigen Finanzamt einzureichen. Ein Lohnzettel ist immer dann auszustellen, wenn folgende Merkmale gegeben sind:
– für einen Arbeitnehmer in der Lohnsteuerklasse I, II oder IV, dessen Arbeitslohn 30 000 DM übersteigt,
– für einen Arbeitnehmer in der Steuerklasse III, dessen Arbeitslohn 58 000 DM übersteigt,
– für einen Arbeitnehmer in der Steuerklasse V, dessen Arbeitslohn 16 000 DM übersteigt.
– in jedem Fall für einen Arbeitnehmer in der Steuerklasse VI.

285   Noch ein Wort zur elektronischen Lohnbuchführung: Selbst wenn Sie Ihre steuerlichen Angelegenheiten weitgehend selbst regeln, sollten Sie doch in Erwägung ziehen, die Lohnbuchführung einem **Steuerberater** zu übergeben. Nach der Gebührenordnung wird er für die reine Lohnabrechnung höchstens 20 DM pro Lohnabrechnungszeitraum und Arbeitnehmer nehmen. Die Abwicklung der sozialversicherungsrechtlichen Seite wird er möglicherweise nochmals mit 10 DM berechnen. Aber bedenken Sie: Für rd. 30 DM pro Monat und Arbeitnehmer können Sie sich von der doch recht lästigen Pflicht der Lohnbuchführung befreien. Der weitere Vorteil: Der

Berater übernimmt – wenn er sein Fach versteht – im allgemeinen auch die Überwachung der Tariferhöhungen. Darüber hinaus brauchen Sie sich mit Steuerrechtsänderungen im Lohnsteuerbereich nicht zu belasten.

6. Ermittlung der Lohnsteuer

Die Ermittlung der Lohnsteuer wird Ihnen dadurch erleichtert, daß es **286** Tabellen gibt, die die richtige Lohnsteuerhöhe je nach Steuerklasse und Kinderzahl ausweisen. Diese Lohnsteuertabellen berücksichtigen bereits bestimmte Abzugsbeträge, wie z. B. den Werbungskostenfreibetrag, den Arbeitnehmerfreibetrag oder die Sonderausgabenpauschalen. Nicht berücksichtigt ist der Weihnachsfreibetrag in Höhe von 600 DM, den Sie vom Bruttoarbeitslohn zum Zeitpunkt der Zahlung des Weihnachtsgeldes gesondert abziehen müssen.

Mittlerweile gibt es auch Lohnsteuerberechnungsprogramme auf Diskette, z. B. LOGESplus, die Ihnen die mühselige Arbeit der Steuerberechnung abnehmen.

V. Sozialversicherungsrechtliche Vorschriften

Obwohl nicht im Einkommensteuergesetz geregelt, sind Sie nach anderen **287** Vorschriften verpflichtet, die Sozialversicherungsbeiträge Ihrer Arbeitnehmer abzuführen. Deshalb hier ein kurzer Hinweis zum Verfahren. Jeder Arbeitnehmer muß innerhalb von 10 Tagen nach Einstellung der Krankenkasse, bei der Ihr Arbeitnehmer Mitglied ist, gemeldet werden. Die Meldung erfolgt auf Grund einer Bescheinigung aus dem Sozialversicherungsheft, das jedem Arbeitnehmer auf Antrag von der zuständigen Rentenversicherungsanstalt – bei Angestellten ist dies die Bundesversicherungsanstalt für Angestellte in Berlin – ausgehändigt wird. Sollte ein Arbeitnehmer noch kein Sozialversicherungsheft besitzen, so ist bei der Krankenkasse ein Ersatzformular zu beziehen. Die Anmeldung muß enthalten
- Name und Adresse des Arbeitnehmers
- Sozialversicherungsmitgliedsnummer
- Einstellungsdatum
- einen Versicherungsschlüssel mit Angaben zur Tätigkeit
- eine Betriebsnummer.

Die entsprechenden Unterlagen zur Ermittlung des Sozialversicherungs- **288** schlüssels erhalten Sie bei der Krankenkasse. Sie finden Sie auch auf der Rückseite der Formulare zur Anmeldung, Abmeldung und Jahresmeldung. Die Betriebsnummer müssen Sie bei dem für Ihren Bezirk zuständigen Arbeitsamt beantragen.

Noch ein Hinweis: Den bei der Anmeldung – und auch bei der Jahresmel- **289** dung und der Abmeldung – Ihrer Arbeitnehmer notwendigen **Versicherungsschlüssel** zur Tätigkeit können Sie einer Broschüre entnehmen, die von der Bundesanstalt für Arbeit kostenlos abgegeben wird. Zu beziehen ist die Broschüre über jedes Arbeitsamt. Der Titel: ,,Schlüsselverzeichnis für die Angaben zur Tätigkeit in den Versicherungsnachweisen".

290   Die Sozialversicherungsbeiträge müssen – wie die Lohnsteuer – spätestens 10 Tage nach Ablauf des Lohnzahlungszeitraums an die Krankenkasse abgeführt werden. Diese verteilt die Beiträge auf die Rentenversicherungs- und Arbeitslosenversicherungsträger. Die Höhe der Krankenversicherung ist unterschiedlich. Sie muß beim einzelnen Mitglied erfragt werden. Die Höhe der Arbeitslosenversicherung beträgt derzeit 4,3 v. H. des Arbeitslohns, die Höhe der Rentenversicherungsbeiträge beträgt derzeit 18,7 v. H. des Arbeitslohns. Allerdings: Die Hälfte davon ist vom Arbeitgeber zu tragen.

291   Ein weiterer Hinweis in diesem Zusammenhang: Es gibt **Beitragsbemessungsgrenzen,** sowohl bei der Krankenversicherung als auch bei der Sozialversicherung. Dies bedeutet, daß Arbeitslohn, der über dieser Beitragsbemessungsgrenze liegt, nicht mehr versicherungspflichtig ist.
Die Sozialversicherungspflichtgrenzen werden jedes Jahr neu bestimmt. Es erfolgt in aller Regel eine Anpassung nach oben. Für Ihre Hilfskräfte werden Sie im allgemeinen Löhne und Gehälter zahlen, die unter der Beitragsbemessungsgrenze liegen. Falls Sie jedoch Berufskollegen angestellt haben, sollten Sie sich bei der zuständigen Krankenkasse erkundigen, wie die Grenzen für das laufende Jahr gezogen sind.

292   Eine weitere Pflicht des Arbeitgebers am Jahresende: Bis zum 10. Januar müssen Sie die am 31. 12. bei Ihnen beschäftigten Arbeitnehmer bei der für sie zuständigen Krankenkasse melden. Dazu benutzen Sie wiederum ein Formular aus dem Sozialversicherungsheft des Arbeitnehmers.

293   Auch wenn der Arbeitnehmer aus dem Arbeitsverhältnis ausscheidet, ist eine Meldung an die Krankenkasse fällig. Das Formular im Sozialversicherungsheft ist das gleiche, wie Sie es bei der Jahresmeldung benutzen. Die Schlüssel, die Sie zur Abmeldung benutzen müssen, finden Sie auf der Rückseite der Formulare.

Drittes Kapitel. Buchführung und Jahresabschluß

I. Betrieb und Betriebsvermögen

Nachdem Sie die Schemata der Einkommensermittlung kennengelernt ha- **294**
ben, sollen nun die Methoden erläutert werden, die zu der wichtigen Größe
,,Einkünfte aus selbständiger Arbeit" führen. Im Sinne des Einkommensteuergesetzes gehören die Einkünfte aus selbständiger Arbeit – wie schon erläutert – zu den Gewinneinkünften. Der Freiberufler ermittelt also für steuerliche Zwecke einen ,,Gewinn". In **§ 4 Abs. 1** EStG ist der Begriff ,,Gewinn",
der hier weitgehend synonym zu dem Begriff ,,Einkünfte aus selbständiger
Arbeit" gebraucht wird, erläutert. Dort heißt es:

,,Gewinn ist der Unterschiedsbetrag zwischen dem Betriebsvermögen am
Schluß des Wirtschaftsjahres und dem Betriebsvermögen am Schluß des vorangegangenen Wirtschaftsjahres, vermehrt um den Wert der Entnahmen und vermindert um den Wert der Einlagen."

Im Sinne des Einkommensteuerrechts hat also auch der Freiberufler einen **295**
,,**Betrieb**". Alle Vermögensgegenstände, die diesem freiberuflichen Betrieb
dienen, bilden in ihrer Summe das ,,**Betriebsvermögen**". In der steuerrechtlichen Terminologie heißen die einzelnen Vermögensgegenstände jedoch
,,**Wirtschaftsgüter**". Diese beiden Begriffe sind nahezu identisch. Gewisse
Unterschiede, die in der Literatur mit wissenschaftlicher Akribie diskutiert
werden, sind für die Gewinnermittlung der Rechtsanwälte/Notare ohne Belang.

Wirtschaftsgüter können Ihrer Praxis entweder langfristig oder kurzfristig **296**
dienen. Die langlebigen Wirtschaftsgüter gehören zum Anlagevermögen,
die kurzfristigen zum Umlaufvermögen.

Der zu ermittelnde Gewinn bezieht sich immer auf eine bestimmte Perio- **297**
de, das sog. ,,**Wirtschaftsjahr**". Bei Freiberuflern stimmt das Wirtschaftsjahr mit dem Kalenderjahr überein. Bei Gewerbetreibenden kann es zu einem abweichenden Wirtschaftsjahr kommen.

II. Gewinnermittlungsarten

Das Steuerrecht kennt mehrere ,,Gewinnermittlungsarten". Aus der oben **298**
erwähnten Definition des § 4 Abs. 1 EStG ergibt sich die übliche Gewinner-
mittlungsart des ,,**Betriebsvermögensvergleichs**"

Betriebsvermögen am Ende des Wirtschaftsjahrs
./. Betriebsvermögen am Ende des vorangegangenen Wirtschaftsjahrs
= Gewinn des Wirtschaftsjahrs

Beispiel:

Das Betriebsvermögen eines Rechtsanwalts/Notars betrug am 31. 12. 1985 250000 DM. Am 31. 12. 1986 wurde das Betriebsvermögen auf 360000 DM ermittelt.

Folge: Der Unterschiedsbetrag von 110000 DM ist als Gewinn (= Einkünfte aus selbständiger Arbeit) der Besteuerung zu unterwerfen.

Der Betriebsvermögensvergleich bedingt eine **doppelte Buchführung,** bei der neben den reinen Kassenbewegungen – also Einnahmen und Ausgaben – auch Forderungen und Verbindlichkeiten gegenüber Dritten zum Bilanzstichtag – also meist zum 31. 12. – zu erfassen sind.

Grundsätzlich hat auch der freiberufliche Rechtsanwalt/Notar die Möglichkeit, den Jahresabschluß mit Hilfe der doppelten Buchführung aufzustellen. Zum Jahresabschluß gehört neben der Bilanz auch eine Gewinn- und Verlustrechnung, in der die Aufwands- und Erfolgskonten gegeneinander aufgerechnet werden.

299   Die doppelte Buchführung und die Erstellung des Jahresabschlusses sind verhältnismäßig kompliziert und für Gewerbetreibende gedacht. § 5 EStG gibt weitere Erläuterungen dazu. Der Gesetzgeber hat für die Gewinnermittlung der Freiberufler Erleichterungen geschaffen. Grundsätzlich sind Sie als Rechtsanwalt/Notar nicht verpflichtet, Bücher im Sinne einer kaufmännischen Buchführung zu führen. In § 4 Abs. 3 EStG wird aufgeführt, wie der Freiberufler auf eine einfachere Art und Weise die Einkünfte aus selbständiger Arbeit ermitteln kann:

,,Steuerpflichtige, die nicht auf Grund gesetzlicher Vorschriften verpflichtet sind, Bücher zu führen und regelmäßig Abschlüsse zu machen, und die auch keine Bücher führen und keine Abschlüsse machen, können als Gewinn den Überschuß der Betriebseinnahmen über die Betriebsausgaben ansetzen".

Voraussetzung für diese sog. ,,**Einnahmen-Überschußrechnung**" ist also, daß der Freiberufler nicht buchführungspflichtig ist. Diese Voraussetzung ist gegeben, da die Abgabenordnung lediglich Gewerbetreibenden eine Buchführungspflicht auferlegt. Soweit sich die Abgabenordnung bei der Buchführungspflicht auf andere Gesetze beruft, handelt es sich ebenfalls lediglich um Kaufleute. Der Freiberufler ist also **nicht buchführungspflichtig** im Sinne einer kaufmännischen Buchführung.

III. Einnahmen-Überschußrechnung

1. Charakteristik

300   Die Ermittlung der Einkünfte aus selbständiger Tätigkeit nach der Einnahmen-Überschußrechnung führt über die Gesamtperiode freiberuflicher Tätigkeit zu dem gleichen Ergebnis wie der Betriebsvermögensvergleich, also die Aufstellung einer Bilanz und einer Gewinn- und Verlustrechnung. Jede Veränderung des Betriebsvermögens, die auf betrieblichen Vorgängen be-

ruht, muß sich irgendwann einmal im Verlauf der freiberuflichen Tätigkeit in Form von Betriebseinnahmen und Betriebsausgaben niederschlagen. Der Vorzug der Überschußrechnung besteht im wesentlichen darin, daß die Bestände des Betriebsvermögens nicht berücksichtigt werden, und dadurch jährliche Bestandsaufnahmen – die Aufstellung eines Inventars durch eine Inventur – entfallen.

Grundsätzlich handelt es sich um eine reine Kassenrechnung:

> Betriebseinnahmen
> ./. Betriebsausgaben
> = Gewinn.

Allerdings wird diese Kassenabrechnung an mehreren Stellen durchbrochen. So werden die Anschaffungs- oder Herstellungskosten von Wirtschaftsgütern, die dem Betrieb langfristig zu dienen bestimmt sind (Wirtschaftsgüter des Anlagevermögens), nicht zum Zeitpunkt der Bezahlung als Betriebsausgaben wirksam, sondern sie werden – wie beim Betriebsvermögensvergleich – über die Jahre der betriebsgewöhnlichen Nutzungsdauer verteilt. Diese Verteilung heißt nach der steuerrechtlichen Terminologie **„Absetzung für Abnutzung"**. Im allgemeinen Sprachgebrauch wird meist von einer **„Abschreibung"** gesprochen.

Also: Immer, wenn im folgenden Text von Abschreibungen die Rede ist, ist damit der Begriff „Absetzung für Abnutzung" gemeint, der in § 7 EStG definiert ist (vgl. im einzelnen Rz. 154 ff.).

2. Aufzeichnungs- und Aufbewahrungspflichten

Die Überschußrechnung setzt keine regelmäßige Buchführungs- oder Aufzeichnungspflicht voraus. Es reicht demnach aus, wenn Betriebsausgaben und Betriebseinnahmen kassenmäßig angefallen sind und der Steuerpflichtige dies anhand von Belegen nachweisen kann. Legen Sie Ihren Buchführungsunterlagen die Bankkontoauszüge bei, so reicht dies im Regelfall aus, um die unbaren Eingänge nachzuweisen.   301

Um es noch einmal deutlich zu sagen: Eine regelmäßige Buchführungspflicht oder Aufzeichnungspflicht besteht für einkommensteuerliche Zwecke bei der Überschußrechnung nicht. Allerdings ist zu beachten, daß auch für Freiberufler sich eine Aufzeichnungspflicht aus dem Umsatzsteuergesetz ergibt. Deshalb empfiehlt es sich von vornherein, gewisse Aufzeichnungen im Hinblick auf die **Umsatzsteuererklärung** vorzunehmen und diese auch für die einkommensteuerrechtliche Gewinnermittlung auszuwerten.

Die Aufzeichnungen sollen fortlaufend erfolgen. Rechtsanwälte und Notare sollten sich bei den Betriebseinnahmen der **Einzelaufzeichnung** bedienen, d. h., jede Betriebseinnahme ist einzeln aufzuzeichnen.   302

Für die Betriebsausgaben besteht in der Regel zwar keine Aufzeichnungspflicht (vgl. Kötter, Steuerhandbuch der Rechtsanwälte und Notare, Nürnberg 1976, S. 189 sowie Korn, Besteuerung der Rechtsanwälte und Notare, Köln 1982, S. 33). Es wird als ausreichend angesehen, wenn die Belege für   303 die Betriebsausgaben gesammelt und zusammengerechnet werden. Aber Achtung: Eine genaue Aufzeichnung ist zum einen für den Abzug der Vorsteuer im Rahmen der Umsatzbesteuerung notwendig. Zum anderen wird ein Betriebsprüfer etwa fehlende Aufzeichnungen auch bei der Einkommensteuerfestsetzung bemängeln. Es ist deshalb dringend zu empfehlen, Grundaufzeichnungen zu machen, die den Regeln einer ordnungsmäßigen Buchführung entsprechen. Die objektive Beweislast wird in der Praxis immer dem Steuerpflichtigen auferlegt. Eine ordnungsmäßige Buchführung kann deshalb meist von Vorteil sein.

304   Aus demselben Grund sollten Sie die **Belege aufbewahren,** obwohl es in der wissenschaftlichen Literatur teilweise als nicht notwendig angesehen wird. Aber bedenken Sie: Wie wollen Sie die Ordnungsmäßigkeit einer Betriebsausgabe nachweisen, wenn Ihnen die Belege dazu fehlen! Denn: Das Finanzamt kann darauf bestehen, daß Sie die Zahlungsempfänger benennen. Können Sie das nicht, so verweigert Ihnen Ihr Veranlagungsbeamter oder der Betriebsprüfer den Abzug der Betriebsausgaben.

305   Also: Heben Sie die Belege Ihrer Geschäftsvorfälle auf. Nach den Vorschriften der Abgabenordnung (§ 147 AO) sind folgende Unterlagen geordnet aufzubewahren:

10 Jahre lang:
– Bücher und Aufzeichnungen, Inventare, Bilanzen sowie die zu ihrem Verständnis erforderlichen Arbeitsanweisungen und sonstigen Organisationsunterlagen,
– Rechnungen, soweit sie Buchfunktion haben (z. B. Offene-Posten-Buchführung)

6 Jahre lang:
– empfangene Handels- oder Geschäftsbriefe (auch als Mikrofilm),
– Wiedergaben der abgesandten Handels- oder Geschäftsbriefe,
– Buchungsbelege,
– sonstige Unterlagen, soweit sie für die Besteuerung von Bedeutung sind.
    Unter die 10jährige Aufbewahrungsempfehlung fällt auch die Überschußrechnung nach § 4 Abs. 3 EStG, mit der Sie als Rechtsanwalt/Notar wahrscheinlich am häufigsten Ihre Besteuerungsgrundlagen nachweisen werden.

3. Zeitpunkt der Vereinnahmung und Verausgabung

306   Bei der Überschußrechnung sind Betriebseinnahmen zu dem Zeitpunkt zu erfassen, in dem sie dem Steuerpflichtigen zugeflossen sind. Es kommt also entscheidend auf den Zeitpunkt der Zahlung an.
    Grundsätzlich sind Einnahmen immer dann zugeflossen, wenn sie in den unmittelbaren **Verfügungsbereich** des Steuerpflichtigen gelangt sind. Dies ist immer dann der Fall, wenn eine Zahlung entweder direkt an den Steuerpflichtigen erfolgt, oder aber an einen Dritten, der für ihn zur Entgegennahme berechtigt ist.

Beispiele:

(1) Ihre Forderung wird durch Scheck beglichen. Zeitpunkt der Zahlung ist der Zeitpunkt der Scheckhingabe, nicht der Zeitpunkt der Erfüllung.

(2) Die Zahlung wird von einem Bevollmächtigten entgegengenommen. Sie gilt als zu diesem Zeitpunkt bei Ihnen zugeflossen.

(3) Die Zahlung wird auf einem Bankkonto oder Postgirokonto gebucht. Der Wertstellungstag ist der Zeitpunkt des Zuflusses.

Als Ihnen zugeflossen gilt ein Betrag selbst dann, wenn Angestellte von Ihnen Honorargelder widerrechtlich an sich nehmen (BFH, BStBl. 1976 II S. 560).

Auch eine Gutschrift, über die jederzeit verfügt werden kann, gilt als zugeflossen. Es genügt also, wenn der Berechtigte wirtschaftlich über den Betrag verfügen kann (BFH, BStBl. 1963 III S. 96).

Dem Zuflußprinzip entspricht bei den Betriebsausgaben das **Abflußprin-** 307
zip. Es besagt, daß eine Zahlung zu dem Zeitpunkt als geleistet anzusehen ist, zu dem sie aus dem Vermögen des Steuerpflichtigen abgeflossen ist (Zeitpunkt der Zahlung). Der Zeitpunkt der Zahlung ist nicht immer identisch mit dem Zeitpunkt der Erfüllung. Dies ist insbesondere zum Jahreswechsel wichtig.

Bei dieser besonderen Problematik hat sich im Jahr 1986 eine Wandlung in 308
der Auffassung der Finanzrechtsprechung abgezeichnet: Während es bis dahin bei Banküberweisungen auf den Zeitpunkt des tatsächlichen Abflusses – also auf den Zeitpunkt der Abbuchung des Betrages vom Konto – ankam, gilt nach der höchstrichterlichen Rechtsprechung nunmehr der Zeitpunkt der **wirtschaftlichen Verfügungsmacht.** Danach ist der Abfluß gegeben, wenn die Leistung wirtschaftlich erbracht worden ist. Auf den Verlust der rechtlichen Verfügungsmacht kommt es dabei nicht an! Für den Zeitpunkt der ,,Leistung" ist die ,,Leistungshandlung" entscheidend. Sie ist abgeschlossen, wenn der Steuerpflichtige von sich aus alles Erforderliche getan hat, um den Leistungserfolg herbeizuführen.

Beispiel:

Sie machen als Steuerpflichtiger in Ihrer Einkommensteuererklärung Betriebsausgaben in Höhe von 10000 DM geltend. Überwiesen haben Sie diese Kosten durch Banküberweisungen vom 18. und 28. Dezember 1986. Laut Kontoauszug wurde Ihr Konto am 2. Januar 1987 mit diesen Beträgen belastet.

Der Bundesfinanzhof steht auf Ihrer Seite. Seine Argumentation: Ausgaben sind in dem Jahr steuermindernd abzusetzen, in dem sie geleistet worden sind. Dabei ist der Begriff ,,Leistung" wirtschaftlich zu verstehen. Werbungskosten sind deshalb in dem Veranlagungszeitraum geleistet und damit abziehbar, in dem der Steuerpflichtige die wirtschaftliche Verfügungsmacht über den Gegenstand der geschuldeten Erfüllungsleistung verloren hat.

Das heißt für Sie: Der Bundesfinanzhof geht in Übereinstimmung mit den Grundsätzen des Zivilrechts davon aus, daß grundsätzlich unbare Zahlungen, die im Wege der Überweisung bewirkt werden, im Zeitpunkt des Eingangs des Überweisungsauftrags bei der Überweisungsbank als abgeflossen gelten und damit im Sinne des Einkommensteuerrechts geleistet worden sind.

Voraussetzung: Der Betrag kann tatsächlich überwiesen werden, d. h., Ihr Konto ist gedeckt oder Sie haben mit der Bank einen Dispositionskredit bzw. Kontokorrentkredit vereinbart.

Und weiter wichtig: Es ist nicht notwendig, daß Sie Ihrer Bank einen unwiderruflichen Überweisungsauftrag geben! Auf die Widerruflichkeit hatte das Finanzamt seine Argumentation aufgebaut.

Durch die Rechtsprechung des BFH (Urteil vom 14. 1. 1986 IX R 51/80) können Sie zum Jahresende Ihre Steuerbelastung wesentlich besser planen. Das Urteil gibt Ihnen Gewißheit, daß Sie auch die Beträge noch steuermindernd im alten Jahr absetzen können, die zwar erst im neuen Jahr gebucht werden, die Sie aber bereits vor der Jahreswende angewiesen haben.

4. Vorschüsse

309   Gerade beim Berufsstand der Rechtsanwälte kommt es sehr häufig vor, daß ein Mandant Vorschüsse leistet. Diese Vorschüsse sind bei der Überschußrechnung im Zeitpunkt des Zuflusses als Betriebseinnahmen zu erfassen. Für den Rechtsanwalt/Notar bedeutet das beispielsweise, daß die Vorschüsse unabhängig vom Zeitpunkt ihrer Verbuchung immer bereits dann als Betriebseinnahmen zu erfassen sind, wenn sie dem Steuerpflichtigen zugeflossen sind (BFH, BStBl. 1961 III S. 500; BStBl. 1963 III S. 132).

Beispiel:

Am 31. 12. 1986 bittet Sie eine Ihnen unbekannte Person, eine Haftprüfung zu beantragen. Bevor Sie für den Untersuchungshäftling tätig werden, verlangen Sie einen Vorschuß, der noch am gleichen Tag ausgezahlt wird. Wegen des Jahreswechsels können Sie erst am 2. 1. 1987 tätig werden. Ihr Antrag auf Haftprüfung hat Erfolg. Der Untersuchungshäftling wird wenige Tage später entlassen. Ihre Honorarrechnung stellen Sie ihm am 20. 1. unter Verrechnung des Vorschusses zu. Gezahlt wird am 31. 1. Gebucht wird der gesamte Vorgang erst am 15. 2.

Folge: Unabhängig von der Rechnungserstellung, vom Zahlungszeitpunkt der Restschuld oder von der Verbuchung müssen Sie den Vorschuß bereits im Jahr 1986 als Betriebseinnahme behandeln.

Müssen Vorschüsse zu einem späteren Zeitpunkt ganz oder teilweise zurückgezahlt werden, so stellen die Rückzahlungen zu diesem Zeitpunkt Betriebsausgaben dar (BFH, BStBl. 1954 III S. 314). Dasselbe gilt, wenn Betriebseinnahmen wegen eines Herausgabeanspruchs nach § 667 BGB gepfändet werden (BFH, BStBl. 1975 II S. 776).

In der Praxis wird oftmals versucht, die Besteuerung dadurch zu umgehen, daß die Honorarvorschüsse als Darlehen bezeichnet werden. Grundsätzlich ist der Zufluß aus Darlehen keine Betriebseinnahme. Allerdings: Stellen sich die Darlehen nach wirtschaftlicher Betrachtungsweise als Vorschüsse dar, so sind sie unabhängig von der Bezeichnung als Betriebseinnahmen zu erfassen.

Werden Vorschüsse später zurückgezahlt, so ist zwar die Rückzahlung folgerichtig als Betriebsausgabe zu verbuchen. Die steuerliche Belastungswirkung ist dementsprechend insgesamt mit null anzusetzen. Allerdings kann es vorkommen, daß der Vorschuß im Dezember vereinnahmt, aber erst im Mai des nächsten Jahres wieder erstattet wird. In diesem Fall kommt es wegen der Periodenbesteuerung eines Jahres zu einer Steuerpflicht. Ausgeglichen wird das Steuerkonto erst im folgenden Jahr. Sie erleiden dementsprechend über die zwei Perioden betrachtet keinen Steuerverlust, wohl aber einen Zinsverlust.

5. Auswirkungen auf die Steuerbelastung

Über die gesamte Lebensarbeitszeit des Freiberuflers ergibt sich keine **310** Steuermehr- oder -minderbelastung durch die Gewinnermittlung in Form der Überschußrechnung. Es handelt sich also im Verhältnis zum Betriebsvermögensvergleich immer nur um gewisse Gewinnverlagerungen. Dies hat bereits der Reichsfinanzhof im Jahr 1939 festgestellt (RStBl. 1939 S. 172). Spätestens bei der Aufgabe oder Veräußerung des Betriebes wird diese Gewinnverlagerung ausgeglichen. Auch dies ist höchstrichterlich festgestellt worden (BFH, BStBl. 1966 III S. 540). Denn: Bei der Betriebsaufgabe oder Betriebsveräußerung endet die Möglichkeit der Überschußrechnung. Veräußert ein Steuerpflichtiger, der den Gewinn nach § 4 Abs. 3 EStG ermittelt, seinen Betrieb, so ist er so zu behandeln, als wäre er im Augenblick der Veräußerung zunächst zur Gewinnermittlung durch Vermögensbestandsvergleich nach § 4 Abs. 1 EStG übergegangen. D.h.: Falls es der Steuerpflichtige nicht bereits selbst getan hat, korrigiert das Finanzamt im Jahr der Betriebsveräußerung – die Aufgabe eines Betriebes ist der Veräußerung gleichgestellt – den nach der Überschußrechnung ermittelten Gewinn. Dies hat zur Folge, daß Betriebsvorgänge, die bisher nicht berücksichtigt worden sind, in einem Betriebsvermögensvergleich erfaßt werden.

Beispiel:

Ein Rechtsanwalt/Notar, der seine Gewinnermittlung bisher mit Hilfe der Überschußrechnung vorgenommen hat, verkauft zum 31. 12. 1986 seine Praxis an einen jungen Kollegen. Es stehen noch Honorarforderungen in Höhe von 60000 DM aus, die voraussichtlich erst im Jahr 1987 eingehen. Diese Forderungen werden am 31. 12. dem Gewinn des Jahres 1986, der durch die Überschußrechnung ermittelt worden ist, hinzugezählt, da sie ja bisher nicht berücksichtigt worden sind.

Das soeben geschilderte Prinzip gilt selbstverständlich auch für Verbindlichkeiten des Freiberuflers gegenüber Lieferanten.

Beispiel:

Das Büro eines Rechtsanwalts/Notars ist im Jahr 1986 mit modernen Datenerfassungsgeräten ausgerüstet worden. Kosten der Umrüstung betrugen 35000 DM. Die Rechnung wurde am 29. 11. 1986 erstellt. Im Laufe des Dezember verstarb der Freiberufler. Seine Ehefrau verkauft die Praxis an einen Kollegen.

Dieser übernimmt jedoch die Verbindlichkeiten des Büros nicht. Sie werden vielmehr mit dem Kaufpreis gegenüber der Witwe abgegolten.

Folge: Die Witwe muß zum Zeitpunkt des Verkaufs von der Überschußrechnung zum Betriebsvermögensvergleich übergehen. Da die Verbindlichkeiten mangels Ausgabe bisher in der Buchführung nicht steuerlich wirksam geworden sind, werden sie zum Zeitpunkt der Bilanzaufstellung als Aufwendungen zu berücksichtigen sein.

In der Auswirkung stellen die Gewinnberichtigungen eine einmalige Nachholung des steuerrechtlich noch nicht berücksichtigten Teils des gesamten Betriebsergebnisses der früheren Wirtschaftsjahre dar.

6. Nachteile der Überschußrechnung

311   Da die Überschußrechnung auf die reinen Zahlungsvorgänge, also Betriebsausgaben und Betriebseinnahmen, abstellt, besteht keine Möglichkeit, etwa voraussichtlich anfallende Ausgaben zukünftiger Rechnungsperioden bereits gegenwärtig zu berücksichtigen.

Beispiel:

Ein Rechtsanwalt/Notar führt in eigenen Berufsangelegenheiten einen Prozeß. Es ist zu befürchten, daß dieser Prozeß in einem Kompromiß endet und ein Teil der Gerichtskosten vom Rechtsanwalt/Notar übernommen werden muß. Der Prozeß zieht sich über das Jahresende hin. Würde nun der Gewinn durch Betriebsvermögensvergleich ermittelt, wäre es möglich, die Kosten, die mit einiger Sicherheit im Januar oder Februar des Folgejahres anfallen, bereits in der Gewinnermittlung des Vorjahres als Aufwendungen steuerlich wirksam geltend zu machen.

Voraussetzung: Der Grund für die Aufwendungen muß bereits vor dem Abschlußstichtag gelegen haben. Dies ist im Beispiel der Fall.

Da jedoch keine Bilanzierung vorgenommen wird, sondern eben eine Überschußrechnung und im laufenden Jahr noch keine Ausgaben getätigt worden sind, werden die Prozeßkosten erst im nächsten Jahr, also im Jahr der tatsächlichen Ausgabe, als Betriebsausgaben abgesetzt. Das gilt auch für diejenigen Ausgaben, die evtl. anteilsmäßig noch auf das Vorjahr entfallen.

7. Behandlung der Umsatzsteuer

312   Die Überschußrechnung hat auch auf die Behandlung der Umsatzsteuer Auswirkungen (zur Umsatzsteuer vgl. Rz. 325 ff.). Als Betriebseinnahmen gelten die Honorare zuzüglich Umsatzsteuer. Als Betriebsausgaben gelten andererseits alle Vorsteuern, mit denen Sie in von Ihnen bezahlten Rechnungen belastet worden sind. In der monatlichen oder vierteljährlichen Umsatzsteuervoranmeldung errechnen Sie den Betrag, den Sie nach Abzug aller Vorsteuern und sonstiger Abzugsbeträge als Umsatzsteuerschuld an das Finanzamt zu entrichten haben. Auch diese Umsatzsteuern werden als Betriebsausgaben behandelt.

IV. Das Journal

Grundsätzlich sind Sie als Freiberufler auch weitgehend in der Wahl ihrer **313** Buchführungsform frei. Betriebseinnahmen und Betriebsausgaben müssen lediglich anhand von Belegen vollständig nachgewiesen werden. Im Prinzip würde es ausreichen, eine „Belegbuchführung" durchzuführen, d. h., Sie ordnen Ihre Belege nach Datum und heften sie ab.

Aber auch zu Ihrer eigenen besseren Übersicht über die Geschäftsvorfälle empfiehlt es sich, Aufzeichnungen zu machen. Dazu eignet sich besonders gut die **„Journalbuchführung"**. Das Journal enthält mehrere Spalten, in die Einnahmen und Ausgaben in chronologischer Reihenfolge eingetragen werden. Hierzu einige Beispiele:

1. Grundaufzeichnungen

Tag	Geschäfts-vorfall	Beleg-Nr.	Betrag	Einnahmen Praxis	Sonstige	Ausgaben
(1)	(2)	(3)	(4)	(5)	(6)	(7)

In die erste Spalte tragen Sie das Datum Ihres Beleges ein. Es folgt der Geschäftsvorfall. Hier werden Lieferanten, Klienten, Vermieter, Praxisbedarf oder Raumkosten eingetragen. In die dritte Spalte gehört die Belegnummer, die jedem Beleg zuzuordnen ist. Hier können Sie in numerischer Reihenfolge vorgehen. Spalte 4 nimmt den Betrag einschließlich Umsatzsteuer auf. In die 5. und 6. Spalte wird der Rechnungs- bzw. Belegbetrag eingetragen und zwar ebenfalls einschließlich Umsatzsteuer. In die 7. Spalte schließlich tragen Sie die Ausgaben ein.

Im Grunde würde diese einfache Buchführung den Zwecken der Gewinnermittlung nach § 4 Abs. 3 EStG vollauf genügen. Aber bedenken Sie: Eine weitergehende Buchführung stellt Ihnen nicht nur die Daten für das Finanzamt zur Verfügung. Eine nicht zu vernachlässigende Funktion der Buchführung ist es, Ihnen zu jederzeit einen Überblick über den geschäftlichen Erfolg Ihres Unternehmesn „Rechtsanwalts-/Notarkanzlei" zu geben. Deshalb sollten zusätzliche Informationen durch eine Auffächerung der Journalbuchführung gewonnen werden.

2. Aufschlüsselung der Einnahmen/Ausgaben

314

vereinnahmt in bzw. verausgabt aus					
Kasse		Postgiro		Bank	
Eingänge	Ausgänge	Eingänge	Ausgänge	Eingänge	Ausgänge
(8)	(9)	(10)	(11)	(12)	(13)

In den Spalten (8) bis (13) können Sie die Zahlungseingänge nach der Art der Zahlung genau aufschlüsseln. Barzahlungen werden also immer unter der Rubrik „Kasse" eingetragen, Überweisungen entsprechend in die Rubriken „Bank" oder „Postgiro". Bei Bedarf können auch mehrere Bankkonten angelegt werden. Sie sollten in jedem Fall zumindest ein Bankkonto anlegen, über das Sie grundsätzlich nur berufsbezogene Buchungen abwickeln. Dies dient der Klarheit über ihre Geschäftsvorfälle. Zudem können Zinsen, die auf diesem Konto anfallen, im allgemeinen als Betriebsausgaben steuermindernd abgezogen werden. Bei einem gemischten Konto, auf dem berufliche und private Buchungen nebeneinander vorgenommen werden, neigt das Finanzamt dazu, die Schuldzinsen wegen oftmals mangelhafter Abgrenzung der privaten zu den beruflichen Ausgaben in voller Höhe nicht zum Abzug als Betriebsausgaben zuzulassen.

Also: Trennen Sie berufliche und private Ausgaben durch mindestens zwei Konten. Dadurch mindern Sie das Konfliktpotential bei künftigen Betriebsprüfungen.

Allerdings: Falls Sie nur ein Konto eingerichtet haben, ist dies für sich allein noch kein Grund, irgendwelche Betriebsausgaben (außer den Schuldzinsen) nicht anzuerkennen. Oftmals argwöhnt das Finanzamt jedoch die private Mitveranlassung und legt Ihnen die objektive Beweislast auf. Diese Beweislast zu erfüllen erleichtert Ihnen die in private und berufliche Vorgänge getrennte Kontenführung.

3. Aufschlüsselung der Aufwendungen

315

Ausgaben (ohne Vorsteuer) für								
Perso-nal	Raum	Abga-ben	Büro	Fremd-honorar	Reise Bewirt. Geschenk	Allge-meines	Fahr-zeug	GWG
(14)	(15)	(16)	(17)	(18)	(19)	(20)	(21)	(22)

Notieren Sie in die oben gekennzeichneten Spalten die jeweils gezahlten Beträge, dieses Mal jedoch ohne die von Ihnen gezahlte Umsatzsteuer – also ohne die **Vorsteuer** (vgl. Rz. 327, 355 ff.). Eine Besonderheit ist in der Spalte (19) „Reisekosten, Bewirtung, Geschenke" zu beachten. Kennzeichnen Sie die jeweiligen Eintragungen folgendermaßen:
Reisekosten   mit dem Buchstaben a),
Bewirtungen mit dem Buchstaben b)
Geschenke   mit dem Buchstaben c).

Diese Kennzeichnung sollten Sie auch auf den Belegen vornehmen, die den Eintragungen zugrunde liegen. Am Monatsende ist die Summe der in der Spalte (19) gebuchten Vorfälle nach a), b) und c) zu trennen. Diese Handhabung entspricht einer verbindlichen Entscheidung der OFD Köln vom 19. 8. 1969 und damit den für diesen Kostenbereich bestehenden

Grundlagen und Bestimmungen aus § 4 Abs. 6 EStG und Abschnitt 20 Abs. 23 ff. EStR sowie der hierzu ergangenen Rechtsprechung, insbesondere aus dem Urteil des BFH vom 19. 8. 1980 VIII R 208/78, BB 1980 S. 1729.

Bei den Bewirtungen ist eine weitere Besonderheit zu beachten: Zu den Belegen über die Bewirtungskosten ist ein Nachweis nach amtlichem Muster über die Höhe der Ausgaben und die bewirteten Personen sowie Angaben über den Bewirtungsort beizulegen. Ohne diesen Nachweis werden die Aufwendungen nicht als Betriebsausgaben anerkannt (vgl. Rz. 89).

In Spalte (22) sind Aufwendungen für ,,Geringwertige Wirtschaftsgüter" des Anlagevermögens einzutragen. Als geringwertig definiert § 6 Abs. 2 EStG diejenigen Wirtschaftsgüter, deren Anschaffungskosten 800 DM nicht übersteigen. Die Grenze von 800 DM versteht sich ohne Umsatzsteuer, so daß der Bruttopreis
– bei 14 v. H.   912 DM und
– bei 7 v. H.   856 DM
nicht übersteigen darf. Im einzelnen vergleichen Sie bitte Rz. 161 ff.

4. Vorsteuer

Des weiteren sollte Ihr Journal mindestens eine Spalte ,,Vorsteuer" enthal- **316** ten. Bei den Ausgaben ist es nicht notwendig, nach dem normalen und dem ermäßigten Satz zu unterscheiden. Wohl aber müssen die Belege einen entsprechenden Eintrag enthalten (vgl. Rz. 327, 355 ff.).

5. Privatentnahmen

Ihre Entnahmen können Sie in einer Spalte (25) eintragen. Beachten Sie, **317** daß die Entnahmen den Gewinn nicht mindern dürfen. Denn bevor Sie auch nur eine DM aus Ihrer Praxis entnehmen, müssen Sie das erwirtschaftete Geld versteuern. In der Praxis sieht das so aus, daß sich zwar monatlich Ihr betriebliches Bankkonto um die Entnahmen vermindert, diese Entnahmen jedoch – sofern Sie sie als Ausgaben gebucht haben – bei Erstellung der Überschußrechnung wieder dem Gewinn wieder hinzugerechnet werden. Beachten Sie: Auch Vorsorgeaufwendungen sind privat veranlaßt und damit als Entnahmen zu betrachten. Dies gilt insbesondere auch für Lebensversicherungen, und zwar auch dann, wenn Sie Ihre Praxiseinrichtung in Verbindung mit einer Lebensversicherung finanziert haben. Die BFH-Rechtsprechung erkennt die Beiträge nicht als Betriebsausgaben an, sondern lediglich die Zinsen, die Sie evt. an eine Versicherungsgesellschaft zu zahlen haben.

6. Kontrolle

Ob Ihre Buchführung am Monatsende bzw. am Jahresende auch betrags- **318** mäßig richtig ist, können Sie kontrollieren, indem Sie als erstes überprüfen, ob die Summe aus Einnahmen und Ausgaben der Summe der Spalte ,,Betrag" – hier ist das die Spalte (4) – übereinstimmt. Denn in die Spalte (4) haben Sie alle Geschäftsvorfälle unabhängig davon, ob es sich um Einnahmen oder Ausgaben gehandelt hat, eingetragen.

Des weiteren muß die Summe der Spalten „Einnahmen" mit der Summe aller Eintragungen der Spalten „Kasse", „Bank" und „Postgiro" übereinstimmen.

Und schließlich muß die Summe aller nach den Aufwendungen aufgeschlüsselten Ausgaben mit der Summe aller Ausgaben der Spalten „Kasse", „Bank" und „Postgiro" übereinstimmen.

Errechnen Sie beim Spaltenbereich einen Differenzbetrag, so müssen Sie Ihr Journal Seite für Seite nach dem Fehler überprüfen. Dies ist ein mühseliges Unterfangen. Deshalb der Tip: Gleichen Sie nach jedem eingetragenen Monat die Spalten ab. Sie ersparen sich langes Rechnen am Jahresende und haben zudem monatlich einen Überblick über Ihren Geschäftserfolg.

7. Anlagenverzeichnis

319   Zu einer ordentlichen Buchführung gehört auch ein Anlagenverzeichnis, in dem alle Wirtschaftsgüter aufgeführt sind. Aus dem Anlagenverzeichnis muß hervorgehen
– das Anschaffungsdatum,
– die Anschaffungskosten,
– die Abschreibungsmethode,
– die betriebsgewöhnliche Nutzungsdauer,
– die Abschreibungsbeträge eines jeden Jahres,
– der Restbuchwert am Ende des Jahres.

Wirtschaftsgüter, die bereits vollständig abgeschrieben sind, müssen mit einem Erinnerungswert von 1 DM so lange in dem Verzeichnis aufgeführt werden, wie sie noch für berufliche Zwecke genutzt werden.

Für geringwertige Wirtschaftsgüter (vgl. Rz. 161 ff.) ist ebenfalls ein Verzeichnis zu führen, damit die Berechtigung der sofortigen Abschreibung nach § 6 Abs. 2 EStG jederzeit überprüft werden kann.

V. Die Überschußrechnung: Ein Beispiel

320   Als Ergebnis Ihrer Buchführungs- und Aufzeichnungsarbeiten erhalten Sie aus der Summe aller Spalten eine Überschußrechnung. Es ergibt sich für das Kalenderjahr entweder ein Gewinn oder – insbesondere in den Anfangsjahren – ein Verlust aus selbständiger Arbeit. Es wird empfohlen, die Überschußrechnung nach folgendem Muster aufzubauen.

Titel   Finanzamt:
Vorname Name   SteuerNr.:
Straße
Wohnort

Gewinnermittlung nach § 4 Abs. 3 EStG für 1986

	DM	DM
I. Betriebseinnahmen		
1. Honorare, brutto	. . . .	
2. Außerordentliche Einnahmen	. . . .	
3. Privatanteile		
– Telefon	. . . .	
– Kfz	. . . .	
4. Insgesamt		. . . .
II. Betriebsausgaben	. . . .	
1. Personal	. . . .	
2. Raumkosten	. . . . '	
3. Büromaterial	. . . .	
4. Fremdhonorare	. . . .	
5. Reisekosten	. . . .	
6. Bewirtung	. . . .	
7. Fortbildung	. . . .	
8. Telefon	. . . .	
9. Fahrzeughaltung	. . . .	
10. Allgemeine Kosten	. . . .	
11. Geringwertige WG	. . . .	
13. Vorsteuer	. . . .	
14. AfA, Anlagevermögen	. . . .	
15. Insgesamt		. . . .

III. Gewinn/Verlust 1986

Haben Sie einen Gewinn erzielt, so müssen Sie in der Einkommensteuererklärung diesen Gewinn versteuern. Vorher jedoch werden noch einige
Freibeträge abgezogen, die die persönliche Leistungsfähigkeit berücksichtigen. Darüber finden Sie in den Rz. 185 ff. weitere Informationen.
Haben Sie in der Überschußrechnung einen Verlust erzielt, so brauchen
Sie, sofern Sie keine anderen Einkünfte haben, keine Einkommensteuern zu
zahlen. Unter Umständen können Sie sogar mit einer Erstattung rechnen,
sofern sie in den beiden vorangegangenen Jahren Einkommensteuer haben
entrichten müssen. Vergleichen Sie die Rz. 225 zum Verlustausgleich.

VI. Kaufmännischer Jahresabschluß

Wenn Sie auch als Rechtsanwalt/Notar nicht verpflichtet sind, einen kauf- **321**
männischen Jahresabschluß zu machen, so können Sie jedoch freiwillig eine

Bilanz erstellen. Allerdings werden Sie als kaufmännischer Laie sich in den meisten Fällen einer Fachkraft bedienen müssen. Sinnvoller ist es, die Buchführungs- und Bilanzierungsarbeiten von einem Steuerberater machen zu lassen. Aus diesem Grund soll Ihnen nur ein kurzer Überblick über das System gegeben werden.

Der kaufmännische Jahresabschluß fußt auf dem Gedanken, die Aufwendungen den Erträgen periodengerecht im Zeitpunkt ihrer Entstehung gegenüberzustellen. Die Bilanz wird in Aktiva und Passiva aufgeteilt. In der (linken) Aktivseite werden die Vermögenswerte aufgelistet, während die (rechte) Passivseite die Schuldposten aufzählt. Der Unterschiedsbetrag weist das am Bilanzstichtag vorhandene Eigenkapital aus, das entweder positiv oder negativ sein kann. Das Steuerrecht spricht bei dieser Art der Gewinnermittlung von einem „Betriebsvermögensvergleich", weil Sie Ihr Betriebsvermögen am Ende eines Wirtschaftsjahres mit demjenigen am Ende des vorangegangenen Wirtschaftsjahres vergleichen.

Schema einer Bilanz:

Aktiva	Bilanz zum 31. 12. 1987	Passiva

A. Anlagevermögen
  1. Grundstücke
  2. Gebäude
  3. Maschinen
  4. Büroausstattung
  5. Beteiligungen
B. Umlaufvermögen
  1. Kasse
  2. Bankguthaben
  3. Schecks/Wechsel
  4. Forderungen
  5. Wertpapiere
C. Bilanzverlust
	1. Eigenkapital
	2. Rücklagen
	3. Rückstellungen
	4. Kurzfristige Verbindlichkeiten
	5. Langfristige Verbindlichkeiten
	6. Bilanzgewinn	

Bilanzsumme		Bilanzsumme

322 Für die Bilanzierung muß bereits Ihre Buchführung entsprechend aufbereitet werden. Es reicht nicht mehr aus, lediglich die Zahlungsvorgänge aufzuführen. Für die Bilanzierung ist eine doppelte Buchführung notwendig. Bei diesem Buchungssystem berühren Sie jeweils zwei Konten.

Beispiel:

Sie kaufen einen Bürocomputer. Mit der Lieferung wird gleichzeitig die Rechnung mitgeschickt. Sie zahlen erst 4 Wochen später.
Folge: Am Tag der Lieferung buchen Sie den Computer in Ihr Betriebsvermögen ein. Buchungssatz: per Geschäftsausstattung an Verbindlichkeiten. Das Konto „Geschäftsausstattung" ist ein aktives Bestandskonto, das einen Teil Ihres

Betriebsvermögens ausweist. Das passive Konto „Verbindlichkeiten" gibt an, wie hoch Ihre Schulden sind.

Die Verbindlichkeiten müssen zum Zeitpunkt der Rechnungserstellung **323** erfaßt werden. Zu diesem Zeitpunkt wird der Rechnungsbetrag als Aufwand gebucht. Auf den Zeitpunkt der Zahlung kommt es dabei nicht an. So ist der Betrag einer Rechnung, die Ihnen am 29. Dezember zugestellt wird, noch Aufwand des alten Jahres und zwar auch dann, wenn die Rechnung erst im neuen Jahr bezahlt wird.

Dasselbe gilt für Ihre Forderung an Mandanten. Schreiben Sie beispielsweise über Weihnachten Rechnungen und schicken Sie diese noch im alten Jahr an Ihre Mandanten, so müssen Sie die Honorare noch im alten Jahr als Forderungen erfassen.

Am Abschlußstichtag 31. 12. sind die offenen Beträge als Forderungen oder Verbindlichkeiten in der Bilanz auszuweisen.

Ein Vorteil der Bilanzierung ist es, daß Sie Aufwendungen, von denen Sie **324** in Zukunft bedroht werden, bereits zum Bilanzstichtag berücksichtigen können. Die Bilanzposition „Rückstellungen" nimmt diese Posten auf. Voraussetzungen: Die Zahlungsverpflichtung muß dem Grunde nach bereits bestehen.

Ein weiterer Vorteil der Bilanzierung ist es, daß Sie am Abschlußstichtag einen genauen Überblick über Ihr Betriebsvermögen besitzen. Dies kann Ihnen die Überschußrechnung nach § 4 Abs. 3 EStG nicht bieten. Andererseits ist mit der Bilanzerstellung und der dazu notwendigen doppelten Buchführung viel Arbeit verbunden. Lassen Sie die Buchführung außer Haus von einem Steuerberater erledigen, so kommen nicht unbeträchtliche Kosten auf Sie zu.

Viertes Kapitel. Sonstige Steuern

I. Umsatzsteuer

1. Charakteristik

Die Umsatzsteuer ist eine Objektsteuer, d. h. die Höhe der Steuer bemißt **325** sich nach bestimmten Merkmalen des Steuerobjekts. Auf persönliche Verhältnisse des Steuerpflichtigen – so wie es bei der Einkommensteuer durch die Abzugsfähigkeit von Sonderausgaben, außergewöhnlichen Belastungen oder auch Tarifermäßigungen der Fall ist – wird dabei keine Rücksicht genommen.

Da der von der Umsatzsteuer belastete Steuerpflichtige die Umsatzsteuer auf den Leistungsempfänger – also bei Rechtsanwälten und Notaren auf die Klienten – abwälzt, gehört die Umsatzsteuer zu den indirekten Steuern. Gesetzlicher Steuerschuldner und wirtschaftlicher Träger sind also verschiedene Personen.

Weiterhin gehört die Umsatzsteuer – wie die Einkommensteuer – zu den Veranlagungssteuern. Der Unternehmer wird nach Ablauf des Kalenderjahres zur Umsatzsteuer veranlagt. Er errechnet die abzuführende Umsatzsteuer in der Umsatzsteuerjahreserklärung, bzw. in der Umsatzsteuervoranmeldung selbst. Es gilt das Prinzip der Selbstveranlagung.

Die Rechtsgrundlagen für die Umsatzbesteuerung ergeben sich aus dem Umsatzsteuergesetz, der Umsatzsteuerdurchführungsverordnung, sowie einigen Nebengesetzen. Die Finanzverwaltung hat in den Umsatzsteuer-Richtlinien die Gesetze in ihrem Sinne erläutert. Weder die Steuerpflichtigen noch etwa die Finanzgerichte werden durch die Verwaltungs-Richtlinien gebunden.

2. System der Umsatzsteuer

Nach dem Umsatzsteuergesetz sind bestimmte Umsätze – der Begriff **326** wird noch zu erläutern sein – der Besteuerung zu unterwerfen. Der allgemeine Steuersatz beträgt gegenwärtig 14 v. H., während sich der ermäßigte Steuersatz auf 7 v. H. beläuft. Bemessen wird der Umsatz grundsätzlich nach dem Entgelt. Die Umsatzsteuer selbst gehört nicht zu diesem Entgelt.

Beispiel:

Sie berechnen ein Honorar in Höhe von 2500 DM. Dieses Honorar ist das Entgelt, das als Bemessungsgrundlage für die Umsatzsteuer gilt. Ihre Rechnung muß also folgendermaßen aussehen:

Entgelt:	2500 DM
zzgl. 14 v. H. USt	+ 350 DM
Honorar:	2850 DM

327 Von der so berechneten Umsatzsteuer – also Entgelt multipliziert mit dem Steuersatz gleich Umsatzsteuer – können Sie die **Vorsteuer** abziehen. Vorsteuern sind diejenigen Umsatzsteuern, die Ihnen als Steuerpflichtigem selbst in Rechnung gestellt worden sind. Es handelt sich hierbei meist um Vorleistungen.

Beispiele:

(1) Ein Rechtsanwalt/Notar hat für seine Kanzlei einen Computer angeschafft, mit dessen Hilfe er die Praxisorganisation verbessern will. Ihm wurden in Rechnung gestellt:

Ein Computer	14 000 DM
zzgl. 14 v. H. USt	+ 1 960 DM
Insgesamt:	15 960 DM

Diese ihm in Rechnung gestellte Umsatzsteuer kann der Rechtsanwalt/Notar bei seiner Umsatzsteuererklärung bzw. Umsatzsteuervoranmeldung als Vorsteuer von der Steuerschuld abziehen.

(2) Für den Voranmeldezeitraum Juni 1986 hat ein Rechtsanwalt/Notar Entgelte in Höhe von 17 000 DM in Rechnung gestellt. Daraus ergibt sich nach Anwendung des Umsatzsteuersatzes von 14 v. H. eine Steuerschuld von 2380 DM. Die Vorsteuer beträgt 1500 DM. Seine Umsatzsteuerzahlungspflicht für den Voranmeldezeitraum berechnet er also wie folgt:

Umsatzsteuer:	2380 DM
abzgl. Vorsteuer:	./. 1500 DM
Zahllast:	880 DM

328 Durch die Abzugsfähigkeit der Vorsteuer von der Umsatzsteuerschuld wird gewährleistet, daß nur der vom Steuerpflichtigen selbst geschaffene Mehrwert der Besteuerung unterliegt. Das System der deutschen Umsatzsteuer wird deshalb auch Mehrwertsteuersystem genannt. Die Begriffe **Umsatzsteuer** und **Mehrwertsteuer** sind absolut identisch. Obwohl im Sprachgebrauch meist nur von der Mehrwertsteuer geredet wird, gibt es kein Mehrwertsteuergesetz. Vielmehr sind die Vorschriften der Umsatzbesteuerung im **Umsatzsteuergesetz** geregelt. Der Begriff „Mehrwertsteuer" kommt im gesamten Gesetzestext nicht vor. Der Begriff stammt aus der Finanzwissenschaft und kennzeichnet lediglich das System der Umsatzbesteuerung.

Also: Vergessen Sie den Mehrwertsteuerbegriff und folgen Sie der Terminologie des Gesetzes. Im folgenden wird immer nur von der Umsatzsteuer die Rede sein.

3. Unternehmerbegriff: Wer ist steuerpflichtig?

329 Im Sinne des Umsatzsteuerrechts ist auch der Freiberufler ein Unternehmer. Nach § 2 UStG ist Unternehmer, wer eine gewerbliche oder berufliche Tätigkeit selbständig ausübt. Gewerblich oder beruflich ist jede nachhaltige Tätigkeit zur Erzielung von Einnahmen, auch wenn die Absicht, Gewinn zu erzielen, fehlt oder eine Personenvereinigung nur gegenüber ihren Mitgliedern tätig wird. Nach dieser Definition ist auch der freiberufliche Rechtsanwalt/Notar Unternehmer im Sinne des Umsatzsteuerrechts. Dies, obwohl im Sprachgebrauch als Unternehmer gemeinhin nur gewerblich tätige Personen bezeichnet werden. Daraus ergibt sich aber auch, daß die Einnahmen des **angestellten** Rechtsanwalts/Notars nicht steuerbar sind. Also: Lediglich die Umsätze eines freiberuflichen Rechtsanwalts/Notars unterliegen der Umsatzsteuer. Ein Notar, der außerdem zum **Notarverweser** bestellt ist, übt auch dieses Amt als Unternehmer aus (BFH, BStBl. 1968 II S. 811).

Damit die Tätigkeit umsatzsteuerpflichtig wird, muß es sich um eine **be-** **330**. **rufliche oder gewerbliche** Tätigkeit handeln. Die Tätigkeit muß Leistungen im wirtschaftlichen Sinne zum Gegenstand haben. Dies ist beispielsweise beim Wertpapiersparen nach BFH-Auffassung nicht der Fall (BStBl. 1974 II S. 47). Durch den Erwerb von Wertpapieren wird daher eine natürliche Person nicht zum umsatzsteuerrechtlichen Unternehmer.

Ferner muß die Tätigkeit **nachhaltig** sein. Dabei kommt es nicht darauf **331** an, wie oft und in welchen Zeitabständen sich die Handlungen wiederholen. Auch eine einmalige Handlung kann nachhaltig sein, wenn die Absicht der Wiederholung bestand oder wenn durch sie ein auf die Erzielung fortlaufender Einnahmen gerichteter Dauerzustand geschaffen wird.

Beispiel:

Sie verfassen über ein schwieriges juristisches Problem eine Abhandlung und verkaufen das Manuskript einem Verleger. Es wird ein Erfolgshonorar vereinbart.

Folge: Die Honorare unterliegen der Umsatzsteuer, obwohl Sie nicht die Absicht haben, sich weiterhin schriftstellerisch zu betätigen. Es reicht aus, daß Sie durch das Erfolgshonorar einen auf die Erzielung fortlaufender Einnahmen gerichteten Dauerzustand geschaffen haben.

Ein weiteres Merkmal der Umsatzsteuerbarkeit ist, daß die Tätigkeit auf **332** die **Erzielung von Einnahmen** gerichtet ist. Gewinnerzielungsabsicht ist nicht erforderlich. Auch Leistungen zu Selbstkosten oder Leistungen, bei denen sich Verluste ergeben, führen zu Einnahmen. So können auch Einnahmen aus Liebhaberei, bei denen eine Gewinnerzielungsabsicht nicht besteht, mit Umsatzsteuer belastet werden. (Zum Begriff der Liebhaberei vgl. Rz. 35 ff.). Dies gilt selbst dann, wenn diese Liebhaberei für Zwecke der Einkommensteuer als privat veranlaßt und damit nicht steuerbar angesehen wird.

Beispiele:

(1) Sie haben sich mit der Zeit einige Pferde zugelegt und betreiben auch eine kleine Zucht. Die Zuchtergebnisse verkaufen Sie hin und wieder an ein Gestüt. Die Tätigkeit wirft auf Dauer nur Verluste ab.

Folge: Für einkommensteuerliche Zwecke gilt der Betrieb als Liebhaberei. Im Sinne des Umsatzsteuergesetzes sind Sie jedoch Unternehmer, da Ihre Tätigkeit selbständig ausgeübt wird, auf Nachhaltigkeit ausgelegt ist und Einnahmen erzielt werden. Die Einnahmen müssen versteuert werden, Vorsteuern sind absetzbar.

(2) Sie halten zum eigenen Vergnügen drei Pferde. Nach einem Jahr müssen Sie eines der Tiere an einen Pferdehändler verkaufen, da es sich verletzt hat und nicht wieder gesunden wird. Kurze Zeit später müssen Sie Ihr eigenes Pferd verkaufen, weil Ihnen der Arzt das Reiten verboten hat.

Folge: Ihre Verkaufstätigkeit ist nicht auf Nachhaltigkeit gerichtet, da die beiden Verkäufe keinen inneren Zusammenhang haben. Der Vorgang ist nicht umsatzsteuerbar.

4. Beginn und Ende der unternehmerischen Tätigkeit

333   Die Unternehmereigenschaft beginnt nicht erst mit dem Zeitpunkt der erstmaligen Einnahmenerzielung, sondern bereits mit der Aufnahme der auf die Erzielung von Einnahmen gerichteten Tätigkeit. Die gewerbliche oder berufliche Tätigkeit ist somit dann eröffnet, wenn aus Handlungen des Rechtsanwalts oder Notars erkennbar ist, daß er diese Tätigkeit beginnen wollte. Dieser Zeitpunkt entspricht dem Geschäftsbeginn im Sinne des Handelsrechts.

Beispiel:
Ein Rechtsanwalt/Notar eröffnet am 1. 1. 1987 eine eigene Kanzlei. Er beginnt sofort Klienten im eigenen Namen und auf eigene Rechnung zu betreuen. Einnahmen aus dieser Betreuung fließen ihm jedoch erst im April 1987 zu.
Folge: Der Rechtsanwalt/Notar ist bereits vom 1. 1. 1987 an umsatzsteuerlicher Unternehmer. Seine Entgelte im ersten Vierteljahr belaufen sich auf null, Vorsteuern, die ihn belasten, kann er gleichwohl gegenrechnen. In diesem Fall ergibt sich ein Erstattungsanspruch an das Finanzamt.

Wichtig: Die Ausgaben müssen in einem **unmittelbaren, sachlichen, zeitlichen Zusammenhang** mit der Praxiseröffnung stehen. Dementsprechend sind Ausgaben für die Referendarausbildung noch keine vorbereitenden Maßnahmen für eine spätere Praxiseröffnung, und zwar auch dann nicht, wenn dies konkret geplant ist.

Entsprechendes gilt für die Beendigung der unternehmerischen Betätigung. Die Veräußerung ist auf jeden Fall noch der Umsatzsteuer zu unterwerfen. Aber auch nachträgliche Einnahmen oder spätere unerwartete Ausgaben, die noch im Zusammenhang mit der früheren Praxis stehen (nachträgliche Betriebsausgaben), unterliegen der Umsatzbesteuerung. Das heißt, die Einnahmen müssen versteuert werden, die Vorsteuer aus den nachträglichen Ausgaben sind abzugsfähig.

5. Praxis- und Bürogemeinschaften

334   Hier ist zu unterscheiden, ob die Gemeinschaft **nach außen auftritt** oder ob sie nur im **Innenverhältnis** existiert. Haben sich mehrere Rechtsanwälte/ Notare zusammengeschlossen, um gemeinsam die Kanzleiräume sowie das Personal nutzen zu können, und treten sie nach außen nicht als Gemeinschaft in Erscheinung, so ist jeder Partner der Gemeinschaft eigenständiger Unternehmer, d. h., er muß eine auf seinen Namen lautende Umsatzsteuervoranmeldung bzw. Umsatzsteuererklärung abgeben. Jeder Partner muß auch, damit der Vorsteuerabzug erhalten bleibt, eine auf seinen Namen lautende Rechnung von Zulieferern erhalten. Tritt dagegen die Bürogemeinschaft nach außen als Gemeinschaft auf, so kann die zur Verfügungstellung der Praxisorganisation an die einzelnen Partner eine unternehmerische Tätigkeit der Gemeinschaft darstellen. Dies führt dann nicht zu Nachteilen, wenn die einzelnen Partner ihrerseits zum Vorsteuerabzug berechtigt sind.

Beispiel:

Eine Praxisorganisation, die auch nach außen hin erkennbar ist, überläßt ihren einzelnen Partnern Büroeinrichtungen, Arbeitsgeräte und Personal. Für diese Überlassung stellt sie jedem Partner am Monatsende nach einem bestimmten Umsatzschlüssel die Kosten in Rechnung.

Folge: Die in Rechnung gestellten Kosten müssen der Umsatzsteuer unterworfen werden, die einzelnen Partner können diese Umsatzsteuer im Wege des Vorsteuerabzuges mit ihrer Umsatzsteuerschuld verrechnen.

6. Sozietäten

Eine Sozietät tritt im allgemeinen auch nach außen auf. Sie besitzt damit **335** **eigenständig** die **Unternehmereigenschaft** im Sinne des Umsatzsteuerrechts. Die einzelnen Partner sind insoweit keine Unternehmer. Ob die Sozietät nach außen auftritt, ist insbesondere danach zu entscheiden, ob sie
– ein gemeinschaftliches Praxisschild,
– entsprechende Briefbögen und Stempel,
– gemeinsame Vollmachtsformulare,
– gemeinsame Büroräume,
– gemeinsame Bankkonten,
– gemeinsames Personal
benutzt (vgl. BFH, BStBl. 1981 II S. 189, 192, sowie BFH, BStBl. 1970 II S. 833). Sie betätigen sich als Gesellschaft mit dem Hauptziel der Einnahmenerzielung am Wirtschaftsleben, wenn sie offen als Gesellschaft in Erscheinung treten und Partner des Leistungsaustausches sind (BFH, BStBl. 1984 II S. 251). Unerheblich ist dabei, ob die nach außen auftretende Sozietät berufsrechtlich richtig konzipiert oder überhaupt statthaft ist (vgl. BFH, BStBl. 1981 II S. 189 und 192).

Aber auch in einer Sozietät kann es vorkommen, daß die einzelnen Partner im eigenen Namen und auf eigene Rechnung Beratungstätigkeiten erbringen, die erkennbar außerhalb der Sozietät stehen. Mit diesen Tätigkeiten wird auch in einer Sozietät der einzelne Partner in eigener Person umsatzsteuerpflichtig.

Beispiel:

Ein Rechtsanwalt/Notar, der in einer Sozietät mitarbeitet, übernimmt einen Fall von einer ihm unbekannten Person, die nicht weiß, daß der Rechtsanwalt/

Notar mit anderen zusammen in einer BGB-Gesellschaft tätig ist. Der Auftraggeber hatte sich den Anwalt aus dem Branchenverzeichnis herausgesucht. Er bear-
beitet den Fall nach seiner üblichen Arbeitszeit in der Sozietät abends zuhause in
seinem Arbeitszimmer. Die Schriftsätze schreibt er selbst auf der Schreibmaschine.

Folge: Der Anwalt ist mit dem Honorar selbständig umsatzsteuerpflichtig, da
das Honorar für die geleistete Arbeit in keinem Zusammenhang mit der Sozietät
steht.

7. Umfang des Unternehmens

336   Das Unternehmen des Rechtsanwalts/Notars umfaßt die **gesamte ge-
werbliche oder berufliche Tätigkeit.** Dies bedeutet, daß ein Rechtsanwalt/
Notar zwar mehrere Tätigkeiten haben kann, aber im umsatzsteuerlichen
Sinne nur ein Unternehmen.

Beispiel:
Sie unterhalten neben ihrer freiberuflichen Praxis noch nebenbei eine Reitschule. Darüberhinaus betätigen Sie sich schriftstellerisch und haben auch schon einige von Ihnen selbstgemalte Bilder verkauft.
Folge: Ihr Unternehmen im umsatzsteuerlichen Sinne umfaßt die
– freiberufliche Praxistätigkeit
– gewerbliche Tätigkeit
– schriftstellerische Tätigkeit
– künstlerische Tätigkeit.

Als Folge dieser sog. ,,Einheitstheorie" werden die Umsätze aller Tätigkeiten zusammengefaßt, es wird also ein Gesamtumsatz ermittelt. Von diesem Gesamtumsatz wird die Steuer berechnet. Wechselseitige Leistungen
zwischen den Betrieben eines Steuerpflichtigen sind als sog. ,,**Innenumsät-
ze**" nicht steuerbar. Dies gilt auch dann, wenn die Betriebe sich zur innerbe-
trieblichen Kostenverrrechnung wechselseitig die Leistungen bezahlen.
Die Unternehmenseinheit gilt auch für Nebengeschäfte. Das sind Geschäf-
te, die zwar nicht den eigentlichen Geschäftszweck ausmachen und sich auch
nicht notwendig aus dem eigentlichen Geschäftsbetrieb ergeben, aber mit
der Haupttätigkeit in engem wirtschaftlichen Zusammenhang stehen.

Beispiel:
Ein Rechtsanwalt/Notar übernimmt die Testamentsvollstreckung für einen
verstorbenen Klienten. Das Honorar hieraus ist der Umsatzsteuer zu unterwerfen.

8. Berechnung der Steuerschuld

a) Steuergegenstand

337   Nicht alle Umsätze, die denkbar sind, müssen der Umsatzsteuer unterworfen werden. Vielmehr unterscheidet das Gesetz zwischen steuerbaren
und nicht steuerbaren Umsätzen. Nicht steuerbare Umsätze sind all jene

Umsätze, die den gesetzlichen Tatbestand des Umsatzsteuergesetzes nicht erfüllen.

Beispiele:

(1) Ein Angesteller verkauft seine Schreibmaschine, die er überwiegend beruflich genutzt hat.

Folge: Die Leistung ist nicht steuerbar, da es sich nicht um einen Unternehmer handelt und der Verkauf der Schreibmaschine auch nicht nachhaltig ist.

(2) Ein Rechtsanwalt/Notar verkauft seinen nicht zum Betriebsvermögen gehörenden und lediglich privat genutzten Personenwagen.

Folge: Der Umsatz fällt nicht in den Rahmen des Unternehmens des Rechtsanwalts/Notars. Die Leistung ist nicht steuerbar.

(3) Ein Rechtsanwalt/Notar hat für einen Klienten zwar eine Leistung erbracht, das Honorar ist jedoch uneinbringlich.

Folge: Da für die Leistung kein Entgelt geflossen ist, ist sie auch nicht steuerbar.

Hier ein Hinweis: Bevor Sie mit der Errechnung Ihrer Umsatzsteuerschuld beginnen, prüfen Sie genau, ob es sich um steuerbare oder nicht steuerbare Umsätze handelt. Kommen Sie zu dem Ergebnis, daß die Umsätze nicht steuerbar sind, scheiden Sie sie aus dem weiteren Ermittlungsprozeß aus.

b) Steuerbare Umsätze

Die steuerbaren Umsätze sind zu unterteilen in **338**
- Lieferungen und sonstige Leistungen (§ 1 Abs. 1 Nr. 1 UStG),
- Eigenverbrauch (§ 1 Abs. 1 Nr. 2 UStG),
- sowie die Einfuhr (§ 1 Abs. 1 Nr. 4 UStG).

Sie als Rechtsanwalt/Notar werden im allgemeinen den Tatbestand der **sonstigen Leistung** erfüllen, da Sie für Ihre Klienten keine Lieferungen, z. B. Warenlieferungen, sondern Dienstleistungen erbringen. Das Gesetz definiert sonstige Leistungen negativ als Leistungen, die keine Lieferungen sind. Sie können auch in einem Unterlassen oder im Dulden einer Handlung oder eines Zustandes bestehen (§ 3 Abs. 9 UStG).

Aber auch der Tatbestand des **Eigenverbrauchs** wird öfters verwirklicht **339** werden. Hierbei handelt es sich um vor allem um das Überführen von Gegenständen aus dem Praxisbereich oder die Erbringung von Sachleistungen durch die Praxis für den persönlichen Bereich des Rechtsanwalts/Notars. Durch den Eigenverbrauchstatbestand soll sichergestellt werden, daß der private Verbrauch des Praxisinhabers den gleichen Umsatzsteuerbelastungen unterliegt wie die des Privatmannes.

Der Eigenverbrauch besteht aus zwei Komponenten: der Entnahme von für die Praxis angeschafften Gegenständen oder der Nutzung von Praxisgegenständen.

Beispiel einer Entnahme:

Ein für die Praxis angeschaffter PKW, der einige Jahre abgeschrieben wurde, dient nun der Ehefrau als Zweitwagen. Die Überführung des PKW in die Privatsphäre ist ein typischer Eigenverbrauch. Er unterliegt der Umsatzsteuer.

Beispiel einer Eigennutzung:

Sie nutzen den Praxiswagen auch für Privatfahrten (BFH, BStBl. 1980 II S. 309). Daneben nutzen sie den Praxisanschluß Ihres Telefons für private Gespräche (BFH, BStBl. 1971 II S. 789; dazu kritisch: Wagner, DB 1981 S. 2050).

Als Bemessungsgrundlage für den Eigenverbrauch dient entweder der Teilwert, wenn dieser nach den einkommensteuerrechtlichen Vorschriften anzusetzen ist, oder der gemeine Wert. **Teilwert** ist der Wert, den ein mutmaßlicher Erwerber der Praxis im Rahmen des Gesamtkaufpreises für ein einzelnes Wirtschaftsgut ansetzen würde unter dem Gesichtspunkt, daß er die Praxis weiterführen würde (§ 10 BewG).

Beispiel:

Sie beschaffen sich eine elektronische Schreibmaschine. Die alte Maschine schenken Sie Ihrem Sohn. Es liegt der Tatbestand des Eigenverbrauchs vor. Die Bemessungsgrundlage ist der Teilwert. Sie fragen sich, ob ein fiktiver Erwerber Ihrer Praxis für die Maschine noch einen Preis zu zahlen bereit wäre. Sie kommen zu der Überzeugung, daß der Erwerber höchstens noch 100 DM für die Maschine gezahlt hätte.
Folge: Die Bemessungsgrundlage für den Eigenverbrauch ist mit 100 DM anzusetzen.

340   Ist nach den Vorschriften des Einkommensteuerrechts der Teilwert nicht anzusetzen, so wird für Zwecke des Eigenverbrauchs der **gemeine Wert** angesetzt. Der gemeine Wert ist der Wert, den Sie beim Verkauf eines Wirtschaftsguts am Markt noch dafür erzielen können (Einzelveräußerungspreis). In der Praxis dürfte zwischen dem gemeinen Wert und dem Teilwert in den meisten Fällen kein großer Unterschied bestehen, abgesehen davon, daß sich der Teilwert wegen seiner Fiktion eines gedachten Erwerbers objektiv nur schwer feststellen läßt.

Bei der Leistungsentnahme sind die entstandenen Kosten anzusetzen. Bei der privaten Nutzung des PKW sind das z. B. die laufenden Kosten, wie Bezin, Öl, Reparaturen usw.

Beispiel:

Die Gesamtaufwendungen für Betrieb und Reparaturen Ihres Praxis-Kfz belaufen sich im Jahre 1986 auf 7500 DM. Sie nutzen den Wagen zu 20 v. H. privat.
Folge: Als Eigenverbrauch sind 1500 DM (7500 DM × 20 v. H.) anzusetzen.

341   Besteuert werden auch Leistungen, die ein Unternehmer für sich oder andere **unentgeltlich** erbringt.

Beispiel:

– Sie vertreten Ihre Freundin in einer Privatangelegenheit unentgeltlich;
– Sie verteidigen Ihren straffällig gewordenen Bruder unentgeltlich;
– Sie entwerfen für einen Angehörigen einen komplizierten Vertrag, ohne ein Honorar zu berechnen.

Versteuert wird dieser Eigenverbrauch jedoch nur, wenn dabei **Kosten** anfallen (§ 10 Abs. 1 Nr. 2 UStG). Maßgebend dabei sind die Kosten, mit denen die Kostenrechnung der Praxis aus Anlaß der nichtunternehmerischen Nutzung belastet wird (BFH, BStBl. 1980 II S. 309). In der Regel sind bei dieser Art des Eigenverbrauchs nur die Gemeinkosten anzusetzen. Große Belastungen werden dadurch nicht entstehen. Ausnahme: Sie beauftragen einen bei Ihnen angestellten Rechtsanwalt/Notar mit der Erledigung der unentgeltlichen Beratung. Dann sind neben den Gemeinkosten auch die Personalkosten anzusetzen.

Leistungen, die ein Rechtsanwalt/Notar in eigenen Praxisangelegenheiten erbringt, sind nicht steuerbar.

9. Ort der sonstigen Leistung

Grundsätzlich wird eine sonstige Leistung an dem Ort ausgeführt, von **342** dem aus der Unternehmer sein Unternehmen betreibt. Für Sie als Rechtsanwalt/Notar heißt das also, daß Sie Ihre Leistungen dort erbringen, wo Sie Ihre Kanzlei unterhalten. Zu dieser an sich sehr verständlichen Regelung gibt es eine Fülle von Sondertatbeständen, bei denen der Ort der Leistung von dem soeben angeführten Grundsatz abweicht. Dies ist vor allem dann wichtig, wenn der Ort der Leistung im Ausland liegt, denn dann liegt eine im Inland nicht steuerbare Leistung vor. Hier die Ausnahmeregelung:

– Bei sonstigen Leistungen im Zusammenhang mit einem Grundstück liegt der Ort der Leistung dort, wo das Grundstück liegt.

– Bei wissenschaftlichen Leistungen werden die Leistungen dort ausgeführt, wo der Unternehmer ausschließlich oder zum wesentlichen Teil tätig wird. *Folge:* Wenn ein Rechtsanwalt/Notar eine wissenschaftliche Arbeit im Ausland erbringt, so entsteht an sich kein steuerbarer Umsatz. Jedoch wendet die Finanzverwaltung diese Regelung nicht an, soweit dem Auftraggeber das Gutachten als Entscheidungshilfe zu konkreten Maßnahmen und Entscheidungen dient. Die Finanzverwaltung argumentiert, daß hier der Beratungscharakter den wissenschaftlichen Charakter überwiege (vgl. BStBl. 1982 I S. 382).

Eine weitere wichtige Ausnahme ist für Rechtsanwälte/Notare in § 3a **343** Abs. 3 UStG geregelt. Ist der **Empfänger** einer anwaltlichen Leistung selbst Unternehmer, so wird die sonstige Leistung dort ausgeführt, wo der Empfänger sein Unternehmen betreibt.

Beispiel:
Ein deutscher Rechtsanwalt vertritt in Paris ein französisches Unternehmen in einer Zivilrechtssache.
Folge: Ort der Leistung ist nicht der Sitz des Anwalts in Deutschland, sondern der Sitz des Leistungsempfängers in Paris. Die Leistung ist nicht steuerbar.

Aber es wird noch komplizierter: Ist der Empfänger einer freiberuflichen **344** Leistung **kein Unternehmer** und hat er seinen **Wohnsitz außerhalb des EG-Gebietes,** so wird die sonstige Leistung an seinem Wohnsitz ausgeführt.

Beispiel:
Ein Kölner Notar berät in einer Vertragssache einen New Yorker Privatmann an dessen Wohnsitz.
Folge: Die sonstige Leistung wird am Wohnsitz des New Yorkers ausgeführt, da er
1. kein Unternehmer ist und
2. seinen Wohnsitz außerhalb des EG-Gebiets hat.

Aus dieser Vorschrift folgt, daß eine Leistung an einen Nicht-Unternehmer innerhalb der EG anders behandelt wird als eine Leistung an einen Nicht-Unternehmer außerhalb der EG.

Beispiel:
Der Kölner Notar berät in der gleichen Vertragsrechtsangelegenheit einen Klienten in Paris.
Folge: Diese Leistung ist auf Grund der Vorschriften des § 3a Abs. 3 Satz 3 UStG im Inland steuerbar, da der Ort der sonstigen Leistung Köln ist.

Diese Ausnahmeregelung bezieht sich darauf, ob ein Leistungsempfänger Unternehmer oder nicht Unternehmer ist. Als Nicht-Unternehmer kommt nicht nur der Privatmann, sondern auch der nicht umsatzsteuerbare Verein oder die Körperschaft öffentlichen Rechts in Frage.

10. Bemessungsgrundlage

a) Allgemeines

345 Als Bemessungsgrundlage für die Umsatzsteuer dient das Entgelt. Zum Entgelt gehört alles, was der Leistungsempfänger aufwendet, um die Leistung zu erhalten. Nicht zum Entgelt gehört die Umsatzsteuer selbst. Damit steht das Umsatzsteuerrecht dem Zivilrecht entgegen, das die Umsatzsteuer als Bestandteil des Kaufpreises ansieht.

Nach § 10 Abs. 1 UStG gehört zum Entgelt auch, was ein anderer als der Leistungsempfänger dem Unternehmer gewährt. Dabei muß allerdings ein unmittelbarer wirtschaftlicher Zusammenhang zwischen der Leistung des Unternehmers und der Zahlung des Dritten bestehen (BFH, BStBl. 1955 III S. 139).

b) Einzelfälle des Entgelts

346 Zum Entgelt gehören insbesondere (in alphabetischer Reihenfolge):
- **Auslagenersatz**
  gehört in der Regel zum Entgelt, wenn er mit einer steuerbaren Leistung im Zusammenhang steht. Die Auslagen teilen das Schicksal der Hauptleistung, d. h., sie sind steuerpflichtig, wenn die Hauptleistung steuerpflichtig ist und sie sind steuerbefreit, wenn die Hauptleistung befreit ist. Beispiele für Auslagenersatz sind: Porto, Verpackung, gesondert in Rechnung gestellte Fernmeldegebühren. Auslagenersatz gehört in Ausnahmefällen nicht zum Entgelt, wenn es sich um durchlaufende Posten handelt.

- **Erfüllungsübernahme**
  vgl. ,,Durchlaufende Posten", Rz. 347 ff.
- **Gebühren**
  Bei Rechtsanwälten/Notaren besteht das Entgelt regelmäßig in den gesetzlich festgesetzten Gebühren (BRAGO/Kostenordnung). Die Gebühr ist das Entgelt im umsatzsteuerlichen Sinne.
- **Gerichtskosten**
- **Grundbuchgebühren**
  Grundbuchgebühren, die bei der Einsichtnahme durch Notare entstehen, sind Entgelt (OFD Düsseldorf vom 19. 12. 1950, Inf. 1951 S. 59).
- **Porto**
  vgl. Auslagenersatz
- **Stundungszinsen**
- **Telefongebühren** (vgl. Auslagenersatz)
- **Verzugszinsen**
- **Wechselumlaufkosten.**

c) Durchlaufende Posten

Beträge, die der Rechtsanwalt/Notar im Namen und für Rechnung eines 347 anderen vereinnahmt oder verausgabt, gehören nicht zum Entgelt (§ 10 Abs. 1 Satz 4 UStG). Gerade Rechtsanwälte/Notare werden des öfteren als Mittelsperson tätig, wobei die Vereinnahmung bzw. Verausgabung im fremden Namen und für fremde Rechnung geschieht. Dieses Handeln im fremden Namen und für fremde Rechnung muß nach außen erkennbar sein (BFH, BStBl. 1967 III S. 505). Es reicht nicht aus, daß sich diese Tatsache aus den Gesamtumständen ergibt.

Allerdings: Eine Ausnahme macht die Rechtsprechung für Kosten, die Rechtsanwälte/Notare bei Gerichten oder Behörden für ihre Auftraggeber auslegen. Voraussetzung: Die Kosten müssen nach den geltenden Gebührenordnungen berechnet werden, die den Aufftraggeber als Schuldner bestimmen (BFH, BStBl. 1967 III S. 719).

Beispiel:
Ein Mandant erstattet seinem Rechtsanwalt den Gerichtskostenvorschuß, den dieser für ihn verauslagt hat.

Weiterhin darf eine unmittelbare Rechtsbeziehung bezüglich der entspre- 348 chenden Beträge nur zwischen dem Zahlungsverpflichteten und dem Zahlungsberechtigten bestehen (BFH, BStBl. 1966 III S. 263). Der Rechtsanwalt/Notar, bei dem die Posten durchlaufen, darf selbst keinen Rechtsanspruch auf diese haben. Darüber hinaus darf der Zahlungsempfänger sie nicht aufgrund unmittelbarer Rechtsbeziehungen von ihm fordern können.

Die **Erfüllungsübernahme** nach § 329 BGB führt beim Übernehmenden 349 nicht zur Annahme eines durchlaufenden Postens, da es sich um eine Leistung handelt, die der Übernehmende auf eigene Rechnung erbringt (so bereits RFH, RStBl. 1941 S. 446).

350   Als **durchlaufende Posten** werden im einzelnen anerkannt (in alphabetischer Reihenfolge):
  – **Gerichtsvollziehergebühren**
  – **Gerichtsgebühren**
  – **Grundbuchauszüge, Gebühren**
  – **Handelsregisterauszug, Gebühren**
  – **Legalisierungsgebühren für Notarunterschriften**
  – **Mahnkosten**
  – **Prozeßkosten**
  – **Schreibgebühren der Gerichte**
  sind beim Rechtsanwalt/Notar durchlaufende Posten, wenn er sie im Namen und für Rechnung des Mandanten entrichtet (OFD Hamburg vom 9. 4. 1953, BB 1953 S. 407)
  – **Stempelgebühren**
  – **Vertragsstrafen**
  – **Zahlungsbefehle, Kosten.**

11. Steuersatz und Berechnung der Steuerschuld

351   Bis zum 1. 1. 1982 galt für Freierufler der ermäßigte Steuersatz. Nach einer Gesetzesänderung ist seither auch auf Leistungen der Rechtsanwälte/ Notare der normale Steuersatz anzuwenden. Er beträgt derzeit 14 v. H. des Entgelts (vgl. Rz. 326 ff.).

352   Der Steuersatz wird auf das Entgelt angewendet. Dabei ist zu berücksichtigen, daß auch Nebenleistungen – wie z. B. Auslagenersatz – gleichfalls zum Entgelt gehören. Eine Ausnahme bilden lediglich die durchlaufenden Posten (vgl. im einzelnen Rz. 347 ff.).

Beispiel:
  Ein Rechtsanwalt/Notar stellt folgende Gebührenrechnung auf.

Gebühr für eine Vertragsberatung:	2500,— DM
Reisekostenersatz	350,— DM
Auslagenersatz	40,— DM
Insgesamt:	2890,— DM

Der Insgesamt-Betrag ist für Zwecke der Umsatzsteuer das Entgelt. Die Umsatzsteuerschuld beträgt also:

	2890,— DM
zzgl. 14 v. H. USt	+ 404,60 DM
Summe:	3294,60 DM

Oftmals ist es erforderlich, die Umsatzsteuer aus Bruttobeträgen herauszurechnen. Dies kann durch zwei Methoden geschehen:

Multiplikatormethode:

Hierbei wird ein Multiplikator nach folgender Formel errechnet: **353**

Bruttosteuersatz = (Steuersatz × 100) : (Steuersatz + 100)

Bei dem derzeit geltenden normalen Steuersatz lautet der Multiplikator:

Bruttosteuersatz = (14 × 100) : (14 + 100)
$$= 1400 : 114$$
$$= 12{,}28 \text{ v. H.}$$

Beispiel:

In einem Bruttoentgelt in Höhe von 1000 DM sind 122,80 DM Umsatzsteuer
enthalten:

1000 DM × 12,28 v. H. = 122,80 DM.

Divisionsmethode:

Bei dieser Methode wird ein Divisor gebildet, der zu dem gleichen Ergeb- **354**
nis führt wie die Multiplikatormethode. Die Formel lautet:

Divisor = (100 + Steuersatz) : Steuersatz

Der Divisor für den normalen Steuersatz lautet gegenwärtig 8,14 v. H.

12. Vorsteuerabzugsberechtigung

Das System der deutschen Umsatzsteuer will auf jeder einzelnen Besteue- **355**
rungsstufe lediglich den vom Steuerpflichtigen geschaffenen Mehrwert der
Besteuerung unterwerfen. Deshalb ist ein Unternehmer im umsatzsteuerrechtlichen Sinne unter bestimmten Voraussetzungen berechtigt, diejenige
Umsatzsteuer, die ihm von einem anderen Unternehmer in Rechnung gestellt worden ist, als Vorsteuer von seiner Umsatzsteuerschuld abzuziehen.
Unter Vorsteuern versteht das Umsatzsteuergesetz diejenigen Umsatzsteuern, die Sie als Rechtsanwalt/Notar im Rahmen Ihrer Praxis an andere Unternehmer zahlen müssen.

Beispiel:

– Sie kaufen eine neue Büroeinrichtung. In dem Kaufpreis ist Umsatzsteuer
  enthalten;
– Sie kaufen einen neuen PKW. In dem Kaufpreis ist ebenfalls Umsatzsteuer
  enthalten;
– Sie tanken Ihren PKW voll; Sie bringen ihn zur Inspektion: Sowohl im Benzin-
  preis als auch in der Reparaturrechnung sind Umsatzsteuern enthalten;
– Sie machen eine Dienstreise und wenden dafür sowohl Fahrtkosten als auch
  Verpflegungskosten auf; auch hierin sind Umsatzsteuern enthalten.

Diese Umsatzsteuern, die Ihnen in Rechnung gestellt werden, sind in der **356**
Terminologie des Umsatzsteuergesetzes für Sie „**Vorsteuern**", die Sie von
Ihrer Umsatzsteuerschuld abziehen können. Denn: Durch das System der

,,Mehrwertsteuer" sollen Sie lediglich mit dem von Ihnen geschaffenen Mehrwert besteuert werden. Jeder Unternehmer versteuert nur den Wert, den er selbst geschaffen hat. Dies wird dadurch bewerkstelligt, daß zwar das Gesamtentgelt besteuert wird, die Steuer auf die Vorleistung – eben die sog. ,,Vorsteuer" – jedoch gegengerechnet wird.

357 Nach § 15 Abs. 1 UStG sind nur diejenigen Unternehmer zum Vorsteuerabzug berechtigt, die durch betrieblichen Anlaß im Inland mit Vorsteuern belastet sind. Demnach ist ein inländischer Rechtsanwalt/Notar regelmäßig zum Vorsteuerabzug berechtigt und zwar auch dann, wenn er im Veranlagungszeitraum keine inländischen – oder im Extremfall überhaupt keine – Umsätze ausgeführt hat. § 15 UStG nennt die Voraussetzungen:

a) Gesonderter Steuerausweis

358 Die Steuer für eine Lieferung und Leistung muß gesondert in Rechnung gestellt sein. Es genügt nicht, daß die Steuer in einem Gesamtbetrag enthalten ist und der Steuersatz angegeben ist. Zu einem solchen Steuerausweis sind nur Unternehmer berechtigt. Privatpersonen können Ihnen grundsätzlich keinen Vorsteuerabzug verschaffen.

Beispiele:

(1) Sie kaufen bei einem Gebrauchtwagenhändler einen 2 Jahre alten PKW. Die Rechnung lautet:

1 PKW	15 000 DM
zzgl. 14 v. H. USt+	2 100 DM
Summe:	17 100 DM

Erwerben Sie den PKW für Ihre Praxis, so können Sie die Ihnen in Rechnung gestellte Umsatzsteuer in voller Höhe als Vorsteuer abziehen.

(2) Sie kaufen einen PKW von einem Privatmann. Der Kaufpreis beträgt 17 100 DM. Sie können keine Vorsteuern geltend machen.

359 Stellt ein Privatmann entgegen dem Umsatzsteuerrecht dennoch eine Rechnung mit gesondertem Umsatzsteuerausweis aus, so muß er zwar die ausgewiesene Steuer an das Finanzamt abführen, der Erwerber ist dennoch nicht zum Vorsteuerabzug berechtigt. Denn: Nach dem Gesetz (§ 15 Abs. 1 Nr. 1 UStG) muß die Vorsteuer von einem Unternehmer ausgewiesen sein.

Beispiel:

Der Privatmann in dem zuletzt genannten Beispiel möchte Ihnen den PKW-Kauf schmackhaft machen und stellt Ihnen eine Rechnung mit ausgewiesener Umsatzsteuer aus.

Folge: Der Privatmann muß die Umsatzsteuer in Höhe von 2 100 DM an das Finanzamt abführen; Sie dagegen haben keine Vorsteuerabzugsberechtigung.

b) Vorsteuer auf Kleinbeträge

360 Von dem soeben geschilderten Grundsatz des gesonderten Steuerausweises gibt es eine praxisorientierte Ausnahme. Bei Rechnungen, deren Betrag 200 DM nicht übersteigt, kann auf den gesonderten Umsatzsteuerausweis

verzichtet werden. Für den Vorsteuerabzug ist es jedoch wichtig, daß der **Steuersatz** auf der Rechnung vermerkt ist. Der Vermerk „Der Betrag enthält die gesetzliche Umsatzsteuer" reicht nicht aus (so zumindest die OFD Koblenz vom 9. 3. 83, BB 1983 S. 1911).

Beispiel:

Sie kaufen für Ihre Praxis einen Taschenrechner. Kaufpreis: 120 DM. Es reicht aus, wenn Sie sich eine Rechnung über den gesamten Betrag erstellen lassen. Angegeben sein muß jedoch der Steuersatz, so daß Sie den Vorsteuerbetrag selbst errechnen können.

Folge: Bei einem Steuersatz von 14 v. H. berechnet sich der Steuerbetrag wie folgt:

$$120 \, \text{DM} \times 12,28 \, \text{v. H.} = 14,74 \, \text{DM}.$$

Der Nettobetrag, den Sie als Betriebsausgaben bei der Ermittlung des steuerlichen Gewinns für Zwecke der Einkommensteuer zugrunde legen, beträgt also 105,26 DM.

Wichtig ist auch, daß aus der Rechnung hervorgeht, **an wen** sie gerichtet **361** ist. Die Vereinfachungsvorschrift der §§ 33, 35 UStDV bezieht sich nur auf den gesonderten Steuerausweis. Im übrigen müssen alle Vorschriften des Gesetzes zur Vorsteuerabzugsberechtigung erfüllt sein.

c) Name des Unternehmers

Die Rechnung muß auf den Namen des Unternehmers lauten. Zumindest **362** muß aus der Rechnung klar hervorgehen, **wer vorsteuerabzugsberechtigt** ist. Bei Einzelpraxen ist dies in der Regel kein Problem. Beachten Sie jedoch: Die Rechnung sollte auch dann auf den Namen des Praxisinhabers lauten, wenn eine andere Person in Ihrem Namen Käufe tätigt.

Beispiel:

Ihre Ehefrau bringt den beruflich genutzten PKW zur Reparatur in die Werkstatt. Die Rechnung wird auf den Namen Ihrer Ehefrau ausgestellt.

Folge: Ein Vorsteuerabzug kommt für Sie nicht in Frage. Sie sollten die Rechnung berichtigen lassen.

Insbesondere bei Sozietäten ist es wichtig, daß die Rechnung auf den Na- **363** men der Sozietät lautet. Denn sie ist Unternehmer im Sinne des Umsatzsteuerrechts. Wird die Rechnung auf einen Gesellschafter ausgestellt, kann das eine Versagung des Vorsteuerabzugs nach sich ziehen. Also achten Sie auf eine richtige Anschrift in den Rechnungen. Sollte sich später herausstellen, daß der Rechnungsempfänger falsch angegeben ist, so können Sie allerdings auf einer Berichtigung bestehen.

d) Vorsteuerabzug bei Fahrausweisen

Auch bei Fahrtkosten, die im Personen- und Gepäckbeförderungsverkehr **364** (Bahn-, Flugzeug-, Busreisen) anfallen, können Vorsteuern zum Abzug gebracht werden.

Fahrausweise im Personenbeförderungsverkehr gelten dann als Rechnung im Sinne des Umsatzsteuergesetzes, wenn sie **mindestens folgende Angaben** enthalten:
- den Namen und die Anschrift des Unternehmers, der die Beförderung durchführt,
- das Entgelt und den Steuerbetrag in einer Summe, soweit die Entfernung 50 km nicht übersteigt,
- den Steuersatz, wenn die Beförderungsleistung nicht dem ermäßigten Steuersatz unterliegt, also die Reiseentfernung 50 km übersteigt.

Aus Vereinfachungsgründen ist es nicht notwendig, daß auch ihr Name als Reisender angegeben ist.

365   Eine Besonderheit gilt bei Fahrausweisen der Deutschen Bundesbahn. Hier genügt es, wenn an Stelle des Steuersatzes die Tarifentfernung angaben ist.

Die in den Fahrausweisen enthaltene Vorsteuer beträgt bei Entfernungen von mehr als 50 km 14 v. H. Aus dem Bruttobetrag ist sie mit dem Multiplikator 12,28 v. H. herauszurechnen. Fehlt die Angabe des Steuersatzes auf den Fahrausweisen, kann grundsätzlich davon ausgegangen werden, daß der Fahrpreis dem ermäßigten Steuersatz von derzeit 7 v. H. unterliegt. Die Vorsteuer wird mit dem Faktor 6,54 v. H. herausgerechnet.

Beispiele:

(1) Sie fahren mit dem Intercity von Köln nach Augsburg, um einen Mandanten aufzusuchen. Der Fahrpreis beträgt 230 DM. Auf dem Fahrausweis ist der Umsatzsteuersatz von 14 v. H. angegeben. Sie können einen Vorsteuerabzug in Höhe von 28,24 DM geltend machen (230 DM × 12,28 v. H. = 28,24 DM).

(2) Sie fahren von Ihrer Praxis in der Kölner Innenstadt – weil sich Ihr Kfz in der Werkstatt befindet – mit der Straßenbahn der Linie 6 zu einem Mandanten nach Köln-Marienburg. Der Fahrpreis beträgt 2,20 DM. Sie können einen Vorsteuerabzug in Höhe von 0,15 DM (2,20 DM × 6,54 v. H. = 0,15 DM) geltend machen, da ein Steuersatz auf dem Fahrausweis nicht angegeben ist und Sie somit wissen, daß der Fahrpreis der ermäßigten Umsatzsteuer unterliegt.

366   Für Zuschlag-, Platz-, Liege- und Bettkarten sowie für Belege im Reisegepäckverkehr gilt der Steuersatz, der für den dazugehörigen Fahrschein gilt.

367   Noch ein wichtiger *Hinweis:* Nur der inländische Teil der Beförderung unterliegt der Umsatzsteuer. Vorsteuer kann bei Reisen ins Ausland nur dann abgezogen werden, wenn aus einer Bescheinigung des Beförderungsunternehmens hervorgeht, welcher Teil des Gesamtfahrpreises auf die inländische Strecke entfällt.

368   Eine Besonderheit gilt für Flugreisen nach Berlin (West). Den Fluggesellschaften ist durch Erlaß des Bundesfinanzministers die Umsatzsteuer allgemein erlassen. Daraus folgt, daß der Fluggast auch keine Vorsteuer geltend machen kann.

e) Vorsteuerabzug bei sonstigen Reisekosten

369   Kosten, die aus Anlaß einer Dienstreise für Unterbringung und Verpflegungsmehraufwendungen anfallen, enthalten im allgemeinen ebenfalls Um-

satzsteuer. Bei Einzelnachweisen können entsprechend den **Höchstbeträgen,** die bei der Einkommensteuer als Betriebsausgaben zugelassen sind, Vorsteuern abgezogen werden (vgl. Rz. 114 ff.). Von den Höchstbeträgen ist die **Haushaltsersparnis** in Höhe von 6 DM pro Tag abzuziehen. Die Vorsteuer wird durch die Multiplikatoren 12,28 v. H. bei normalem Steuersatz und 6,54 v. H. bei ermäßigtem Steuersatz herausgerechnet. Im Fachhandel sind auch Tabellen dafür erhältlich. Die auf die Haushaltsersparnis entfallende Umsatzsteuer ist nicht als Vorsteuer abziehbar, da insoweit keine Aufwendungen für das Unternehmen angefallen sind.

Meist werden in der täglichen Praxis die Kosten für Verpflegungsmehr- **370** aufwand durch **Pauschbeträge** abgegolten. Für diese Pauschbeträge existieren keine Belege. Aus Vereinfachungsgründen kann der Rechtsanwalt/Notar die Vorsteuer mit 11,4 v. H. der für einkommensteuerliche Zwecke gewährten Pauschbeträge berechnen. Eine Haushaltsersparnis wird nicht abgezogen.

Der Vorsteuerabzug in Verbindung mit den Pauschbeträgen wird nur für Reisen im Inland gewährt. Für Auslandspauschbeträge gibt es keinen Vorsteuerabzug. Bei Reisen im In- und Ausland sind die für Inlandsreisen anzusetzenden Pauschbeträge für die Zeiten der Hin- und Rückfahrt im Inland anzusetzen.

Beispiel:

Ein Rechtsanwalt/Notar aus Köln fliegt für einen Münchener Mandanten in Erbschaftsangelegenheiten zuerst nach München, um noch Unterlagen zu besorgen. Am gleichen Tag reist er zur Erledigung des Auftrags nach Wien weiter. Nach 2 Tagen reist er mit dem Zug zurück nach Köln.

Folge: Für die Zeiten, die der Rechtsanwalt/Notar im Inland verbringt, können Pauschbeträge nach den einkommensteuerlichen Vorschriften auch für Zwecke der Berechnung der Vorsteuer angesetzt werden.

f) Gesamtpauschalierung

Um die Berechung der Vorsteuer bei Reisekosten noch weiter zu vereinfa- **371** chen, kann der Vorsteuerbetrag auch in der Weise berechnet werden, daß alle Reisekosten unabhängig von den in ihnen enthaltenen Umsatzsteuerbeträgen zusammengefaßt werden und mit dem Faktor 9,2 v. H. multipliziert werden.

Beispiel:

Ein Rechtsanwalt/Notar aus Köln ist für drei Tage in München. Seine Reisekostenabrechnung sieht wie folgt aus:

			Vorsteuer
Verpflegungsmehraufwand	(USt 11,4 v. H.)	105,— DM	11,97 DM
Übernachtungskosten	(USt 12,28 v. H.)	250,— DM	30,70 DM
Flugkosten	(USt 12,28 v. H.)	720,— DM	88,41 DM
U-Bahnkosten	(USt 6,54 v. H.)	15,60 DM	1,02 DM
Insgesamt:		1 090,60 DM	132,10 DM

Statt der Einzelauflistung hätte der Rechtsanwalt/Notar zur Vereinfachung auch eine Gesamtpauschalierung vornehmen können. Er hätte folgendermaßen rechnen müssen:

Gesamtreisekosten: 1090,60 DM × 9,2 v. H. = $\underline{100,34 \text{ DM}}$

372   Die Gesamtpauschalierung führt in der Regel dann zu niedrigeren Vorsteuerabzugsbeträgen, wenn die Kosten, die dem Normalsteuersatz unterliegen, sehr groß sind. Umgekehrt kann sie günstiger sein, wenn der Anteil der Kosten, die dem ermäßigten Steuersatz unterliegen, besonders groß ist. Jeder muß für sich selbst entscheiden, ob ein Verzicht auf Vorsteuerabzugsbeträge durch die einfachere Handhabung der Gesamtpauschalierung aufgewogen wird.

373   Eines ist allerdings noch wichtig zu wissen: Der Unternehmer kann die Gesamtpauschalierung immer nur für **alle** Reisekosten innerhalb eines Jahres wählen. Es ist nicht möglich, von Mal zu Mal zu entscheiden, welche Methode zur Anwendung kommen soll.

13. *Umsatzsteuer auf Anzahlungen*

a) *Mindest-Istversteuerung*

374   Die Umsatzsteuer wird in der Regel nach vereinbarten Entgelten berechnet (sog. ,,Soll-Versteuerung", § 16 Abs. 1 UStG, vgl. Rz. 382 ff.). Die Steuer entsteht in diesem Fall für Lieferungen und sonstige Leistungen mit Ablauf des Voranmeldezeitraums, in dem die Leistung ausgeführt worden ist (§ 13 Abs. 1 Nr. 1 UStG). Das gleiche gilt auch für unentgeltliche Leistungen von Vereinigungen an ihre Mitglieder (beispielsweise, wenn eine Sozietät ihren Gesellschaftern unentgeltlich PKW für Privatzwecke zur Verfügung stellt).

Eine Ausnahme von diesem Grundsatz der Sollversteuerung ist die sog. ,,Mindest-Istversteuerung." In Fällen, in denen das Entgelt oder ein Teil des Entgelts vor Ausführung der gesamten Leistung gezahlt wird – wenn also eine Anzahlung oder Vorauszahlung vorliegt – kann die Steuer bereits mit dem Voranmeldezeitraum entstehen, in dem das Entgelt vereinnahmt worden ist.

Die Mindest-Istversteuerung wird in § 13 Abs. 1 Nr. 1 a UStG geregelt. Sie bedeutet eine Vorverlagerung der Umsatzbesteuerung. Eine Steuermehrbelastung ergibt sich dadurch nicht. Allerdings führt die Vorschrift zu einer verwaltungsmäßigen Mehrbelastung. Aus diesem Grund ist eine Bagatellgrenze eingeführt worden. Für An- oder Vorauszahlungen, die ohne Umsatzsteuer unter 10000 DM liegen, bleibt es bei der Sollbesteuerung. Die Steuer wird also in dem Zeitraum fällig, in dem die Leistung in voller Höhe erbracht ist.

Weist der Rechtsanwalt/Notar allerdings in seiner Rechnung die Steuer auf die Anzahlungen gesondert aus, so ist diese Steuer auch dann abzuführen, wenn die Zahlung unter 10000 DM liegt.

Die 10000-DM-Grenze bezieht sich auf **jede einzelne Zahlung,** die für eine bestimmte, noch zu erbringende Leistung entrichtet wird. Folgende Möglichkeiten sind denkbar.

Beispiele:

(1) Nettozahlung liegt über 10000 DM

Der Rechtsanwalt/Notar, der im Regelfall seine Umsätze nach vereinbarten Entgelten versteuert, erhält im Januar eine Anzahlung in Höhe von 11000 DM. Die noch zu erbringende Leistung ist voraussichtlich erst im März abgeschlossen. Die Leistung unterliegt einem Steuersatz von 14 v. H.

Die Umsatzsteuer muß aus 11000 DM herausgerechnet werden. Dies geschieht mit Hilfe des Multiplikators

$$(14 \times 100) : 114 = 12,28 \text{ v. H.}$$

Berechnung:

Anzahlung:	12000,00 DM
darin enthaltene USt (12,28 v. H.)	1 473,60 DM
Anzahlung (netto)	10 526,40 DM

Folge: Die Anzahlung muß nach vereinnahmten Entgelten versteuert werden, da sie netto über 10000 DM liegt. Die Restzahlung wird mit Ablauf des Voranmeldzeitraums fällig, in der die Leistung in voller Höhe ausgeführt ist.

(2) Nettoanzahlung liegt unter 10000 DM

Ein Rechtsanwalt/Notar, der im Regelfall seine Umsätze nach vereinbarten Entgelten versteuert, erhält im Januar eine Anzahlung in Höhe von 11000 DM. Die noch zu erbringende Leistung unterliegt einem Steuersatz von 14 v. H. Eine Rechnung wird nicht erstellt.

Folge: Die Umsatzsteuer muß aus 11000 DM herausgerechnet werden. Das geschieht mit Hilfe des Multiplikators

$$(14 \times 100) : 114 = 12,28 \text{ v. H.}$$

Berechnung:

Anzahlung	11000,00 DM
darin enthaltene USt (12,28 v. H.)	1 350,80 DM
Anzahlung (netto)	9 649,20 DM

Folge: Die Anzahlung führt aber nicht zu einem vorzeitigen Entstehen der Steuer, da die Bagatellgrenze nicht erreicht wird. Es bleibt beim Grundsatz der Besteuerung nach dem vereinbarten Entgelt. Die Steuer entsteht mit Ablauf des Voranmeldezeitraums, in dem die Lieferung oder sonstige Leistung ausgeführt wird.

Bruttoanzahlungen unterliegen ab einer Höhe von 11400 DM der Versteuerung nach vereinnahmten Entgelten, wenn die ihnen zugrunde liegenden Leistungen mit einem Steuersatz von 14 v. H. belastet werden. Die Nettoanzahlungen betragen in diesen Fällen mindestens 10000 DM.

Beispiel:

Auch in diesem Fall erhalten Sie eine Anzahlung in Höhe von 11000 DM bei einer mit 14 v. H. zu versteuernden späteren Leistung. Sie haben jedoch eine

Vorausrechnung geschrieben, in der Sie die Steuer gesondert in Rechnung gestellt haben:

Berechnung:

Anzahlung (netto):	9 649,20 DM
zuzüglich 14 v. H. USt	1 350,80 DM
Insgesamt	11 000,00 DM

Folge: Obwohl die Anzahlung netto unter 10 000 DM liegt, entsteht in diesem
Fall die Steuer mit Ablauf des Voranmeldezeitraums, in dem die Zahlung vereinnahmt wird, da die Steuer gesondert ausgewiesen ist. Der offene Steuernachweis
hebt also die Bagatellgrenze von 10 000 DM auf. Der Rechnungsempfänger – also
der Zahlende – kann auf Grund des ausgewiesenen Steuerbetrags unter den sonstigen Voraussetzungen des § 15 UStG die gezahlte Umsatzsteuer als Vorsteuer
in Abzug bringen.

b) Mehrere Anzahlungen für eine Leistung

375 · Nun kommt es in der Praxis recht häufig vor, daß sich eine Angelegenheit
über einen sehr langen Zeitraum erstreckt. In diesen Fällen wird es zu mehreren Vorauszahlungen kommen. Die umsatzsteuerrechtliche Behandlung soll
wieder an einem Beispiel erläutert werden:

Beispiel:
Ein Rechtsanwalt/Notar vereinbart mit seinem Klienten eine Dienstleistung,
die voraussichtlich im Dezember erbracht sein wird. Die Höhe des Entgelts soll
25 000 DM einschließlich 14. v. H. Umsatzsteuer betragen. Er vereinnahmt im
Juli eine Vorauszahlung in Höhe von 12 000 DM und im August eine Zahlung in
Höhe von 5000 DM. Rechnungen werden beide Male nicht erstellt.
Folge:
– Die Anzahlung in Höhe von 12 000 DM ist mit Ablauf des Voranmeldezeit-
  raums Ende Juli zu versteuern, da der Nettobetrag 10 526,40 DM (=
  12 000 DM abzüglich 1473,60 DM) beträgt.
– Die im August empfangene Anzahlung in Höhe von 5000 DM ist im Zeitpunkt
  der Lieferung zusammen mit dem Restentgelt zu versteuern.

c) Fehlen der Leistungsvereinbarung

376   Fehlt es bei der Vereinbarung einer Zahlung noch an einer konkreten
Leistungsvereinbarung, so kann statt einer Anzahlung unter Umständen die
Zahlung als Kreditgewährung angesehen werden. **Kreditgeschäfte** sind nach
§ 4 Abs. 8 Buchstabe a UStG von der Umsatzsteuer **befreit.** Handelt es sich
jedoch um eine langjährige Geschäftsverbindung mit sich regelmäßig wie-
derholenden Aufträgen, so kann auch bei Fehlen einer konkreten Leistungsvereinbarung eine steuerpflichtige Leistung vorliegen. Die Entscheidung ist
nach den besonderen Umständen des Einzelfalles zu treffen.

d) Anzahlung auf steuerbefreite Umsätze

377   Wird eine Anzahlung für eine Leistung vereinnahmt, die voraussichtlich
nach § 4 UStG von der Umsatzsteuer befreit ist, so ist auch die Anzahlung

nicht zu versteuern. Das gilt jedoch nur, wenn bei einer Vereinnahmung die Steuerfreiheit des zukünftigen Umsatzes bereits feststeht. Ist dies nicht der Fall, so sind die Anzahlungen zu versteuern.

e) Ausstellen von Rechnungen bei Anzahlungen

aa) Anzahlungsrechnungen. Der Empfänger einer Leistung – also Ihr Klient – **378** ist unter den Voraussetzungen des § 15 UStG berechtigt, von ihm gezahlte Umsatzsteuer als Vorsteuer in Abzug zu bringen. Das gilt auch für Vorsteuern, die auf Anzahlungen in den Fällen des § 13 Abs. 1 Nr. 1a Sätze 4 und 5 UStG entrichtet werden. Voraussetzung ist, daß der Unternehmer für das entrichtete Entgelt eine Rechnung mit offenen ausgewiesener Umsatzsteuer erhalten hat (§ 15 Abs. 1 Nr. 1 UStG). Dementsprechend erfordert die Berechtigung bzw. Verpflichtung des Zahlungsempfängers, eine solche Rechnung zu erteilen, eine Ergänzung des § 14 Abs. 1 UStG.

Der leistende Unternehmer – also Sie als der Zahlungsempfänger – muß auf Verlangen dem Zahlenden eine Rechnung mit offenem Steuerausweis erstellen. Diese Rechnung berechtigt den Zahlenden zum Vorsteuerabzug in Höhe der ausgewiesenen Steuer, sofern alle Voraussetzungen des § 15 UStG gegebenen sind. Der Zahlungsempfänger muß den Steuerbetrag an das Finanzamt entrichten.

Liegt der Rechnungsbetrag der Anzahlung allerdings unter 10000 DM netto, so sind Sie von der Pflicht, auf Verlangen eine Rechnung mit gesondertem Steuerausweis zu erstellen, entbunden. Stellen Sie sie dennoch aus, so ist der ausgewiesene Steuerbetrag an das Finanzamt abzuführen. Sinn der Regelung ist es, eine möglichst weitgehende Übereinstimmung zwischen dem Zeitpunkt der Steuerentstehung und dem Vorsteuerabzug herbeizuführen.

Der Inhalt der Rechnung über Anzahlungen hat grundsätzlich den Angaben in einer Rechnung über die ausgeführte Leistung zu entsprechen (vgl. § 14 Abs. 1 UStG sowie §§ 31 bis 34 UStDV 1980). Statt des Zeitpunkts der Lieferung oder sonstigen Leistungen ist der Anzahlungsrechnung der voraussichtliche Zeitpunkt der Leistung anzugeben. Der auf die Anzahlung entfallende Steuerbetrag ist anzugeben.

bb) Vorausrechnungen. Als Rechtsanwalt/Notar können Sie vor Ausführen **379** der Leistung eine Rechnung über das gesamte vereinbarte Entgelt ausstellen. Die Umsatzsteuer ist dabei üblich gesondert auszuweisen. In diesen Fällen einer sog. ,,Vorausrechnung'' sind zusätzliche Rechnungen über einzelne Anzahlungen nicht notwendig.

cc) Endrechnungen. In der betrieblichen Praxis ist es üblich, nach den empfan- **380** genen Anzahlungen zum Zeitpunkt der Leistungsausführung eine Endrechnung zu erstellen, um die ausgeführten Leistungen abzurechnen. In einem solchen Fall sind Sie als Rechtsanwalt/Notar nach § 14 Abs. 1 UStG verpflichtet, die empfangenen Anzahlungen sowie die hierauf entfallenden Steuerbeträge in der Endrechnung abzuziehen. Eine Einzelaufführung der empfangenen Anzahlung ist nicht erforderlich. Es genügt, wenn der Gesamtbe-

trag der Anzahlungen und die Summe der darauf entfallenden Umsatzsteuerbeträge abgesetzt werden. Ausreichend ist auch die Angabe der Gesamtbe-
träge (brutto) und der darin enthaltenen Steuerbeträge.

Beispiel:

Ein Rechtsanwalt/Notar vereinbart für eine Dienstleistung ein Entgelt in Höhe
von 25000 DM zuzüglich 14 v. H. USt. Leistungstermin August. Es wird eine
Anzahlung in Höhe von 12000 DM zuzüglich USt für Juni vereinbart. Sie werden Rechnungen in der folgenden Art erstellen:

Anzahlungsrechnung:

Anzahlung (voraussichtlicher Liefertermin August):	12000 DM
zuzüglich 14 v. H. USt:	+ 1680 DM
Anzahlung insgesamt:	13680 DM

Endrechnung:

Endleistung August		
Vereinbartes Entgelt:	25000 DM	
+ 14 v. H. USt:	3500 DM	28500 DM
abzüglich		
Anzahlung Juni:	12000 DM	
+ 14 v. H. USt:	1680 DM	./. 13680 DM
noch zu zahlen (brutto)		= 14820 DM

381 *dd) Restrechnung.* Hat der Unternehmer für empfangene Anzahlungen jeweils
eine Rechnung mit gesondertem Steuerausweis erstellt, so kann er zur Vereinfachung statt einer ausführlichen Endabrechnung eine sog. ,,Restrech-
nung" über das noch nicht gezahlte Restentgelt erstellen. In dieser Restrechnung sind die darauf entfallenden Umsatzsteuerbeträge nicht mehr anzugeben.

14. Besteuerungsverfahren

a) Vereinnahmte und vereinbarte Entgelte

382   Die Umsatzsteuer wird grundsätzlich nach den vereinbarten Entgelten
erhoben (§ 16 Abs. 1 UStG), d. h., die Steuer muß bereits angemeldet und
entrichtet werden, wenn der Rechtsanwalt/Notar eine Gebührenrechnung
mit gesondertem Steuerausweis seinem Mandanten zugeleitet hat. Es
kommt also grundsätzlich nicht auf den Zeitpunkt der Zahlung des Rech-
nungsbetrages an. Auf Antrag kann das Finanzamt einem Freiberufler allerdings gestatten, seine Umsätze nach vereinnahmten Entgelten zu besteuern.
In diesem Fall kommt es nicht mehr auf den Zeitpunkt der Rechnungserstellung, sondern auf den Zeitpunkt der Vereinnahmung an. Aus Liquiditäts-
gründen ist es zu empfehlen, diesen Antrag zu stellen. Der Antrag kann
unabhängig von der Höhe des Umsatzes gestellt werden (anders als bei
gewerblichen Unternehmern, die den Antrag nur bis zu einer Umsatzhöhe
von 250000 DM stellen können).

b) Besteuerungszeitraum und Voranmeldungszeitraum

Besteuerungszeitraum ist grundsätzlich das Kalenderjahr. Ein abweichen- **383** des Wirtschaftsjahr kennt das Umsatzsteuergesetz nicht. Die Steuer wird jedoch nicht nur einmal im Jahr erhoben. Vielmehr hat der steuerpflichtige Rechtsanwalt/Notar grundsätzlich bis zum **10. Tag nach Ablauf jedes Kalendermonats (Voranmeldungszeitraum)** eine Voranmeldung nach amtlich vorgeschriebenem Muster abzugeben. Die Steuer ist darin selbst zu errechnen. Da die Steuer mit Abgabe der Voranmeldung beim Finanzamt entsteht, muß sie zu diesem Zeitpunkt auch abgeführt werden. Es besteht jedoch eine Schonfrist von 5 Tagen für die Zahlung, so daß Verspätungszuschläge erst nach dieser Schonfrist anfallen (vgl. Rz. 421 ff.).

Beträgt die Umsatzsteuer im vorangegangenen Kalenderjahr nicht mehr **384** als 6000 DM, so gilt als Voranmeldungszeitraum das Kalendervierteljahr. Beträgt die Umsatzsteuer im vorangegangenen Jahr lediglich unter 600 DM, so entfällt eine Voranmeldung gänzlich. In diesen Fällen reicht eine Jahresumsatzsteuererklärung.

Die Frist von 10 Tagen nach Ablauf des Kalendermonats ist sehr kurz. **385** Deshalb hat das Gesetz die Möglichkeit der **Dauerfristverlängerung** vorgesehen. Die Frist für die Abgabe verlängert sich damit um einen Monat. Allerdings läßt sich der Fiskus diese Großzügigkeit bezahlen. Monatszahler müssen ein Elftel der Summe der Vorauszahlungen des vorangegangenen Jahres als Sondervorauszahlung entrichten. Bei Quartalszahlern entfällt diese Verpflichtung.

Beispiel:

Sie wollen Ihre Umsatzsteuervoranmeldung selbst erstellen, benötigen aber etwas mehr Zeit, als es das Gesetz vorsieht. Deshalb beantragen Sie Dauerfristverlängerung. Ihre Vorauszahlungen im vorangegangenen Jahr betrugen 15 000 DM. Die Dauerfristverlängerung ist daran geknüpft, daß Sie 1363,64 DM als Sondervorauszahlung entrichten.

c) Umsatzsteuererklärung

Mit der Abgabe der Voranmeldung und der Entrichtung der darin berech- **386** neten Steuer haben Sie Ihre Pflichten als Umsatzsteuerzahler jedoch noch nicht erfüllt. Vielmehr müssen Sie auch eine Umsatzsteuerjahreserklärung abgeben, und zwar bis zum 31. Mai des Folgejahres. Fristverlängerung ist möglich. Steuerberater haben eine generelle Fristverlängerungsmöglichkeit bis zum 30. September und darüber hinaus in begründeten Einzelfällen die Möglichkeit, bis spätestens 28. Februar des dem Veranlagungsjahr zweitfolgenden Kalenderjahres Fristverlängerung zu erhalten.

Die in der Umsatzsteuererklärung berechnete Umsatzsteuer ist **einen Mo-** **387** **nat nach Abgabe der Erklärung** beim Finanzamt fällig. Ein gesonderter Umsatzsteuerbescheid ergeht nur, wenn das Finanzamt von der erklärten Steuer abweicht. In der Praxis ist es üblich, statt eines Umsatzsteuerbescheides eine Abrechnung zuzusenden.

388   Werden die Umsatzsteuervoranmeldungen oder die Umsatzsteuerjahreserklärung nicht fristgerecht angegeben, droht das Gesetz mit einem Verspätungszuschlag (vgl. Rz. 422 ff.). Wird die Steuer nicht fristgerecht entrichtet,
so entstehen automatisch Säumniszuschläge (vgl. Rz. 423 ff.).

15. Besteuerung von Kleinunternehmern

a) Vorbemerkung

389   Zur Vereinfachung der Umsatzbesteuerung wird in bestimmten Fällen die
Steuer nicht erhoben (Kleinstunternehmer). In anderen Fällen erhält der Unternehmer eine Steuerermäßigung, um einen abrupten Übergang zur vollen
Besteuerung und der damit verbundenen Härten zu vermeiden (Kleinunternehmer).

b) Kleinstunternehmer

390   *aa) Nichterhebung der Steuer: Umsatzgrenzen.* § 19 Abs. 1 UStG bestimmt,
daß Unternehmer – also auch Sie als Rechtsanwalt/Notar – unter bestimmten Voraussetzungen die an sich nach den allgemeinen Grundsätzen des
UStG anfallende Steuer nicht zu entrichten brauchen. Die Anwendung des
§ 19 Abs. 1 UStG ist davon abhängig, daß der Umsatz des Unternehmers
zuzüglich der darauf entfallenden Steuern
– im vorangegangenen Kalenderjahr 20 000 DM nicht überstiegen hat und
– im laufenden Kalenderjahr 100 000 DM voraussichtlich nicht übersteigen
  wird.
Es müssen also beide Voraussetzungen gemeinsam erfüllt sein. Umsatz ist
der nach vereinnahmten Entgelten bemessene Gesamtumsatz. Dieser wird
gekürzt um die darin enthaltene Umsätze von Wirtschaftsgütern des Anlagevermögens. Ob ein Wirtschaftsgut des Anlagevermögens vorliegt, ist nach
einkommensteuerrechtlichen Vorschriften zu entscheiden. Es ist immer von
den Bruttoumsätzen – also einschließlich Umsatzsteuer – auszugehen. In den
bestimmten Fällen des Eigenverbrauchs ist auf die nach § 10 Abs. 4 und 5
UStG in Frage kommende Bemessungsgrundlage zuzüglich Umsatzsteuer
abzustellen.

Beispiel:
   Ein Rechtsanwalt/Notar hat 1986 Umsätze in Höhe von 15 000 DM gemacht.
Daneben entnimmt er seiner Praxis Gegenstände für den privaten Verbrauch.
Nach § 10 Abs. 4 Nr. 1 UStG ist der Teilwert anzusetzen. Er soll 5000 DM
betragen. Zur Berechnung der Umsatzgrenze ist den Umsätzen von 15 000 DM
der Eigenverbrauch brutto hinzuzurechnen.

Fremdumsätze	15 000 DM
Eigenverbrauch	5 000 DM
+ 14 v. H. USt	700 DM
Umsätze insgesamt	20 700 DM

Der Rechtsanwalt/Notar kann die günstige Regelung des § 19 Abs. 1 UStG im
Jahr 1987 nicht mehr in Anspruch nehmen.

Bei der Grenze von 100000 DM kommt es darauf an, ob der Unternehmer diese Größe voraussichtlich nicht überschreitet. Dabei ist von den Verhältnissen zu Beginn des laufenden Kalenderjahres auszugehen. Wenn also am 1. 1. 1987 ein voraussichtlicher Umsatz zuzüglich Steuern von nicht mehr als 100000 DM zu erwarten ist, so kann der Unternehmer nach § 19 Abs. 1 UStG von der Steuer freigestellt werden, und zwar auch dann, wenn sich später herausstellt, daß die Grenze von 100000 DM tatsächlich doch überschritten wird. Der Rechtsanwalt/Notar hat dem Finanzamt auf Verlangen seine Verhältnisse, aus denen sich der voraussichtliche Umsatz ergibt, darzulegen. Das kann beispielsweise durch die Umsatzentwicklung der vergangenen Jahre geschehen.

bb) Betriebsaufgabe bei gleichzeitiger Neueröffnung. Gibt ein Rechtsanwalt/Notar **391** seine bisherige Praxis auf und eröffnet er eine neue, so ist diese Veränderung bei der Bemessung der 100000 DM-Grenze mit zu berücksichtigen, und zwar unabhängig davon, ob die Absicht der Änderung bereits zu Beginn des Kalenderjahres bestand. Ergibt sich, daß unter Berücksichtigung der neuen Verhältnisse die Grenze überschritten wird, so entfällt die Anwendung des § 19 Abs. 1 UStG für das laufende Kalenderjahr insgesamt. Der Unternehmer ist allerdings dann berechtigt, nachträglich Rechnungen mit gesondertem Steuerausweis in Rechnung zu stellen. Unter den Voraussetzungen des § 15 UStG kann er ihm in Rechnung gestellte Vorsteuern abziehen.

cc) Übergang im Wege der Erbfolge. Erbt ein Unternehmer einen Betrieb, so hat **392** er keinen Einfluß auf den Zeitpunkt, zu dem sich die Verhältnisse ändern. Um Härten zu vermeiden, wird ihm deshalb gestattet, für sein bisheriges Unternehmen im laufenden Kalenderjahr weiterhin § 19 Abs. 1 UStG in Anspruch zu nehmen. Für das geerbte Unternehmen wird die Besteuerung beibehalten, der es bisher unterlag. Hat ein Kleinstunternehmer beispielsweise ein Unternehmen geerbt, das ebenfalls unter die Vorschrift des § 19 Abs. 1 UStG fällt, so werden im laufenden Kalenderjahr beide Unternehmen nach dieser Vorschrift behandelt. Das gilt unabhängig davon, ob insgesamt die 100000-DM-Grenze überschritten wird. Der Unternehmer hat jedoch ein Wahlrecht, sich nach den allgemeinen Grundsätzen behandeln zu lassen.

dd) Verbot des Vorsteuerabzugs und Steuerausweises, keine Optionsmöglichkeiten. **393** Unternehmer, bei denen einerseits auf Grund des § 19 Abs. 1 UStG keine Steuer erhoben wird, sind andererseits nicht berechtigt, Vorsteuern abzuziehen, da es sonst zu einer doppelten Begünstigung käme. Darüberhinaus sind sie nicht zum gesonderten Ausweis von Umsatzsteuer berechtigt. Wird trotzdem Umsatzsteuer ausgewiesen, so schuldet der Unternehmer ohne Rücksicht auf die Freigrenzen den Betrag nach § 14 Abs. 3 UStG. Die Möglichkeit, die Rechnung nach § 17 Abs. 1 UStG zu berichtigen, besteht dabei nicht. Wird über Leistungen, die ein unter § 19 Abs. 1 UStG fallender Unternehmer ausgeführt hat, in Form von Gutschriften abgerechnet, so kann der in einer solchen Gutschrift gesondert ausgewiesene Steuerbetrag vom Leistungsempfänger nicht als Vorsteuer abgezogen werden.

c) Verzicht auf die Nichterhebung

394   Der Unternehmer kann dem Finanzamt gegenüber erklären, daß er auf die Regelungen des § 19 Abs. 1 UStG verzichtet. Er wird dann nach den allgemeinen Grundsätzen des Umsatzsteuergesetzes unter Berücksichtigung der in § 19 Abs. 3 UStG anzuwendenden und noch darzustellenden Abzugsbeträge besteuert. Sinn eines solchen Verzichts kann es sein, die Vorsteuerabzugsberechtigung zu erhalten. Oftmals kann es nämlich günstiger sein, sich freiwillig der Besteuerung zu unterwerfen und die Vorsteuerbeträge abziehen zu können, als auf eine Besteuerung insgesamt zu verzichten.

Die Erklärung kann bis zur Unanfechtbarkeit der Steuerfestsetzung abgegeben werden. Dabei ist folgendes zu beachten:

395   *aa) Frist.* Die Erklärung gilt vom Beginn des Kalenderjahres an, für das der Unternehmer sie abgegeben hat. Beginnt der Unternehmer seine berufliche Tätigkeit während des Kalenderjahres, so gilt die Erklärung vom Beginn der Tätigkeit an.

Die Erklärung muß bis zur Unanfechtbarkeit der Steuerfestsetzung erfolgen. Dabei ist zu beachten, daß die Umsatzsteuer eine Anmeldungssteuer ist. Das bedeutet, daß die nach § 18 Abs. 3 UStG abzugebende Steuererklärung einer Steuerfestsetzung gleichkommt. Keine Steuerfestsetzung ist dagegen die Umsatzsteuer-Voranmeldung. Durch ihre Unanfechtbarkeit wird deshalb die Möglichkeit, eine Erklärung nach § 19 Abs. 2 UStG abzugeben, nicht ausgeschlossen.

396   *bb) Form.* Eine bestimmte Form ist für die Erklärung nicht vorgesehen. So reicht es aus, daß der Unternehmer in der Umsatzsteuer-Voranmeldung oder in der Umsatzsteuererklärung die Steuer nach den allgemeinen Vorschriften des Umsatzsteuergesetzes berechnet. Darin ist eine Erklärung nach § 19 Abs. 2 Satz 1 UStG zu erblicken. Bestehen Zweifel, für welche Besteuerungsform sich der Steuerpflichtige entschieden hat, so hat das Finanzamt sich mit ihm in Verbindung zu setzen.

397   *cc) Rücknahme.* Vor Eintritt der Unanfechtbarkeit der Steuerfestsetzung kann der Unternehmer die Erklärung mit Wirkung für die Vergangenheit zurücknehmen. Geschieht dies, so kann er die Rechnungen, in denen er Umsatzsteuer gesondert ausgewiesen hat, nach § 14 Abs. 2 Satz 2 UStG berichtigen.

Nach Eintritt der Unanfechtbarkeit der Steuerfestsetzung bindet die Erklärung den Unternehmer mindestens für fünf Kalenderjahre. Für die Zeit nach Ablauf der Fünfjahresfrist kann die Erklärung mit Wirkung vom Beginn eines Kalenderjahres an widerrufen werden.

d) Kleinunternehmer

398   *aa) Voraussetzungen für den Steuerabzugsbetrag.* Während die Kleinstunternehmerregelung für den Rechtsanwalt/Notar sicher nur zu Beginn seiner beruflichen Tätigkeit von einigem Interesse sein mag, kann – zumindest in den ersten Berufsjahren – die im folgenden erläuterte Regelung schon interessanter sein. Übersteigt nämlich der Umsatz eines Unternehmers im laufenden

Kalenderjahr 60 000 DM nicht, so ist nach § 19 Abs. 3 UStG ein bestimmter Betrag von der Steuerschuld abzuziehen. Dadurch werden Härten beim Einsetzen der Vollbesteuerung vermieden.

bb) Höhe des Steuerabzugsbetrages. Erfüllt ein Rechtsanwalt/Notar die Voraus- **399** setzungen des § 19 Abs. 3 UStG, so wird ihm bei der Berechnung seiner Umsatzsteuerschuld ein Steuerabzugsbetrag zugebilligt. Dieser Steuerabzugsbetrag berechnet sich nach einem mit zunehmendem Umsatz sinkenden Prozentsatz. Übersteigt der maßgebliche Umsatz im Kalenderjahr 20 500 DM nicht, so brauchen 80 v. H. der Steuerschuld nicht entrichtet zu werden. Für jeweils 500 DM des Betrages, der 20 500 DM übersteigt, ist der Prozentsatz um einen Prozentpunkt zu kürzen. Die Finanzverwaltung hat eine Tabelle aufgestellt, aus der der Abzugsbetrag ersichtlich ist (vgl. Rz. 403).

Durch diese Regelung ergibt sich ein allmähliches Ansteigen der Umsatzsteuerlast. Bei 60 000 DM erreicht die Besteuerung ihre normale Höhe.

Beispiel:

Gesamtumsatz:		21 000 DM
Steuerabzugsbetrag	79 v. H.:	./. 16 590 DM
Steuerschuld:		4 410 DM

Hier wird deutlich, warum es sich lohnen kann, bereits bei Umsätzen unter 20 000 DM auf die Besteuerung zu verzichten. Denn: Als Kleinstunternehmer sind Sie nicht berechtigt, die Umsatzsteuer zusätzlich zu Ihrem Honorar in der Rechnung auszuweisen. Verzichten Sie auf die Steuerbefreiung, dann erhalten Sie die Umsatzsteuer zu Ihrem Honorar hinzu, brauchen aber wegen der Vorschrift des § 19 Abs. 2 UStG nur einen Bruchteil davon abzuführen. Dazu kommt die Möglichkeit des Vorsteuerabzuges.

cc) Berechnung des maßgeblichen Umsatzes. Die Umsatzgrenze berechnet sich **400** nach dem Gesamtumsatz der Praxis im laufenden Kalenderjahr. Zur Errechnung ist von den steuerbaren Umsätzen einschließlich der steuerbefreiten Umsätze auszugehen. Dazu gehören auch die Umsätze im Rahmen einer Praxisveräußerung. Grundsätzlich werden zur Ermittlung der Umsätze die Bemessungsgrundlagen nach § 10 UStG angesetzt. Die Summe der Entgelte ist also maßgebend für die Höhe des Steuerabzugsbetrages.

Hat der Rechtsanwalt/Notar seine berufliche Tätigkeit nur in einem Teil des Kalenderjahres ausgeübt, so ist der tatsächliche Gesamtumsatz in einen Jahresumsatz umzurechnen.

dd) Berechnung im Voranmeldungsverfahren. Der Steuerabzugsbetrag kann zur **401** Vermeidung von Härten bereits im Umsatzsteuervoranmeldungsverfahren geltend gemacht werden. Das gilt jedoch nur dann, wenn der Umsatz im vorangegangenen Kalenderjahr 60 000 DM nicht überstiegen hat. Der maßgebliche Prozentsatz richtet sich im Voranmeldungsverfahren nach diesem Vorjahresumsatz. Er bleibt während des gesamten Kalenderjahres unverändert.

Der vorläufige Steuerabzugsbetrag wird im Voranmeldungsverfahren je- **402** doch nur gewährt, wenn ihn der Unternehmer selbst berechnet und in den

Voranmeldungsvordruck einträgt. Übersteigt der Umsatz des laufenden Jahres die Grenze von 60000 DM, so ist ein Steuerabzugsbetrag auch in der Voranmeldung nicht mehr zulässig.

403   **Tabelle für den Steuerabzugsbetrag**

Maßgeblicher Umsatz		v. H.-Satz	Maßgeblicher Umsatz		v. H.-Satz
mehr als	bis einschließlich		mehr als	bis einschließlich	
0	20500	80	40000	40500	40
20500	21000	79	40500	41000	39
21000	21500	78	41000	41500	38
21500	22000	77	41500	42000	37
22000	22500	76	42000	42500	36
22500	23000	75	42500	43000	35
23000	23500	74	43000	43500	34
23500	24000	73	43500	44000	33
24000	24500	72	44000	44500	32
24500	25000	71	44500	45000	31
25000	25500	70	45000	45500	30
25500	26000	69	45500	46000	29
26000	26500	68	46000	46500	28
26500	27000	67	46500	47000	27
27000	27500	66	47000	47500	26
27500	28000	65	47500	48000	25
28000	28500	64	48000	48500	24
28500	29000	63	48500	49000	23
29000	29500	62	49000	49500	22
29500	30000	61	49500	50000	21
30000	30500	60	50000	50500	20
30500	31000	59	50500	51000	19
31000	31500	58	51000	51500	18
31500	32000	57	51500	52000	17
32000	32500	56	52000	52500	16
32500	33000	55	52500	53000	15
33000	33500	54	53000	53500	14
33500	34000	53	53500	54000	13
34000	34500	52	54000	54500	12
34500	35000	51	54500	55000	11
35000	35500	50	55000	55500	10
35500	36000	49	55500	56000	9
36000	36500	48	56000	56500	8
36500	37000	47	56500	57000	7
37000	37500	46	57000	57500	6
37500	38000	45	57500	58000	5
38000	38500	44	58000	58500	4
38500	39000	43	58500	59000	3
39000	39500	42	59000	59500	2
39500	40000	41	59500	60000	1

II. Vermögensteuer

1. Überblick

Der Staat erhebt nicht nur Steuern auf die Einkommenserzielung (Ein- **404**
kommensteuer), auf die Einkommensverwendung (Umsatzsteuer, Ver-
brauchsteuern) oder auf den Vermögensverkehr (Grunderwerbsteuer, Kapi-
talverkehrsteuern), sondern auch auf den **Vermögensbesitz.** Neben der
Grundsteuer, die von den Gemeinden erhoben wird und verhältnismäßig
unproblematisch ist, kommt der Vermögensteuer eine nicht unerhebliche
Bedeutung zu. Steuerpflichtig sind natürliche Personen und solche Vereinigungen, die der Körperschaftsteuerpflicht unterliegen (z. B. Aktiengesell-
schaften oder GmbHs). Besteuert wird das Gesamtvermögen der Steuerpflichtigen, unabhängig davon, ob das Vermögen im Inland oder im Ausland gehalten wird (Weltvermögensprinzip).
Besteuerungsgrundlage ist das Vermögensteuergesetz. Für die Bewertung
des Vermögens wird das Bewertungsgesetz herangezogen. Zur Klärung
kann der Steuerpflichtige die ausführlichen Vermögensteuer-Richtlinien her-
anziehen.
Als Rechtfertigung der Vermögensteuer wird einmal der Ergänzungscha- **405**
rakter der Steuer zur Einkommensteuer hervorgehoben. Zum anderen wird
das Vermögen an sich bereits als Zeichen der Leistungsfähigkeit angesehen,
an das die Besteuerung anknüpfen sollte. Die Vermögensteuer ist eine **Sub-
stanzsteuer.** Diese Form der Besteuerung wird in der steuerpolitischen Literatur allgemein als nicht unbedenklich angesehen. In Zeiten hoher Preis-
niveausteigerungen zehrt die Vermögensteuer in bedenklichem Maße an der
Substanz des Vermögens. Zunehmend hat sich aber auch die Erkenntnis
durchgesetzt, daß die Besteuerung des Betriebsvermögens – also des Kapitals, das am stärksten dem Investitionsrisiko ausgesetzt ist – als **finanzpoliti-
sche Wachstumsbremse** bei der Entwicklung der Volkswirtschaft wirkt.
Insbesondere die Mehrfachbelastung und der höhere Steuersatz für Kapital-
gesellschaften lassen sich nicht rechtfertigen. Dazu kommt, daß die meisten
unserer Handelspartner entweder gar keine Vermögensteuer kennen oder
aber das Betriebsvermögen freistellen.
Für die Besteuerung des Rechtsanwalts/Notars ist sowohl das Grundvermögen als auch das Betriebsvermögen und das Sonstige Vermögen von
Interesse.

2. Persönliche Steuerpflicht

So wie bei der Einkommensteuer wird auch bei der Vermögensteuer auf **406**
den Wohnsitz (vgl. Rz. 10ff.) oder auf den gewöhnlichen Aufenthalt (vgl.
Rz. 14f.) abgestellt. Auf die Staatsangehörigkeit kommt es dabei nicht an.

3. Gesamtvermögen als Bemessungsgrundlage

407 Der Vermögensteuer unterliegen nicht alle Vermögensgegenstände, die ein Steuerpflichtiger innehat. Vielmehr ist der Begriff des Vermögens i. S. d. Vermögensteuergesetzes genau umrissen. Besteuert wird das Gesamtvermögen. Es setzt sich aus den folgenden vier Vermögensarten zusammen:

> land- und forstwirtschaftliches Vermögen
> + Grundvermögen
> + Betriebsvermögen
> + Sonstiges Vermögen
> ─────────────────────
> = Rohvermögen
> ./. Schulden
> ─────────────────────
> = Gesamtvermögen

4. Veranlagungsarten

a) Zusammenveranlagung

408 Für Ledige und getrennt Lebende ist die Einzelveranlagung vorgesehen. Ehegatten werden – ohne daß sie ein Wahlrecht haben – zusammen veranlagt. Auch das Vermögen der im Haushalt der Eltern lebenden Kinder bis zur Vollendung des 18. Lebensjahres wird gemeinsam mit den Eltern veranlagt. Bei Kindern, die das 18. Lebensjahr vollendet haben, kann eine Zusammenveranlagung beantragt werden, wenn folgende Voraussetzungen vorliegen. Die Kinder
– sind unverheiratet oder leben von ihrem Ehegatten dauernd getrennt;
– haben das 27. Lebensjahr noch nicht vollendet;
– bilden mit ihren Eltern eine Haushaltsgemeinschaft;
– befinden sich noch in der Berufsausbildung oder leisten ein freiwilliges soziales Jahr ab.

Beispiele:
(1) Der ledige 26jährige Student S befindet sich in der Universitätsausbildung zum Juristen. Er studiert in Köln und wohnt dort bei seinen Eltern. Er besitzt ein ererbtes Grundvermögen in Höhe von 200 000 DM. Die Eltern haben ein steuerpflichtiges Vermögen in Höhe von 750 000 DM.
Folge: Student S wird mit seinen Eltern zusammen veranlagt. Das Gesamtvermögen beträgt 950 000 DM.
(2) Ende 1986 beschließt Student S, eine eigene Wohnung zu beziehen und sich endlich von seinen Eltern abzunabeln. Seinen Lebensunterhalt bestreitet er aus den Mieterlösen seines Erbes.
Folge: Er muß sein Vermögen der Einzelveranlagung unterwerfen. Eine Zusammenveranlagung mit den Eltern kommt nicht mehr in Betracht.

b) Hauptveranlagung

Die meisten wichtigen Steuern werden jährlich veranlagt. Die Vermögen- **409** steuer dagegen wird alle 3 Jahre neu festgesetzt (vgl. § 15 VStG). Dieser Zeitraum wird als Hauptveranlagungszeitraum bezeichnet. Dabei wird zum Stichtag 1. Januar – dem Hauptveranlagungszeitpunkt – das Gesamtvermögen erfaßt und daraus die Vermögensteuer berechnet.

Durch die Hauptveranlagung wird die Jahressteuerschuld der Vermögensteuer für drei Jahre im voraus festgelegt.

c) Nachveranlagung

§ 17 VStG sieht eine Nachveranlagung vor, wenn nach dem Hauptveran- **410** lagungszeitpunkt
– die persönliche Steuerpflicht neu begründet wird oder
– ein persönlicher Befreiungsgrund wegfällt oder
– ein beschränkt Steuerpflichtiger unbeschränkt steuerpflichtig oder
– ein unbeschränkt Steuerpflichtiger beschränkt steuerpflichtig
wird. Also: Die Nachveranlagung kommt insbesondere in Betracht, wenn eine persönliche Steuerpflicht im Hauptveranlagungszeitpunkt noch nicht vorlag.

d) Neuveranlagung

Unter Neuveranlagung versteht man die Veranlagung innerhalb eines **411** Hauptveranlagungszeitpunkts. Eine Neuveranlagung wird immer dann durchgeführt, wenn
– entweder das Vermögen um bestimmte, genau im Gesetz festgelegte Beträge schwankt oder
– sich die persönlichen Verhältnisse so ändern, daß sie für die Gewährung von Freibeträgen von Bedeutung sind.
Der Neuveranlagung geht immer eine Hauptveranlagung oder eine Nachveranlagung voraus. Sie wird auf den Beginn des Jahres vorgenommen, für das sich die Voraussetzungen ergeben.

aa) Schwankung der Wertgrenzen. Die Neuveranlagung ist durchzuführen, **412** wenn der Wert des Gesamtvermögens vom Wert des veranlagten Vermögens abweicht. Die Wertabweichung muß
– entweder den Betrag von 150 000 DM oder
– ein Fünftel des Gesamtvermögens
betragen. Weicht der Wert nach oben ab, so muß die Wertberichtigung mindestens 50 000 DM betragen; weicht der Wert nach unten ab, so muß die Wertabweichung mindestens 10 000 DM betragen.

Beispiel:
Das Gesamtvermögen eines Rechtsanwalts/Notars beträgt im Hauptveranlagungszeitpunkt 150 000 DM. Bis zum nächsten 1. 1. hat sich das Gesamtvermögen auf 199 000 DM erhöht.

Folge: Die absolute Grenze von 150000 DM ist bei der Wertabweichung nicht erreicht. Jedoch beträgt sie mehr als ein Fünftel. Dennoch wird eine Neuveranlagung nicht durchgeführt, da die Wertabweichung gleichzeitig mindestens 50000 DM betragen muß.

413 *bb) Änderung der persönlichen Verhältnisse.* Neben dem Wertgrenzenkriterium wird eine Neuveranlagung dann durchgeführt, wenn sich die persönlichen Verhältnisse ändern. Meist geht es dabei um zusätzlich zu gewährende Freibeträge. Dies ist in der Praxis vor allem dann der Fall, wenn ein Lediger heiratet oder ein bisher kinderloses Paar Nachwuchs bekommt.

Beispiele:

(1) Ein Lediger mit einem Gesamtvermögen von 950000 DM heiratet seine vermögenslose Verlobte, mit der er bereits seit 20 Jahren zusammengelebt hat.

Folge: Es wird eine Neuveranlagung durchgeführt, bei der es zu einer Zusammenveranlagung der nunmehr Verheirateten kommt. Die Vermögensteuer wird niedriger sein, da die Ehefrau einen Freibetrag in Höhe von 70000 DM erhält.

(2) Nach einigen Monaten stellt sich aus der ehelichen Verbindung Nachwuchs ein.

Folge: Es wird eine weitere Neuveranlagung fällig, da auch das Kind in die Zusammenveranlagung mit einbezogen wird. Insgesamt steht der Familie nunmehr ein Gesamtfreibetrag in Höhe von 210000 DM zu.

5. Freibeträge

a) Persönliche Freibeträge

414   Bei der Veranlagung einer unbeschränkt steuerpflichtigen Person bleiben die folgenden Beträge vermögensteuerfrei:

Einzelveranlagung:	70000 DM
Zusammenveranlagung mit dem Ehegatten:	140000 DM
Zusammenveranlagung mit Kindern für jedes Kind	70000 DM.

Kinder im Sinne des Vermögensteuergesetzes sind
– eheliche Kinder
– für ehelich erklärte Kinder,
– nicht eheliche Kinder,
– Stiefkinder,
– Adoptivkinder und
– Pflegekinder.

Ein Pflegekindschaftsverhältnis ist nur dann anzunehmen, wenn es von den Pflegeeltern auf Dauer wie ein leibliches Kind betreut wird und eine Haushaltsgemeinschaft des Kindes mit seinen leiblichen Eltern nicht mehr besteht.

b) Freibetrag wegen Alters oder Erwerbsunfähigkeit

415   Neben den persönlichen Freibeträgen sind weiterhin die Freibeträge wegen Alters oder Erwerbsunfähigkeit zu beachten.

10000 DM sind steuerfrei, wenn
- der Steuerpflichtige das 60. Lebensjahr vollendet hat oder voraussichtlich für mindestens 3 Jahre erwerbsunfähig ist und
- das Gesamtvermögen nicht mehr als 150000 DM

beträgt. Werden Ehegatten zusammen veranlagt, so wird der zusätzliche Freibetrag gewährt, wenn bei einem der Ehegatten die beiden Voraussetzungen gegeben sind und das Gesamtvermögen nicht mehr als 300000 DM beträgt. Der Freibetrag erhöht sich auf **20000 DM,** wenn die Voraussetzungen bei beiden Ehegatten gegeben sind und das Gesamtvermögen nicht mehr als 300000 DM beträgt.

Übersteigt das Gesamtvermögen 150000 DM bzw. im Zusammenveranlagungsfall 300000 DM, so mindert sich der Freibetrag von 10000 DM bzw. von 20000 DM um den übersteigenden Betrag.

Beispiele:

(1) Ein lediger 62jähriger Pensionär besitzt ein Vermögen in Höhe von 159000 DM. Der zusätzliche Freibetrag, den er wegen seines Alters erhält, mindert sich um den 150000 DM übersteigenden Betrag, also um 9000 DM. Sein zusätzlicher Freibetrag beträgt 1000 DM.

(2) Ein verheiratetes Ehepaar – er 62 Jahre, sie 34 Jahre – hat zusammen ein Vermögen in Höhe von 315000 DM. Der zusätzliche Freibetrag ist null DM, da er sich um den 300000 DM übersteigenden Beträgt kürzt (315000 DM abzgl. 300000 DM = 15000 DM). Der Kürzungsbetrag übersteigt den Freibetrag.

(3) Dasselbe Ehepaar 28 Jahre später – er 90 Jahre, sie 62 Jahre – hat immer noch ein Gesamtvermögen von 315000 DM. Diesmal jedoch steht ihnen der erhöhte Freibetrag von 20000 DM zu. Es kürzt sich der Freibetrag lediglich auf 5000 DM (20000 DM abzgl. den 300000 DM übersteigenden Betrag von 15000 DM).

Der Freibetrag erhöht sich auf **50000 DM,** wenn
- der Steuerpflichtige das 65. Lebensjahr vollendet hat oder mindestens drei Jahre erwerbsunfähig ist und
- das Gesamtvermögen 150000 DM nicht übersteigt und
- die steuerfreien Ansprüche des Steuerpflichtigen insgesamt 4800 DM nicht übersteigen.

Auch hier gibt es wieder die Verdoppelung der Gesamtvermögensgrenze auf 300000 DM sowie des Freibetrages auf 100000 DM bei Verheirateten.

Auch ist wieder die Kürzungsvorschrift anzuwenden, d. h., der Freibetrag kürzt sich jeweils um den 150000 DM bzw. 300000 übersteigenden Betrag.

6. Steuersatz

Das steuerpflichtige Vermögen ist bei unbeschränkt steuerpflichtigen na- **416** türlichen Personen der Vermögensbetrag, der nach Abzug der Freibeträge vom Gesamtvermögen verbleibt. Auf das so berechnete steuerpflichtige Vermögen wird bei natürlichen Personen ein **Steuersatz von 0,5 v.H.** angewendet.

7. Anrechnung ausländischer Vermögensteuer

417 Bei unbeschränkt Steuerpflichtigen, die in einem ausländischen Staat mit ihrem in diesem Staat belegenen Vermögen (Auslandsvermögen) zu einer der inländischen Vermögensteuer entsprechenden Steuer herangezogen werden, ist – sofern nicht die Vorschriften eines Doppelbesteuerungsabkommens anzuwenden sind – die festgesetzte und gezahlte und keinem Ermäßigungsanspruch unterliegende ausländische Vermögensteuer auf den Teil der inländischen Vermögensteuer anzurechnen, der auf den ausländischen Teil entfällt. Die ausländische Vermögensteuer darf höchstens mit dem Betrag angerechnet werden, der sich ergibt, wenn die veranlagte inländische Vermögensteuer im Verhältnis des Wertes des auf den ausländischen Staat entfallenden steuerpflichtigen Auslandsvermögens zum Wert des Gesamtvermögens aufgeteilt wird.

Beispiel:

Vom Gesamtvermögen eines steuerpflichtigen Rechtsanwalts/Notars entfallen auf Vermögen in im Inland 190000 DM und auf ein Grundstück im Ausland 30000 DM. Die auf das Grundstück gezahlte ausländische Vermögensteuer beträgt 450 DM. Der anzurechnende Betrag wird wie folgt verrechnet:

Gesamtvermögen:	220000 DM
Freibetrag:	70000 DM
Steuerpflichtiges Vermögen:	150000 DM
Steuersatz 0,5 v. H. =	750 DM.

Von der veranlagten inländischen Vermögensteuer entfallen (³⁄₂₂ von 750 DM =) 103 DM auf das ausländische Grundstück. Von der ausländischen Steuer können deshalb lediglich diese 103 DM auf die deutsche Steuer angerechnet werden.

Im Einzelfall empfiehlt es sich zu überprüfen, ob mit dem ausländischen Staat ein **Doppelbesteuerungsabkommen** geschlossen worden ist. In diesen Abkommen wird das Besteuerungsrecht geregelt. Die Abkommen sollen internationale Doppelbelastungen vermeiden. Die Anwendung der Regeln der Doppelbesteuerungsabkommen sind zwingend. Sie führen jedoch meist zu einer wesentlichen Besserstellung gegenüber dem oben beschriebenen Anrechnungsverfahren.

8. Bewertung

a) Vorbemerkung

418 Besondere Probleme wirft die Bewertung des Vermögens auf. Hierbei sind verschiedene Vermögensarten zu unterscheiden. So wird das Betriebsvermögen anders bewertet als das Grundvermögen oder das im Gesetz genau definierte Sonstige Vermögen. Im folgenden soll deshalb kurz auf die Bewertung des Betriebsvermögens eingegangen werden, da Sie als Rechtsanwalt/Notar für die Vermögensteuer den **Einheitswert** Ihrer Kanzlei ermitteln müssen. Dieser Einheitswert wird in einem besonderen Verfahren ermittelt.

Der Einheitswert wird nicht nur bei der Vermögensteuer verwendet, sondern hat auch Bedeutung bei der Grundsteuer, der Erbschaftsteuer und bis zum 1. 1. 1987 bei der Ermittlung des Nutzungswertes im selbstgenutzten Haus (§ 21 a EStG).

b) Einheitsbewertung des Betriebsvermögens

Die Einheitsbewertung des Betriebsvermögens ist in § 95 des Bewertungs- **419** gesetzes (BewG) geregelt. Diese Vorschrift regelt zwar die Bewertung des gewerblichen Betriebsvermögens, § 96 BewG jedoch bestimmt, daß diese Vorschrift auch auf freiberufliches Betriebsvermögen anzuwenden ist, soweit es sich nicht um künstlerische, wissenschaftliche oder schriftstellerische Tätigkeiten handelt. Festzuhalten bleibt, daß auch das **Praxisvermögen** eines Rechtsanwalts/Notars **einheitlich zu bewerten** ist. Deshalb soll hier ein Überblick über die Grundbegriffe zu diesem sehr schwierigen steuerrechtlichen Gebiet gegeben werden, der Sie in die Lage versetzt, die Bewertungshandlungen des Finanzamts nachzuvollziehen und gegebenenfalls Einwände dagegen zu erheben.

Im folgenden werden die für die Einheitsbewertung des Betriebsvermö- **420** gens wichtigsten Vermögens- und Schuldposten der Vermögensaufstellung kurz erläutert (in alphabetischer Reihenfolge). Dabei ist zu berücksichtigen, daß die Vermögensposten den Einheitswert erhöhen, während die Schuldposten ihn mindern.

Anlagevermögen, bewegliches

Wirtschaftsgüter des beweglichen Anlagevermögens sind grundsätzlich mit dem Teilwert anzusetzen. Unter dem Teilwert wird der Wert verstanden, den ein Erwerber des gesamten Betriebs im Rahmen des Gesamtkaufpreises für das einzelne Wirtschaftsgut ansetzen würde. Voraussetzung ist, daß er den Betrieb fortführt. Dieser fiktive Wert muß in der Praxis geschätzt werden.

Als Teilwertvermutung gelten für Wirtschaftsgüter, die innerhalb von drei Jahren vor dem Bewertungsstichtag angeschafft worden sind, die um die die Abschreibung verminderten Anschaffungskosten. Preiserhöhungen bleiben dabei unberücksichtigt.

Für Wirtschaftsgüter, die am Bewertungsstichtag älter als drei Jahre sind, ist ein angemessener Restwert anzusetzen. Auch dabei wird man im allgemeinen von dem um die Abschreibung verminderten Anschaffungspreis ausgehen können. Allerdings: Der Ansatz darf bei Wirtschaftsgütern
– die innerhalb eines Zeitraums von zehn Jahren angeschafft worden sind, 30 v. H. und
– die älter als zehn Jahre sind, 15 v. H.
der Anschaffungskosten nicht unterschreiten (sog. Anhaltewerte). Preissteigerungen sind durch angemessene Zuschläge, technische Überalterung durch Abschläge zu berücksichtigen.

Bankguthaben

Sie gehören zum Betriebsvermögen, soweit es sich um Guthaben handelt, die aus der freiberuflichen Tätigkeit herrühren und bisher nicht entnommen sind (BFH, BStBl. 1971 II S. 682).

Betriebsgrundstücke

Häufig kommt es vor, daß eine Kanzlei im eigenen Haus eingerichtet ist. Dann stellt sich die Frage, ob das Grundstück zum Grundvermögen oder zum Betriebsvermögen gehört. Das Bewertungsgesetz bestimmt, daß ein Grundstück zum Betriebsvermögen gerechnet wird, wenn es zu mehr als 50 v. H. seines Wertes dem freiberuflichen Bereich zugeordnet werden kann. Liegt die freiberufliche Nutzung bei 50 v. H. oder darunter, so gehört das gesamte Grundstück zum Grundvermögen. Ein anteiliger Ansatz scheidet aus.

Als Wertansatz dient der Einheitswert, der von dem zuständigen Finanzamt in einem Einheitswertbescheid festgestellt worden ist. Dieser Wert ist jedoch um 40 v. H. zu erhöhen (§ 121 a BewG).

Beispiel:

Sie betreiben Ihre Kanzlei in einem eigens dafür erworbenen Haus. Im Obergeschoß ist eine kleine Eigentumswohnung eingerichtet, die Sie vermietet haben. Der Anteil der Wohnfläche an der Gesamtfläche beträgt 15 v. H. Der Verkehrswert beträgt 450 000 DM. Der Einheitswert ist auf 80 000 DM festgesetzt. *Folge:* Das Haus gehört in vollem Umfang – also einschließlich der vermieteten Eigentumswohnung – zu Ihrem Betriebsvermögen. In der Vermögensaufstellung wird der Wert mit 112 000 DM (80 000 DM + 40 v. H.) angesetzt. Der Verkehrswert spielt keine Rolle.

Die Praxis im eigenen Haus macht das Ein- oder Zweifamilienhaus jedenfalls dann noch nicht zu einem gemischt genutzten Grundstück, wenn der Praxisanteil von untergeordneter Bedeutung ist (BFH, BStBl. 1976 II S. 519, bei dem es um die Frage ging, ob ein 25prozentiger Praxisanteil aus dem Einfamilienhaus ein gemischt genutztes Grundstück macht).

Forderungen

Sie sind mit dem Wert zu erfassen, der auch für die Steuerbilanz angesetzt wird. Dies ist in der Regel der Nennwert der Forderungen. Ein Delkredere – also ein Wertabschlag bei Forderungen, die nur schwer eingetrieben werden können – ist auch für die Zwecke der Vermögensaufstellung zu berücksichtigen. Honoraransprüche müssen am Bewertungsstichtag erfaßt werden, und zwar sowohl diejenigen, für die bereits eine Rechnung ausgestellt ist, als auch diejenigen, die noch nicht abgerechnet worden sind, auf die aber ein Rechtsanspruch bereits besteht, weil die Leistung erbracht worden ist. Da Sie nach der BRAGO auch Anspruch auf Vergütung von Teilleistungen haben, sind auch diese werterhöhend in die Vermögensaufstellung einzubeziehen, sobald die Teilleistungen erbracht sind.

Gehälter

Löhne und Gehälter, die am Bewertungsstichtag noch nicht ausgezahlt sind, die aber auf die Zeit vor dem Stichtag entfallen, sind als Schuld abzuziehen.

Geringwertige Wirtschaftsgüter

Wirtschaftsgüter, deren Anschaffungskosten 800 DM (ohne Umsatzsteuer) nicht übersteigen, können in der Steuerbilanz oder bei der Überschußrechnung im Jahr der Anschaffung in voller Höhe abgeschrieben werden (vgl. Rz. 161 ff.). Für Zwecke der Vermögensaufstellung sind sie in der Regel mit 40 v. H. der Anschaffungskosten zu bewerten, soweit sie innerhalb der letzten fünf Jahre vor dem Bewertungsstichtag angeschafft worden sind.

Honoraransprüche

vgl. Forderungen

Immaterielle Wirtschaftsgüter

Ein immaterielles Wirtschaftsgut ist anzusetzen, soweit es entgeltlich erworben ist und selbständig bewertbar ist. Immaterielle Wirtschaftsgüter sind z. B.

- Urheberrechte,
- Verlagsrechte,
- Optionsrechts,
- Wettbewerbsverbote,
- Warenzeichen,
- Know-how.

Jahresabschlußkosten

Sollten Sie als Freiberufler eine Bilanz erstellen, so fallen Jahresabschlußkosten für die Bilanz an.

In der Steuerbilanz werden diese Kosten, die aufgrund einer gesetzlichen Verpflichtung zwar erst im kommenden Jahr anfallen, jedoch wirtschaftlich dem vorangegangenen Jahr zuzurechnen sind, als steuermindernde Rückstellung anerkannt. Bewertungsrechtlich handelt es sich um ein am Bewertungsstichtag schwebendes Geschäft, das nicht berücksichtigt wird. Jahresabschlußkosten dürfen also den Einheitswert des Betriebs nicht mindern.

Löhne

vgl. Gehälter

Praxiswert

Der selbstgeschaffene Praxiswert wird nicht als Wirtschaftsgut angesetzt. Wurde der Praxiswert entgeltlich erworben, so ist er als Betriebsvermögen anzusetzen. Allerdings sind die Abschreibungen wertmindernd zu berücksichtigen (Abschreibungszeitraum: 3–5 Jahre).

Rückstellungen

Sind Zahlungen vorläufig noch ungewiß, so kommt u. U. in der Steuerbilanz eine steuermindernde Rückstellung in Betracht. Für die Vermögensaufstellung werden solche Rückstellungen jedoch nur dann als Schuld abgezogen, wenn sie dem Grunde nach feststehen und nur die Höhe noch nicht genau bekannt ist.

Schulden

Schulden sind vom Rohvermögen abzuziehen, sofern sie betriebsbedingt sind. Dies ist der Fall, wenn ein wirtschaftlicher Zusammenhang zwischen Beruf und Schuld besteht. Die Schuld muß nach ihrer Entstehung und Zweckbestimmung ursächlich und unmittelbar auf Vorgängen beruhen, die das Betriebsvermögen betreffen.

Steuerschulden

Sie sind abzugsfähig, soweit sie mit der Kanzlei in Verbindung stehen. Dies werden regelmäßig nur die Umsatzsteuern sowie die Lohnsteuer sein, da Sie als Rechtsanwalt/Notar keine Gewerbesteuer zahlen. Nicht abzugsfähig ist die Einkommensteuerschuld.

Teilleistungen

vgl. Forderungen

Fünftes Kapitel. Verfahrensrecht

I. Steuerliche Schonfristen

1. Vorbemerkung

Das Steuerrecht kennt eine ganze Anzahl von Fristen, die entweder in den **421** Einzelsteuergesetzen geregelt sind oder aber in der **Abgabenordnung,** dem „Grundgesetz" des Steuerrechts. Wird eine Steuerfrist versäumt, so haben Sie als Steuerpflichtiger entweder bestimmte Rechte verwirkt (z. B. Einspruchsmöglichkeit nur innerhalb eines Monats) oder aber Sie müssen mit Steuerzuschlägen rechnen. Sie sollten deshalb die Toleranzen des Fiskus genau kennen. Deshalb hier ein Überblick über die Fälligkeitstermine von Steuererklärungen, Steueranmeldungen und Zahlungstermine.

2. Verspätungszuschlag

Jeder, der von Berufs wegen mit Steuern zu tun hat, weiß, daß zum 10. **422** eines jeden Monats die Umsatzsteuer für den Vormonat berechnet, angemeldet und entrichtet werden muß. Daneben ist die einbehaltene Lohnsteuer fällig. Es bleibt also nur wenig Zeit, die Berechnungen durchzuführen. Grundsätzlich sollten Sie bestrebt sein, die **Fälligkeitstermine** einzuhalten. Denn der Fiskus droht Strafe an. Wer seiner Verpflichtung zur Abgabe einer Steuererklärung oder einer Steueranmeldung nicht fristgerecht nachkommt, kann vom Finanzamt zu einer zusätzlichen Zahlung herangezogen werden (§ 152 AO).

Der Verspätungszuschlag kann unterbleiben, wenn die Verspätung entschuldbar erscheint. Die Entschuldigungsgründe sind der Behörde gegenüber glaubhaft zu machen. Bei der Entscheidung über die Plausibilität der Entschuldigung werden keine strenge Maßstäbe angelegt. Allerdings: Wer ständig die ihm gesetzten Fristen überschreitet, darf nicht mit Nachsicht der Finanzbeamten rechnen. Er muß mit dem Verspätungszuschlag rechnen, der **bis zu 10 v. H. der festgesetzten Steuer** betragen kann.

3. Säumniszuschlag

Geht die Zahlung einer festgesetzten oder angemeldeten Steuer verspätet **423** ein, so ist kraft Gesetzes ein Säumniszuschlag fällig. Der Sachbearbeiter im Finanzamt muß also den Säumniszuschlag erheben – im Gegensatz zum Verspätungszuschlag, wo ein Ermessensspielraum gegeben ist.

Der Säumniszuschlag beträgt für jeden angefangenen Monat der Säumnis
1 v.H. des rückständigen Steuerbetrages (§ 240 AO).

Beispiel:

Ein Mandant – bei Ihnen bereits als unwilliger Zahler bekannt – kommt zu
Ihnen und bittet Sie um eine Auskunft. Er ist mit seinen Einkommensteuervorauszahlungen in Höhe von 15000 DM bereits 3 Monate im Rückstand. Sie können ihm Auskunft darüber geben, daß er mit einem Säumniszuschlag in Höhe
von 450 DM rechnen muß (1 v. H. von 15000 DM × 3 Monate).

4. *Schonfristen*

424   Da die Abgabe der Erklärungen und Zahlungen zu einem Stichtag zu
erfolgen hat, ist es besonders ärgerlich, wenn dieser Zeitpunkt nur geringfügig überschritten wird. So kann es durchaus vorkommen, daß die Post
mehrere Tage unterwegs ist. Wie lange die Banküberweisungen oftmals
benötigen, werden Sie selbst auch schon erfahren haben. Deshalb sieht der
Fiskus auch gewisse Schonfristen vor. Eine Schonfrist bedeutet, daß vor
Ablauf dieser Frist keine Zuschläge erhoben werden.
       So ist von der Erhebung eines Säumniszuschlages, der wegen einer verspä-
tet geleisteten Steuerzahlung an sich nach § 240 Abs. 3 der Abgabeordnung
fällig wäre, abzusehen, wenn die Zahlung innerhalb einer Frist von 5 Tagen
nach Ablauf des Fälligkeitstages beim zuständigen Finanzamt eingeht. Diese
Schonfrist ist von Amts wegen zu beachten, d. h., die 5-Tages-Frist wird
automatisch berücksichtigt, ein Antrag ist überflüssig.
       Für die verspätete Abgabe von Steuererklärungen gibt es keine gesetzliche
Schonfrist. Meist aber wenden die Behörden die Vorschrift des § 240 AO
analog an: Verspätungszuschläge werden in der Regel erst erhoben, wenn die
Erklärung mehr als 5 Tage nach Fälligkeit beim Finanzamt eingeht. Voraussetzung ist dabei allerdings, daß Sie als Steuerpflichtiger spätestens mit der
Abgabe der Erklärung die Steuer auch entrichtet haben.
       Grundsätzlich ist es keinem verwehrt, die Schonfristen zwecks Zinserspar-
nis voll auszunutzen. Allerdings ist die Schonfrist nicht mit einem Steuerzah-
lungsaufschub gleichzusetzen. Jeder, der die Fristen für sich ausnutzt, tut dies
auf eigenes Risiko. Bei verspätetem Eingang – vor allem, wenn die Verspä-
tungen regelmäßig sind – kennt der Fiskus kein Pardon. Es ist also zu raten,
bei den Steuerzahlungen eine erhöhte Sorgfaltspflicht walten zu lassen.

425   *Hier ein Tip!* Zahlen Sie Ihre Steuer immer mit **Scheck!** Als Zahltag gilt
der Tag des Eingangs bei der Finanzkasse. Geben Sie also den Scheck am
letzten Tag der Schonfrist beim Finanzamt ab, so werden keine Säumniszuschläge auf Sie zukommen. Aber beachten Sie: Die meisten Finanzämter
haben einen Nachtbriefkasten. Werfen Sie den Scheck nach Mitternacht ein,
so wird der Eingang erst am neuen Tag verbucht. Für Sie bedeutet das, einen
Säumniszuschlag in Kauf nehmen zu müssen.

5. Schonfristen bei Fälligkeitssteuern

Steueranmeldungen (z. B. Umsatzsteuer-Voranmeldungen, Lohnsteuer- **426** Anmeldungen) sind Steuererklärungen gleichzusetzen. Deshalb beginnt die Schonfrist vom Fälligkeitstag an zu laufen. Anders ist es bei der Zahlung der anzumeldenden Steuern. Die Zahlung selbst ist erst fällig, wenn die Anmeldung oder Voranmeldung bei der Behörde eingegangen ist. Das hat zur Folge, daß die Schonfrist für die Zahlung auch dann erst mit Eingang der Anmeldung oder Voranmeldung zu laufen beginnt, wenn die Anmeldung verspätet eingeht (vgl. auch Höllig in Koch, AO 1977, 2. Auflage, § 240 Rz. 29).

Beispiel:
Geht eine USt-Voranmeldung, die am 10. 4. abzugeben ist, erst am 20. 4. beim Finanzamt ein, so kann zwar ein Verspätungszuschlag wegen der verspäteten Abgabe der Anmeldung fällig werden. Für die Zahlung selbst wird jedoch eine Schonfrist von 5 Tagen – also bis zum 25. 4. – gewährt. Bis zu diesem Zeitpunkt fallen keine Säumniszuschläge an.

6. Beginn und Ende der Fristen

Ist der Fälligkeitstag ein Sonntag, gesetzlicher Feiertag oder ein Samstag, **427** so beginnt die Schonfrist mit Ablauf des folgenden Werktages, sofern dieser kein Samstag ist. Das gleiche gilt für den Ablauf der Schonfrist. Auf Grund dieser – für den Steuerpflichtigen günstigen – Regelung verschieben sich die Fälligkeitstage der gesetzlichen Fristen von Jahr zu Jahr. Rechnen Sie also genau, wenn Sie die Fristen bis zum letzten Tag ausnutzen wollen.

7. Datenträgereinsatz

Seit 1980 können Steueranmeldungen auch auf maschinell verwertbaren **428** Datenträgern abgegeben werden. Dieses rationelle Verfahren ist für die Umsatzsteuervoranmeldung und die Anmeldung von Sondervorauszahlungen bei der Umsatzsteuer bei nahezu allen Finanzämtern zugelassen. Erkundigen Sie sich, wenn Sie die technische Errungenschaft des Computers nutzen wollen. Die DATEV eG, die datenverarbeitende Genossenschaft der steuerberatenden Berufe, garantiert bei der Datenträgerübermittlung, daß die Voranmeldungen pünktlich am letzten Tag der Schonfrist bei der Finanzverwaltung eingehen.

Die Steueranmeldungen auf Datenträgern stehen den Anmeldungen auf **429** amtlichem Vordruck gleich. Für die Entrichtung der Steuerzahllast gelten damit die oben aufgeführten Fristen. Wenn Sie also Zuschläge vermeiden wollen, muß die Zahlung spätestens am Tag der Datenübermittlung beim Kreditinstitut an die Finanzkasse angewiesen werden.

II. Rechtsschutz in Steuersachen

1. Allgemeines

430   Ihnen als Rechtsanwalt/Notar wird es selbstverständlich sein, daß Sie gegen Verwaltungsakte, die Sie als unrechtmäßig empfinden, Rechtsmittel einlegen. Das Rechtsmittelverfahren im Steuerrecht ist in der Abgabenordnung bzw. in der Finanzgerichtsordnung geregelt. Zu unterscheiden ist dabei zwischen **außergerichtlichen und gerichtlichen Rechtsbehelfen.** Unter den außergerichtlichen Rechtsbehelfen werden Einspruch und Beschwerde verstanden. Das Rechtsbehelfsverfahren dient dem Rechtsschutz des Steuerpflichtigen und gewährleistet, daß die Maßnahmen und Entscheidungen der Verwaltungsbehörden im Besteuerungsverfahren auf ihre Rechtmäßigkeit überprüft werden können. Hier ein Hinweis zur Begriffsabgrenzung: Dienstaufsichtsbeschwerden, Sachaufsichtsbeschwerden, Gegenvorstellungen und Anregungen, einen Verwaltungsakt aufzuheben oder zu ändern, sind keine Rechtsbehelfe i. S. der Abgabenordnung oder der Finanzgerichtsordnung. Sie gehören vielmehr zu den **Petitionsrechten** im Sinne des Artikels 17 Grundgesetz (BFH, BStBl. 1965 III S. 384). Diese Beschwerden können unabhängig vom Rechtsbehelfsverfahren im Steuerrecht eingelegt werden.

2. Außergerichtliche Rechtsbehelfe

a) Einspruch

Die Steuerveranlagungen, denen die Abgabe einer Steuererklärung vorangeht, enden im allgemeinen mit einem Steuerbescheid. Durch Verwaltungsakt werden in diesem Steuerbescheid die Besteuerungsgrundlagen ermittelt und die Steuerschuld festgesetzt. Dabei kommt es häufig zu der Situation, daß die Finanzverwaltung anderer Auffassung über die Ermittlung der Steuer ist als der Steuerpflichtige. Können die unterschiedlichen Meinungen nicht bereits im Vorfeld abgeklärt werden, bleibt dem Steuerpflichtigen nur noch ein Einspruch gegen den Steuerbescheid.

432   Allerdings: Nur wer „**beschwert**" ist, ist auch befugt, Rechtsbehelfe einzulegen (§ 350 AO). Beschwert sind Sie immer dann, wenn Sie geltend machen können, daß Sie
– durch einen Verwaltungsakt oder
– durch die Ablehnung oder
– durch Unterlassung des Verwaltungsakts oder einer anderen Leistung
in Ihren Rechten verletzt worden sind (vgl. Buchstab in Koch, AO 1977, 2. Auflage, § 350 Rz. 2 ff.).
   Ob eine Beschwer vorliegt, muß von der Finanzverwaltung geprüft werden. Es besteht **kein Begründungszwang**. Allerdings tun Sie gut daran, klar

darzulegen, worin Ihre Beschwer besteht. Denn: Die Finanzbehörde übersieht die Beschwer allzu leicht.

b) Beschwerde

Kommt ein Einspruch nach § 348 AO nicht in Betracht, sollten Sie die **433** Möglichkeit der Beschwerde prüfen. Die Abgabenordnung grenzt die Beschwerde leider nur negativ ab, so daß immer erst zu prüfen ist, ob ein Einspruch einzulegen ist. Als Unterscheidungskriterium zwischen beiden Rechtsbehelfen kann wohl ganz grob gesagt werden, daß der Einspruch sich meist gegen Entscheidungen über einen gesetzlichen Tatbestand richtet, während sich die Beschwerde oftmals **gegen** eine **Ermessensentscheidung** des Finanzamts richtet.

Sollten Sie einmal die beiden Begriffe nicht richtig anwenden, so zieht dies nicht die Nichtigkeit des Rechtsbehelfs nach sich. Auch falsch angesprochene Rechtsbehelfe behalten ihre Wirkung. Insbesondere wahren sie die Rechtsbehelfsfristen.

Eine wichtige Form der Beschwerde ist die Untätigkeitsbeschwerde. Entscheidet das Finanzamt über einen Sachverhalt nicht binnen einer angemessenen Frist, so sollten sie die **Untätigkeitsbeschwerde** überlegen. Unter angemessener Frist wird im allgemeinen ein **Zeitraum von sechs Monaten** verstanden.

Über die Beschwerde entscheidet die nächsthöhere Behörde. Die vorgesetzte Behörde des Finanzamts ist die Oberfinanzdirektion. Im übrigen unterscheidet sich das Beschwerdeverfahren nicht vom Einspruchsverfahren. Eine Verböserung (vgl. Rz. 440 ff.) brauchen Sie aber nicht zu befürchten.

c) Fristen und Bekanntgabe

Um den Einspruch rechtswirksam einzulegen, sind bestimmte Fristen zu **434** beachten. Für die Berechnung der Fristen gelten die Vorschriften des Bürgerlichen Gesetzbuchs entsprechend, soweit in der Abgabenordnung keine Sonderregel enthalten ist. Die Frist für die Einlegung eines Einspruchs beträgt 1 Monat nach Bekanntgabe des Verwaltungsaktes.

Eine **wirksame Bekanntgabe** erfordert nach § 122 Abs. 1 AO
- den Zugang beim richtigen Empfänger
- mit Wissen und Wollen der Behörde
- durch behördlichen Akt
- in Schriftform, soweit vorgeschrieben.

Ein schriftlich bekanntgebener Verwaltungsakt gilt als **zugegangen,** wenn er derart in den Marktbereich des Empfängers gelangt, daß diesem die Kenntnisnahme nach seinen Verhältnissen normalerweise möglich war und von ihm nach den Gepflogenheiten des Geschäftsverkehrs auch erwartet werden konnte. Diese zivilrechtliche Begriffsbestimmung, die im Sinne des § 130 BGB entwickelt worden ist, wird Ihnen als Rechtsanwalt/Notar bekannt sein. § 122 der Abgabenordnung hat diese Begriffsbestimmung sinngemäß übernommen. Es ist also für den Zugang nicht von Bedeutung, ob

der Empfänger von dem Verwaltungsakt tatsächlich Kenntnis nimmt oder
ob er die fehlende Kenntnisnahme etwa verschuldet hat (BFH, BStBl. 1976 II
S. 76 und S. 764; 1978 II S. 649).

Beispiel:

Ein Steuerbescheid ist in den Briefkasten des Rechtsanwalts/Notars geworfen
worden. Ihr Briefkasten wird von der Haushälterin geleert, die jedoch den Steuerbescheid aus Versehen im Kamin verheizt.

Folge: Der Bescheid ist nach der höchstrichterlichen Finanzrechtsprechung zugegangen. Die Kenntnisnahme konnte nach den Gepflogenheiten des Rechtsverkehrs normalerweise erwartet werden.

435   Wirksame Bekanntgabe eines Steuerbescheides setzt voraus, daß der Verwaltungsakt dem Empfänger **unmittelbar** zugeht. Eine Weiterleitung durch
einen beliebigen Dritten ist unwirksam (BFH, BStBl. 1968 II S. 503). Die
Bekanntgabe ist eine hoheitliche Rechtshandlung, die nicht ins Belieben dritter Privatpersonen gestellt werden kann.

Beispiel für eine unwirksame Bekanntgabe:

Der Briefträger wirft einen Steuerbescheid statt in Ihren Briefkasten in den
Ihres Nachbarn. Ihr Nachbar bringt den Brief einige Zeit später zu Ihnen.

Folge: Für eine wirksame Bekanntgabe ist es notwendig, daß der Bescheid
durch behördliche Bekanntgabe in Ihren Machtbereich gelangt. Hier erfolgt jedoch die Zustellung durch einen Dritten. Der Bescheid ist dementsprechend
nicht rechtswirksam bekanntgegeben.

d) Zeitpunkt der Bekanntgabe

436   Im allgemeinen wird der schriftliche Verwaltungsakt durch die Post übermittelt. Hier ergibt sich die Frage, wann der Verwaltungsakt als bekanntgegeben angesehen werden kann. § 122 Abs. 2 der Abgabenordnung legt fest,
daß ein durch die Post übermittelter Verwaltungsakt grundsätzlich als **am 3.
Tag nach der Aufgabe zur Post als bekanntgegeben gilt.** Kann der Empfänger allerdings nachweisen – etwa durch Zeugen oder eine Bestätigung des
Briefträgers –, daß der Brief ihm erst später zugegangen ist, so gilt der
nachgewiesene Zeitpunkt.

437   Die Bekanntgabevermutung hat eine wichtige Bedeutung für die Berechnung der Rechtsbehelfsfrist, beispielsweise bei einem Einspruch gegen einen
Steuerbescheid.

Beispiel:

Am Donnerstag, den 5. 10. 1987 wird der Einkommensteuerbescheid für einen
Rechtsanwalt/Notar vom Finanzamt zur Post gegeben. Am Samstag, den 7. 10.
1987 wird der Bescheid in das Postfach des Rechtsanwalts/Notars gelegt. Abgeholt wird der Bescheid jedoch erst am Montag, den 9. 10. 1987.
Folge: Nach § 122 Abs. 2 AO wird der Zugang am 8. 10. vermutet. Die Einspruchsfrist beginnt deshalb am 9. 10. zu laufen: sie endet mit Ablauf des 8. 11.
1987.

Dadurch, daß der **Zugang** auf einen Sonntag fällt, verlängert sich die
Rechtsbehelfsfrist nicht. Eine Verlängerung kommt nur in Betracht, wenn

der **Ablauf** einer Frist auf einen Sonntag, Sonnabend oder Feiertag fällt (§ 108 Abs. 3 AO).

Beispiel:
Bei Zugrundelegen der einmonatigen Rechtsbehelfsfrist liegt der Fristablauf auf Dienstag, dem 1. 5. 1987. Nach § 108 Abs. 3 AO verlängert sich die Frist auf Mittwoch, den 2. 5. 1987.

Zusammen mit dem Einspruch sollte – schon im eigenen Interesse – eine möglichst stichhaltige Begründung erfolgen. Allerdings ist der Einspruch auch ohne ausführliche Begründung wirksam.

e) Aussetzung der Vollziehung

Der Einspruch als solcher befreit Sie nicht von etwaigen Zahlungspflich- **438** ten, die aus einem rechtsgültigen und wirksam bekanntgegebenem Steuerbescheid heraus resultieren. Vielmehr müssen Sie die Aussetzung der Vollziehung beantragen (§ 361 AO).

Das Aussetzungsverfahren wird als selbständiges Rechtsbehelfsverfahren neben dem Hauptverfahren durchgeführt. Der Antrag auf Aussetzung der Vollziehung hat nur Erfolg, wenn bestimmte **Voraussetzungen** erfüllt sind:
– Es muß sich um einen **vollziehbaren Verwaltungsakt** handeln, d. h., die Vollziehung muß einen Eingriff in die Rechtssphäre des Steuerbürgers bewirken; vollziehbare Verwaltungsakte sind z. B. Steuerbescheide, Feststellungs- und Steuermeßbescheide, Finanzbefehle und Verwaltungsakte im Vollstreckungsverfahren.
– Der Verwaltungsakt muß **angefochten** worden sein, d. h. ohne Rechtsbehelfsverfahren kann die Aussetzung der Vollziehung nicht gewährt werden.

Die Entscheidung über den Antrag zur Aussetzung der Vollziehung ist **439** von Seiten der Finanzbehörden ein **Ermessensentscheid**. § 361 Abs. 2 der AO spricht davon, daß die Aussetzung der Vollziehung erfolgen kann. Sie **soll** jedoch ausgesetzt werden, wenn
– entweder ernste Zweifel an der Rechtmäßigkeit des angefochtenen Verwaltungsakts bestehen, oder
– die Vollziehung für den Betroffenen eine unbillige, nicht durch überwiegende öffentliche Interessen gebotene Härte zur Folge hätte.
Erst wenn die Finanzbehörde bekanntgibt, daß sie die Vollziehung aussetzt, sind Sie als Steuerpflichtiger berechtigt, die sich aus dem Steuerbescheid ergebenden Steuerschulden vorerst nicht zu begleichen.

f) Rechtliches Gehör und Verböserung

Während des Einspruchsverfahrens kann der gesamte Steuerbescheid in **440** vollem Umfang neu überprüft werden. Dabei können sich Beurteilungen des Steuersachverhalts ergeben, die für den Steuerpflichtigen eine **Schlechterstellung** gegenüber dem ersten Bescheid ergeben. Das Gesetz spricht hier von der sog. ,,Verböserung" (§ 367 AO).

441   Die **Verböserungsabsicht** ist dem Steuerpflichtigen **bekanntzugeben.** Der Hinweis auf die Verböserungsabsicht muß die Gründe enthalten, die zur Verböserung führen können. Zudem muß dem Rechtsbehelfsführer Gelegenheit gegeben werden, sich hier zu äußern. Sinn der Vorschrift: Der Rechtsbehelfsführer soll vor einer Überraschungsentscheidung der Finanzbehörde geschützt werden.

442   Versäumt die Finanzbehörde den Hinweis auf die Absicht der Verböserung und entscheidet ohne Rücksprache mit dem Rechtsbehelfsführer, so weist das Einspruchsverfahren einen wesentlichen **Verfahrensmangel** auf (§ 100 Abs. 2 Satz 2 FGO). Die Folge: Der Rechtsbehelfsführer – also Sie als Steuerpflichtiger – können Klage beim Finanzgericht einreichen mit dem Ziel, die Einspruchsentscheidung aufzuheben und das Verfahren an das Finanzamt zurückzuverweisen. Das Finanzgericht kann allerdings auch in seiner Entscheidung eine für den Steuerpflichtigen günstige Entscheidung treffen, indem es den Einspruchsgrund beseitigt.

443   Andererseits haben Sie als Rechtsbehelfsführer aber auch die Möglichkeit, den **Einspruch** insgesamt **zurückzuziehen.** Es gilt also immer genau zu prüfen, ob es nicht günstiger ist, den Einspruch zurückzuziehen und den ursprünglichen Bescheid anzuerkennen. Denn beachten Sie folgendes: Ziehen Sie den Einspruch zurück, ist eine Verböserung nicht mehr möglich. Also rechnen Sie mit spitzem Bleistift!

444   Auch ohne die Absicht der Verböserung haben Sie als Steuerpflichtiger Anspruch auf **rechtliches Gehör.** Sie können Ihre Sicht des Sachverhalts darlegen. Die Abgabenordnung sieht die Anhörung der Beteiligten im Besteuerungsverfahren vor, bevor ein Verwaltungsakt erlassen wird, der in die Rechte der Beteiligten eingreift. Kommt es während des außergerichtlichen Rechtsbehelfsverfahrens nicht zu einer Einigung, wird das Finanzamt nach eigener Rechtsauffassung den Einspruch entscheiden.

3. Gerichtliche Rechtsbehelfe

a) Klage vor dem Finanzgericht

445   Gegen diesen Einspruchsbescheid können Sie, falls er nicht Ihren Vorstellungen entspricht, innerhalb eines Monats nach Bekanntgabe der Einspruchsentscheidung bei Ihrem zuständigen Finanzgericht Klage erheben. Nur in Ausnahmefällen können Sie im Wege einer **Sprungklage** unter Umgehung des Einspruchsverfahrens gegen einen Steuerbescheid unmittelbar Anfechtungsklage beim Finanzgericht erheben. Die Sprungklage ist nur zulässig, wenn die Behörde, die den Verwaltungsakt erlassen hat, zustimmt. Dabei kann die Zustimmung vom Kläger nicht erzwungen werden.

446   Über die Klage entscheidet das Finanzgericht durch **Urteil** (§ 95 FGO). In der Praxis kommt es nicht selten vor, daß das Gericht anstatt eines Urteils einen **Vorbescheid** erläßt (§ 90 Abs. 3 FGO). Beantragt eine der beteiligten Parteien innerhalb eines Monats nach Zustellung des Vorbescheids eine

mündliche Verhandlung, so hat das Gericht die Verhandlung durchzuführen und danach mit einem Urteil zu entscheiden. Wird eine mündliche Verhandlung nicht beantragt, so hat der Vorbescheid nach einem Monat die Wirkung eines Urteils.

b) Revision vor dem Bundesfinanzhof

aa) Revisionsarten. Die Finanzgerichtsbarkeit kennt nur einen zweistufigen **447** Klageweg. Gegen das Urteil des Finanzgerichts stehen Ihnen mehrere Arten der Revision beim Bundesfinanzhof (Sitz: München), dem obersten deutschen Finanzgericht, zu. Die Revision ist in der Finanzgerichtsordnung (FGO) geregelt. Eine Revision kann aus mehreren Gründen zulässig sein.

– **Zulassungsrevision:**
Nach § 115 Abs. 2 FGO ist die Zulassungsrevision davon abhängig, daß das Finanzgericht dieses Rechtsmittel in seinem Urteil zuläßt. Dabei gibt es mehrere Gründe, warum auch das Finanzgericht an einer Überprüfung seines Urteils Interesse haben könnte.
    In der **Grundsatzrevision** ist Voraussetzung, daß die Streitsache eine Rechtslage enthält, die über den konkreten Einzelfall hinaus Bedeutung besitzt. Die Entscheidung des Bundesfinanzhofs soll eine allgemeine Rechtsentwicklung sowie eine Rechtsvereinheitlichung gewährleisten.
    Weicht das Urteil eines Finanzgerichts von der Rechtsprechung des Bundesfinanzhofs ab, so ist die **Divergenzrevision** zugelassen, soweit das Urteil auf der BFH-Entscheidung beruht.

– **Verfahrensrevision:**
Bei dieser Art der Revision bedarf es keiner Zulassung durch die Vorinstanz. Bei dem Urteil sind dem entscheidenden Finanzgericht so schwere Verfahrensmängel unterlaufen, daß die Einschaltung der Revisionsinstanz nicht vom Willen des zu rügenden Gerichts abhängig gemacht werden soll. Die schwerwiegenden Verfahrensmängel sind absolute Revisionsgründe, bei denen die Ursächlichkeit zwischen dem Verfahrensfehler und dem Urteil nicht nachgewiesen zu werden braucht.

– **Streitwertrevision:**
Diese Revisionsart ist bis auf weiteres ausgesetzt. Dadurch soll eine Überlastung des Bundesfinanzhofs verhindert werden. Bis zur Verabschiedung des BFH-Entlastungsgesetzes vom 4. 7. 1985 war die Möglichkeit gegeben, bei einem Streitwert über 10000 DM den Bundesfinanzhof anzurufen (§ 115 Abs. 1 FGO spricht noch von einer Streitwertgrenze von 1000 DM; diese Grenze wurde bereits durch das BFH-Entlastungsgesetz vom 8. 7. 1975 auf 10000 DM angehoben).

bb) Verfahren. Revision ist immer bei dem Finanzgericht einzulegen, das das **448** anzufechtende Urteil gesprochen hat. Die Revisionsbegründung dagegen kann wahlweise beim Finanzgericht oder beim Bundesfinanzhof eingereicht werden.

449   Die **Revisionsfrist** beträgt – wie die Einspruchsfrist – einen Monat nach Bekanntgabe des schriftlichen Urteils. Die mündliche Verkündung setzt noch keine Frist in Gang.

450   Die Revision muß **schriftlich** eingelegt werden und **handunterzeichnet** sein. Ebenso muß die Revision **begründet** sein. Es besteht ein Begründungszwang. Für die Begründung sieht § 120 Abs. 1 Satz 2 FGO eine Frist von einem Monat seit Beginn der Revision vor. Die Frist kann vom Vorsitzenden verlängert werden. Wichtig zu wissen: Eine Revisionsbegründung liegt nicht vor, wenn lediglich die bisher schon vorgebrachten Argumente wiederholt werden (BFH, BStBl. 1974 II S. 13). Ebenso reicht es nicht aus, auf die Rechtsauffassung eines Steuerrechtskommentars hinzuweisen (BFH, BStBl. 1971 II S. 205).

Als **Mindestinhalt** muß die Revision enthalten:
– die Bezeichnung des angefochtenen Urteils,
– einen Revisionsantrag,
– die Bezeichnung der verletzten Rechtsnorm,
– die Tatsachen, die einen Verfahrensmangel belegen.

451   Der Bundesfinanzhof beurteilt das angefochtene Urteil als Revisionsinstanz grundsätzlich nach rechtlichen Gesichtspunkten. Tatsachenaufklärung obliegt der Vorinstanz. Der zuständige Senat entscheidet als erstes, ob die Revision zulässig ist, d. h., ob ein Revisionsgrund vorliegt. Ist dies nicht der Fall, wird die Revision durch Beschluß abgewiesen. Ist die Revision zwar zulässig, aber unbegründet, wird sie durch ein Urteil abgewiesen. Ist die Revision dagegen zulässig und begründet, so entscheidet der Bundesfinanzhof entweder durch Urteil selbst in der Sache oder er verweist die Sache an das Finanzgericht zurück, sofern noch Sachverhaltsaufklärung stattfinden muß. Dabei ist das Finanzgericht an die Rechtsauffassung des Bundesfinanzhofs gebunden.

c) Nichtzulassungsbeschwerde

452   Durch das BFH-Entlastungsgesetz vom 4. 7. 1985 ist der Zugang zum Bundesfinanzhof durch eine Revision eingeschränkt (vgl. Rz. 447 – Streitwertrevision). Wichtigste Revisionsvoraussetzung bei der Zulassungsrevision ist die Zulassung der Revision durch das Finanzgericht. Diese Zulassung erfolgt im allgemeinen im Tenor des Urteils, kann jedoch auch in der Urteilsbegründung angesiedelt sein (vgl. Schmidt-Troje, Typische Fehler im Finanzgerichtsverfahren – Ein Leitfaden des Steuerprozesses, Bonn 1986, Rz. 517 ff.). Hat das Finanzgericht die Revision nicht zugelassen, bleibt der Zugang zum Bundesfinanzhof verwehrt, sofern nicht eine Verfahrensrevision angestrebt wird – also schwere Verfahrensmängel gerügt werden.

Hat das Finanzgericht die Revision nicht zugelassen, so bleibt Ihnen als Steuerpflichtigem lediglich die Nichtzulassungsbeschwerde, um die erstrebte BFH-Entscheidung dennoch zu erlangen.

Verfahrensrechtlich stützt sich die Nichtzulassungsbeschwerde auf § 115 Abs. 3 FGO. Danach kann die Nichtzulassung der Revision selbständig durch Beschwerde **innerhalb eines Monats** nach Zustellung des Urteils angefochten werden.

Die Beschwerde ist bei dem Gericht einzulegen, dessen Entscheidung angefochten werden soll. Eine Beschwerde beim Bundesfinanzhof ist unwirksam und hemmt die Beschwerdefrist nicht. *Wichtig:* Der Grundsatz, daß die Beschwerde beim Finanzgericht einzulegen ist, gilt auch dann, wenn die Akten dem Bundesfinanzhof bereits vorliegen.

Gesetzlich vorgeschrieben ist, daß in der Beschwerdeschrift
– die grundsätzliche Bedeutung der Rechtssache dargelegt wird oder
– die Entscheidung des Bundesfinanzhofs, von der das Urteil abweicht, oder
– der Verfahrensmangel
bezeichnet werden. Es reicht also nicht aus, daß die Beschwerde eingelegt wird, sie muß vielmehr innerhalb der Beschwerdefrist von einem Monat auch **begründet** werden. Wird gerügt, daß das Finanzgericht von einer Entscheidung des Bundesfinanzhof abgewichen ist, so ist es unerheblich, ob das Finanzgericht wissentlich oder unwissentlich von dieser Entscheidung abgewichen ist.

Weiterhin wird gefordert, daß die Beschwerde schriftlich eingelegt wird. Falls Sie in Zeitnot kommen, können Sie die Beschwerde auch in einem Telegramm zustellen lassen. Allerdings: Sie sollten eine – wenn auch kurze – Begründung nicht vergessen.

Wichtig ist auch, daß Sie die Nichtzulassungsbeschwerde als solche kennzeichnen. Denn: Sollten Sie aus Versehen Revision einlegen, so kann diese nicht im Wege der Umdeutung als Beschwerde anerkannt werden (Schmidt-Troje, a. a. O., Rz. 525).

Noch eine **weitere Zulassungsvoraussetzung:** Da beim Bundesfinanzhof Vertretungszwang herrscht, muß auch die Nichtzulassungsbeschwerde durch einen zugelassenen Bevollmächtigten eingelegt werden. Dies bedeutet: Die Nichtzulassungsbeschwerde kann nur von einem Rechtsanwalt, Steuerberater oder Wirtschaftsprüfer eingelegt werden. Denken Sie auch an die schriftliche Vollmacht, die dem Gericht eingereicht werden muß.

Durch die Einlegung der Beschwerde wird die **Rechtskraft des Urteils gehemmt.** Wird der Beschwerde nicht abgeholfen, so entscheidet der Bundesfinanzhof durch Beschluß. Wird die Beschwerde einstimmig zurückgewiesen oder verworfen, so ist eine Beschlußbegründung nicht notwendig. Allerdings sieht der Gesetzgeber vor, daß im Falle der Zurückweisung oder Verwerfung dem Beschwerdeführer vorher die Bedenken gegen die Zulässigkeit oder die Begründetheit der Beschwerde mit dem Hinweis mitzuteilen sind, daß er sich innerhalb eines Monats nach Zustellung der Mitteilung äußern könne.

Mit der **Ablehnung** der Beschwerde durch den Bundesfinanzhof wird das angefochtene Urteil rechtskräftig. Eine weitere Überprüfung des Urteils oder des Beschwerdeentscheids ist auf finanzgerichtlichem Wege nicht mehr möglich. Wird der Beschwerde allerdings stattgegeben, so beginnt mit der Zustellung des Beschwerdeentscheids die Frist für die Revision zu laufen (vgl. Rz. 449).

III. Betriebsprüfungen

1. Zweck

453 Sicher kennen Sie das Gefühl: Der Betriebsprüfer des Finanzamts hat sich angesagt. Zwar sind Sie sich keiner Schuld bewußt. Dennoch bleibt ein ungutes Gefühl. Denn oftmals haben solche Prüfungen erhebliche Steuernachzahlungen zur Folge.

Zugegeben: Betriebsprüfungen müssen sein. Denn mit Hilfe dieses Instruments überprüft die Finanzverwaltung die Steuererklärung von Land- und Forstwirten, Gewerbetreibenden und Selbständigen. Erst das Instrument der Betriebsprüfung ermöglicht eine verhältnismäßig rasche Durchführung der Steuerveranlagung. Nur so kann im jährlichen Veranlagungsverfahren auf die Prüfung aller Unterlagen und Belege verzichtet werden. Und nur deshalb brauchen Sie auch keine lückenlosen Belege mit der jährlichen Veranlagung einzureichen. Der Veranlagungsbeamte verläßt sich auf Ihre Erklärungen und überläßt den Betriebsprüfern die Mühsal der Kontrolle.

Damit Sie sich auf Ihre Betriebsprüfung besser vorbereiten können, sollen an dieser Stelle einige Erläuterungen gegeben werden. Sie sollten unbedingt die Grundbegriffe der Betriebsprüfung beherrschen und auch über den Ablauf Bescheid wissen, da Sie nach der Abgabenordnung – das ist sozusagen das Grundgesetz des Steuerrechts – verpflichtet sind, bei Ihrer eigenen Betriebsprüfung mitzuwirken.

2. Wer ist betroffen – was wird geprüft?

454 Sie werden sich fragen, ob Sie als Rechtsanwalt/Notar überhaupt von einer Betriebsprüfung betroffen sind, oder ob nur Großunternehmen geprüft werden. Grundsätzlich ist die Betriebsprüfung bei all jenen zulässig, die einen

– Gewerbebetrieb,
– einen land- und forstwirtschaftlichen Betrieb oder
– einen selbständigen Betrieb

unterhalten. Dabei kommt es nicht darauf an, ob Sie mit Ihrer Tätigkeit buchführungspflichtig sind. Überprüft werden können grundsätzlich auch Kleinbetriebe oder auch Ärzte, Steuerberater oder Sie als Rechtsanwalt/Notar.

455 In den Betriebskarteien sind über drei Millionen Betriebe gespeichert. Allerdings beschäftigt der Fiskus zur Zeit lediglich ca. 8500 Betriebsprüfer. Es können also nicht alle Betriebe ständig überprüft werden. Die **Betriebsgröße** entscheidet über die Prüfungshäufigkeit. Die Finanzverwaltung hat die Betriebe in **drei Gruppen** eingeteilt: In Großbetriebe, Mittelbetriebe und Klein- bzw. Kleinstbetriebe. Von der Einordnung in eine dieser Gruppen hängt es

ab, wie häufig und wie intensiv geprüft wird. Im statistischen Durchschnitt werden
- Großbetriebe alle 4,7 Jahre
- Mittelbetriebe alle 9 Jahre und
- Klein- bzw. Kleinstbetriebe alle 35 Jahre

überprüft. Im Einzelfall kann es natürlich von diesen statistischen Durchschnittswerten zu erheblichen Abweichungen kommen.

Vom 1. 1. 1985 an gelten für **freie Berufe** folgende Größenmerkmale: **456**

Merkmale	Großbetrieb	Mittelbetrieb	Kleinbetrieb
Einnahmen	über 5 Mio DM	über 900 Tsd DM	über 190 Tsd DM
Gewinn	über 700 Tsd DM	über 150 Tsd DM	über 36 Tsd DM

Ordnen Sie sich selbst anhand der Tabelle ein. So können Sie die Wahrscheinlichkeit einer Betriebsprüfung abschätzen!

Achtung: Eine Prüfung muß sich auch der **Erbe als Gesamtrechtnachfol- 457 ger** eines verstorbenen Steuerpflichtigen gefallen lassen. Kommt es zu Steuernachforderungen, so muß der Erbe diese begleichen. Wird dem Verstorbenen während der Prüfung Steuerhinterziehung nachgewiesen, so braucht der Erbe allerdings keine strafrechtlichen Folgen zu befürchten. Er selbst hat die Steuerstraftat nicht begangen. Die Gesamtrechtsnachfolge erstreckt sich insoweit nur auf die Übernahme rechtlicher Verpflichtungen.

3. Prüfungsanordnung

a) Grundsätzliches

Dem Finanzamt ist es nicht erlaubt, ohne Rechtsgrundlage eine Prüfung **458** durchzuführen. Vielmehr muß nach § 196 AO eine Prüfungsanordnung als schriftlicher Verwaltungsakt ergehen. Die Anordnung muß enthalten:
- die zu prüfenden Steuerarten, z. B. nur Einkommensteuer oder nur Umsatzsteuer, evtl. auch nur die Berechtigung zum Vorsteuerabzug,
- die Besteuerungszeiträume, die geprüft werden sollen, z. B. die Jahre 1982, 1983 und 1984,
- den Namen des Betriebsprüfers und die Namen möglicher Helfer,
- den voraussichtlichen Zeitpunkt des Prüfungsbeginns,
- die rechtliche Grundlage der Betriebsprüfung.

Merken Sie sich: Die Prüfungsanordnung wird durch **Bekanntgabe in 459 schriftlicher Form** wirksam (§§ 124, 196 AO). Eine mündliche – z. B. telefonische – Mitteilung des Betriebsprüfers an Sie als Steuerpflichtigen reicht nicht aus.

Bekanntgegeben wird die Prüfungsanordnung in der Regel 14 Tage vor dem Prüfungstermin. Damit soll Ihnen Gelegenheit gegeben werden, sich rechtzeitig auf die Prüfung einzustellen. Das Finanzamt überfällt Sie also nicht. Ausnahme: Es ist Gefahr im Verzug oder es besteht Verdunklungsgefahr wegen einer Strafsache.

460 Sie haben die Möglichkeit, den Prüfungstermin auch noch hinauszuschieben. Haben Sie z. B. noch umfangreiche Vorbereitungsmaßnahmen zu treffen? Dann bitten Sie den Betriebsprüfer um einen **Terminaufschub!** Im allgemeinen wird dem Antrag stattgegeben.

Wichtige Gründe für einen Terminaufschub können weiterhin sein
– Ihre Erkrankung,
– Erkrankung des Steuerberaters,
– Abwesenheit eines maßgeblichen Mitarbeiters,
– beträchtliche Betriebsstörungen durch Umbau oder höhere Gewalt.

461 Manchmal kommt es vor, daß einer Terminverschiebung nur unter einer Auflage entsprochen wird. Dann beachten Sie: Die Auflage muß **zumutbar** sein!

Beispiel:
Die Betriebsprüfer des Finanzamts haben sich am 15. 6. angekündigt. Der Steuerberater des Steuerpflichtigen, der neben den Steuererklärungen auch die gesamte Buchführung durchführt, ist wegen eines Auslandsurlaubs nicht erreichbar. Auf Antrag des Steuerpflichtigen wird der Prüfungsbeginn auf den 20. 7. verlegt unter der Auflage, daß anhand der Bilanzen für die letzten 3 Jahre bestimmte Kennzahlen für Verprobungszwecke errechnet werden.

Diese Auflage ist unangemessen und unzumutbar, da der zu Prüfende dazu ohne seine Berater kaum in der Lage sein dürfte.

Ist die Auflage unzumutbar und unangemessen, so sollte dies dem Finanzamt mitgeteilt werden und gegebenenfalls **Beschwerde** eingelegt werden.

b) Betroffene der Betriebsprüfung

462 Grundsätzlich ist die Betriebsprüfung bei allen Steuerpflichtigen zulässig, die einen Gewerbebetrieb oder einen land- und forstwirtschaftlichen Betrieb unterhalten oder die freiberuflich tätig sind. Dabei kommt es nicht darauf an, ob der Steuerpflichtige buchführungspflichtig ist. Überprüft werden also auch Ärzte, Steuerberater oder auch Sie als Rechtsanwalt/Notar.

463 Sollen bei zusammen veranlagten Eheleuten die Einkünfte beider zusammen überprüft werden, so muß die Prüfungsanordnung gegenüber beiden Eheleuten ergehen. Sie werden getrennt geprüft. Auch müssen beide jeweils prüfungswürdige Einkünfte erzielen. Die Zusammenveranlagung bei der Einkommensteuer führt nicht etwa dazu, daß die Eheleute als steuerliche Einheit zu betrachten sind. Möglich ist allerdings die Bekanntgabe der Prüfung gegenüber den Eheleuten in einer einzigen Prüfungsanordnung.

464 Eine Prüfung muß sich auch der Erbe als Gesamtrechtsnachfolger des verblichenen Steuerpflichtigen gefallen lassen. Steuernachzahlungen, die sich auf Grund von Prüfungen ergeben, müssen vom Erben gezahlt werden.

c) Zeitlicher Umfang

Aus dem Gesetz ist eine Begrenzung des Zeitraums, auf den sich die **465** Prüfung erstreckt, nicht herauszulesen. In der Betriebsprüfungsordnung hat sich die Finanzverwaltung allerdings eine Selbstbindung auferlegt (§§ 3, 4 BpO). Für Großbetriebe ist die sog. ,,Auschlußprüfung" üblich. D. h. die Prüfung beginnt immer mit dem am weitesten zurückliegenden bisher nicht geprüften Kalenderjahr.

Beispiel:

Im Jahre 1985 hat sich der Betriebsprüfer bei einem Rechtsanwalt angesagt, dessen Gewinn seit Jahren über 700000 DM pro Jahr liegt. Die letzte Betriebsprüfung hatte die Jahre 1979–81 überprüft. Nunmehr wird der Prüfer die Aufzeichnungen und Belege der Jahre ab 1982 einsehen wollen.

Bei Klein- und Mittelbetrieben soll sich die Prüfung lediglich auf die drei letzten Besteuerungszeiträume beschränken, für die vor der Bekanntgabe der Prüfungsordnung bereits Steuererklärungen abgegeben worden sind.

Beispiel:

Der Betriebsprüfer hat sich im Jahr 1985 bei einem Rechtsanwalt angesagt, dessen Gewinn 180000 DM pro Jahr beträgt. Die letzte Prüfung endete mit dem Jahr 1980. Für 1984 hat der Rechtsanwalt bereits eine Einkommensteuererklärung abgegeben. Geprüft werden grundsätzlich die Kalenderjahre 1982 bis 1984. Das Jahr 1981 wird demnach nicht mehr geprüft. Hätte der Steuerpflichtige dagegen seine Erklärung für 1984 noch nicht abgegeben, würden die Jahre 1981–1983 geprüft.

Von der Selbstbindung der Finanzverwaltung gibt es einige Ausnahmen. **466** Können z. B. die Besteuerungsgrundlagen der normalerweise zu prüfenden Jahre nur dann genau ermittelt werden, wenn frühere Jahre miteinbezogen werden, so kann der Prüfungszeitraum auch über die drei üblicherweise zu prüfenden Jahre hinausgehen.

Auch wenn in den allgemeinen nicht geprüften Jahren mit erheblichen Steuernachforderungen, Erstattungen oder Vergütungen zu rechnen ist, wird eine Prüfung angeordnet werden. Selbstverständlich ist die Erweiterung des Prüfungszeitraums über die 2 Jahre hinaus, wenn der Verdacht einer Steuerstraftat oder Steuerordnungswidrigkeit vorliegt.

Unter den genannten Voraussetzungen ist auch eine nachträgliche Erweiterung des Prüfungszeitraums möglich.

d) Zu prüfende Steuerarten

Grundsätzlich können alle Steuerarten in die Prüfung mitbezogen werden. **467** Um allerdings die Prüfungsdauer auf ein angemessenes Maß zu beschränken, wird sich der Prüfer im allgemeinen auf die wesentlichen Fakten beschränken. Geprüft werden insbesondere
– die Vollständigkeit der Einnahmen,
– Bewirtungskosten und Spesen,

– Ehegattenarbeitsverträge,
– die Abgrenzung zwischen Betriebsausgaben und nicht abzugsfähigen Kosten der Lebensführung,
– die Berechtigung zur Inanspruchnahme von besonderen Vergünstigungen (z. B. Investitionszulagen, steuerfreie Rückstellungen und Rücklagen).
Oft wird sich der Betriebsprüfer auch auf Stichproben beschränken. Ein Nachteil dabei kann es sein, daß er das Stichprobenergebnis auf den gesamten Prüfungszeitraum hochrechnen kann und dadurch zu einem unzutreffenden Ergebnis kommt.

468 Die Prüfungsordnung kann auch vorsehen, daß sich die Prüfung nur auf eine Steuerart beschränkt. So kommt es bei größeren Betrieben häufig zu sog. ,,Sonderprüfungen.''

Beispiele:

– Lohnsteuersonderprüfung
– Umsatzsteuersonderprüfung
– Umsatzsteuersonderprüfung, beschränkt auf die Vorsteuerabzugsberechtigung

469 *Hier noch ein Hinweis:* Die Betriebsprüfung kann sich auch auf nichtbetriebliche Sachverhalte erstrecken! Für die Besteuerung kommt es vielfach darauf an, ob und in welchem Umfang bestimmte Vorgänge zum betrieblichen oder zum privaten Bereich gehören. Ebenso muß für Schätzungen und Kontrollrechnungen für Zwecke des betrieblichen Bereichs häufig die Entwicklung der privaten Verhältnisse herangezogen werden. Der Bundesfinanzhof hat dazu Stellung genommen: In welchem Umfang solche Ermittlungen erforderlich sind, könne bei der Anordnung der Außenprüfung nicht vorhergesagt werden. Der Finanzverwaltung könne es daher nicht versagt werden, die im Zusammenhang mit einer Außenprüfung ermittelten außerbetrieblichen Steuermerkmale auszuwerten und weitergehend diese Merkmale weiter zu verfolgen (BFH vom 28. 11. 1985, HFR 1986 S. 169).

e) Rechtsbehelfe gegen die Anordnung

470 Die Prüfungsanordnung stellt einen Verwaltungsakt dar, der mit der Beschwerde gemäß §§ 49 AO angefochten werden kann. Die Beschwerde hat jedoch bezüglich des Prüfungsbeginns keine aufschiebende Wirkung. Der vorläufige Rechtsschutz im Anfechtungsverfahren erfolgt erst durch die sog. ,,Aussetzung der Vollziehung'' (vgl. § 361 AO; § 69 FGO; BFH-Urteil vom 17. 9. 1974, BStBl. 1975 II S. 197). Die Aussetzung erfolgt nur auf Antrag, der zugleich mit der Beschwerde gestellt werden sollte. (Vgl. Rz. 438)

Beispiel:

Die Ehefrau des Steuerpflichtigen ist der berechtigten Auffassung, daß sie als lediglich lohnsteuerpflichtige Arbeitnehmerin nicht der Betriebsprüfung unterliegt. In der Prüfungsanordnung wird sie jedoch als Adressat benannt. Sie legt Beschwerde ein, versäumt jedoch den Antrag auf Aussetzung der Vollziehung. Die Prüfer erscheinen zum festgesetzten Termin und können auch die Unterlagen der Ehefrau einsehen.

4. Durchführung der Prüfung

a) Ort

Als Prüfungsräume kommen im allgemeinen die **Geschäftsräume** des 471
Steuerpflichtigen in Betracht. Mit Einwilligung kann allerdings auch in der
Wohnung geprüft werden. In Ausnahmefällen kommt auch die Praxis des
Steuerberaters in Betracht.

Dem Prüfer ist in jedem Fall ein **geeigneter Ort** zur Verfügung zu stellen
(§ 200 Abs. 2 AO). Es versteht sich von selbst, daß ihm auch die zur Prüfung
erforderlichen Hilfsmittel unentgeltlich überlassen werden müssen. Zudem
sind Sie als Steuerpflichtiger verpflichtet, alle erbetenen Aufzeichnungen,
Geschäftsbücher und sonstige Unterlagen zu beschaffen und zu erläutern.
Werden Aufzeichnungen auf einem Datenträger gespeichert (Mikrofilm,
Diskette), so sind die entsprechenden Wiedergabegeräte bereitzustellen bzw.
Reproduktionen anzufertigen.

b) Mitwirkungspflicht

Die Mitwirkungspflicht des Steuerpflichtigen ist gesetzlich verankert 472
(§ 200 Abs. 1 AO). Sie ist für den reibungslosen Ablauf der Prüfung notwendig.

Allerdings hat die Mitwirkungspflicht Grenzen. Insbesondere muß sie objektiv notwendig und zumutbar sein. Die **Zumutbarkeitsgrenze** wird z. B.
dann überschritten, wenn Unterlagen verlangt werden, die im Eigentum
eines Dritten stehen. Ein Auskunftsverweigerungsrecht hat der Steuerpflichtige jedoch nicht.

c) Mitwirkung Dritter

Falls der Prüfer vom Steuerpflichtigen keine Auskunft erlangen kann, ist 473
er berechtigt, nach freiem Ermessen weitere Auskunftspersonen zu befragen.
In Frage kommen insbesondere Betriebsangehörige, Familienangehörige.

Diese Personen haben allerdings – sofern sie nicht selbst von der Betriebsprüfung betroffen sind – ein **Auskunftsverweigerungsrecht** (§§ 1, 101–106
AO).

Befragt werden können unter bestimmten Voraussetzungen auch Kredit-
institute. Vor allem bei Verdacht auf Steuerhinterziehung gibt es in der
Bundesrepublik Deutschland kein Bankgeheimnis.

d) Einsatz von Zwangsmitteln

Kommt der Steuerpflichtige seiner Mitwirkungspflicht trotz mehrfacher 474
Aufforderung nicht nach, können Zwangsmittel eingesetzt werden
(§§ 328 ff. AO). In Frage kommen

– Androhung und Festsetzung eines Zwangsgeldes (§ 329 AO),
– die sog. ,,Ersatzvornahme" (§ 330 AO),
– unmittelbarer Zwang (§ 331 AO).

Das Zwangsgeld darf 5000 DM nicht übersteigen, es kann allerdings zur Durchführung mehrerer Anordnungen mehrfach festgesetzt werden.

Mit der Ersatzvornahme hat die Finanzverwaltung die Möglichkeit, einen anderen auf Kosten des Steuerpflichtigen mit der Vornahme bestimmter Handlungen zu beauftragen.

Beispiel:
Ein Steuerpflichtiger hat die gesamte Buchführung auf Mikrofilm gespeichert. Der Betriebsprüfer hält die Reproduktion auf Papier für unumgänglich. Der Steuerpflichtige weigert sich. Der Prüfer kann einen anderen damit beauftragen. Die Kosten trägt der Steuerpflichtige.

Führen Zwangsgeld oder die Ersatzvornahme nicht zum Ziel, so kann die Finanzverwaltung „unmittelbaren Zwang" ausüben. Darunter versteht man den Einsatz körperlicher Gewalt gegenüber Personen und Sachen

Beispiele:
Zwangsvorführung des Steuerpflichtigen, Öffnen von Behältnissen oder Räumen.

Es empfiehlt sich also, die Mitwirkungspflicht bei der Betriebsprüfung ernst zu nehmen und es nicht bis zum Einsatz von Zwangsmitteln kommen zu lassen.

e) Kontrollmitteilungen

475 Bei der Prüfung kann der Prüfer auf Sachverhalte stoßen, die für die Besteuerung anderer Personen wichtig sind.

Beispiel:
Ein freiberuflich tätiger Rechtsanwalt/Notar läßt sich während seines Urlaubs von einem Kollegen vertreten. Das Honorar in Höhe von 5000 DM hat er als Betriebsausgaben behandelt. Für den Vertreter gehört das Honorar zu den Einkünften aus selbständiger Tätigkeit, auch wenn er keine eigene Praxis betreibt.

Der Betriebsprüfer notiert beispielsweise alle gezahlten Honorare und macht den Finanzämtern, die für die Besteuerung der Empfänger der Honorare zuständig sind, Mitteilung über die Einnahme. Dort wird kontrolliert, ob der Empfänger das Honorar versteuert hat.

Beispiel:
Der freiberufliche Rechtsanwalt/Notar praktiziert in Aachen, der Vertreter wohnt in Köln-Süd. Der Aachener Betriebsprüfer wird dem Finanzamt Köln-Süd von der Honorarzahlung Mitteilung machen.

Gegen die Anfertigung von Kontrollmitteilungen selbst kann kein Rechtsmittel eingelegt werden. Sie bedeutet keine Belastung des zu prüfenden Steuerpflichtigen. (Er ist nicht „beschwert"). Allerdings kann die Herausgabe von Namen und Anschrift verweigert werden. In diesen Fällen wird der Betriebsprüfer die Betriebsausgabe nicht zum Abzug zulassen.

5. Auswerten der Ergebnisse

a) Schlußbesprechung und Prüfungsbericht

Die Betriebsprüfung endet mit einer Schlußbesprechung (§ 201 AO). Der **476** Steuerpflichtige wird vom Prüfer über die Besprechungspunkte vorher informiert. Meist einigen sich die Parteien über die Behandlung der streitigen Sachverhalte. Aber eine rechtliche Bindungswirkung hat die Schlußbesprechung nicht. Zudem wird das Ergebnis der Besprechung meist nicht eindeutig festgehalten. Die Veranlagungsstelle hält sich letztlich an den vom Prüfer anzufertigenden Prüfungsbericht, obwohl sie durch ihn nicht gebunden ist.

In diesem Bericht sind die für die Besteuerung erheblichen Prüfungsfeststellungen in tatsächlicher und rechtlicher Art festzustellen. Ergeben sich keine Abweichungen von der Steuererklärung, so kann auf den schriftlichen Bericht verzichtet werden.

Der Steuerpflichtige kann beantragen, daß der Prüfungsbericht ihm vor der Auswertung durch die Veranlagungsstelle übersandt wird, damit er in einer angemessenen Frist dazu Stellung nehmen kann.

b) Verbindliche Zusage

Für den Steuerpflichtigen hat die Betriebsprüfung nicht nur unangenehme **477** Seiten. Er kann vielmehr im Anschluß an die Prüfung verlangen, daß die Finanzbehörde ihm verbindlich zusagt, wie ein für die Vergangenheit geprüfter und im Prüfungsbericht dargestellter Sachverhalt in Zukunft steuerrechtlich behandelt wird. Damit wird eine oftmals nicht unerhebliche **Rechtsunsicherheit beseitigt.** Wichtig ist, daß der Sachverhalt möglichst eindeutig im Bericht beschrieben wird. Weicht bei einer späteren Prüfung die Behörde von der Zusage ab, so kann hiergegen Einspruch eingelegt werden.

c) Steuerbescheide

Die Veranlagungsstelle wertet den Prüfungsbericht aus und setzt ggf. in **478** einem geänderten Steuerbescheid die Steuer neu fest. Dieser Steuerbescheid hat eine erhöhte Bestandskraft, d.h. er kann – soweit er auf Grund eines Betriebsprüfungsberichts ergangen ist – nicht mehr geändert werden, wenn später neue Tatsachen auftauchen (§ 173 Abs. 2 AO). Es wird davon ausgegangen, daß das Finanzamt während der Prüfung die Möglichkeit gehabt hat, alle für die Besteuerung wichtigen Sachverhalte zu ermitteln. Eine Betriebsprüfung kann also auch insoweit zur **Rechtssicherheit** beitragen. Der erhöhte Vertrauensschutz durch diese ,,Änderungssperre" gilt allerdings nicht bei Steuerhinterziehungen bzw. leichtfertiger Steuerverkürzung. Hier besteht keine Veranlassung, dem Steuerpflichtigen einen besonderen Schutz zukommen zu lassen.

Gegen den auf Grund einer Prüfung geänderten Steuerbescheid ist – wie gegen alle Steuerbescheide – das Rechtsmittel des Einspruchs möglich. Die den Einspruch entscheidende Stelle ist an das Ergebnis des Berichts nicht gebunden, so daß auch im Einspruchsverfahren Gründe vorgebracht werden können, die der Prüfer nicht gewürdigt hat. Erst wenn die Einspruchsfrist von einem Monat verstrichen ist, wird der Bescheid bestandskräftig: Die Rechtsfolgen der Prüfung sind nicht mehr abzuwenden.

6. Wie bereiten Sie sich vor?

479 Steht bei Ihnen eine Außenprüfung ins Haus? Dann wird sich der Betriebsprüfer für einen bestimmten Termin angesagt haben. Meist bleibt dann noch genug Zeit, die wichtigsten Vorbereitungsmaßnahmen zu treffen. An folgendes sollten Sie unbedingt denken:

– Sobald Sie die Prüfungsanordnung erhalten haben, sollten Sie Ihren **Steuerberater** benachrichtigen. Der Berater muß den Termin in seine Arbeitszeit einplanen, um zumindest zu Beginn der Prüfung zur Verfügung zu stehen. Der Prüfer beginnt sonst seine Arbeit ohne Ihren steuerlichen Beistand!

– Denken Sie daran, dem Prüfer einen angemessenen **Arbeitsplatz** zur Verfügung zu stellen. Geben Sie ihm einen gesonderten Raum, der den arbeitsrechtlichen Bestimmungen entspricht. Halten Sie sich immer vor Augen, daß die Atmosphäre eine wichtige Rolle bei der Betriebsprüfung spielt.

– Der Prüfer hat Ihnen den Prüfungszeitraum mitgeteilt. Halten Sie die notwendigen **Belege** bereit. Überprüfen Sie nochmals Ihre Buchführung auf Vollständigkeit. Auch will der Prüfer sicherlich bestimmte Verträge einsehen. Wenn Sie z. B. einen Ehegattenarbeitsvertrag abgeschlossen haben, so sollte er den steuerrechtlichen Bestimmungen entsprechen (Rz. 102).

– Schauen Sie sich insbesondere auch noch einmal Ihre **Bewirtungskosten** an. Nach § 4 Abs. 5 des Einkommensteuergesetzes müssen die amtlichen Vordrucke vollständig ausgefüllt sein. Denken Sie daran, daß neben den von Ihnen bewirteten Personen auch Ihr eigener Name auf dem Vordruck steht. Dies, obwohl das Gesetz lediglich den Vermerk der ,,bewirteten Personen" fordert.

– Weisen Ihre Gewinne in den Prüfungsjahren erhebliche **Sprünge** auf? Dann sollten Sie nochmals überprüfen, woran dies liegen könnte. Der Prüfer wird sein Augenmerk sicherlich darauf richten. Allerdings: Wenn Ihre Buchführung stimmt, dann wird der Prüfer von einer Schätzung des Gewinns Abstand nehmen müssen. Das Unterschreiten der Rohgewinnsätze in der amtlichen Richtsatzsammlung ist für sich genommen kein Grund, die Ergebnisse der Buchführung in Frage zu stellen. Die Schätzung ist rechtswidrig, wenn die Buchführung ordnungsmäßig ist.

– Und noch eines: Stellen Sie sicher, daß Sie zu Beginn der Betriebsprüfung ein **Gespräch mit dem Prüfer** führen. Ein Kennenlernen kann nie schaden. Stellen Sie gegebenenfalls einen kundigen Fachmann ab, der die Fragen des Prüfers beantworten kann. Sorgen Sie allerdings auch dafür, daß keine anderen Personen des Betriebs dem Prüfer ohne Ihr Wissen Auskünfte geben können. Denken Sie daran: Um Aufklärung über den Betriebsverlauf zu erhalten, darf sich der Prüfer zwar um Auskünfte von Dritten bemühen. Dies sollte er jedoch erst dann versuchen, wenn die Aufklärungsbemühungen bei Ihnen keinen Erfolg haben.

Wenn Sie diese Ratschläge befolgen, haben Sie sich hinreichend gut auf die Prüfung vorbereitet. Allerdings sollten Sie eines nicht vergessen: Die Buchführung sollte in jedem Fall ordnungsmäßig sein. Und das nicht nur im Interesse der Steuerverwaltung. Vielmehr dient eine richtige Buchführung auch als Entscheidungsvorbereitung für Ihre zukünftigen Planungen. Eine ordentliche Buchführung kann Ihnen wichtige Informationen über die Entwicklung Ihrer Freiberuflerpraxis geben.

IV. Steuerstrafrecht

1. Gesetzesvorschriften

Bei Verstößen gegen die in den Einzelgesetzen normierten steuerrechtlichen Vorschriften droht dem Steuerpflichtigen eine strafrechtliche Verfolgung. Die Strafvorschriften sind insbesondere in der Abgabenordnung zu finden und zwar in den §§ 369 bis 376 AO. Wichtigste Vorschrift ist sicherlich der § 370, in dem die Steuerhinterziehung angesprochen wird. **480**

2. Tatbestand der Steuerhinterziehung

Wer den Finanzbehörden oder anderen Behörden über steuerlich erhebliche Tatsachen unrichtige oder unvollständige Angaben macht oder wer die Finanzbehörden pflichtwidrig über steuerlich erhebliche Tatsachen in Unkenntnis läßt und dadurch Steuern verkürzt oder nicht gerechtfertigte Steuervorteile erlangt, wird mit Freiheitsstrafe bis zu 5 Jahren oder mit einer Geldstrafe bedroht. Auch der Versuch ist strafbar. **481**

Die Geldstrafe bemißt sich dabei nach Tagessätzen. Angedroht werden mindestens 5, höchstens 360 Tagessätze. Die Höhe der Tagessätze bemißt sich nach dem Nettoeinkommen. Nach der Erfahrung kann davon ausgegangen werden, daß die Strafe ca. ein Drittel der hinterzogenen Steuer ausmacht. (Dies ist dennoch kein Geschäft, denn die Steuer muß selbstverständlich mit Säumniszuschlägen und Hinterziehungszinsen auch noch gezahlt werden.)

Im Rahmen dieser Einführung in das Steuerrecht für Rechtsanwälte/Notare soll das Steuerstrafrecht nicht ausführlich dargestellt werden. Jedoch sollten Sie als Steuerpflichtiger und auch als Rechtsgelehrter einige Grundbegriffe kennen und insbesondere auf Ihre Rechte und Pflichten im Steuerstrafverfahren hingewiesen werden.

3. Selbstanzeige

a) Nachholen der Steuererklärung

Die beste Empfehlung, die gegeben werden kann, liegt im Vorfeld der Fahndung. Nutzen Sie die Möglichkeit der Selbstanzeige! Aus fiskalischen **482**

Gründen verzichtet der Gesetzgeber auf die Bestrafung, wenn die unrichtige oder unvollständige Angabe der Steuererklärung bei der Finanzbehörde berichtigt oder ergänzt oder wenn unterlassene Angaben nachgeholt werden (vgl. Sie bitte § 371 AO). Sollten Sie in einer schwachen Stunde einmal Schwarzgeld vereinnahmt haben, dann überlegen Sie sich die Möglichkeit der Selbstanzeige. Sie können dem Finanzamt jederzeit eine Erklärung über die nicht deklarierten Einnahmen abgeben. Im allgemeinen entgehen Sie der Bestrafung, wenn Sie es dem Finanzamt durch Ihre nachträgliche Ehrlichkeit ermöglichen, eine Steuer festzusetzen. Diese müssen Sie dann auch im festgelegten Zeitraum entrichten.

Zwar bewirkt die Selbstanzeige eine Straffreiheit. Zuschläge für die verspätete Abgabe der Steuererklärung sowie evt. anfallende Säumniszuschläge, aber auch Steuerhinterziehungszinsen müssen Sie dennoch an den Fiskus abführen. Aber bedenken Sie: Besser ein straffreies, aber teures Steuerleben, als die unangenehme Bekanntschaft mit der Steuerfahndung zu machen.

b) Voraussetzung für strafbefreiende Wirkung

483   Die Selbstanzeige führt nur unter bestimmten Voraussetzungen zu einer Straffreiheit:
– Die Selbstanzeige muß erstattet werden, solange noch kein Amtsträger der Finanzbehörde zur steuerlichen Prüfung erschienen ist. Erschienen ist der Amtsträger – also im allgemeinen der Prüfer – dann, wenn er tatsächlich in Person vor Ihnen steht und die Prüfung ankündigt. Die Prüfungsanordnung selbst ist nicht als ,,Erscheinen`` anzusehen.
– Wird Ihnen angekündigt, daß gegen Sie ein Straf- oder Bußverfahren eingeleitet werden soll, so ist die Möglichkeit der straffreien Selbstanzeige verwirkt.
– Auch darf die Tat zum Zeitpunkt der Selbstanzeige weder ganz noch zum Teil entdeckt sein.
Bedienen Sie sich also möglichst frühzeitig des Instruments der Selbstanzeige. Bedenken Sie, daß diese Möglichkeit ohnehin einmalig ist im deutschen Strafverfahrensrecht. Das Bekenntnis zur Tat schützt – Sie wissen es – im Strafgesetzbuch nicht vor Strafe. Allenfalls kommen mildernde Umstände in Betracht.

4. Verhaltensregeln bei Fahndung

a) Hausdurchsuchung

484   Ist die Steuerfahndung erst einmal eingeschaltet, so ist es für eine Selbstanzeige meist zu spät. Im allgemeinen beginnt die Steuerfahndung mit einer überraschenden Hausdurchsuchung, und zwar meist gleichzeitig im Betrieb, am Arbeitsplatz, in der Privatwohnung oder auch im Ferienhaus.

Für die Fahnder ist erst einmal alles von Interesse, was für die Festsetzung der Steuer Bedeutung haben könnte: Briefe, Aktennotizen, Notizbücher,

Kalender oder auch Bankmitteilungen. Natürlich sind Geschäftsdokumente gefragt. Und ganz besonders freut sich ein Fahnder über einen Schlüssel zu einem dem Finanzamt bisher nicht bekannten Banksafe.

b) Beschlagnahme

Die Fahnder haben das Recht der Beschlagnahme. Freiwillig sollten Sie **485** allerdings nicht unbedingt etwas herausgeben. Beachten Sie: Zwar sind Sie nach der Abgabenordnung verpflichtet, bei der Aufdeckung von Steuergrundlagen mitzuwirken. Die Steuerfahndung ermittelt jedoch fast immer gleichzeitig auch als Strafverfolgungsbehörde. Und nach dem Strafrecht steht Ihnen das Verweigerungsrecht bei der Aufdeckung einer Straftat zu.

Die beschlagnahmten Gegenstände müssen von der Steuerfahndung genau aufgezeichnet werden. Lassen Sie sich ein „Inventar" gegengezeichnet aushändigen.

c) Rechtsbeistand benachrichtigen

Falls Sie sich nicht ganz sattelfest im Steuerrecht und im Steuerstrafrecht **486** fühlen, sollten Sie Aussagen zur Sache nicht ohne einen fachkundigen Rechtsbeistand machen. Benachrichtigen Sie Ihren Steuerberater und vielleicht auch einen Ihnen bekannten Berufskollegen. Sie dürfen telefonieren! Dies wird oft von den Fahndern bestritten. Bestehen Sie auf Ihrem Recht. In der oftmals verständlichen Aufregung Ihrer Lage sollten Sie nicht auf die nüchterne Analyse eines Fachmanns verzichten. Allerdings: Sollten Sie schuldig sein, so ist es selbstverständlich, daß Sie etwaige Mitwisser nicht telefonisch warnen können. Um dies zu verhindern, müssen Sie es schon dulden, daß ein Fahnder Ihre Telefonate mithört und evtl. sogar vermittelt. Aber denken Sie daran: Die Benachrichtigung Ihres Steuerberaters oder eines Rechtsvertreters kann Ihnen der Fahnder nicht verwehren.

Die Fahnder verlocken Sie nicht selten zu Aussagen über die steuerliche Situation. Dies ist aus ihrer Sicht heraus zwar verständlich, denn immerhin sollen sie ja ein Vergehen gegen die Gesetze aufklären. Aber: Ohne Beistand sollten Sie – besonders wenn Sie ein ungutes Gefühl haben – keine Aussagen machen. Aber auch wenn Sie ein reines Gewissen haben: Überlassen Sie es Fachleuten, sich über steuerrechtliche Angelegenheiten auseinanderzusetzen.

d) Haftgründe

Die Steuerfahnder dürfen als Hilfsorgane der Staatsanwaltschaft auch die **487** Haft anordnen. Dies geschieht meist dann, wenn Fluchtgefahr besteht. Indizien dafür: leergeräumte Konten, erhebliches Vermögen im Ausland, Flugtickets ins Ausland.

e) Gestehen kann schädlich sein

Die Fahnder nutzen das Überraschungsmoment. Sind sie erst einmal mit **488** ihrer Arbeit fertig, dann spielt die Zeit mit. Im Durchschnitt dauert es zwei bis drei Jahre, bis es zu einer Entscheidung kommt. Und nicht allzu selten kommt es auch vor, daß die Strafverfolgung ganz eingestellt wird. Bedenken Sie: Es hat schon Strafverfahren gegeben, die sich bis zu 20 Jahre hingezogen haben.

5. Erledigung des Verfahrens

489   Das Steuerstrafverfahren kennt mehrere Erledigungsmöglichkeiten. Sinnvoll ist in jedem Fall, eine einvernehmliche Regelung zu finden. Ihr Rechtsbeistand sollte sich mit dem Sachbearbeiter in Verbindung setzen und zwar bevor Sie als Beschuldigter zur Sache selbst vernommen worden sind. Hier ein Überblick über die bestehenden Möglichkeiten:

- **Einstellung**
  Die für alle Beteiligten beste Lösung ist die Einstellung des Verfahrens mangels hinreichenden Tatverdachts (§ 170 Abs. 2 StPO). Eine Bestrafung erfolgt in diesem Fall nicht. Allerdings bedenken Sie: Vor einer erneuten Verfolgung sind Sie keineswegs sicher. Denn der Einstellung eines Verfahrens kann eine erneute Einleitung folgen.

- **Einstellung wegen Geringfügigkeit**
  Die Abgabenordnung sieht in § 398 diese Möglichkeit vor. In der Praxis wird diese Vorschrift jedoch kaum genutzt, da meist bereits vor der Einleitung des Verfahrens entschieden wird, ob die Sache als geringfügig anzusehen ist.

- **Einstellung bei geringer Schuld**
  Diese Möglichkeit bietet § 153a StPO. Die Einstellung erfolgt meist gegen eine Auflage oder gegen eine Geldzahlung an eine gemeinnützige Institution. Eine Strafe wird nicht ausgesprochen.

- **Bußgeldverfahren**
  Kommt eine Einstellung nicht in Betracht, so kann die Einleitung in ein Bußgeldverfahren einmünden. Auch das Bußgeld ist nicht als Strafe im strafrechtlichen Sinne anzusehen. Eine Eintragung in das Bundeszentralregister erfolgt nicht.

- **Strafbefehl**
  Durch den Strafbefehl (§§ 407 ff. StPO) wird eine Strafe in einem schriftlichen Verfahren ohne Hauptverhandlung ausgesprochen. Es erfolgt eine Eintragung in das Bundeszentralregister. Vorbestraft sind Sie allerdings nicht bei weniger als 90 Tagessätzen und sofern keine sonstigen Vorstrafen vorliegen.

Sechstes Kapitel: Steuerberatung. Wie teuer kann sie werden

I. Vorbemerkung

Die Steuergesetze sind in den letzten Jahren ständig komplizierter gewor- **490** den. Selbst Steuergesetze, die der Vereinfachung dienen sollten, enthalten Vorschriften, die auch ein Steuerfachmann mehrfach lesen muß, bevor er deren Sinngehalt in vollem Umfange versteht. Dagegen ist die Steuerbelastung in den letzten Jahren unverändert hoch geblieben. So kann es durchaus sein, daß auch Sie als Rechtsanwalt/Notar letztendlich Ihre steuerlichen Angelegenheiten einem versierten Steuerberater übertragen möchten.

Aber auch die Steuerberater erbringen ihre Leistungen – wen wundert's – nicht unentgeltlich. Allerdings können die Berater ihre Honorare nicht nach Belieben festsetzen. Seit 1981 gibt es die ,,Gebührenverordnung für Steuerberater, Steuerbevollmächtigte und Steuerberatungsgesellschaften", kurz ,,Steuerberater-Gebührenverordnung" (StBGebV) genannt. In ihr werden alle Gebühren, die der Steuerberater im Zusammenhang mit der Erbringung steuerlicher Beratungsleistungen berechnen kann, verbindlich geregelt. Ein Abweichen von der Gebührenverordnung ist im allgemeinen nicht statthaft.

II. Welche Steuerhonorare gibt es?

1. Keine erfolgsabhängige Gebühr

Um es gleich vorweg zu sagen: Die unter den Steuerpflichtigen weitver- **491** breitete Meinung, daß der Berater grundsätzlich ein Erfolgshonorar bekommt – z. B. 10 Prozent des Erstattungsbetrages – stimmt nicht. Im Gegenteil: Das Steuerberatungsgesetz verbietet erfolgsabhängige Honorare, da sie einem ,,moralisch nicht ganz gefestigten" Berater evtl. zu sehr dazu animieren könnten, gesetzliche Steuertatbestände zum Vorteil seines Mandanten zu umgehen, um selbst seinen Honoraranspruch entsprechend zu erhöhen.

2. Gebührenarten

Die Steuerberater-Gebührenverordnung sieht vier Gebührenarten vor, **492** nämlich die
– Betragsrahmengebühr,
– Zeitgebühr,
– Wertgebühr,
– Pauschalgebühr.

Je nach Tätigkeit wird nach einer dieser Gebühren abgerechnet. Die **Be- 493 tragsrahmengebühr** kommt zum Beispiel zur Anwendung, wenn Sie einen mündlichen oder schriftlichen Rat oder Auskunft erhalten, der sich lediglich auf steuerstrafrechtliche oder bußgeldrechtliche Angelegenheiten bezieht. Der Rahmen der Gebühr beträgt hier 20 DM bis 295 DM.

494   Die **Zeitgebühr** wird von Beratern nur noch selten angewendet, da die gesamte Gebührenordnung grundsätzlich auf den Wertgebühren basiert. Wo allerdings kein Gegenstandswert – also kein Wert des Interesses – festgestellt werden kann, wird der Berater nach der aufgewendeten Zeit abrechnen. Die Gebühr beträgt 20 DM bis 60 DM je angefangener halber Stunde.

495   Für einzelne oder mehrere für denselben Auftraggeber laufend auszuführende Tätigkeiten kann der Steuerberater eine **Pauschalvergütung** vereinbaren. Die Vereinbarung ist schriftlich und für mindestens ein Jahr zu treffen. Der darin vereinbarte Gebührenanteil muß in einem angemessenen Verhältnis zu den Leistungen des Beraters stehen.

Auch die Pauschalgebühren sind mehr die Ausnahme denn die Regel. Insbesondere soll die Pauschalierung kein verschleierter Gebührennachlaß sein – wie es die Mandanten natürlich gern sehen würden. Sie soll lediglich der Vereinfachung dienen.

Beispiel:

(1) Für die Finanz- und Lohnbuchführung wird für das Jahr 1986 eine monatliche Pauschale in Höhe von 500 DM vereinbart, beginnend mit dem Januar 1986, fällig jeweils am Monatsletzten.

(2) Post- und Fernmeldegebühren sowie Schreibauslagen werden auf 10 Prozent der Beträge nach Absatz (1) pauschaliert, und zwar ohne Begrenzung auf die Höhe der Beträge.

III. Wertgebühr: Wie hoch ist sie?

1. Gegenstandswert

496   Die wichtigste Gebühr für Mandant und Berater ist die Wertgebühr. Sie wird nach dem Wert berechnet, den der Gegenstand der beruflichen Tätigkeit hat. Maßgeblich ist der **Wert des Interesses.** Dieser Wert des Interesses ist immer dann klar zu definieren, wenn es sich um Rechtsstreitigkeiten mit dem Finanzamt handelt.

Beispiel:

Als Steuerpflichtiger begehren Sie die Herabsetzung der Einkommensteuervorauszahlungen in Höhe von 45000 DM auf null DM. Wert des Interesses für Sie: 45000 DM.

Vielfach ist der Wert des Interesses nicht immer eindeutig festzustellen. Deshalb bevorzugt die Gebührenverordnung in den meisten Fällen fiktive **Gegenstandswerte.** Als Gegenstandswert wird zum Beispiel die Höhe der Einkünfte oder die Höhe des Umsatzes angenommen.

2. Gebührentabellen

497   Diesen Gegenstandswerten werden in verschiedenen Gebührentabellen Gebühren zugeordnet. Von dieser Gebühr wiederum kann der Steuerberater

einen bestimmten Bruchteil verlangen. Die Gebühren in den Tabellen sinken mit steigenden Gegenstandswerten. D. h., die Spitzengebührenbelastung sinkt tendenziell. Oder: Je höher der Gegenstandswert ist, umso niedriger ist die marginale Gebührenbelastung. Sie beginnt beispielsweise in der Tabelle A mit der Tabellenstufe 2 mit 10 Prozent für einen Gegenstandswert von 100 DM. Bei Werten über 100 Mio. DM beläuft sich die Spitzengebührenbelastung nur noch auf 0,1 Prozent.

Insgesamt gibt es fünf Tabellen, und zwar
– Tabelle A: Beratungstabelle,
– Tabelle B: Abschlußtabelle,
– Tabelle C: Buchführungstabelle,
– Tabelle D: Landwirtschaftliche Buchführung,
– Tabelle E: Rechtsbehelfe.

3. Bruchteilsgebühr

Der Berater erhält nun nicht etwa die volle Gebühr, die den Gegenstands- **498** werten in den Tabellen zugeordnet ist, sondern nur einen bestimmten Anteil, die sog. „**Bruchteilsgebühr**". Diese Bruchteilsgebühr wird ihrerseits wiederum nicht in der Gebührenordnung eindeutig festgesetzt, sondern es gibt für die allermeisten Einzeltätigkeiten einen **Gebührenrahmen**. So kann der Steuerberater beispielsweise für eine Einkommensteuererklärung ohne die Ermittlung der einzelnen Einkünfte – also für die Ausfüllung des Mantelbogens des Erklärungsformulars – $\frac{1}{10}$ bis $\frac{6}{10}$ einer vollen Gebühr nach Tabelle A berechnen. Für die Körperschaftsteuererklärung ohne Entwicklung des zu gliedernden verwendbaren Eigenkapitals kann er $\frac{2}{10}$ bis $\frac{8}{10}$ der vollen Gebühr berechnen. Oder: Für die Aufstellung eines Jahresabschlusses, d. h., also für die Erstellung der Bilanz und der Gewinn- und Verlustrechnung kann er $\frac{10}{10}$ bis $\frac{30}{10}$ der vollen Gebühr nach Tabelle B abrechnen.

Der Gesetzgeber hat diesen Rahmen aus gutem Grund weit festgesetzt. Denn: Nahezu jede Beratungstätigkeit ist bei jedem Mandanten anders geartet. Manche Aufgaben sind leicht zu lösen, andere bedürfen einer intensiven Vorbereitungszeit. Bei der Festsetzung seiner Gebühr wird der Berater regelmäßig auch seinen Zeitaufwand berücksichtigen.

Beispiel:
Für die Buchführung einschließlich des Kontierens der Belege beträgt die **Monatsgebühr** nach § 33 der Steuerberater-Gebührenverordnung $\frac{2}{10}$ bis $\frac{12}{10}$ der vollen Gebühr der Tabelle C. Das arithmetische Mittel berechnet sich wie folgt:

$$\frac{2}{10} \text{ plus } \frac{12}{10} = \frac{14}{10} \text{ dividiert durch } 2 = \frac{7}{10}.$$

Der Berater wird also – wenn nicht außergewöhnliche Umstände dagegensprechen – für die Buchführung auf die volle Monatsgebühr den Bruchteilssatz von $\frac{7}{10}$ anwenden.

IV. Was berechnet der Berater?

499   Nach diesen Ausführungen werden Sie sich zu Recht fragen: Wie hoch wird denn nun üblicherweise die Honorarrechnung für eine mittelgroße Rechtsanwalts-/Notarpraxis ausfallen? Nun, dazu soll ein Beispiel durchgerechnet werden. Typischerweise fallen in einer Praxis folgende Tätigkeiten an, die dem Steuerberater übertragen werden können:

– die Finanzbuchführung,
– die Lohnbuchführung,
– die Einnahmen-Überschußrechnung,
– die Erstellung der Einkommensteuererklärung,
– die Umsatzsteuererklärung,
– die Vermögensteuererklärung einschließlich der Vermögensaufstellung.

500   Berechnen wir nun die Höhe der Honorare bei der folgenden **Beispielspraxis:**

Umsatz:	750 000 DM
Gewinn:	400 000 DM
Angestellte	– 4 –
Rohbetriebsvermögen:	150 000 DM

Bei den Berechnungen wird davon ausgegangen, daß der Berater die Bruchteilsgebühr jeweils nach dem arithmetischen Mittel berechnet.

Tätigkeit	Gegenstands-wert DM	volle Gebühr DM	Gebühren-satz	Gebühr DM
1. Buchführung mtl. Tab. C	750 000	671,–	mtl. 7/10 × 12	5636,40
2. Überschußrechnung Tab. A	750 000	4070,–	12,5/10	5087,50
3. ESt-Erklärung Tab. A	400 000	3108,–	3,5/10 ·	1087,80
4. USt-Erklärung Tab. A	75 000	1410,–	3,5/10	493,50
5. VSt-Erklärung Tab. A	150 000	1780,–	9,5/20	845,50
6. Lohnbuchführung	20,– DM pro Arbeitnehmer im Monat 20 × 12 × 4			960,–
Insgesamt				14 100,70

501   Das Gesamthonorar erstreckt sich also im Beispiel auf ca. 1,9 Prozent des gesamten Jahresumsatzes. Als Überschlag können Sie zwischen 1,5 und 2 Prozent des Umsatzes als Honorar ansetzen.

V. Rechtsbehelfe

Nachdem der Berater die Einkommensteuererklärung abgegeben hat, **502** schickt das Finanzamt wegen Unklarheiten über die Höhe der Betriebsausgaben einen Außenprüfer, der die Gewinnermittlung überprüfen soll. Es ist dringend erforderlich, daß Ihr Steuerberater an dieser Prüfung teilnimmt. Für diese Teilnahme erhält der Berater die Zeitgebühr, also 20 bis 60 DM pro angefangener halber Stunde. Erhebt er gegen den Prüfungsbericht schriftliche Einwendungen, so erhält er nochmals neben der Zeitgebühr $\frac{5}{10}$ bis $\frac{10}{10}$ der vollen Gebühr. Gegenstandswert ist der Steuerbetrag, um den Sie sich mit dem Finanzamt streiten.

Konnten Sie sich mit Ihrem Abschlußprüfer nicht einigen, sind Sie gezwungen, Einspruch einzulegen. Es fällt mindestens eine **Geschäftsgebühr** in Höhe von $\frac{5}{10}$ bis $\frac{10}{10}$ an. Bringt Ihnen auch ein Einspruch nicht den gewünschten Erfolg, müssen Sie Ihr Recht vor Gericht erstreiten. Es kommen weitere Gebühren auf Sie zu, nämlich die **Prozeßgebühr,** die **Verhandlungsgebühr,** die **Erörterungsgebühr** und die **Erledigungsgebühr.** Im Finanzgerichtsprozeß fallen meist die ersten beiden Gebühren in voller Höhe an. **Allerdings: Falls Sie obsiegen, geht der Rechtsstreit zu Lasten der Staatskasse.**

Sie sehen: Steuerberatung ist nicht gerade preiswert. Aber bedenken Sie: **503** Bei der Kompliziertheit der Materie unterläuft dem Steuerlaien nur allzu leicht ein Fehler, der Sie ein Vielfaches dessen kosten kann, was Sie der fachkundige Rat kostet. Und bedenken Sie weiterhin, daß Sie den Berater in Haftung nehmen können, wenn ihm pflichtwidrig ein Fehler unterläuft, der Sie mit zusätzlichen Steuern belastet. Hat Ihr Berater beispielsweise eine Einspruchsfrist versäumt, so können Sie ihm die Ihnen darauf entstehenden Folgen anlasten. Der Berater wiederum ist durch eine gesetzlich vorgeschriebene Vermögenshaftpflichtversicherung abgesichert.

VI. Sonstige Tätigkeiten des Steuerberaters

Übrigens: Einige Berater stehen Ihnen auch bei der **Unternehmensbera-** **504** **tung** zur Verfügung. Insbesondere bei **Existenzgründungsberatungen** sowie bei **Investitionsplanungen** und **Finanzierungsrechnungen,** aber auch bei **Bilanzanalysen** und der **Kosten- und Leistungsrechnung** kann er behilflich sein. Bei diesen betriebswirtschaftlichen Tätigkeiten ist er an keine Gebührenordnung gebunden. Das Honorar ist Verhandlungssache. Es wird sich je nach Schwierigkeitsgrad der gewünschten Aufgabe zwischen 1000 DM und 2500 DM pro Tag bewegen.

Anhang

Einkommensteuertabellen für 1986/1987

(Die Grund- und Splittingtabelle sind aus Gründen der Raumersparnis zusammengefaßt. Die Zahlen sind nach amtlichen Unterlagen ermittelt. Ihre Wiedergabe erfolgt ohne Gewähr.)

Über die Anwendung der Einkommensteuertabellen

Die Höhe der Einkommensteuer bestimmt sich allgemein nach dem Einkommensteuertarif, der in § 32a EStG vorgeschrieben ist.

Dieser Einkommensteuertarif hat folgenden Aufbau (§ 32a Abs. 1 EStG):

a) Null-Zone (Steuerfreiheit) für zu versteuernde Einkommen von 0 bis 4536 DM,
b) Proportionalzone mit einem Steuersatz von 22 v. H. für zu versteuernde Einkommen von 4537 bis 18035 DM,
c) Progressionszone mit einem ansteigenden Steuersatz von 22 bis 56 v. H. für zu versteuernde Einkommen von 18036 bis 130031 DM,
d) Proportionalzone mit einem Steuersatz von 56 v. H. für zu versteuernde Einkommen ab 130032 DM.

Die Einkommensteuer, die sich nach dem Einkommensteuertarif ergibt, ist in der Einkommensteuer-Grundtabelle ausgewiesen. Die Einkommensteuer-Grundtabelle gilt für alle Personen, für die nicht das Splitting-Verfahren anzuwenden ist, d. h. grundsätzlich für alle nicht verheirateten Personen, für die getrennt lebenden und für die getrennt oder (nur für das Kalenderjahr der Eheschließung) besonders zu veranlagenden Ehegatten.

Für Ehegatten, die zusammen zur Einkommensteuer veranlagt werden, ist das Splitting-Verfahren anzuwenden. Ehegatten werden zusammen zur Einkommensteuer veranlagt, wenn beide unbeschränkt steuerpflichtig sind und nicht dauernd getrennt leben, diese Voraussetzungen zu Beginn des Veranlagungszeitraums vorgelegen haben oder im Laufe des Veranlagungszeitraums eingetreten sind, beide nicht die besondere Veranlagung wählen (nur für das Kalenderjahr der Eheschließung) und keiner der Ehegatten die getrennte Veranlagung wählt. Bei dem Splitting-Verfahren wird die Einkommensteuer für die Hälfte des gemeinsam zu versteuernden Einkommens beider Ehegatten aus der Einkommensteuer-Grundtabelle abgelesen und der ermittelte Steuerbetrag sodann verdoppelt. Die nach diesem Verfahren ermittelte Einkommensteuer ist in der Einkommensteuer-Splittingtabelle ausgewiesen.

Die Einkommensteuer-Splittingtabelle ist auch anzuwenden

a) bei einem verwitweten Steuerpflichtigen für den Veranlagungszeitraum, der dem Kalenderjahr folgt, in dem sein Ehegatte verstorben ist, wenn der Steuerpflichtige und sein verstorbener Ehegatte am Todestag unbeschränkt steuerpflichtig waren und nicht dauernd getrennt gelebt haben (dies gilt auch bei der besonderen Veranlagung – vgl. § 26c Abs. 2 EStG),

b) bei einem Steuerpflichtigen, dessen Ehe in dem Kalenderjahr, in dem er sein
   Einkommen bezogen hat, aufgelöst worden ist, wenn in diesem Kalenderjahr
   – der Steuerpflichtige und sein bisheriger Ehegatte unbeschränkt steuerpflich-
     tig waren und nicht dauernd getrennt gelebt haben,
   – der bisherige Ehegatte wieder geheiratet hat und er sowie sein neuer Ehegat-
     te ebenfalls unbeschränkt steuerpflichtig sind und nicht dauernd getrennt
     leben.

In den Fällen zu b) ist die Einkommensteuer-Splittingtabelle allerdings dann
nicht anzuwenden, wenn der Steuerpflichtige selber wieder geheiratet hat und
getrennt zur Einkommensteuer veranlagt wird.

Bemessungsgrundlage für die tarifliche Einkommensteuer ist das zu versteuernde Einkommen (§ 2 Abs. 5 EStG).

Das zu versteuernde Einkommen ist nach Abschn. 3 EStR zu ermitteln.

Zu versteuerndes Einkommen bis	Tarif	Einkommensteuer	Zu versteuerndes Einkommen bis	Tarif	Einkommensteuer	Zu versteuerndes Einkommen bis	Tarif	Einkommensteuer	Zu versteuerndes Einkommen bis	Tarif	Einkommensteuer	Zu versteuerndes Einkommen bis	Tarif	Einkommensteuer
4 589	G / S		6 317	G / S	380	8 045	G / S	760	9 773	G / S	1 140 / 142	11 501	G / S	1 520 / 522
4 643	G / S	11	6 371	G / S	391	8 099	G / S	772	9 827	G / S	1 152 / 142	11 555	G / S	1 532 / 522
4 697	G / S	23	6 425	G / S	403	8 153	G / S	784	9 881	G / S	1 164 / 166	11 609	G / S	1 544 / 546
4 751	G / S	35	6 479	G / S	415	8 207	G / S	795	9 935	G / S	1 176 / 166	11 663	G / S	1 556 / 546
4 805	G / S	47	6 533	G / S	427	8 261	G / S	807	9 989	G / S	1 187 / 188	11 717	G / S	1 568 / 570
4 859	G / S	59	6 587	G / S	439	8 315	G / S	819	10 043	G / S	1 199 / 188	11 771	G / S	1 579 / 570
4 913	G / S	71	6 641	G / S	451	8 369	G / S	831	10 097	G / S	1 211 / 212	11 825	G / S	1 591 / 592
4 967	G / S	83	6 695	G / S	463	8 423	G / S	843	10 151	G / S	1 223 / 212	11 879	G / S	1 603 / 592
5 021	G / S	94	6 749	G / S	475	8 477	G / S	855	10 205	G / S	1 235 / 236	11 933	G / S	1 615 / 616
5 075	G / S	106	6 803	G / S	487	8 531	G / S	867	10 259	G / S	1 247 / 236	11 987	G / S	1 627 / 616
5 129	G / S	118	6 857	G / S	498	8 585	G / S	879	10 313	G / S	1 259 / 260	12 041	G / S	1 639 / 640
5 183	G / S	130	6 911	G / S	510	8 639	G / S	890	10 367	G / S	1 271 / 260	12 095	G / S	1 651 / 640
5 237	G / S	142	6 965	G / S	522	8 693	G / S	902	10 421	G / S	1 282 / 284	12 149	G / S	1 663 / 664
5 291	G / S	154	7 019	G / S	534	8 747	G / S	914	10 475	G / S	1 294 / 284	12 203	G / S	1 675 / 664
5 345	G / S	166	7 073	G / S	546	8 801	G / S	926	10 529	G / S	1 306 / 308	12 257	G / S	1 686 / 688
5 399	G / S	178	7 127	G / S	558	8 855	G / S	938	10 583	G / S	1 318 / 308	12 311	G / S	1 698 / 688
5 453	G / S	190	7 181	G / S	570	8 909	G / S	950	10 637	G / S	1 330 / 332	12 365	G / S	1 710 / 712
5 507	G / S	201	7 235	G / S	582	8 963	G / S	962	10 691	G / S	1 342 / 332	12 419	G / S	1 722 / 712
5 561	G / S	213	7 289	G / S	593	9 017	G / S	974	10 745	G / S	1 354 / 356	12 473	G / S	1 734 / 736
5 615	G / S	225	7 343	G / S	605	9 071	G / S	985	10 799	G / S	1 366 / 356	12 527	G / S	1 746 / 736
5 669	G / S	237	7 397	G / S	617	9 125	G / S	997	10 853	G / S	1 378 / 380	12 581	G / S	1 758 / 760
5 723	G / S	249	7 451	G / S	629	9 179	G / S	1 009	10 907	G / S	1 389 / 380	12 635	G / S	1 770 / 760
5 777	G / S	261	7 505	G / S	641	9 233	G / S	1 021 / 22	10 961	G / S	1 401 / 402	12 689	G / S	1 781 / 782
5 831	G / S	273	7 559	G / S	653	9 287	G / S	1 033 / 22	11 015	G / S	1 413 / 402	12 743	G / S	1 793 / 782
5 885	G / S	285	7 613	G / S	665	9 341	G / S	1 045 / 46	11 069	G / S	1 425 / 426	12 797	G / S	1 805 / 806
5 939	G / S	296	7 667	G / S	677	9 395	G / S	1 057 / 46	11 123	G / S	1 437 / 426	12 851	G / S	1 817 / 806
5 993	G / S	308	7 721	G / S	688	9 449	G / S	1 069 / 70	11 177	G / S	1 449 / 450	12 905	G / S	1 829 / 830
6 047	G / S	320	7 775	G / S	700	9 503	G / S	1 081 / 70	11 231	G / S	1 461 / 450	12 959	G / S	1 841 / 830
6 101	G / S	332	7 829	G / S	712	9 557	G / S	1 092 / 94	11 285	G / S	1 473 / 474	13 013	G / S	1 853 / 854
6 155	G / S	344	7 883	G / S	724	9 611	G / S	1 104 / 94	11 339	G / S	1 484 / 474	13 067	G / S	1 865 / 854
6 209	G / S	356	7 937	G / S	736	9 665	G / S	1 116 / 118	11 393	G / S	1 496 / 498	13 121	G / S	1 876 / 878
6 263	G / S	368	7 991	G / S	748	9 719	G / S	1 128 / 118	11 447	G / S	1 508 / 498	13 175	G / S	1 888 / 878

Zu versteuerndes Einkommen bis	Tarif	Einkommensteuer	Zu versteuerndes Einkommen bis	Tarif	Einkommensteuer	Zu versteuerndes Einkommen bis	Tarif	Einkommensteuer	Zu versteuerndes Einkommen bis	Tarif	Einkommensteuer	Zu versteuerndes Einkommen bis	Tarif	Einkommensteuer
13 229	G	1 900	14 957	G	2 280	16 685	G	2 661	18 413	G	3 041	20 141	G	3 447
	S	902		S	1 282		S	1 662		S	2 042		S	2 422
13 283	G	1 912	15 011	G	2 292	16 739	G	2 672	18 467	G	3 054	20 195	G	3 460
	S	902		S	1 282		S	1 662		S	2 042		S	2 422
13 337	G	1 924	15 065	G	2 304	16 793	G	2 684	18 521	G	3 066	20 249	G	3 473
	S	926		S	1 306		S	1 686		S	2 066		S	2 446
13 391	G	1 936	15 119	G	2 316	16 847	G	2 696	18 575	G	3 078	20 303	G	3 486
	S	926		S	1 306		S	1 686		S	2 066		S	2 446
13 445	G	1 948	15 173	G	2 328	16 901	G	2 708	18 629	G	3 090	20 357	G	3 500
	S	950		S	1 330		S	1 710		S	2 090		S	2 470
13 499	G	1 960	15 227	G	2 340	16 955	G	2 720	18 683	G	3 102	20 411	G	3 513
	S	950		S	1 330		S	1 710		S	2 090		S	2 470
13 553	G	1 972	15 281	G	2 352	17 009	G	2 732	18 737	G	3 115	20 465	G	3 526
	S	974		S	1 354		S	1 734		S	2 114		S	2 494
13 607	G	1 983	15 335	G	2 364	17 063	G	2 744	18 791	G	3 127	20 519	G	3 540
	S	974		S	1 354		S	1 734		S	2 114		S	2 494
13 661	G	1 995	15 389	G	2 375	17 117	G	2 756	18 845	G	3 139	20 573	G	3 553
	S	996		S	1 376		S	1 758		S	2 138		S	2 518
13 715	G	2 007	15 443	G	2 387	17 171	G	2 767	18 899	G	3 152	20 627	G	3 567
	S	996		S	1 376		S	1 758		S	2 138		S	2 518
13 769	G	2 019	15 497	G	2 399	17 225	G	2 779	18 953	G	3 164	20 681	G	3 580
	S	1 020		S	1 400		S	1 780		S	2 162		S	2 542
13 823	G	2 031	15 551	G	2 411	17 279	G	2 791	19 007	G	3 177	20 735	G	3 594
	S	1 020		S	1 400		S	1 780		S	2 162		S	2 542
13 877	G	2 043	15 605	G	2 423	17 333	G	2 803	19 061	G	3 189	20 789	G	3 607
	S	1 044		S	1 424		S	1 804		S	2 184		S	2 564
13 931	G	2 055	15 659	G	2 435	17 387	G	2 815	19 115	G	3 202	20 843	G	3 621
	S	1 044		S	1 424		S	1 804		S	2 184		S	2 564
13 985	G	2 067	15 713	G	2 447	17 441	G	2 827	19 169	G	3 214	20 897	G	3 634
	S	1 068		S	1 448		S	1 828		S	2 208		S	2 588
14 039	G	2 078	15 767	G	2 459	17 495	G	2 839	19 223	G	3 227	20 951	G	3 648
	S	1 068		S	1 448		S	1 828		S	2 208		S	2 588
14 093	G	2 090	15 821	G	2 470	17 549	G	2 851	19 277	G	3 240	21 005	G	3 662
	S	1 092		S	1 472		S	1 852		S	2 232		S	2 612
14 147	G	2 102	15 875	G	2 482	17 603	G	2 863	19 331	G	3 252	21 059	G	3 676
	S	1 092		S	1 472		S	1 852		S	2 232		S	2 612
14 201	G	2 114	15 929	G	2 494	17 657	G	2 874	19 385	G	3 265	21 113	G	3 689
	S	1 116		S	1 496		S	1 876		S	2 256		S	2 636
14 255	G	2 126	15 983	G	2 506	17 711	G	2 886	19 439	G	3 278	21 167	G	3 703
	S	1 116		S	1 496		S	1 876		S	2 256		S	2 636
14 309	G	2 138	16 037	G	2 518	17 765	G	2 898	19 493	G	3 291	21 221	G	3 717
	S	1 140		S	1 520		S	1 900		S	2 280		S	2 660
14 363	G	2 150	16 091	G	2 530	17 819	G	2 910	19 547	G	3 303	21 275	G	3 731
	S	1 140		S	1 520		S	1 900		S	2 280		S	2 660
14 417	G	2 162	16 145	G	2 542	17 873	G	2 922	19 601	G	3 316	21 329	G	3 745
	S	1 164		S	1 544		S	1 924		S	2 304		S	2 684
14 471	G	2 173	16 199	G	2 554	17 927	G	2 934	19 655	G	3 329	21 383	G	3 759
	S	1 164		S	1 544		S	1 924		S	2 304		S	2 684
14 525	G	2 185	16 253	G	2 566	17 981	G	2 946	19 709	G	3 342	21 437	G	3 773
	S	1 186		S	1 568		S	1 948		S	2 328		S	2 708
14 579	G	2 197	16 307	G	2 577	18 035	G	2 958	19 763	G	3 355	21 491	G	3 787
	S	1 186		S	1 568		S	1 948		S	2 328		S	2 708
14 633	G	2 209	16 361	G	2 589	18 089	G	2 969	19 817	G	3 368	21 545	G	3 801
	S	1 210		S	1 590		S	1 970		S	2 352		S	2 732
14 687	G	2 221	16 415	G	2 601	18 143	G	2 981	19 871	G	3 381	21 599	G	3 815
	S	1 210		S	1 590		S	1 970		S	2 352		S	2 732
14 741	G	2 233	16 469	G	2 613	18 197	G	2 993	19 925	G	3 394	21 653	G	3 829
	S	1 234		S	1 614		S	1 994		S	2 374		S	2 756
14 795	G	2 245	16 523	G	2 625	18 251	G	3 005	19 979	G	3 407	21 707	G	3 843
	S	1 234		S	1 614		S	1 994		S	2 374		S	2 756
14 849	G	2 257	16 577	G	2 637	18 305	G	3 017	20 033	G	3 420	21 761	G	3 857
	S	1 258		S	1 638		S	2 018		S	2 398		S	2 778
14 903	G	2 269	16 631	G	2 649	18 359	G	3 029	20 087	G	3 433	21 815	G	3 871
	S	1 258		S	1 638		S	2 018		S	2 398		S	2 778

Zu versteuerndes Einkommen bis	Tarif	Einkommensteuer	Zu versteuerndes Einkommen bis	Tarif	Einkommensteuer	Zu versteuerndes Einkommen bis	Tarif	Einkommensteuer	Zu versteuerndes Einkommen bis	Tarif	Einkommensteuer	Zu versteuerndes Einkommen bis	Tarif	Einkommensteuer
21 869	G / S	3 885 / 2 802	23 597	G / S	4 356 / 3 182	25 325	G / S	4 858 / 3 562	27 053	G / S	5 388 / 3 944	28 781	G / S	5 946 / 4 324
21 923	G / S	3 900 / 2 802	23 651	G / S	4 371 / 3 182	25 379	G / S	4 874 / 3 562	27 107	G / S	5 405 / 3 944	28 835	G / S	5 964 / 4 324
21 977	G / S	3 914 / 2 826	23 705	G / S	4 387 / 3 206	25 433	G / S	4 890 / 3 586	27 161	G / S	5 422 / 3 966	28 889	G / S	5 982 / 4 346
22 031	G / S	3 928 / 2 826	23 759	G / S	4 402 / 3 206	25 487	G / S	4 906 / 3 586	27 215	G / S	5 439 / 3 966	28 943	G / S	5 999 / 4 346
22 085	G / S	3 942 / 2 850	23 813	G / S	4 417 / 3 230	25 541	G / S	4 922 / 3 610	27 269	G / S	5 456 / 3 990	28 997	G / S	6 017 / 4 370
22 139	G / S	3 957 / 2 850	23 867	G / S	4 433 / 3 230	25 595	G / S	4 939 / 3 610	27 323	G / S	5 473 / 3 990	29 051	G / S	6 035 / 4 370
22 193	G / S	3 971 / 2 874	23 921	G / S	4 448 / 3 254	25 649	G / S	4 955 / 3 634	27 377	G / S	5 491 / 4 014	29 105	G / S	6 053 / 4 394
22 247	G / S	3 986 / 2 874	23 975	G / S	4 463 / 3 254	25 703	G / S	4 971 / 3 634	27 431	G / S	5 508 / 4 014	29 159	G / S	6 071 / 4 394
22 301	G / S	4 000 / 2 898	24 029	G / S	4 479 / 3 278	25 757	G / S	4 988 / 3 658	27 485	G / S	5 525 / 4 038	29 213	G / S	6 089 / 4 418
22 355	G / S	4 015 / 2 898	24 083	G / S	4 494 / 3 278	25 811	G / S	5 004 / 3 658	27 539	G / S	5 542 / 4 038	29 267	G / S	6 107 / 4 418
22 409	G / S	4 029 / 2 922	24 137	G / S	4 510 / 3 302	25 865	G / S	5 020 / 3 682	27 593	G / S	5 559 / 4 062	29 321	G / S	6 126 / 4 442
22 463	G / S	4 044 / 2 922	24 191	G / S	4 525 / 3 302	25 919	G / S	5 037 / 3 682	27 647	G / S	5 577 / 4 062	29 375	G / S	6 144 / 4 442
22 517	G / S	4 058 / 2 946	24 245	G / S	4 541 / 3 326	25 973	G / S	5 053 / 3 706	27 701	G / S	5 594 / 4 086	29 429	G / S	6 162 / 4 466
22 571	G / S	4 073 / 2 946	24 299	G / S	4 556 / 3 326	26 027	G / S	5 070 / 3 706	27 755	G / S	5 611 / 4 086	29 483	G / S	6 180 / 4 466
22 625	G / S	4 087 / 2 968	24 353	G / S	4 572 / 3 350	26 081	G / S	5 086 / 3 730	27 809	G / S	5 629 / 4 110	29 537	G / S	6 198 / 4 490
22 679	G / S	4 102 / 2 968	24 407	G / S	4 588 / 3 350	26 135	G / S	5 103 / 3 730	27 863	G / S	5 646 / 4 110	29 591	G / S	6 216 / 4 490
22 733	G / S	4 117 / 2 992	24 461	G / S	4 603 / 3 372	26 189	G / S	5 119 / 3 752	27 917	G / S	5 664 / 4 134	29 645	G / S	6 235 / 4 514
22 787	G / S	4 132 / 2 992	24 515	G / S	4 619 / 3 372	26 243	G / S	5 136 / 3 752	27 971	G / S	5 681 / 4 134	29 699	G / S	6 253 / 4 514
22 841	G / S	4 146 / 3 016	24 569	G / S	4 635 / 3 396	26 297	G / S	5 153 / 3 776	28 025	G / S	5 699 / 4 156	29 753	G / S	6 271 / 4 538
22 895	G / S	4 161 / 3 016	24 623	G / S	4 650 / 3 396	26 351	G / S	5 169 / 3 776	28 079	G / S	5 716 / 4 156	29 807	G / S	6 289 / 4 538
22 949	G / S	4 176 / 3 040	24 677	G / S	4 666 / 3 420	26 405	G / S	5 186 / 3 800	28 133	G / S	5 734 / 4 180	29 861	G / S	6 308 / 4 560
23 003	G / S	4 191 / 3 040	24 731	G / S	4 682 / 3 420	26 459	G / S	5 203 / 3 800	28 187	G / S	5 751 / 4 180	29 915	G / S	6 326 / 4 560
23 057	G / S	4 206 / 3 064	24 785	G / S	4 698 / 3 444	26 513	G / S	5 219 / 3 824	28 241	G / S	5 769 / 4 204	29 969	G / S	6 344 / 4 584
23 111	G / S	4 221 / 3 064	24 839	G / S	4 714 / 3 444	26 567	G / S	5 236 / 3 824	28 295	G / S	5 786 / 4 204	30 023	G / S	6 363 / 4 584
23 165	G / S	4 236 / 3 088	24 893	G / S	4 730 / 3 468	26 621	G / S	5 253 / 3 848	28 349	G / S	5 804 / 4 228	30 077	G / S	6 381 / 4 608
23 219	G / S	4 251 / 3 088	24 947	G / S	4 745 / 3 468	26 675	G / S	5 270 / 3 848	28 403	G / S	5 822 / 4 228	30 131	G / S	6 400 / 4 608
23 273	G / S	4 266 / 3 112	25 001	G / S	4 761 / 3 492	26 729	G / S	5 286 / 3 872	28 457	G / S	5 839 / 4 252	30 185	G / S	6 418 / 4 632
23 327	G / S	4 281 / 3 112	25 055	G / S	4 777 / 3 492	26 783	G / S	5 303 / 3 872	28 511	G / S	5 857 / 4 252	30 239	G / S	6 437 / 4 632
23 381	G / S	4 296 / 3 136	25 109	G / S	4 793 / 3 516	26 837	G / S	5 320 / 3 896	28 565	G / S	5 875 / 4 276	30 293	G / S	6 455 / 4 656
23 435	G / S	4 311 / 3 136	25 163	G / S	4 809 / 3 516	26 891	G / S	5 337 / 3 896	28 619	G / S	5 892 / 4 276	30 347	G / S	6 474 / 4 656
23 489	G / S	4 326 / 3 158	25 217	G / S	4 825 / 3 540	26 945	G / S	5 354 / 3 920	28 673	G / S	5 910 / 4 300	30 401	G / S	6 492 / 4 680
23 543	G / S	4 341 / 3 158	25 271	G / S	4 842 / 3 540	26 999	G / S	5 371 / 3 920	28 727	G / S	5 928 / 4 300	30 455	G / S	6 511 / 4 680

Zu versteuerndes Einkommen bis	G	S	Zu versteuerndes Einkommen bis	G	S	Zu versteuerndes Einkommen bis	G	S	Zu versteuerndes Einkommen bis	G	S	Zu versteuerndes Einkommen bis	G	S
30 509	6 530	4 704	32 237	7 138	5 084	33 965	7 769	5 464	35 693	8 422	5 844	37 421	9 096	6 230
30 563	6 548	4 704	32 291	7 157	5 084	34 019	7 789	5 464	35 747	8 443	5 844	37 475	9 117	6 230
30 617	6 567	4 728	32 345	7 177	5 108	34 073	7 809	5 488	35 801	8 464	5 868	37 529	9 138	6 254
30 671	6 586	4 728	32 399	7 196	5 108	34 127	7 829	5 488	35 855	8 484	5 868	37 583	9 160	6 254
30 725	6 604	4 750	32 453	7 215	5 132	34 181	7 850	5 512	35 909	8 505	5 892	37 637	9 181	6 278
30 779	6 623	4 750	32 507	7 235	5 132	34 235	7 870	5 512	35 963	8 526	5 892	37 691	9 203	6 278
30 833	6 642	4 774	32 561	7 254	5 154	34 289	7 890	5 534	36 017	8 547	5 916	37 745	9 224	6 304
30 887	6 661	4 774	32 615	7 274	5 154	34 343	7 910	5 534	36 071	8 568	5 916	37 799	9 246	6 304
30 941	6 679	4 798	32 669	7 293	5 178	34 397	7 930	5 558	36 125	8 589	5 938	37 853	9 267	6 328
30 995	6 698	4 798	32 723	7 313	5 178	34 451	7 951	5 558	36 179	8 610	5 938	37 907	9 289	6 328
31 049	6 717	4 822	32 777	7 333	5 202	34 505	7 971	5 582	36 233	8 631	5 962	37 961	9 310	6 354
31 103	6 736	4 822	32 831	7 352	5 202	34 559	7 991	5 582	36 287	8 651	5 962	38 015	9 332	6 354
31 157	6 755	4 846	32 885	7 372	5 226	34 613	8 011	5 606	36 341	8 672	5 986	38 069	9 353	6 378
31 211	6 774	4 846	32 939	7 391	5 226	34 667	8 032	5 606	36 395	8 693	5 986	38 123	9 375	6 378
31 265	6 793	4 870	32 993	7 411	5 250	34 721	8 052	5 630	36 449	8 714	6 010	38 177	9 397	6 404
31 319	6 812	4 870	33 047	7 431	5 250	34 775	8 073	5 630	36 503	8 735	6 010	38 231	9 418	6 404
31 373	6 831	4 894	33 101	7 451	5 274	34 829	8 093	5 654	36 557	8 756	6 034	38 285	9 440	6 428
31 427	6 850	4 894	33 155	7 470	5 274	34 883	8 113	5 654	36 611	8 778	6 034	38 339	9 461	6 428
31 481	6 869	4 918	33 209	7 490	5 298	34 937	8 134	5 678	36 665	8 799	6 058	38 393	9 483	6 454
31 535	6 888	4 918	33 263	7 510	5 298	34 991	8 154	5 678	36 719	8 820	6 058	38 447	9 505	6 454
31 589	6 907	4 940	33 317	7 530	5 322	35 045	8 175	5 702	36 773	8 841	6 082	38 501	9 527	6 480
31 643	6 926	4 940	33 371	7 550	5 322	35 099	8 195	5 702	36 827	8 862	6 082	38 555	9 548	6 480
31 697	6 945	4 964	33 425	7 569	5 344	35 153	8 216	5 726	36 881	8 883	6 108	38 609	9 570	6 504
31 751	6 964	4 964	33 479	7 589	5 344	35 207	8 236	5 726	36 935	8 904	6 108	38 663	9 592	6 504
31 805	6 983	4 988	33 533	7 609	5 368	35 261	8 257	5 748	36 989	8 925	6 132	38 717	9 614	6 530
31 859	7 003	4 988	33 587	7 629	5 368	35 315	8 277	5 748	37 043	8 947	6 132	38 771	9 635	6 530
31 913	7 022	5 012	33 641	7 649	5 392	35 369	8 298	5 772	37 097	8 968	6 156	38 825	9 657	6 556
31 967	7 041	5 012	33 695	7 669	5 392	35 423	8 319	5 772	37 151	8 989	6 156	38 879	9 679	6 556
32 021	7 060	5 036	33 749	7 689	5 416	35 477	8 339	5 796	37 205	9 010	6 180	38 933	9 701	6 582
32 075	7 080	5 036	33 803	7 709	5 416	35 531	8 360	5 796	37 259	9 032	6 180	38 987	9 723	6 582
32 129	7 099	5 060	33 857	7 729	5 440	35 585	8 381	5 820	37 313	9 053	6 204	39 041	9 745	6 606
32 183	7 118	5 060	33 911	7 749	5 440	35 639	8 401	5 820	37 367	9 074	6 204	39 095	9 767	6 606

Zu versteuerndes Einkommen bis	Tarif	Einkommensteuer	Zu versteuerndes Einkommen bis	Tarif	Einkommensteuer	Zu versteuerndes Einkommen bis	Tarif	Einkommensteuer	Zu versteuerndes Einkommen bis	Tarif	Einkommensteuer	Zu versteuerndes Einkommen bis	Tarif	Einkommensteuer
39 149	G S	9 789 / 6 632	40 877	G S	10 499 / 7 052	42 605	G S	11 227 / 7 490	44 333	G S	11 970 / 7 942	46 061	G S	12 728 / 8 412
39 203	G S	9 810 / 6 632	40 931	G S	10 522 / 7 052	42 659	G S	11 250 / 7 490	44 387	G S	11 994 / 7 942	46 115	G S	12 752 / 8 412
39 257	G S	9 832 / 6 658	40 985	G S	10 544 / 7 080	42 713	G S	11 273 / 7 518	44 441	G S	12 017 / 7 972	46 169	G S	12 776 / 8 442
39 311	G S	9 854 / 6 658	41 039	G S	10 567 / 7 080	42 767	G S	11 296 / 7 518	44 495	G S	12 041 / 7 972	46 223	G S	12 800 / 8 442
39 365	G S	9 876 / 6 684	41 093	G S	10 589 / 7 106	42 821	G S	11 319 / 7 546	44 549	G S	12 064 / 8 000	46 277	G S	12 824 / 8 472
39 419	G S	9 898 / 6 684	41 147	G S	10 612 / 7 106	42 875	G S	11 342 / 7 546	44 603	G S	12 088 / 8 000	46 331	G S	12 848 / 8 472
39 473	G S	9 920 / 6 710	41 201	G S	10 634 / 7 134	42 929	G S	11 365 / 7 574	44 657	G S	12 111 / 8 030	46 385	G S	12 872 / 8 502
39 527	G S	9 942 / 6 710	41 255	G S	10 657 / 7 134	42 983	G S	11 388 / 7 574	44 711	G S	12 135 / 8 030	46 439	G S	12 896 / 8 502
39 581	G S	9 965 / 6 736	41 309	G S	10 680 / 7 160	43 037	G S	11 411 / 7 602	44 765	G S	12 159 / 8 058	46 493	G S	12 920 / 8 532
39 635	G S	9 987 / 6 736	41 363	G S	10 702 / 7 160	43 091	G S	11 434 / 7 602	44 819	G S	12 182 / 8 058	46 547	G S	12 944 / 8 532
39 689	G S	10 009 / 6 762	41 417	G S	10 725 / 7 188	43 145	G S	11 458 / 7 630	44 873	G S	12 206 / 8 088	46 601	G S	12 968 / 8 562
39 743	G S	10 031 / 6 762	41 471	G S	10 748 / 7 188	43 199	G S	11 481 / 7 630	44 927	G S	12 229 / 8 088	46 655	G S	12 992 / 8 562
39 797	G S	10 053 / 6 788	41 525	G S	10 770 / 7 214	43 253	G S	11 504 / 7 658	44 981	G S	12 253 / 8 116	46 709	G S	13 016 / 8 592
39 851	G S	10 075 / 6 788	41 579	G S	10 793 / 7 214	43 307	G S	11 527 / 7 658	45 035	G S	12 277 / 8 116	46 763	G S	13 040 / 8 592
39 905	G S	10 097 / 6 814	41 633	G S	10 816 / 7 242	43 361	G S	11 550 / 7 686	45 089	G S	12 300 / 8 146	46 817	G S	13 064 / 8 622
39 959	G S	10 120 / 6 814	41 687	G S	10 838 / 7 242	43 415	G S	11 574 / 7 686	45 143	G S	12 324 / 8 146	46 871	G S	13 088 / 8 622
40 013	G S	10 142 / 6 840	41 741	G S	10 861 / 7 268	43 469	G S	11 597 / 7 714	45 197	G S	12 348 / 8 174	46 925	G S	13 113 / 8 652
40 067	G S	10 164 / 6 840	41 795	G S	10 884 / 7 268	43 523	G S	11 620 / 7 714	45 251	G S	12 371 / 8 174	46 979	G S	13 137 / 8 652
40 121	G S	10 186 / 6 866	41 849	G S	10 907 / 7 296	43 577	G S	11 643 / 7 742	45 305	G S	12 395 / 8 204	47 033	G S	13 161 / 8 682
40 175	G S	10 208 / 6 866	41 903	G S	10 929 / 7 296	43 631	G S	11 667 / 7 742	45 359	G S	12 419 / 8 204	47 087	G S	13 185 / 8 682
40 229	G S	10 231 / 6 894	41 957	G S	10 952 / 7 324	43 685	G S	11 690 / 7 770	45 413	G S	12 442 / 8 234	47 141	G S	13 209 / 8 712
40 283	G S	10 253 / 6 894	42 011	G S	10 975 / 7 324	43 739	G S	11 713 / 7 770	45 467	G S	12 466 / 8 234	47 195	G S	13 233 / 8 712
40 337	G S	10 275 / 6 920	42 065	G S	10 998 / 7 352	43 793	G S	11 736 / 7 800	45 521	G S	12 490 / 8 264	47 249	G S	13 257 / 8 742
40 391	G S	10 298 / 6 920	42 119	G S	11 021 / 7 352	43 847	G S	11 760 / 7 800	45 575	G S	12 514 / 8 264	47 303	G S	13 282 / 8 742
40 445	G S	10 320 / 6 946	42 173	G S	11 044 / 7 378	43 901	G S	11 783 / 7 828	45 629	G S	12 538 / 8 292	47 357	G S	13 306 / 8 774
40 499	G S	10 342 / 6 946	42 227	G S	11 066 / 7 378	43 955	G S	11 806 / 7 828	45 683	G S	12 561 / 8 292	47 411	G S	13 330 / 8 774
40 553	G S	10 365 / 6 972	42 281	G S	11 089 / 7 406	44 009	G S	11 830 / 7 856	45 737	G S	12 585 / 8 322	47 465	G S	13 354 / 8 804
40 607	G S	10 387 / 6 972	42 335	G S	11 112 / 7 406	44 063	G S	11 853 / 7 856	45 791	G S	12 609 / 8 322	47 519	G S	13 379 / 8 804
40 661	G S	10 410 / 7 000	42 389	G S	11 135 / 7 434	44 117	G S	11 877 / 7 884	45 845	G S	12 633 / 8 352	47 573	G S	13 403 / 8 834
40 715	G S	10 432 / 7 000	42 443	G S	11 158 / 7 434	44 171	G S	11 900 / 7 884	45 899	G S	12 657 / 8 352	47 627	G S	13 427 / 8 834
40 769	G S	10 454 / 7 026	42 497	G S	11 181 / 7 462	44 225	G S	11 923 / 7 914	45 953	G S	12 681 / 8 382	47 681	G S	13 451 / 8 866
40 823	G S	10 477 / 7 026	42 551	G S	11 204 / 7 462	44 279	G S	11 947 / 7 914	46 007	G S	12 704 / 8 382	47 735	G S	13 476 / 8 866

Zu versteuerndes Einkommen bis	Tarif	Einkommensteuer	Zu versteuerndes Einkommen bis	Tarif	Einkommensteuer	Zu versteuerndes Einkommen bis	Tarif	Einkommensteuer	Zu versteuerndes Einkommen bis	Tarif	Einkommensteuer	Zu versteuerndes Einkommen bis	Tarif	Einkommensteuer
47 789	G / S	13 500 / 8 896	49 517	G / S	14 284 / 9 396	51 245	G / S	15 080 / 9 910	52 973	G / S	15 887 / 10 438	54 701	G / S	16 704 / 10 982
47 843	G / S	13 524 / 8 896	49 571	G / S	14 309 / 9 396	51 299	G / S	15 105 / 9 910	53 027	G / S	15 913 / 10 438	54 755	G / S	16 730 / 10 982
47 897	G / S	13 549 / 8 926	49 625	G / S	14 334 / 9 428	51 353	G / S	15 130 / 9 942	53 081	G / S	15 938 / 10 472	54 809	G / S	16 755 / 11 016
47 951	G / S	13 573 / 8 926	49 679	G / S	14 358 / 9 428	51 407	G / S	15 156 / 9 942	53 135	G / S	15 963 / 10 472	54 863	G / S	16 781 / 11 016
48 005	G / S	13 597 / 8 958	49 733	G / S	14 383 / 9 460	51 461	G / S	15 181 / 9 976	53 189	G / S	15 989 / 10 506	54 917	G / S	16 807 / 11 050
48 059	G / S	13 622 / 8 958	49 787	G / S	14 408 / 9 460	51 515	G / S	15 206 / 9 976	53 243	G / S	16 014 / 10 506	54 971	G / S	16 832 / 11 050
48 113	G / S	13 646 / 8 988	49 841	G / S	14 433 / 9 490	51 569	G / S	15 231 / 10 008	53 297	G / S	16 040 / 10 540	55 025	G / S	16 858 / 11 084
48 167	G / S	13 671 / 8 988	49 895	G / S	14 457 / 9 490	51 623	G / S	15 256 / 10 008	53 351	G / S	16 065 / 10 540	55 079	G / S	16 884 / 11 084
48 221	G / S	13 695 / 9 020	49 949	G / S	14 482 / 9 522	51 677	G / S	15 281 / 10 040	53 405	G / S	16 090 / 10 572	55 133	G / S	16 910 / 11 118
48 275	G / S	13 719 / 9 020	50 003	G / S	14 507 / 9 522	51 731	G / S	15 306 / 10 040	53 459	G / S	16 116 / 10 572	55 187	G / S	16 935 / 11 118
48 329	G / S	13 744 / 9 050	50 057	G / S	14 532 / 9 554	51 785	G / S	15 331 / 10 074	53 513	G / S	16 141 / 10 606	55 241	G / S	16 961 / 11 154
48 383	G / S	13 768 / 9 050	50 111	G / S	14 557 / 9 554	51 839	G / S	15 357 / 10 074	53 567	G / S	16 167 / 10 606	55 295	G / S	16 987 / 11 154
48 437	G / S	13 793 / 9 082	50 165	G / S	14 582 / 9 586	51 893	G / S	15 382 / 10 106	53 621	G / S	16 192 / 10 640	55 349	G / S	17 013 / 11 188
48 491	G / S	13 817 / 9 082	50 219	G / S	14 606 / 9 586	51 947	G / S	15 407 / 10 106	53 675	G / S	16 218 / 10 640	55 403	G / S	17 038 / 11 188
48 545	G / S	13 842 / 9 112	50 273	G / S	14 631 / 9 618	52 001	G / S	15 432 / 10 140	53 729	G / S	16 243 / 10 674	55 457	G / S	17 064 / 11 222
48 599	G / S	13 866 / 9 112	50 327	G / S	14 656 / 9 618	52 055	G / S	15 457 / 10 140	53 783	G / S	16 269 / 10 674	55 511	G / S	17 090 / 11 222
48 653	G / S	13 891 / 9 144	50 381	G / S	14 681 / 9 650	52 109	G / S	15 482 / 10 172	53 837	G / S	16 294 / 10 708	55 565	G / S	17 116 / 11 258
48 707	G / S	13 915 / 9 144	50 435	G / S	14 706 / 9 650	52 163	G / S	15 508 / 10 172	53 891	G / S	16 320 / 10 708	55 619	G / S	17 142 / 11 258
48 761	G / S	13 940 / 9 176	50 489	G / S	14 731 / 9 684	52 217	G / S	15 533 / 10 206	53 945	G / S	16 345 / 10 742	55 673	G / S	17 167 / 11 292
48 815	G / S	13 964 / 9 176	50 543	G / S	14 756 / 9 684	52 271	G / S	15 558 / 10 206	53 999	G / S	16 371 / 10 742	55 727	G / S	17 193 / 11 292
48 869	G / S	13 989 / 9 206	50 597	G / S	14 781 / 9 716	52 325	G / S	15 583 / 10 238	54 053	G / S	16 397 / 10 776	55 781	G / S	17 219 / 11 328
48 923	G / S	14 013 / 9 206	50 651	G / S	14 805 / 9 716	52 379	G / S	15 609 / 10 238	54 107	G / S	16 422 / 10 776	55 835	G / S	17 245 / 11 328
48 977	G / S	14 038 / 9 238	50 705	G / S	14 830 / 9 748	52 433	G / S	15 634 / 10 272	54 161	G / S	16 448 / 10 810	55 889	G / S	17 271 / 11 362
49 031	G / S	14 063 / 9 238	50 759	G / S	14 855 / 9 748	52 487	G / S	15 659 / 10 272	54 215	G / S	16 473 / 10 810	55 943	G / S	17 297 / 11 362
49 085	G / S	14 087 / 9 270	50 813	G / S	14 880 / 9 780	52 541	G / S	15 684 / 10 306	54 269	G / S	16 499 / 10 844	55 997	G / S	17 323 / 11 398
49 139	G / S	14 112 / 9 270	50 867	G / S	14 905 / 9 780	52 595	G / S	15 710 / 10 306	54 323	G / S	16 524 / 10 844	56 051	G / S	17 348 / 11 398
49 193	G / S	14 136 / 9 300	50 921	G / S	14 930 / 9 812	52 649	G / S	15 735 / 10 338	54 377	G / S	16 550 / 10 878	56 105	G / S	17 374 / 11 432
49 247	G / S	14 161 / 9 300	50 975	G / S	14 955 / 9 812	52 703	G / S	15 760 / 10 338	54 431	G / S	16 576 / 10 878	56 159	G / S	17 400 / 11 432
49 301	G / S	14 186 / 9 332	51 029	G / S	14 980 / 9 844	52 757	G / S	15 786 / 10 372	54 485	G / S	16 601 / 10 912	56 213	G / S	17 426 / 11 468
49 355	G / S	14 210 / 9 332	51 083	G / S	15 005 / 9 844	52 811	G / S	15 811 / 10 372	54 539	G / S	16 627 / 10 912	56 267	G / S	17 452 / 11 468
49 409	G / S	14 235 / 9 364	51 137	G / S	15 030 / 9 878	52 865	G / S	15 836 / 10 406	54 593	G / S	16 653 / 10 946	56 321	G / S	17 478 / 11 502
49 463	G / S	14 260 / 9 364	51 191	G / S	15 055 / 9 878	52 919	G / S	15 862 / 10 406	54 647	G / S	16 678 / 10 946	56 375	G / S	17 504 / 11 502

Zu versteuerndes Einkommen bis	G	S	Zu versteuerndes Einkommen bis	G	S	Zu versteuerndes Einkommen bis	G	S	Zu versteuerndes Einkommen bis	G	S	Zu versteuerndes Einkommen bis	G	S
56429	17530	11538	58157	18364	12106	59885	19206	12688	61613	20055	13284	63341	20911	13890
56483	17556	11538	58211	18390	12106	59939	19233	12688	61667	20082	13284	63395	20938	13890
56537	17582	11572	58265	18417	12142	59993	19259	12726	61721	20109	13322	63449	20964	13928
56591	17608	11572	58319	18443	12142	60047	19286	12726	61775	20135	13322	63503	20991	13928
56645	17634	11608	58373	18469	12178	60101	19312	12762	61829	20162	13358	63557	21018	13966
56699	17660	11608	58427	18495	12178	60155	19338	12762	61883	20189	13358	63611	21045	13966
56753	17686	11644	58481	18522	12214	60209	19365	12800	61937	20215	13396	63665	21072	14006
56807	17712	11644	58535	18548	12214	60263	19391	12800	61991	20242	13396	63719	21099	14006
56861	17738	11678	58589	18574	12252	60317	19418	12836	62045	20269	13434	63773	21126	14044
56915	17764	11678	58643	18600	12252	60371	19444	12836	62099	20295	13434	63827	21152	14044
56969	17790	11714	58697	18627	12288	60425	19471	12874	62153	20322	13472	63881	21179	14082
57023	17816	11714	58751	18653	12288	60479	19497	12874	62207	20349	13472	63935	21206	14082
57077	17842	11750	58805	18679	12324	60533	19524	12910	62261	20375	13510	63989	21233	14120
57131	17868	11750	58859	18705	12324	60587	19550	12910	62315	20402	13510	64043	21260	14120
57185	17894	11784	58913	18732	12360	60641	19577	12948	62369	20429	13548	64097	21287	14160
57239	17920	11784	58967	18758	12360	60695	19603	12948	62423	20456	13548	64151	21314	14160
57293	17946	11820	59021	18784	12396	60749	19630	12984	62477	20482	13586	64205	21341	14198
57347	17972	11820	59075	18811	12396	60803	19656	12984	62531	20509	13586	64259	21368	14198
57401	17998	11856	59129	18837	12432	60857	19683	13022	62585	20536	13624	64313	21395	14236
57455	18024	11856	59183	18863	12432	60911	19710	13022	62639	20563	13624	64367	21421	14236
57509	18050	11892	59237	18890	12470	60965	19736	13060	62693	20589	13662	64421	21448	14276
57563	18077	11892	59291	18916	12470	61019	19763	13060	62747	20616	13662	64475	21475	14276
57617	18103	11928	59345	18942	12506	61073	19789	13096	62801	20643	13700	64529	21502	14314
57671	18129	11928	59399	18969	12506	61127	19816	13096	62855	20670	13700	64583	21529	14314
57725	18155	11964	59453	18995	12542	61181	19842	13134	62909	20696	13738	64637	21556	14354
57779	18181	11964	59507	19021	12542	61235	19869	13134	62963	20723	13738	64691	21583	14354
57833	18207	11998	59561	19048	12578	61289	19896	13172	63017	20750	13776	64745	21610	14392
57887	18233	11998	59615	19074	12578	61343	19922	13172	63071	20777	13776	64799	21637	14392
57941	18260	12034	59669	19101	12616	61397	19949	13208	63125	20804	13814	64853	21664	14430
57995	18286	12034	59723	19127	12616	61451	19975	13208	63179	20830	13814	64907	21691	14430
58049	18312	12070	59777	19153	12652	61505	20002	13246	63233	20857	13852	64961	21718	14470
58103	18338	12070	59831	19180	12652	61559	20029	13246	63287	20884	13852	65015	21745	14470

Zu versteuerndes Einkommen bis	Tarif	Einkommensteuer	Zu versteuerndes Einkommen bis	Tarif	Einkommensteuer	Zu versteuerndes Einkommen bis	Tarif	Einkommensteuer	Zu versteuerndes Einkommen bis	Tarif	Einkommensteuer	Zu versteuerndes Einkommen bis	Tarif	Einkommensteuer
65 069	G	21 772	66 797	G	22 639	68 525	G	23 510	70 253	G	24 386	71 981	G	25 265
	S	14 508		S	15 138		S	15 780		S	16 432		S	17 094
65 123	G	21 799	66 851	G	22 666	68 579	G	23 537	70 307	G	24 413	72 035	G	25 293
	S	14 508		S	15 138		S	15 780		S	16 432		S	17 094
65 177	G	21 826	66 905	G	22 693	68 633	G	23 564	70 361	G	24 440	72 089	G	25 320
	S	14 548		S	15 178		S	15 820		S	16 472		S	17 136
65 231	G	21 853	66 959	G	22 720	68 687	G	23 592	70 415	G	24 468	72 143	G	25 348
	S	14 548		S	15 178		S	15 820		S	16 472		S	17 136
65 285	G	21 880	67 013	G	22 747	68 741	G	23 619	70 469	G	24 495	72 197	G	25 375
	S	14 586		S	15 218		S	15 860		S	16 514		S	17 178
65 339	G	21 907	67 067	G	22 774	68 795	G	23 646	70 523	G	24 523	72 251	G	25 403
	S	14 586		S	15 218		S	15 860		S	16 514		S	17 178
65 393	G	21 934	67 121	G	22 802	68 849	G	23 674	70 577	G	24 550	72 305	G	25 430
	S	14 626		S	15 258		S	15 902		S	16 554		S	17 220
65 447	G	21 961	67 175	G	22 829	68 903	G	23 701	70 631	G	24 578	72 359	G	25 458
	S	14 626		S	15 258		S	15 902		S	16 554		S	17 220
65 501	G	21 988	67 229	G	22 856	68 957	G	23 728	70 685	G	24 605	72 413	G	25 486
	S	14 666		S	15 298		S	15 942		S	16 596		S	17 262
65 555	G	22 015	67 283	G	22 883	69 011	G	23 756	70 739	G	24 633	72 467	G	25 513
	S	14 666		S	15 298		S	15 942		S	16 596		S	17 262
65 609	G	22 042	67 337	G	22 910	69 065	G	23 783	70 793	G	24 660	72 521	G	25 541
	S	14 704		S	15 338		S	15 982		S	16 638		S	17 302
65 663	G	22 069	67 391	G	22 938	69 119	G	23 810	70 847	G	24 687	72 575	G	25 568
	S	14 704		S	15 338		S	15 982		S	16 638		S	17 302
65 717	G	22 096	67 445	G	22 965	69 173	G	23 838	70 901	G	24 715	72 629	G	25 596
	S	14 744		S	15 378		S	16 022		S	16 678		S	17 344
65 771	G	22 123	67 499	G	22 992	69 227	G	23 865	70 955	G	24 742	72 683	G	25 624
	S	14 744		S	15 378		S	16 022		S	16 678		S	17 344
65 825	G	22 151	67 553	G	23 019	69 281	G	23 892	71 009	G	24 770	72 737	G	25 651
	S	14 782		S	15 418		S	16 064		S	16 720		S	17 386
65 879	G	22 178	67 607	G	23 046	69 335	G	23 920	71 063	G	24 797	72 791	G	25 679
	S	14 782		S	15 418		S	16 064		S	16 720		S	17 386
65 933	G	22 205	67 661	G	23 074	69 389	G	23 947	71 117	G	24 825	72 845	G	25 706
	S	14 822		S	15 458		S	16 104		S	16 762		S	17 428
65 987	G	22 232	67 715	G	23 101	69 443	G	23 975	71 171	G	24 852	72 899	G	25 734
	S	14 822		S	15 458		S	16 104		S	16 762		S	17 428
66 041	G	22 259	67 769	G	23 128	69 497	G	24 002	71 225	G	24 880	72 953	G	25 762
	S	14 862		S	15 498		S	16 146		S	16 802		S	17 470
66 095	G	22 286	67 823	G	23 155	69 551	G	24 029	71 279	G	24 907	73 007	G	25 789
	S	14 862		S	15 498		S	16 146		S	16 802		S	17 470
66 149	G	22 313	67 877	G	23 183	69 605	G	24 057	71 333	G	24 935	73 061	G	25 817
	S	14 902		S	15 538		S	16 186		S	16 844		S	17 512
66 203	G	22 340	67 931	G	23 210	69 659	G	24 084	71 387	G	24 962	73 115	G	25 845
	S	14 902		S	15 538		S	16 186		S	16 844		S	17 512
66 257	G	22 367	67 985	G	23 237	69 713	G	24 111	71 441	G	24 990	73 169	G	25 872
	S	14 940		S	15 578		S	16 226		S	16 886		S	17 556
66 311	G	22 394	68 039	G	23 264	69 767	G	24 139	71 495	G	25 017	73 223	G	25 900
	S	14 940		S	15 578		S	16 226		S	16 886		S	17 556
66 365	G	22 421	68 093	G	23 292	69 821	G	24 166	71 549	G	25 045	73 277	G	25 927
	S	14 980		S	15 618		S	16 268		S	16 928		S	17 590
66 419	G	22 449	68 147	G	23 319	69 875	G	24 194	71 603	G	25 072	73 331	G	25 955
	S	14 980		S	15 618		S	16 268		S	16 928		S	17 598
66 473	G	22 476	68 201	G	23 346	69 929	G	24 221	71 657	G	25 100	73 385	G	25 983
	S	15 020		S	15 658		S	16 308		S	16 968		S	17 640
66 527	G	22 503	68 255	G	23 373	69 983	G	24 249	71 711	G	25 128	73 439	G	26 010
	S	15 020		S	15 658		S	16 308		S	16 968		S	17 640
66 581	G	22 530	68 309	G	23 401	70 037	G	24 276	71 765	G	25 155	73 493	G	26 038
	S	15 060		S	15 700		S	16 350		S	17 010		S	17 682
66 635	G	22 557	68 363	G	23 428	70 091	G	24 303	71 819	G	25 183	73 547	G	26 065
	S	15 060		S	15 700		S	16 350		S	17 010		S	17 682
66 689	G	22 584	68 417	G	23 455	70 145	G	24 331	71 873	G	25 210	73 601	G	26 093
	S	15 100		S	15 740		S	16 390		S	17 052		S	17 724
66 743	G	22 611	68 471	G	23 483	70 199	G	24 358	71 927	G	25 238	73 655	G	26 121
	S	15 100		S	15 740		S	16 390		S	17 052		S	17 724

Zu ver-steuerndes Ein-kommen bis	Tarif	Ein-kommen-steuer	Zu ver-steuerndes Ein-kommen bis	Tarif	Ein-kommen-steuer	Zu ver-steuerndes Ein-kommen bis	Tarif	Ein-kommen-steuer	Zu ver-steuerndes Ein-kommen bis	Tarif	Ein-kommen-steuer	Zu ver-steuerndes Ein-kommen bis	Tarif	Ein-kommen-steuer
73 709	G S	26 148 17 766	75 437	G S	27 035 18 448	77 165	G S	27 924 19 140	78 893	G S	28 817 19 840	80 621	G S	29 711 20 550
73 763	G S	26 176 17 766	75 491	G S	27 063 18 448	77 219	G S	27 952 19 140	78 947	G S	28 845 19 840	80 675	G S	29 739 20 550
73 817	G S	26 204 17 808	75 545	G S	27 090 18 492	77 273	G S	27 980 19 184	79 001	G S	28 873 19 884	80 729	G S	29 767 20 596
73 871	G S	26 231 17 808	75 599	G S	27 118 18 492	77 327	G S	28 008 19 184	79 055	G S	28 901 19 884	80 783	G S	29 795 20 596
73 925	G S	26 259 17 850	75 653	G S	27 146 18 534	77 381	G S	28 036 19 228	79 109	G S	28 928 19 930	80 837	G S	29 823 20 640
73 979	G S	26 287 17 850	75 707	G S	27 174 18 534	77 435	G S	28 064 19 228	79 163	G S	28 957 19 930	80 891	G S	29 851 20 640
74 033	G S	26 314 17 894	75 761	G S	27 201 18 578	77 489	G S	28 092 19 270	79 217	G S	28 984 19 974	80 945	G S	29 879 20 684
74 087	G S	26 342 17 894	75 815	G S	27 229 18 578	77 543	G S	28 119 19 270	79 271	G S	29 012 19 974	80 999	G S	29 907 20 684
74 141	G S	26 370 17 936	75 869	G S	27 257 18 620	77 597	G S	28 147 19 314	79 325	G S	29 040 20 018	81 053	G S	29 935 20 730
74 195	G S	26 397 17 936	75 923	G S	27 285 18 620	77 651	G S	28 175 19 314	79 379	G S	29 068 20 018	81 107	G S	29 963 20 730
74 249	G S	26 425 17 978	75 977	G S	27 313 18 664	77 705	G S	28 203 19 358	79 433	G S	29 096 20 062	81 161	G S	29 991 20 774
74 303	G S	26 453 17 978	76 031	G S	27 340 18 664	77 759	G S	28 231 19 358	79 487	G S	29 124 20 062	81 215	G S	30 019 20 774
74 357	G S	26 480 18 020	76 085	G S	27 368 18 706	77 813	G S	28 259 19 402	79 541	G S	29 152 20 106	81 269	G S	30 047 20 820
74 411	G S	26 508 18 020	76 139	G S	27 396 18 706	77 867	G S	28 287 19 402	79 595	G S	29 180 20 106	81 323	G S	30 075 20 820
74 465	G S	26 536 18 064	76 193	G S	27 424 18 750	77 921	G S	28 315 19 446	79 649	G S	29 208 20 150	81 377	G S	30 103 20 864
74 519	G S	26 564 18 064	76 247	G S	27 452 18 750	77 975	G S	28 342 19 446	79 703	G S	29 236 20 150	81 431	G S	30 131 20 864
74 573	G S	26 591 18 106	76 301	G S	27 479 18 794	78 029	G S	28 370 19 490	79 757	G S	29 264 20 194	81 485	G S	30 159 20 908
74 627	G S	26 619 18 106	76 355	G S	27 507 18 794	78 083	G S	28 398 19 490	79 811	G S	29 292 20 194	81 539	G S	30 187 20 908
74 681	G S	26 647 18 148	76 409	G S	27 535 18 836	78 137	G S	28 426 19 534	79 865	G S	29 320 20 240	81 593	G S	30 215 20 954
74 735	G S	26 674 18 148	76 463	G S	27 563 18 836	78 191	G S	28 454 19 534	79 919	G S	29 348 20 240	81 647	G S	30 243 20 954
74 789	G S	26 702 18 192	76 517	G S	27 591 18 880	78 245	G S	28 482 19 578	79 973	G S	29 376 20 284	81 701	G S	30 271 20 998
74 843	G S	26 730 18 192	76 571	G S	27 618 18 880	78 299	G S	28 510 19 578	80 027	G S	29 404 20 284	81 755	G S	30 299 20 998
74 897	G S	26 758 18 234	76 625	G S	27 646 18 922	78 353	G S	28 538 19 620	80 081	G S	29 431 20 328	81 809	G S	30 327 21 044
74 951	G S	26 785 18 234	76 679	G S	27 674 18 922	78 407	G S	28 566 19 620	80 135	G S	29 459 20 328	81 863	G S	30 355 21 044
75 005	G S	26 813 18 276	76 733	G S	27 702 18 966	78 461	G S	28 593 19 664	80 189	G S	29 487 20 372	81 917	G S	30 384 21 088
75 059	G S	26 841 18 276	76 787	G S	27 730 18 966	78 515	G S	28 621 19 664	80 243	G S	29 515 20 372	81 971	G S	30 412 21 088
75 113	G S	26 868 18 320	76 841	G S	27 757 19 010	78 569	G S	28 649 19 708	80 297	G S	29 543 20 416	82 025	G S	30 440 21 134
75 167	G S	26 896 18 320	76 895	G S	27 785 19 010	78 623	G S	28 677 19 708	80 351	G S	29 571 20 416	82 079	G S	30 468 21 134
75 221	G S	26 924 18 362	76 949	G S	27 813 19 054	78 677	G S	28 705 19 752	80 405	G S	29 599 20 462	82 133	G S	30 496 21 178
75 275	G S	26 952 18 362	77 003	G S	27 841 19 054	78 731	G S	28 733 19 752	80 459	G S	29 627 20 462	82 187	G S	30 524 21 178
75 329	G S	26 979 18 406	77 057	G S	27 869 19 096	78 785	G S	28 761 19 796	80 513	G S	29 655 20 506	82 241	G S	30 552 21 224
75 383	G S	27 007 18 406	77 111	G S	27 897 19 096	78 839	G S	28 789 19 796	80 567	G S	29 683 20 506	82 295	G S	30 580 21 224

Zu versteuerndes Einkommen bis	Tarif	Einkommensteuer	Zu versteuerndes Einkommen bis	Tarif	Einkommensteuer	Zu versteuerndes Einkommen bis	Tarif	Einkommensteuer	Zu versteuerndes Einkommen bis	Tarif	Einkommensteuer	Zu versteuerndes Einkommen bis	Tarif	Einkommensteuer
82 349	G	30 608	84 077	G	31 508	85 805	G	32 410	87 533	G	33 315	89 261	G	34 222
	S	21 268		S	21 996		S	22 730		S	23 472		S	24 222
82 403	G	30 636	84 131	G	31 536	85 859	G	32 438	87 587	G	33 343	89 315	G	34 250
	S	21 268		S	21 996		S	22 730		S	23 472		S	24 222
82 457	G	30 664	84 185	G	31 564	85 913	G	32 466	87 641	G	33 371	89 369	G	34 279
	S	21 314		S	22 042		S	22 776		S	23 520		S	24 270
82 511	G	30 692	84 239	G	31 592	85 967	G	32 495	87 695	G	33 400	89 423	G	34 307
	S	21 314		S	22 042		S	22 776		S	23 520		S	24 270
82 565	G	30 720	84 293	G	31 620	86 021	G	32 523	87 749	G	33 428	89 477	G	34 335
	S	21 360		S	22 088		S	22 822		S	23 566		S	24 318
82 619	G	30 748	84 347	G	31 649	86 075	G	32 551	87 803	G	33 456	89 531	G	34 364
	S	21 360		S	22 088		S	22 822		S	23 566		S	24 318
82 673	G	30 777	84 401	G	31 677	86 129	G	32 579	87 857	G	33 485	89 585	G	34 392
	S	21 404		S	22 132		S	22 868		S	23 612		S	24 364
82 727	G	30 805	84 455	G	31 705	86 183	G	32 608	87 911	G	33 513	89 639	G	34 421
	S	21 404		S	22 132		S	22 868		S	23 612		S	24 364
82 781	G	30 833	84 509	G	31 733	86 237	G	32 636	87 965	G	33 541	89 693	G	34 449
	S	21 450		S	22 178		S	22 916		S	23 660		S	24 412
82 835	G	30 861	84 563	G	31 761	86 291	G	32 664	88 019	G	33 570	89 747	G	34 477
	S	21 450		S	22 178		S	22 916		S	23 660		S	24 412
82 889	G	30 889	84 617	G	31 789	86 345	G	32 692	88 073	G	33 598	89 801	G	34 506
	S	21 496		S	22 224		S	22 962		S	23 706		S	24 458
82 943	G	30 917	84 671	G	31 818	86 399	G	32 721	88 127	G	33 626	89 855	G	34 534
	S	21 496		S	22 224		S	22 962		S	23 706		S	24 458
82 997	G	30 945	84 725	G	31 846	86 453	G	32 749	88 181	G	33 655	89 909	G	34 563
	S	21 540		S	22 270		S	23 008		S	23 754		S	24 506
83 051	G	30 973	84 779	G	31 874	86 507	G	32 777	88 235	G	33 683	89 963	G	34 591
	S	21 540		S	22 270		S	23 008		S	23 754		S	24 506
83 105	G	31 001	84 833	G	31 902	86 561	G	32 805	88 289	G	33 711	90 017	G	34 620
	S	21 586		S	22 316		S	23 054		S	23 800		S	24 554
83 159	G	31 029	84 887	G	31 930	86 615	G	32 834	88 343	G	33 740	90 071	G	34 648
	S	21 586		S	22 316		S	23 054		S	23 800		S	24 554
83 213	G	31 058	84 941	G	31 959	86 669	G	32 862	88 397	G	33 768	90 125	G	34 676
	S	21 632		S	22 362		S	23 100		S	23 846		S	24 600
83 267	G	31 086	84 995	G	31 987	86 723	G	32 890	88 451	G	33 796	90 179	G	34 705
	S	21 632		S	22 362		S	23 100		S	23 846		S	24 600
83 321	G	31 114	85 049	G	32 015	86 777	G	32 919	88 505	G	33 825	90 233	G	34 733
	S	21 676		S	22 408		S	23 148		S	23 894		S	24 648
83 375	G	31 142	85 103	G	32 043	86 831	G	32 947	88 559	G	33 853	90 287	G	34 762
	S	21 676		S	22 408		S	23 148		S	23 894		S	24 648
83 429	G	31 170	85 157	G	32 071	86 885	G	32 975	88 613	G	33 881	90 341	G	34 790
	S	21 722		S	22 454		S	23 194		S	23 940		S	24 696
83 483	G	31 198	85 211	G	32 100	86 939	G	33 003	88 667	G	33 910	90 395	G	34 819
	S	21 722		S	22 454		S	23 194		S	23 940		S	24 696
83 537	G	31 226	85 265	G	32 128	86 993	G	33 032	88 721	G	33 938	90 449	G	34 847
	S	21 768		S	22 500		S	23 240		S	23 988		S	24 742
83 591	G	31 254	85 319	G	32 156	87 047	G	33 060	88 775	G	33 966	90 503	G	34 875
	S	21 768		S	22 500		S	23 240		S	23 988		S	24 742
83 645	G	31 283	85 373	G	32 184	87 101	G	33 088	88 829	G	33 995	90 557	G	34 901
	S	21 814		S	22 546		S	23 286		S	24 034		S	24 790
83 699	G	31 311	85 427	G	32 212	87 155	G	33 117	88 883	G	34 023	90 611	G	34 932
	S	21 814		S	22 546		S	23 286		S	24 034		S	24 790
83 753	G	31 339	85 481	G	32 241	87 209	G	33 145	88 937	G	34 052	90 665	G	34 961
	S	21 858		S	22 592		S	23 334		S	24 082		S	24 838
83 807	G	31 367	85 535	G	32 269	87 263	G	33 173	88 991	G	34 080	90 719	G	34 989
	S	21 858		S	22 592		S	23 334		S	24 082		S	24 838
83 861	G	31 395	85 589	G	32 297	87 317	G	33 201	89 045	G	34 108	90 773	G	35 018
	S	21 904		S	22 638		S	23 380		S	24 128		S	24 884
83 915	G	31 423	85 643	G	32 325	87 371	G	33 230	89 099	G	34 137	90 827	G	35 046
	S	21 904		S	22 638		S	23 380		S	24 128		S	24 884
83 969	G	31 451	85 697	G	32 353	87 425	G	33 258	89 153	G	34 165	90 881	G	35 075
	S	21 950		S	22 684		S	23 426		S	24 176		S	24 932
84 023	G	31 480	85 751	G	32 382	87 479	G	33 286	89 207	G	34 193	90 935	G	35 103
	S	21 950		S	22 684		S	23 426		S	24 176		S	24 932

Zu versteuerndes Einkommen bis	Tarif	Einkommensteuer	Zu versteuerndes Einkommen bis	Tarif	Einkommensteuer	Zu versteuerndes Einkommen bis	Tarif	Einkommensteuer	Zu versteuerndes Einkommen bis	Tarif	Einkommensteuer	Zu versteuerndes Einkommen bis	Tarif	Einkommensteuer
90 989	G	35 132	92 717	G	36 044	94 445	G	36 959	96 173	G	37 876	97 901	G	38 796
	S	24 980		S	25 744		S	26 514		S	27 292		S	28 076
91 043	G	35 160	92 771	G	36 072	94 499	G	36 987	96 227	G	37 905	97 955	G	38 824
	S	24 980		S	25 744		S	26 514		S	27 292		S	28 076
91 097	G	35 189	92 825	G	36 101	94 553	G	37 016	96 281	G	37 933	98 009	G	38 853
	S	25 028		S	25 792		S	26 564		S	27 342		S	28 126
91 151	G	35 217	92 879	G	36 129	94 607	G	37 044	96 335	G	37 962	98 063	G	38 882
	S	25 028		S	25 792		S	26 564		S	27 342		S	28 126
91 205	G	35 245	92 933	G	36 158	94 661	G	37 073	96 389	G	37 991	98 117	G	38 911
	S	25 076		S	25 840		S	26 612		S	27 390		S	28 174
91 259	G	35 274	92 987	G	36 187	94 715	G	37 102	96 443	G	38 019	98 171	G	38 939
	S	25 076		S	25 840		S	26 612		S	27 390		S	28 174
91 313	G	35 302	93 041	G	36 215	94 769	G	37 130	96 497	G	38 048	98 225	G	38 968
	S	25 122		S	25 888		S	26 660		S	27 438		S	28 224
91 367	G	35 331	93 095	G	36 244	94 823	G	37 159	96 551	G	38 077	98 279	G	38 997
	S	25 122		S	25 888		S	26 660		S	27 438		S	28 224
91 421	G	35 359	93 149	G	36 272	94 877	G	37 188	96 605	G	38 106	98 333	G	39 026
	S	25 170		S	25 936		S	26 708		S	27 488		S	28 272
91 475	G	35 388	93 203	G	36 301	94 931	G	37 216	96 659	G	38 134	98 387	G	39 055
	S	25 170		S	25 936		S	26 708		S	27 488		S	28 272
91 529	G	35 416	93 257	G	36 329	94 985	G	37 245	96 713	G	38 163	98 441	G	39 083
	S	25 218		S	25 984		S	26 758		S	27 536		S	28 322
91 583	G	35 445	93 311	G	36 358	95 039	G	37 274	96 767	G	38 192	98 495	G	39 112
	S	25 218		S	25 984		S	26 758		S	27 536		S	28 322
91 637	G	35 473	93 365	G	36 387	95 093	G	37 302	96 821	G	38 220	98 549	G	39 141
	S	25 266		S	26 032		S	26 806		S	27 586		S	28 372
91 691	G	35 502	93 419	G	36 415	95 147	G	37 331	96 875	G	38 249	98 603	G	39 170
	S	25 266		S	26 032		S	26 806		S	27 586		S	28 372
91 745	G	35 530	93 473	G	36 444	95 201	G	37 360	96 929	G	38 278	98 657	G	39 199
	S	25 314		S	26 080		S	26 854		S	27 634		S	28 420
91 799	G	35 559	93 527	G	36 472	95 255	G	37 388	96 983	G	38 307	98 711	G	39 228
	S	25 314		S	26 080		S	26 854		S	27 634		S	28 420
91 853	G	35 587	93 581	G	36 501	95 309	G	37 417	97 037	G	38 335	98 765	G	39 256
	S	25 362		S	26 128		S	26 902		S	27 684		S	28 470
91 907	G	35 616	93 635	G	36 529	95 363	G	37 446	97 091	G	38 364	98 819	G	39 285
	S	25 362		S	26 128		S	26 902		S	27 684		S	28 470
91 961	G	35 644	93 689	G	36 558	95 417	G	37 474	97 145	G	38 393	98 873	G	39 314
	S	25 408		S	26 176		S	26 952		S	27 732		S	28 520
92 015	G	35 673	93 743	G	36 587	95 471	G	37 503	97 199	G	38 422	98 927	G	39 343
	S	25 408		S	26 176		S	26 952		S	27 732		S	28 520
92 069	G	35 701	93 797	G	36 615	95 525	G	37 532	97 253	G	38 450	98 981	G	39 372
	S	25 456		S	26 226		S	27 000		S	27 782		S	28 568
92 123	G	35 730	93 851	G	36 644	95 579	G	37 560	97 307	G	38 479	99 035	G	39 401
	S	25 456		S	26 226		S	27 000		S	27 782		S	28 568
92 177	G	35 758	93 905	G	36 672	95 633	G	37 589	97 361	G	38 508	99 089	G	39 429
	S	25 504		S	26 274		S	27 048		S	27 830		S	28 618
92 231	G	35 787	93 959	G	36 701	95 687	G	37 618	97 415	G	38 537	99 143	G	39 458
	S	25 504		S	26 274		S	27 048		S	27 830		S	28 618
92 285	G	35 816	94 013	G	36 730	95 741	G	37 646	97 469	G	38 565	99 197	G	39 487
	S	25 552		S	26 322		S	27 098		S	27 880		S	28 668
92 339	G	35 844	94 067	G	36 758	95 795	G	37 675	97 523	G	38 594	99 251	G	39 516
	S	25 552		S	26 322		S	27 098		S	27 880		S	28 668
92 393	G	35 873	94 121	G	36 787	95 849	G	37 704	97 577	G	38 623	99 305	G	39 545
	S	25 600		S	26 370		S	27 146		S	27 928		S	28 716
92 447	G	35 901	94 175	G	36 815	95 903	G	37 732	97 631	G	38 652	99 359	G	39 574
	S	25 600		S	26 370		S	27 146		S	27 928		S	28 716
92 501	G	35 930	94 229	G	36 844	95 957	G	37 761	97 685	G	38 680	99 413	G	39 602
	S	25 648		S	26 418		S	27 194		S	27 978		S	28 766
92 555	G	35 958	94 283	G	36 873	96 011	G	37 790	97 739	G	38 709	99 467	G	39 631
	S	25 648		S	26 418		S	27 194		S	27 978		S	28 766
92 609	G	35 987	94 337	G	36 901	96 065	G	37 818	97 793	G	38 738	99 521	G	39 660
	S	25 696		S	26 466		S	27 244		S	28 026		S	28 816
92 663	G	36 015	94 391	G	36 930	96 119	G	37 847	97 847	G	38 767	99 575	G	39 689
	S	25 696		S	26 466		S	27 244		S	28 026		S	28 816

Zu versteuerndes Einkommen bis	Tarif	Einkommensteuer	Zu versteuerndes Einkommen bis	Tarif	Einkommensteuer	Zu versteuerndes Einkommen bis	Tarif	Einkommensteuer	Zu versteuerndes Einkommen bis	Tarif	Einkommensteuer	Zu versteuerndes Einkommen bis	Tarif	Einkommensteuer
99 629	G	39 718	101 357	G	40 643	103 085	G	41 570	104 813	G	42 500	106 541	G	43 432
	S	28 866		S	29 660		S	30 462		S	31 268		S	32 080
99 683	G	39 747	101 411	G	40 672	103 139	G	41 599	104 867	G	42 529	106 595	G	43 461
	S	28 866		S	29 660		S	30 462		S	31 268		S	32 080
99 737	G	39 776	101 465	G	40 700	103 193	G	41 628	104 921	G	42 558	106 649	G	43 490
	S	28 914		S	29 710		S	30 512		S	31 318		S	32 130
99 791	G	39 804	101 519	G	40 729	103 247	G	41 657	104 975	G	42 587	106 703	G	43 519
	S	28 914		S	29 710		S	30 512		S	31 318		S	32 130
99 845	G	39 833	101 573	G	40 758	103 301	G	41 686	105 029	G	42 616	106 757	G	43 549
	S	28 964		S	29 760		S	30 562		S	31 368		S	32 180
99 899	G	39 862	101 627	G	40 787	103 355	G	41 715	105 083	G	42 645	106 811	G	43 578
	S	28 964		S	29 760		S	30 562		S	31 368		S	32 180
99 953	G	39 891	101 681	G	40 816	103 409	G	41 744	105 137	G	42 674	106 865	G	43 607
	S	29 014		S	29 810		S	30 612		S	31 420		S	32 232
100 007	G	39 920	101 735	G	40 845	103 463	G	41 773	105 191	G	42 703	106 919	G	43 636
	S	29 014		S	29 810		S	30 612		S	31 420		S	32 232
100 061	G	39 949	101 789	G	40 874	103 517	G	41 802	105 245	G	42 733	106 973	G	43 665
	S	29 064		S	29 860		S	30 662		S	31 470		S	32 282
100 115	G	39 978	101 843	G	40 903	103 571	G	41 831	105 299	G	42 762	107 027	G	43 695
	S	29 064		S	29 860		S	30 662		S	31 470		S	32 282
100 169	G	40 007	101 897	G	40 932	103 625	G	41 860	105 353	G	42 791	107 081	G	43 724
	S	29 114		S	29 910		S	30 714		S	31 520		S	32 334
100 223	G	40 035	101 951	G	40 961	103 679	G	41 889	105 407	G	42 820	107 135	G	43 753
	S	29 114		S	29 910		S	30 714		S	31 520		S	32 334
100 277	G	40 064	102 005	G	40 990	103 733	G	41 918	105 461	G	42 849	107 189	G	43 782
	S	29 164		S	29 960		S	30 764		S	31 572		S	32 384
100 331	G	40 093	102 059	G	41 019	103 787	G	41 947	105 515	G	42 878	107 243	G	43 811
	S	29 164		S	29 960		S	30 764		S	31 572		S	32 384
100 385	G	40 122	102 113	G	41 048	103 841	G	41 976	105 569	G	42 907	107 297	G	43 841
	S	29 212		S	30 010		S	30 814		S	31 622		S	32 436
100 439	G	40 151	102 167	G	41 077	103 895	G	42 005	105 623	G	42 936	107 351	G	43 870
	S	29 212		S	30 010		S	30 814		S	31 622		S	32 436
100 493	G	40 180	102 221	G	41 106	103 949	G	42 034	105 677	G	42 965	107 405	G	43 899
	S	29 262		S	30 060		S	30 864		S	31 672		S	32 486
100 547	G	40 209	102 275	G	41 135	104 003	G	42 064	105 731	G	42 995	107 459	G	43 928
	S	29 262		S	30 060		S	30 864		S	31 672		S	32 486
100 601	G	40 238	102 329	G	41 164	104 057	G	42 093	105 785	G	43 024	107 513	G	43 957
	S	29 312		S	30 110		S	30 914		S	31 724		S	32 538
100 655	G	40 267	102 383	G	41 193	104 111	G	42 122	105 839	G	43 053	107 567	G	43 987
	S	29 312		S	30 110		S	30 914		S	31 724		S	32 538
100 709	G	40 296	102 437	G	41 222	104 165	G	42 151	105 893	G	43 082	107 621	G	44 016
	S	29 362		S	30 160		S	30 964		S	31 774		S	32 588
100 763	G	40 324	102 491	G	41 251	104 219	G	42 180	105 947	G	43 111	107 675	G	44 045
	S	29 362		S	30 160		S	30 964		S	31 774		S	32 588
100 817	G	40 353	102 545	G	41 280	104 273	G	42 209	106 001	G	43 140	107 729	G	44 074
	S	29 412		S	30 210		S	31 016		S	31 826		S	32 640
100 871	G	40 382	102 599	G	41 309	104 327	G	42 238	106 055	G	43 169	107 783	G	44 104
	S	29 412		S	30 210		S	31 016		S	31 826		S	32 640
100 925	G	40 411	102 653	G	41 338	104 381	G	42 267	106 109	G	43 199	107 837	G	44 133
	S	29 462		S	30 260		S	31 066		S	31 876		S	32 690
100 979	G	40 440	102 707	G	41 367	104 435	G	42 296	106 163	G	43 228	107 891	G	44 162
	S	29 462		S	30 260		S	31 066		S	31 876		S	32 690
101 033	G	40 469	102 761	G	41 396	104 489	G	42 325	106 217	G	43 257	107 945	G	44 191
	S	29 512		S	30 312		S	31 116		S	31 926		S	32 742
101 087	G	40 498	102 815	G	41 425	104 543	G	42 354	106 271	G	43 286	107 999	G	44 221
	S	29 512		S	30 312		S	31 116		S	31 926		S	32 742
101 141	G	40 527	102 869	G	41 454	104 597	G	42 383	106 325	G	43 315	108 053	G	44 250
	S	29 562		S	30 362		S	31 166		S	31 978		S	32 794
101 195	G	40 556	102 923	G	41 483	104 651	G	42 412	106 379	G	43 344	108 107	G	44 279
	S	29 562		S	30 362		S	31 166		S	31 978		S	32 794
101 249	G	40 585	102 977	G	41 512	104 705	G	42 441	106 433	G	43 374	108 161	G	44 308
	S	29 610		S	30 412		S	31 218		S	32 028		S	32 844
101 303	G	40 614	103 031	G	41 541	104 759	G	42 471	106 487	G	43 403	108 215	G	44 338
	S	29 610		S	30 412		S	31 218		S	32 028		S	32 844

Zu versteuerndes Einkommen bis	Tarif	Einkommensteuer	Zu versteuerndes Einkommen bis	Tarif	Einkommensteuer	Zu versteuerndes Einkommen bis	Tarif	Einkommensteuer	Zu versteuerndes Einkommen bis	Tarif	Einkommensteuer	Zu versteuerndes Einkommen bis	Tarif	Einkommensteuer
108 269	G S	44 367 32 896	109 997	G S	45 304 33 716	111 725	G S	46 244 34 542	113 453	G S	47 186 35 372	115 181	G S	48 131 36 206
108 323	G S	44 396 32 896	110 051	G S	45 333 33 716	111 779	G S	46 273 34 542	113 507	G S	47 216 35 372	115 235	G S	48 161 36 206
108 377	G S	44 425 32 946	110 105	G S	45 363 33 768	111 833	G S	46 303 34 594	113 561	G S	47 245 35 424	115 289	G S	48 190 36 258
108 431	G S	44 455 32 946	110 159	G S	45 392 33 768	111 887	G S	46 332 34 594	113 615	G S	47 275 35 424	115 343	G S	48 220 36 258
108 485	G S	44 484 32 998	110 213	G S	45 421 33 820	111 941	G S	46 362 34 646	113 669	G S	47 304 35 476	115 397	G S	48 249 36 310
108 539	G S	44 513 32 998	110 267	G S	45 451 33 820	111 995	G S	46 391 34 646	113 723	G S	47 334 35 476	115 451	G S	48 279 36 310
108 593	G S	44 542 33 048	110 321	G S	45 480 33 870	112 049	G S	46 420 34 696	113 777	G S	47 363 35 528	115 505	G S	48 309 36 362
108 647	G S	44 572 33 048	110 375	G S	45 509 33 870	112 103	G S	46 450 34 696	113 831	G S	47 393 35 528	115 559	G S	48 338 36 362
108 701	G S	44 601 33 100	110 429	G S	45 539 33 922	112 157	G S	46 479 34 748	113 885	G S	47 422 35 580	115 613	G S	48 368 36 414
108 755	G S	44 630 33 100	110 483	G S	45 568 33 922	112 211	G S	46 509 34 748	113 939	G S	47 452 35 580	115 667	G S	48 397 36 414
108 809	G S	44 659 33 152	110 537	G S	45 598 33 974	112 265	G S	46 538 34 800	113 993	G S	47 481 35 632	115 721	G S	48 427 36 466
108 863	G S	44 689 33 152	110 591	G S	45 627 33 974	112 319	G S	46 568 34 800	114 047	G S	47 511 35 632	115 775	G S	48 456 36 466
108 917	G S	44 718 33 202	110 645	G S	45 656 34 026	112 373	G S	46 597 34 852	114 101	G S	47 540 35 684	115 829	G S	48 486 36 520
108 971	G S	44 747 33 202	110 699	G S	45 686 34 026	112 427	G S	46 626 34 852	114 155	G S	47 570 35 684	115 883	G S	48 516 36 520
109 025	G S	44 777 33 254	110 753	G S	45 715 34 076	112 481	G S	46 656 34 904	114 209	G S	47 599 35 736	115 937	G S	48 545 36 572
109 079	G S	44 806 33 254	110 807	G S	45 744 34 076	112 535	G S	46 685 34 904	114 263	G S	47 629 35 736	115 991	G S	48 575 36 572
109 133	G S	44 835 33 306	110 861	G S	45 774 34 128	112 589	G S	46 715 34 956	114 317	G S	47 658 35 788	116 045	G S	48 604 36 624
109 187	G S	44 864 33 306	110 915	G S	45 803 34 128	112 643	G S	46 744 34 956	114 371	G S	47 688 35 788	116 099	G S	48 634 36 624
109 241	G S	44 894 33 356	110 969	G S	45 832 34 180	112 697	G S	46 774 35 008	114 425	G S	47 717 35 840	116 153	G S	48 664 36 676
109 295	G S	44 923 33 356	111 023	G S	45 862 34 180	112 751	G S	46 803 35 008	114 479	G S	47 747 35 840	116 207	G S	48 693 36 676
109 349	G S	44 952 33 408	111 077	G S	45 891 34 232	112 805	G S	46 833 35 060	114 533	G S	47 776 35 892	116 261	G S	48 723 36 728
109 403	G S	44 982 33 408	111 131	G S	45 921 34 232	112 859	G S	46 862 35 060	114 587	G S	47 806 35 892	116 315	G S	48 752 36 728
109 457	G S	45 011 33 460	111 185	G S	45 950 34 284	112 913	G S	46 891 35 112	114 641	G S	47 836 35 944	116 369	G S	48 782 36 780
109 511	G S	45 040 33 460	111 239	G S	45 979 34 284	112 967	G S	46 921 35 112	114 695	G S	47 865 35 944	116 423	G S	48 812 36 780
109 565	G S	45 070 33 510	111 293	G S	46 009 34 334	113 021	G S	46 950 35 164	114 749	G S	47 895 35 996	116 477	G S	48 841 36 834
109 619	G S	45 099 33 510	111 347	G S	46 038 34 334	113 075	G S	46 980 35 164	114 803	G S	47 924 35 996	116 531	G S	48 871 36 834
109 673	G S	45 128 33 562	111 401	G S	46 067 34 386	113 129	G S	47 009 35 216	114 857	G S	47 954 36 048	116 585	G S	48 901 36 886
109 727	G S	45 157 33 562	111 455	G S	46 097 34 386	113 183	G S	47 039 35 216	114 911	G S	47 983 36 048	116 639	G S	48 930 36 886
109 781	G S	45 187 33 614	111 509	G S	46 126 34 438	113 237	G S	47 068 35 268	114 965	G S	48 013 36 100	116 693	G S	48 960 36 938
109 835	G S	45 216 33 614	111 563	G S	46 156 34 438	113 291	G S	47 098 35 268	115 019	G S	48 042 36 100	116 747	G S	48 989 36 938
109 889	G S	45 245 33 664	111 617	G S	46 185 34 490	113 345	G S	47 127 35 320	115 073	G S	48 072 36 154	116 801	G S	49 019 36 990
109 943	G S	45 275 33 664	111 671	G S	46 214 34 490	113 399	G S	47 157 35 320	115 127	G S	48 102 36 154	116 855	G S	49 049 36 990

Zu versteuerndes Einkommen bis	Tarif	Einkommensteuer	Zu versteuerndes Einkommen bis	Tarif	Einkommensteuer	Zu versteuerndes Einkommen bis	Tarif	Einkommensteuer	Zu versteuerndes Einkommen bis	Tarif	Einkommensteuer	Zu versteuerndes Einkommen bis	Tarif	Einkommensteuer
116 909	G S	49 078 / 37 044	118 637	G S	50 028 / 37 884	120 365	G S	50 981 / 38 730	122 093	G S	51 936 / 39 578	123 821	G S	52 893 / 40 430
116 963	G S	49 108 / 37 044	118 691	G S	50 058 / 37 884	120 419	G S	51 010 / 38 730	122 147	G S	51 965 / 39 578	123 875	G S	52 923 / 40 430
117 017	G S	49 138 / 37 096	118 745	G S	50 088 / 37 938	120 473	G S	51 040 / 38 782	122 201	G S	51 995 / 39 632	123 929	G S	52 953 / 40 484
117 071	G S	49 167 / 37 096	118 799	G S	50 117 / 37 938	120 527	G S	51 070 / 38 782	122 255	G S	52 025 / 39 632	123 983	G S	52 983 / 40 484
117 125	G S	49 197 / 37 148	118 853	G S	50 147 / 37 990	120 581	G S	51 100 / 38 836	122 309	G S	52 055 / 39 684	124 037	G S	53 013 / 40 538
117 179	G S	49 227 / 37 148	118 907	G S	50 177 / 37 990	120 635	G S	51 130 / 38 836	122 363	G S	52 085 / 39 684	124 091	G S	53 043 / 40 538
117 233	G S	49 256 / 37 200	118 961	G S	50 207 / 38 042	120 689	G S	51 159 / 38 888	122 417	G S	52 115 / 39 738	124 145	G S	53 073 / 40 590
117 287	G S	49 286 / 37 200	119 015	G S	50 236 / 38 042	120 743	G S	51 189 / 38 888	122 471	G S	52 145 / 39 738	124 199	G S	53 103 / 40 590
117 341	G S	49 316 / 37 254	119 069	G S	50 266 / 38 096	120 797	G S	51 219 / 38 942	122 525	G S	52 175 / 39 792	124 253	G S	53 133 / 40 644
117 395	G S	49 345 / 37 254	119 123	G S	50 296 / 38 096	120 851	G S	51 249 / 38 942	122 579	G S	52 205 / 39 792	124 307	G S	53 163 / 40 644
117 449	G S	49 375 / 37 306	119 177	G S	50 326 / 38 148	120 905	G S	51 279 / 38 994	122 633	G S	52 234 / 39 844	124 361	G S	53 193 / 40 698
117 503	G S	49 405 / 37 306	119 231	G S	50 355 / 38 148	120 959	G S	51 309 / 38 994	122 687	G S	52 264 / 39 844	124 415	G S	53 223 / 40 698
117 557	G S	49 434 / 37 358	119 285	G S	50 385 / 38 202	121 013	G S	51 338 / 39 048	122 741	G S	52 294 / 39 898	124 469	G S	53 253 / 40 750
117 611	G S	49 464 / 37 358	119 339	G S	50 415 / 38 202	121 067	G S	51 368 / 39 048	122 795	G S	52 324 / 39 898	124 523	G S	53 283 / 40 750
117 665	G S	49 494 / 37 410	119 393	G S	50 445 / 38 254	121 121	G S	51 398 / 39 100	122 849	G S	52 354 / 39 950	124 577	G S	53 313 / 40 804
117 719	G S	49 523 / 37 410	119 447	G S	50 474 / 38 254	121 175	G S	51 428 / 39 100	122 903	G S	52 384 / 39 950	124 631	G S	53 343 / 40 804
117 773	G S	49 553 / 37 464	119 501	G S	50 504 / 38 306	121 229	G S	51 458 / 39 154	122 957	G S	52 414 / 40 004	124 685	G S	53 373 / 40 858
117 827	G S	49 583 / 37 464	119 555	G S	50 534 / 38 306	121 283	G S	51 488 / 39 154	123 011	G S	52 444 / 40 004	124 739	G S	53 403 / 40 858
117 881	G S	49 612 / 37 516	119 609	G S	50 564 / 38 360	121 337	G S	51 517 / 39 206	123 065	G S	52 474 / 40 058	124 793	G S	53 433 / 40 912
117 935	G S	49 642 / 37 516	119 663	G S	50 593 / 38 360	121 391	G S	51 547 / 39 206	123 119	G S	52 504 / 40 058	124 847	G S	53 463 / 40 912
117 989	G S	49 672 / 37 568	119 717	G S	50 623 / 38 412	121 445	G S	51 577 / 39 260	123 173	G S	52 534 / 40 110	124 901	G S	53 493 / 40 964
118 043	G S	49 701 / 37 568	119 771	G S	50 653 / 38 412	121 499	G S	51 607 / 39 260	123 227	G S	52 564 / 40 110	124 955	G S	53 523 / 40 964
118 097	G S	49 731 / 37 622	119 825	G S	50 683 / 38 466	121 553	G S	51 637 / 39 312	123 281	G S	52 593 / 40 164	125 009	G S	53 553 / 41 018
118 151	G S	49 761 / 37 622	119 879	G S	50 713 / 38 466	121 607	G S	51 667 / 39 312	123 335	G S	52 623 / 40 164	125 063	G S	53 583 / 41 018
118 205	G S	49 791 / 37 674	119 933	G S	50 742 / 38 518	121 661	G S	51 697 / 39 366	123 389	G S	52 653 / 40 218	125 117	G S	53 613 / 41 072
118 259	G S	49 820 / 37 674	119 987	G S	50 772 / 38 518	121 715	G S	51 726 / 39 366	123 443	G S	52 683 / 40 218	125 171	G S	53 643 / 41 072
118 313	G S	49 850 / 37 726	120 041	G S	50 802 / 38 572	121 769	G S	51 756 / 39 420	123 497	G S	52 713 / 40 270	125 225	G S	53 673 / 41 126
118 367	G S	49 880 / 37 726	120 095	G S	50 832 / 38 572	121 823	G S	51 786 / 39 420	123 551	G S	52 743 / 40 270	125 279	G S	53 703 / 41 126
118 421	G S	49 909 / 37 780	120 149	G S	50 861 / 38 624	121 877	G S	51 816 / 39 472	123 605	G S	52 773 / 40 324	125 333	G S	53 733 / 41 178
118 475	G S	49 939 / 37 780	120 203	G S	50 891 / 38 624	121 931	G S	51 846 / 39 472	123 659	G S	52 803 / 40 324	125 387	G S	53 763 / 41 178
118 529	G S	49 969 / 37 832	120 257	G S	50 921 / 38 676	121 985	G S	51 876 / 39 526	123 713	G S	52 833 / 40 378	125 441	G S	53 793 / 41 232
118 583	G S	49 999 / 37 832	120 311	G S	50 951 / 38 676	122 039	G S	51 906 / 39 526	123 767	G S	52 863 / 40 378	125 495	G S	53 823 / 41 232

Zu versteuerndes Einkommen bis	Tarif	Einkommensteuer	Zu versteuerndes Einkommen bis	Tarif	Einkommensteuer	Zu versteuerndes Einkommen bis	Tarif	Einkommensteuer	Zu versteuerndes Einkommen bis	Tarif	Einkommensteuer	Zu versteuerndes Einkommen bis	Tarif	Einkommensteuer
125 549	G	53 853	127 277	G	54 815	129 005	G	55 780	130 733	G	56 747	132 461	G	57 715
	S	41 286		S	42 144		S	43 004		S	43 868		S	44 734
125 603	G	53 883	127 331	G	54 845	129 059	G	55 810	130 787	G	56 778	132 515	G	57 745
	S	41 286		S	42 144		S	43 004		S	43 868		S	44 734
125 657	G	53 913	127 385	G	54 875	129 113	G	55 840	130 841	G	56 808	132 569	G	57 775
	S	41 340		S	42 198		S	43 058		S	43 922		S	44 788
125 711	G	53 943	127 439	G	54 906	129 167	G	55 871	130 895	G	56 838	132 623	G	57 806
	S	41 340		S	42 198		S	43 058		S	43 922		S	44 788
125 765	G	53 973	127 493	G	54 936	129 221	G	55 901	130 949	G	56 868	132 677	G	57 836
	S	41 392		S	42 252		S	43 112		S	43 976		S	44 842
125 819	G	54 003	127 547	G	54 966	129 275	G	55 931	131 003	G	56 899	132 731	G	57 866
	S	41 392		S	42 252		S	43 112		S	43 976		S	44 842
125 873	G	54 033	127 601	G	54 996	129 329	G	55 961	131 057	G	56 929	132 785	G	57 896
	S	41 446		S	42 304		S	43 166		S	44 030		S	44 898
125 927	G	54 063	127 655	G	55 026	129 383	G	55 991	131 111	G	56 959	132 839	G	57 927
	S	41 446		S	42 304		S	43 166		S	44 030		S	44 898
125 981	G	54 093	127 709	G	55 056	129 437	G	56 022	131 165	G	56 989	132 893	G	57 957
	S	41 500		S	42 358		S	43 220		S	44 084		S	44 952
126 035	G	54 123	127 763	G	55 086	129 491	G	56 052	131 219	G	57 019	132 947	G	57 987
	S	41 500		S	42 358		S	43 220		S	44 084		S	44 952
126 089	G	54 153	127 817	G	55 116	129 545	G	56 082	131 273	G	57 050	133 001	G	58 017
	S	41 554		S	42 412		S	43 274		S	44 138		S	45 006
126 143	G	54 183	127 871	G	55 147	129 599	G	56 112	131 327	G	57 080	133 055	G	58 048
	S	41 554		S	42 412		S	43 274		S	44 138		S	45 006
126 197	G	54 213	127 925	G	55 177	129 653	G	56 143	131 381	G	57 110	133 109	G	58 078
	S	41 608		S	42 466		S	43 328		S	44 192		S	45 060
126 251	G	54 243	127 979	G	55 207	129 707	G	56 173	131 435	G	57 140	133 163	G	58 108
	S	41 608		S	42 466		S	43 328		S	44 192		S	45 060
126 305	G	54 274	128 033	G	55 237	129 761	G	56 203	131 489	G	57 171	133 217	G	58 138
	S	41 660		S	42 520		S	43 382		S	44 246		S	45 114
126 359	G	54 304	128 087	G	55 267	129 815	G	56 233	131 543	G	57 201	133 271	G	58 169
	S	41 660		S	42 520		S	43 382		S	44 246		S	45 114
126 413	G	54 334	128 141	G	55 297	129 869	G	56 263	131 597	G	57 231	133 325	G	58 199
	S	41 714		S	42 574		S	43 436		S	44 302		S	45 168
126 467	G	54 364	128 195	G	55 327	129 923	G	56 294	131 651	G	57 261	133 379	G	58 229
	S	41 714		S	42 574		S	43 436		S	44 302		S	45 168
126 521	G	54 394	128 249	G	55 358	129 977	G	56 324	131 705	G	57 292	133 433	G	58 259
	S	41 768		S	42 628		S	43 490		S	44 356		S	45 222
126 575	G	54 424	128 303	G	55 388	130 031	G	56 354	131 759	G	57 322	133 487	G	58 290
	S	41 768		S	42 628		S	43 490		S	44 356		S	45 222
126 629	G	54 454	128 357	G	55 418	130 085	G	56 384	131 813	G	57 352	133 541	G	58 320
	S	41 822		S	42 682		S	43 544		S	44 410		S	45 278
126 683	G	54 484	128 411	G	55 448	130 139	G	56 415	131 867	G	57 382	133 595	G	58 350
	S	41 822		S	42 682		S	43 544		S	44 410		S	45 278
126 737	G	54 514	128 465	G	55 478	130 193	G	56 445	131 921	G	57 413	133 649	G	58 380
	S	41 876		S	42 736		S	43 598		S	44 464		S	45 332
126 791	G	54 544	128 519	G	55 508	130 247	G	56 475	131 975	G	57 443	133 703	G	58 411
	S	41 876		S	42 736		S	43 598		S	44 464		S	45 332
126 845	G	54 574	128 573	G	55 539	130 301	G	56 505	132 029	G	57 473	133 757	G	58 441
	S	41 928		S	42 790		S	43 652		S	44 518		S	45 386
126 899	G	54 604	128 627	G	55 569	130 355	G	56 536	132 083	G	57 503	133 811	G	58 471
	S	41 928		S	42 790		S	43 652		S	44 518		S	45 386
126 953	G	54 635	128 681	G	55 599	130 409	G	56 566	132 137	G	57 534	133 865	G	58 501
	S	41 982		S	42 842		S	43 706		S	44 572		S	45 440
127 007	G	54 665	128 735	G	55 629	130 463	G	56 596	132 191	G	57 564	133 919	G	58 531
	S	41 982		S	42 842		S	43 706		S	44 572		S	45 440
127 061	G	54 695	128 789	G	55 659	130 517	G	56 626	132 245	G	57 594	133 973	G	58 562
	S	42 036		S	42 896		S	43 760		S	44 626		S	45 494
127 115	G	54 725	128 843	G	55 690	130 571	G	56 657	132 299	G	57 624	134 027	G	58 592
	S	42 036		S	42 896		S	43 760		S	44 626		S	45 494
127 169	G	54 755	128 897	G	55 720	130 625	G	56 687	132 353	G	57 655	134 081	G	58 622
	S	42 090		S	42 950		S	43 814		S	44 680		S	45 548
127 223	G	54 785	128 951	G	55 750	130 679	G	56 717	132 407	G	57 685	134 135	G	58 652
	S	42 090		S	42 950		S	43 814		S	44 680		S	45 548

Zu versteuerndes Einkommen bis	Tarif	Einkommensteuer	Zu versteuerndes Einkommen bis	Tarif	Einkommensteuer	Zu versteuerndes Einkommen bis	Tarif	Einkommensteuer	Zu versteuerndes Einkommen bis	Tarif	Einkommensteuer	Zu versteuerndes Einkommen bis	Tarif	Einkommensteuer
134 189	G	58 683	135 917	G	59 650	137 645	G	60 618	139 373	G	61 586	141 101	G	62 553
	S	45 604		S	46 474		S	47 348		S	48 222		S	49 100
134 243	G	58 713	135 971	G	59 681	137 699	G	60 648	139 427	G	61 616	141 155	G	62 584
	S	45 604		S	46 474		S	47 348		S	48 222		S	49 100
134 297	G	58 743	136 025	G	59 711	137 753	G	60 679	139 481	G	61 646	141 209	G	62 614
	S	45 658		S	46 528		S	47 402		S	48 278		S	49 156
134 351	G	58 773	136 079	G	59 741	137 807	G	60 709	139 535	G	61 676	141 263	G	62 644
	S	45 658		S	46 528		S	47 402		S	48 278		S	49 156
134 405	G	58 804	136 133	G	59 771	137 861	G	60 739	139 589	G	61 707	141 317	G	62 674
	S	45 712		S	46 584		S	47 456		S	48 332		S	49 210
134 459	G	58 834	136 187	G	59 802	137 915	G	60 769	139 643	G	61 737	141 371	G	62 705
	S	45 712		S	46 584		S	47 456		S	48 332		S	49 210
134 513	G	58 864	136 241	G	59 832	137 969	G	60 799	139 697	G	61 767	141 425	G	62 735
	S	45 766		S	46 638		S	47 512		S	48 388		S	49 266
134 567	G	58 894	136 295	G	59 862	138 023	G	60 830	139 751	G	61 797	141 479	G	62 765
	S	45 766		S	46 638		S	47 512		S	48 388		S	49 266
134 621	G	58 925	136 349	G	59 892	138 077	G	60 860	139 805	G	61 828	141 533	G	62 795
	S	45 820		S	46 692		S	47 566		S	48 442		S	49 320
134 675	G	58 955	136 403	G	59 923	138 131	G	60 890	139 859	G	61 858	141 587	G	62 826
	S	45 820		S	46 692		S	47 566		S	48 442		S	49 320
134 729	G	58 985	136 457	G	59 953	138 185	G	60 920	139 913	G	61 888	141 641	G	62 856
	S	45 876		S	46 746		S	47 620		S	48 498		S	49 374
134 783	G	59 015	136 511	G	59 983	138 239	G	60 951	139 967	G	61 918	141 695	G	62 886
	S	45 876		S	46 746		S	47 620		S	48 498		S	49 374
134 837	G	59 046	136 565	G	60 013	138 293	G	60 981	140 021	G	61 949	141 749	G	62 916
	S	45 930		S	46 802		S	47 676		S	48 552		S	49 430
134 891	G	59 076	136 619	G	60 043	138 347	G	61 011	140 075	G	61 979	141 803	G	62 947
	S	45 930		S	46 802		S	47 676		S	48 552		S	49 430
134 945	G	59 106	136 673	G	60 074	138 401	G	61 041	140 129	G	62 009	141 857	G	62 977
	S	45 984		S	46 856		S	47 730		S	48 606		S	49 484
134 999	G	59 136	136 727	G	60 104	138 455	G	61 072	140 183	G	62 039	141 911	G	63 007
	S	45 984		S	46 856		S	47 730		S	48 606		S	49 484
135 053	G	59 167	136 781	G	60 134	138 509	G	61 102	140 237	G	62 070	141 965	G	63 037
	S	46 038		S	46 910		S	47 784		S	48 662		S	49 540
135 107	G	59 197	136 835	G	60 164	138 563	G	61 132	140 291	G	62 100	142 019	G	63 067
	S	46 038		S	46 910		S	47 784		S	48 662		S	49 540
135 161	G	59 227	136 889	G	60 195	138 617	G	61 162	140 345	G	62 130	142 073	G	63 098
	S	46 092		S	46 966		S	47 840		S	48 716		S	49 594
135 215	G	59 257	136 943	G	60 225	138 671	G	61 193	140 399	G	62 160	142 127	G	63 128
	S	46 092		S	46 966		S	47 840		S	48 716		S	49 594
135 269	G	59 287	136 997	G	60 255	138 725	G	61 223	140 453	G	62 191	142 181	G	63 158
	S	46 148		S	47 020		S	47 894		S	48 772		S	49 650
135 323	G	59 318	137 051	G	60 285	138 779	G	61 253	140 507	G	62 221	142 235	G	63 188
	S	46 148		S	47 020		S	47 894		S	48 772		S	49 650
135 377	G	59 348	137 105	G	60 316	138 833	G	61 283	140 561	G	62 251	142 289	G	63 219
	S	46 202		S	47 074		S	47 950		S	48 826		S	49 704
135 431	G	59 378	137 159	G	60 346	138 887	G	61 314	140 615	G	62 281	142 343	G	63 249
	S	46 202		S	47 074		S	47 950		S	48 826		S	49 704
135 485	G	59 408	137 213	G	60 376	138 941	G	61 344	140 669	G	62 311	142 397	G	63 279
	S	46 256		S	47 128		S	48 004		S	48 880		S	49 760
135 539	G	59 439	137 267	G	60 406	138 995	G	61 374	140 723	G	62 342	142 451	G	63 309
	S	46 256		S	47 128		S	48 004		S	48 880		S	49 760
135 593	G	59 469	137 321	G	60 437	139 049	G	61 404	140 777	G	62 372	142 505	G	63 340
	S	46 310		S	47 184		S	48 058		S	48 934		S	49 814
135 647	G	59 499	137 375	G	60 467	139 103	G	61 435	140 831	G	62 402	142 559	G	63 370
	S	46 310		S	47 184		S	48 058		S	48 936		S	49 814
135 701	G	59 529	137 429	G	60 497	139 157	G	61 465	140 885	G	62 432	142 613	G	63 400
	S	46 366		S	47 238		S	48 114		S	48 990		S	49 870
135 755	G	59 560	137 483	C	60 527	139 211	G	61 495	140 939	G	62 463	142 667	G	63 430
	S	46 366		S	47 238		S	48 114		S	48 990		S	49 870
135 809	G	59 590	137 537	G	60 558	139 265	G	61 525	140 993	G	62 493	142 721	G	63 461
	S	46 420		S	47 292		S	48 168		S	49 046		S	49 924
135 863	G	59 620	137 591	G	60 588	139 319	G	61 555	141 047	G	62 523	142 775	G	63 491
	S	46 420		S	47 292		S	48 168		S	49 046		S	49 924

Zu versteuerndes Einkommen bis	G	S	Zu versteuerndes Einkommen bis	G	S	Zu versteuerndes Einkommen bis	G	S	Zu versteuerndes Einkommen bis	G	S	Zu versteuerndes Einkommen bis	G	S
142829	63521	49980	144557	64489	50860	146285	65456	51744	148013	66424	52628	149741	67392	53516
142883	63551	49980	144611	64519	50860	146339	65487	51744	148067	66454	52628	149795	67422	53516
142937	63582	50034	144665	64549	50916	146393	65517	51800	148121	66485	52684	149849	67452	53570
142991	63612	50034	144719	64579	50916	146447	65547	51800	148175	66515	52684	149903	67483	53570
143045	63642	50090	144773	64610	50972	146501	65577	51854	148229	66545	52740	149957	67513	53626
143099	63672	50090	144827	64640	50972	146555	65608	51854	148283	66575	52740	150011	67543	53626
143153	63703	50144	144881	64670	51026	146609	65638	51910	148337	66606	52794	150065	67573	53682
143207	63733	50144	144935	64700	51026	146663	65668	51910	148391	66636	52794	150119	67603	53682
143261	63763	50200	144989	64731	51082	146717	65698	51966	148445	66666	52850	150173	67634	53736
143315	63793	50200	145043	64761	51082	146771	65729	51966	148499	66696	52850	150227	67664	53736
143369	63823	50256	145097	64791	51136	146825	65759	52020	148553	66727	52906	150281	67694	53792
143423	63854	50256	145151	64821	51136	146879	65789	52020	148607	66757	52906	150335	67724	53792
143477	63884	50310	145205	64852	51192	146933	65819	52076	148661	66787	52960	150389	67755	53848
143531	63914	50310	145259	64882	51192	146987	65850	52076	148715	66817	52960	150443	67785	53848
143585	63944	50366	145313	64912	51248	147041	65880	52130	148769	66847	53016	150497	67815	53904
143639	63975	50366	145367	64942	51248	147095	65910	52130	148823	66878	53016	150551	67845	53904
143693	64005	50420	145421	64973	51302	147149	65940	52186	148877	66908	53072	150605	67876	53958
143747	64035	50420	145475	65003	51302	147203	65971	52186	148931	66938	53072	150659	67906	53958
143801	64065	50476	145529	65033	51358	147257	66001	52242	148985	66968	53128	150713	67936	54014
143855	64096	50476	145583	65063	51358	147311	66031	52242	149039	66999	53128	150767	67966	54014
143909	64126	50530	145637	65094	51412	147365	66061	52296	149093	67029	53182	150821	67997	54070
143963	64156	50530	145691	65124	51412	147419	66091	52296	149147	67059	53182	150875	68027	54070
144017	64186	50586	145745	65154	51468	147473	66122	52352	149201	67089	53238	150929	68057	54126
144071	64217	50586	145799	65184	51468	147527	66152	52352	149255	67120	53238	150983	68087	54126
144125	64247	50640	145853	65215	51524	147581	66182	52408	149309	67150	53294	151037	68118	54180
144179	64277	50640	145907	65245	51524	147635	66212	52408	149363	67180	53294	151091	68148	54180
144233	64307	50696	145961	65275	51578	147689	66243	52462	149417	67210	53348	151145	68178	54236
144287	64338	50696	146015	65305	51578	147743	66273	52462	149471	67241	53348	151199	68208	54236
144341	64368	50750	146069	65335	51634	147797	66303	52518	149525	67271	53404	151253	68239	54292
144395	64398	50750	146123	65366	51634	147851	66333	52518	149579	67301	53404	151307	68269	54292
144449	64428	50806	146177	65396	51690	147905	66364	52574	149633	67331	53460	151361	68299	54348
144503	64459	50806	146231	65426	51690	147959	66394	52574	149687	67362	53460	151415	68329	54348

Zu versteuerndes Einkommen bis	Tarif	Einkommensteuer	Zu versteuerndes Einkommen bis	Tarif	Einkommensteuer	Zu versteuerndes Einkommen bis	Tarif	Einkommensteuer	Zu versteuerndes Einkommen bis	Tarif	Einkommensteuer	Zu versteuerndes Einkommen bis	Tarif	Einkommensteuer
151 469	G / S	68 359 / 54 402	153 197	G / S	69 327 / 55 292	154 925	G / S	70 295 / 56 184	156 653	G / S	71 263 / 57 076	158 381	G / S	72 230 / 57 968
151 523	G / S	68 390 / 54 402	153 251	G / S	69 357 / 55 292	154 979	G / S	70 325 / 56 184	156 707	G / S	71 293 / 57 076	158 435	G / S	72 260 / 57 968
151 577	G / S	68 420 / 54 458	153 305	G / S	69 388 / 55 348	155 033	G / S	70 355 / 56 238	156 761	G / S	71 323 / 57 132	158 489	G / S	72 291 / 58 024
151 631	G / S	68 450 / 54 458	153 359	G / S	69 418 / 55 348	155 087	G / S	70 386 / 56 238	156 815	G / S	71 353 / 57 132	158 543	G / S	72 321 / 58 024
151 685	G / S	68 480 / 54 514	153 413	G / S	69 448 / 55 404	155 141	G / S	70 416 / 56 294	156 869	G / S	71 383 / 57 186	158 597	G / S	72 351 / 58 080
151 739	G / S	68 511 / 54 514	153 467	G / S	69 478 / 55 404	155 195	G / S	70 446 / 56 294	156 923	G / S	71 414 / 57 186	158 651	G / S	72 381 / 58 080
151 793	G / S	68 541 / 54 570	153 521	G / S	69 509 / 55 460	155 249	G / S	70 476 / 56 350	156 977	G / S	71 444 / 57 242	158 705	G / S	72 412 / 58 136
151 847	G / S	68 571 / 54 570	153 575	G / S	69 539 / 55 460	155 303	G / S	70 507 / 56 350	157 031	G / S	71 474 / 57 242	158 759	G / S	72 442 / 58 136
151 901	G / S	68 601 / 54 626	153 629	G / S	69 569 / 55 514	155 357	G / S	70 537 / 56 406	157 085	G / S	71 504 / 57 298	158 813	G / S	72 472 / 58 192
151 955	G / S	68 632 / 54 626	153 683	G / S	69 599 / 55 514	155 411	G / S	70 567 / 56 406	157 139	G / S	71 535 / 57 298	158 867	G / S	72 502 / 58 192
152 009	G / S	68 662 / 54 680	153 737	G / S	69 630 / 55 570	155 465	G / S	70 597 / 56 462	157 193	G / S	71 565 / 57 354	158 921	G / S	72 533 / 58 248
152 063	G / S	68 692 / 54 680	153 791	G / S	69 660 / 55 570	155 519	G / S	70 627 / 56 462	157 247	G / S	71 595 / 57 354	158 975	G / S	72 563 / 58 248
152 117	G / S	68 722 / 54 736	153 845	G / S	69 690 / 55 626	155 573	G / S	70 658 / 56 518	157 301	G / S	71 625 / 57 410	159 029	G / S	72 593 / 58 304
152 171	G / S	68 753 / 54 736	153 899	G / S	69 720 / 55 626	155 627	G / S	70 688 / 56 518	157 355	G / S	71 656 / 57 410	159 083	G / S	72 623 / 58 304
152 225	G / S	68 783 / 54 792	153 953	G / S	69 751 / 55 682	155 681	G / S	70 718 / 56 574	157 409	G / S	71 686 / 57 466	159 137	G / S	72 654 / 58 360
152 279	G / S	68 813 / 54 792	154 007	G / S	69 781 / 55 682	155 735	G / S	70 748 / 56 574	157 463	G / S	71 716 / 57 466	159 191	G / S	72 684 / 58 360
152 333	G / S	68 843 / 54 848	154 061	G / S	69 811 / 55 738	155 789	G / S	70 779 / 56 630	157 517	G / S	71 746 / 57 522	159 245	G / S	72 714 / 58 416
152 387	G / S	68 874 / 54 848	154 115	G / S	69 841 / 55 738	155 843	G / S	70 809 / 56 630	157 571	G / S	71 777 / 57 522	159 299	G / S	72 744 / 58 416
152 441	G / S	68 904 / 54 904	154 169	G / S	69 871 / 55 794	155 897	G / S	70 839 / 56 684	157 625	G / S	71 807 / 57 578	159 353	G / S	72 775 / 58 472
152 495	G / S	68 934 / 54 904	154 223	G / S	69 902 / 55 794	155 951	G / S	70 869 / 56 684	157 679	G / S	71 837 / 57 578	159 407	G / S	72 805 / 58 472
152 549	G / S	68 964 / 54 958	154 277	G / S	69 932 / 55 848	156 005	G / S	70 900 / 56 740	157 733	G / S	71 867 / 57 634	159 461	G / S	72 835 / 58 528
152 603	G / S	68 995 / 54 958	154 331	G / S	69 962 / 55 848	156 059	G / S	70 930 / 56 740	157 787	G / S	71 898 / 57 634	159 515	G / S	72 865 / 58 528
152 657	G / S	69 025 / 55 014	154 385	G / S	69 992 / 55 904	156 113	G / S	70 960 / 56 796	157 841	G / S	71 928 / 57 690	159 569	G / S	72 895 / 58 584
152 711	G / S	69 055 / 55 014	154 439	G / S	70 023 / 55 904	156 167	G / S	70 990 / 56 796	157 895	G / S	71 958 / 57 690	159 623	G / S	72 926 / 58 584
152 765	G / S	69 085 / 55 070	154 493	G / S	70 053 / 55 960	156 221	G / S	71 021 / 56 852	157 949	G / S	71 988 / 57 746	159 677	G / S	72 956 / 58 640
152 819	G / S	69 115 / 55 070	154 547	G / S	70 083 / 55 960	156 275	G / S	71 051 / 56 852	158 003	G / S	72 019 / 57 746	159 731	G / S	72 986 / 58 640
152 873	G / S	69 146 / 55 126	154 601	G / S	70 113 / 56 016	156 329	G / S	71 081 / 56 908	158 057	G / S	72 049 / 57 802	159 785	G / S	73 016 / 58 696
152 927	G / S	69 176 / 55 126	154 655	G / S	70 144 / 56 016	156 383	G / S	71 111 / 56 908	158 111	G / S	72 079 / 57 802	159 839	G / S	73 047 / 58 696
152 981	G / S	69 206 / 55 182	154 709	G / S	70 174 / 56 072	156 437	G / S	71 142 / 56 964	158 165	G / S	72 109 / 57 856	159 893	G / S	73 077 / 58 752
153 035	G / S	69 236 / 55 182	154 763	G / S	70 204 / 56 072	156 491	G / S	71 172 / 56 964	158 219	G / S	72 139 / 57 856	159 947	G / S	73 107 / 58 752
153 089	G / S	69 267 / 55 236	154 817	G / S	70 234 / 56 128	156 545	G / S	71 202 / 57 020	158 273	G / S	72 170 / 57 914	160 001	G / S	73 137 / 58 808
153 143	G / S	69 297 / 55 236	154 871	G / S	70 265 / 56 128	156 599	G / S	71 232 / 57 020	158 327	G / S	72 200 / 57 914	160 055	G / S	73 168 / 58 808

Zu versteuerndes Einkommen bis	Tarif	Einkommensteuer	Zu versteuerndes Einkommen bis	Tarif	Einkommensteuer	Zu versteuerndes Einkommen bis	Tarif	Einkommensteuer	Zu versteuerndes Einkommen bis	Tarif	Einkommensteuer	Zu versteuerndes Einkommen bis	Tarif	Einkommensteuer
160 109	G	73 198	161 837	G	74 166	163 565	G	75 133	165 293	G	76 101	167 021	G	77 069
	S	58 862		S	59 758		S	60 654		S	61 554		S	62 452
160 163	G	73 228	161 891	G	74 196	163 619	G	75 163	165 347	G	76 131	167 075	G	77 099
	S	58 862		S	59 758		S	60 654		S	61 554		S	62 452
160 217	G	73 258	161 945	G	74 226	163 673	G	75 194	165 401	G	76 161	167 129	G	77 129
	S	58 918		S	59 814		S	60 710		S	61 610		S	62 508
160 271	G	73 289	161 999	G	74 256	163 727	G	75 224	165 455	G	76 192	167 183	G	77 159
	S	58 918		S	59 814		S	60 710		S	61 610		S	62 508
160 325	G	73 319	162 053	G	74 287	163 781	G	75 254	165 509	G	76 222	167 237	G	77 190
	S	58 974		S	59 870		S	60 768		S	61 666		S	62 566
160 379	G	73 349	162 107	G	74 317	163 835	G	75 284	165 563	G	76 252	167 291	G	77 220
	S	58 974		S	59 870		S	60 768		S	61 666		S	62 566
160 433	G	73 379	162 161	G	74 347	163 889	G	75 315	165 617	G	76 282	167 345	G	77 250
	S	59 030		S	59 926		S	60 824		S	61 722		S	62 622
160 487	G	73 410	162 215	G	74 377	163 943	G	75 345	165 671	G	76 313	167 399	G	77 280
	S	59 030		S	59 926		S	60 824		S	61 722		S	62 622
160 541	G	73 440	162 269	G	74 407	163 997	G	75 375	165 725	G	76 343	167 453	G	77 311
	S	59 086		S	59 982		S	60 880		S	61 778		S	62 678
160 595	G	73 470	162 323	G	74 438	164 051	G	75 405	165 779	G	76 373	167 507	G	77 341
	S	59 086		S	59 982		S	60 880		S	61 778		S	62 678
160 649	G	73 500	162 377	G	74 468	164 105	G	75 436	165 833	G	76 403	167 561	G	77 371
	S	59 142		S	60 038		S	60 936		S	61 834		S	62 734
160 703	G	73 531	162 431	G	74 498	164 159	G	75 466	165 887	G	76 434	167 615	G	77 401
	S	59 142		S	60 038		S	60 936		S	61 834		S	62 734
160 757	G	73 561	162 485	G	74 528	164 213	G	75 496	165 941	G	76 464	167 669	G	77 431
	S	59 198		S	60 094		S	60 992		S	61 890		S	62 790
160 811	G	73 591	162 539	G	74 559	164 267	G	75 526	165 995	G	76 494	167 723	G	77 462
	S	59 198		S	60 094		S	60 992		S	61 890		S	62 790
160 865	G	73 621	162 593	G	74 589	164 321	G	75 557	166 049	G	76 524	167 777	G	77 492
	S	59 254		S	60 150		S	61 048		S	61 946		S	62 846
160 919	G	73 651	162 647	G	74 619	164 375	G	75 587	166 103	G	76 555	167 831	G	77 522
	S	59 254		S	60 150		S	61 048		S	61 946		S	62 846
160 973	G	73 682	162 701	G	74 649	164 429	G	75 617	166 157	G	76 585	167 885	G	77 552
	S	59 310		S	60 206		S	61 104		S	62 002		S	62 902
161 027	G	73 712	162 755	G	74 680	164 483	G	75 647	166 211	G	76 615	167 939	G	77 583
	S	59 310		S	60 206		S	61 104		S	62 002		S	62 902
161 081	G	73 742	162 809	G	74 710	164 537	G	75 678	166 265	G	76 645	167 993	G	77 613
	S	59 366		S	60 262		S	61 160		S	62 058		S	62 960
161 135	G	73 772	162 863	G	74 740	164 591	G	75 708	166 319	G	76 675	168 047	G	77 643
	S	59 366		S	60 262		S	61 160		S	62 058		S	62 960
161 189	G	73 803	162 917	G	74 770	164 645	G	75 738	166 373	G	76 706	168 101	G	77 673
	S	59 422		S	60 318		S	61 216		S	62 116		S	63 016
161 243	G	73 833	162 971	G	74 801	164 699	G	75 768	166 427	G	76 736	168 155	G	77 704
	S	59 422		S	60 318		S	61 216		S	62 116		S	63 016
161 297	G	73 863	163 025	G	74 831	164 753	G	75 799	166 481	G	76 766	168 209	G	77 734
	S	59 478		S	60 374		S	61 272		S	62 172		S	63 072
161 351	G	73 893	163 079	G	74 861	164 807	G	75 829	166 535	G	76 796	168 263	G	77 764
	S	59 478		S	60 374		S	61 272		S	62 172		S	63 072
161 405	G	73 924	163 133	G	74 891	164 861	G	75 859	166 589	G	76 827	168 317	G	77 794
	S	59 534		S	60 430		S	61 328		S	62 228		S	63 128
161 459	G	73 954	163 187	G	74 922	164 915	G	75 889	166 643	G	76 857	168 371	G	77 825
	S	59 534		S	60 430		S	61 328		S	62 228		S	63 128
161 513	G	73 984	163 241	G	74 952	164 969	G	75 919	166 697	G	76 887	168 425	G	77 855
	S	59 590		S	60 486		S	61 384		S	62 284		S	63 184
161 567	G	74 014	163 295	G	74 982	165 023	G	75 950	166 751	G	76 917	168 479	G	77 885
	S	59 590		S	60 486		S	61 384		S	62 284		S	63 184
161 621	G	74 045	163 349	G	75 012	165 077	G	75 980	166 805	G	76 948	168 533	G	77 915
	S	59 646		S	60 542		S	61 440		S	62 340		S	63 240
161 675	G	74 075	163 403	G	75 043	165 131	G	76 010	166 859	G	76 978	168 587	G	77 946
	S	59 646		S	60 542		S	61 440		S	62 340		S	63 240
161 729	G	74 105	163 457	G	75 073	165 185	G	76 040	166 913	G	77 008	168 641	G	77 976
	S	59 702		S	60 598		S	61 496		S	62 396		S	63 298
161 783	G	74 135	163 511	G	75 103	165 239	G	76 071	166 967	G	77 038	168 695	G	78 006
	S	59 702		S	60 598		S	61 496		S	62 396		S	63 298

Zu versteuerndes Einkommen bis	Tarif	Einkommensteuer	Zu versteuerndes Einkommen bis	Tarif	Einkommensteuer	Zu versteuerndes Einkommen bis	Tarif	Einkommensteuer	Zu versteuerndes Einkommen bis	Tarif	Einkommensteuer	Zu versteuerndes Einkommen bis	Tarif	Einkommensteuer
168749	G	78036	170477	G	79004	172205	G	79972	173933	G	80939	175661	G	81907
	S	63354		S	64256		S	65158		S	66064		S	66970
168803	G	78067	170531	G	79034	172259	G	80002	173987	G	80970	175715	G	81937
	S	63354		S	64256		S	65158		S	66064		S	66970
168857	G	78097	170585	G	79064	172313	G	80032	174041	G	81000	175769	G	81967
	S	63410		S	64312		S	65216		S	66120		S	67026
168911	G	78127	170639	G	79095	172367	G	80062	174095	G	81030	175823	G	81998
	S	63410		S	64312		S	65216		S	66120		S	67026
168965	G	78157	170693	G	79125	172421	G	80093	174149	G	81060	175877	G	82028
	S	63466		S	64368		S	65272		S	66176		S	67082
169019	G	78187	170747	G	79155	172475	G	80123	174203	G	81091	175931	G	82058
	S	63466		S	64368		S	65272		S	66176		S	67082
169073	G	78218	170801	G	79185	172529	G	80153	174257	G	81121	175985	G	82088
	S	63522		S	64424		S	65328		S	66234		S	67140
169127	G	78248	170855	G	79216	172583	G	80183	174311	G	81151	176039	G	82119
	S	63522		S	64424		S	65328		S	66234		S	67140
169181	G	78278	170909	G	79246	172637	G	80214	174365	G	81181	176093	G	82149
	S	63578		S	64482		S	65384		S	66290		S	67196
169235	G	78308	170963	G	79276	172691	G	80244	174419	G	81211	176147	G	82179
	S	63578		S	64482		S	65384		S	66290		S	67196
169289	G	78339	171017	G	79306	172745	G	80274	174473	G	81242	176201	G	82209
	S	63636		S	64538		S	65442		S	66346		S	67252
169343	G	78369	171071	G	79337	172799	G	80304	174527	G	81272	176255	G	82240
	S	63636		S	64538		S	65442		S	66346		S	67252
169397	G	78399	171125	G	79367	172853	G	80335	174581	G	81302	176309	G	82270
	S	63692		S	64594		S	65498		S	66402		S	67310
169451	G	78429	171179	G	79397	172907	G	80365	174635	G	81332	176363	G	82300
	S	63692		S	64594		S	65498		S	66402		S	67310
169505	G	78460	171233	G	79427	172961	G	80395	174689	G	81363	176417	G	82330
	S	63748		S	64650		S	65554		S	66460		S	67366
169559	G	78490	171287	G	79458	173015	G	80425	174743	G	81393	176471	G	82361
	S	63748		S	64650		S	65554		S	66460		S	67366
169613	G	78520	171341	G	79488	173069	G	80455	174797	G	81423	176525	G	82391
	S	63804		S	64706		S	65610		S	66516		S	67422
169667	G	78550	171395	G	79518	173123	G	80486	174851	G	81453	176579	G	82421
	S	63804		S	64706		S	65610		S	66516		S	67422
169721	G	78581	171449	G	79548	173177	G	80516	174905	G	81484	176633	G	82451
	S	63860		S	64764		S	65668		S	66572		S	67480
169775	G	78611	171503	G	79579	173231	G	80546	174959	G	81514	176687	G	82482
	S	63860		S	64764		S	65668		S	66572		S	67480
169829	G	78641	171557	G	79609	173285	G	80576	175013	G	81544	176741	G	82512
	S	63918		S	64820		S	65724		S	66630		S	67536
169883	G	78671	171611	G	79639	173339	G	80607	175067	G	81574	176795	G	82542
	S	63918		S	64820		S	65724		S	66630		S	67536
169937	G	78702	171665	G	79669	173393	G	80637	175121	G	81605	176849	G	82572
	S	63974		S	64876		S	65780		S	66686		S	67592
169991	G	78732	171719	G	79699	173447	G	80667	175175	G	81635	176903	G	82603
	S	63974		S	64876		S	65780		S	66686		S	67592
170045	G	78762	171773	G	79730	173501	G	80697	175229	G	81665	176957	G	82633
	S	64030		S	64932		S	65838		S	66742		S	67650
170099	G	78792	171827	G	79760	173555	G	80728	175283	G	81695	177011	G	82663
	S	64030		S	64932		S	65838		S	66742		S	67650
170153	G	78823	171881	G	79790	173609	G	80758	175337	G	81726	177065	G	82693
	S	64086		S	64990		S	65894		S	66800		S	67706
170207	G	78853	171935	G	79820	173663	G	80788	175391	G	81756	177119	G	82723
	S	64086		S	64990		S	65894		S	66800		S	67706
170261	G	78883	171989	G	79851	173717	G	80818	175445	G	81786	177173	G	82754
	S	64142		S	65046		S	65950		S	66856		S	67762
170315	G	78913	172043	G	79881	173771	G	80849	175499	G	81816	177227	G	82784
	S	64142		S	65046		S	65950		S	66856		S	67762
170369	G	78943	172097	G	79911	173825	G	80879	175553	G	81847	177281	G	82814
	S	64200		S	65102		S	66006		S	66912		S	67820
170423	G	78974	172151	G	79941	173879	G	80909	175607	G	81877	177335	G	82844
	S	64200		S	65102		S	66006		S	66912		S	67820

Zu versteuerndes Einkommen bis	Tarif	Einkommensteuer	Zu versteuerndes Einkommen bis	Tarif	Einkommensteuer	Zu versteuerndes Einkommen bis	Tarif	Einkommensteuer	Zu versteuerndes Einkommen bis	Tarif	Einkommensteuer	Zu versteuerndes Einkommen bis	Tarif	Einkommensteuer
177 389	G	82 875	179 117	G	83 842	180 845	G	84 810	182 573	G	85 778	184 301	G	86 745
	S	67 876		S	68 784		S	69 694		S	70 604		S	71 516
177 443	G	82 905	179 171	G	83 873	180 899	G	84 840	182 627	G	85 808	184 355	G	86 776
	S	67 876		S	68 784		S	69 694		S	70 604		S	71 516
177 497	G	82 935	179 225	G	83 903	180 953	G	84 871	182 681	G	85 838	184 409	G	86 806
	S	67 932		S	68 842		S	69 750		S	70 662		S	71 574
177 551	G	82 965	179 279	G	83 933	181 007	G	84 901	182 735	G	85 868	184 463	G	86 836
	S	67 932		S	68 842		S	69 750		S	70 662		S	71 574
177 605	G	82 996	179 333	G	83 963	181 061	G	84 931	182 789	G	85 899	184 517	G	86 866
	S	67 990		S	68 898		S	69 808		S	70 718		S	71 632
177 659	G	83 026	179 387	G	83 994	181 115	G	84 961	182 843	G	85 929	184 571	G	86 897
	S	67 990		S	68 898		S	69 808		S	70 718		S	71 632
177 713	G	83 056	179 441	G	84 024	181 169	G	84 991	182 897	G	85 959	184 625	G	86 927
	S	68 046		S	68 954		S	69 864		S	70 776		S	71 688
177 767	G	83 086	179 495	G	84 054	181 223	G	85 022	182 951	G	85 989	184 679	G	86 957
	S	68 046		S	68 954		S	69 864		S	70 776		S	71 688
177 821	G	83 117	179 549	G	84 084	181 277	G	85 052	183 005	G	86 020	184 733	G	86 987
	S	68 104		S	69 012		S	69 922		S	70 832		S	71 746
177 875	G	83 147	179 603	G	84 115	181 331	G	85 082	183 059	G	86 050	184 787	G	87 018
	S	68 104		S	69 012		S	69 922		S	70 832		S	71 746
177 929	G	83 177	179 657	G	84 145	181 385	G	85 112	183 113	G	86 080	184 841	G	87 048
	S	68 160		S	69 068		S	69 978		S	70 890		S	71 802
177 983	G	83 207	179 711	G	84 175	181 439	G	85 143	183 167	G	86 110	184 895	G	87 078
	S	68 160		S	69 068		S	69 978		S	70 890		S	71 802
178 037	G	83 238	179 765	G	84 205	181 493	G	85 173	183 221	G	86 141	184 949	G	87 108
	S	68 216		S	69 126		S	70 036		S	70 946		S	71 860
178 091	G	83 268	179 819	G	84 235	181 547	G	85 203	183 275	G	86 171	185 003	G	87 139
	S	68 216		S	69 126		S	70 036		S	70 946		S	71 860
178 145	G	83 298	179 873	G	84 266	181 601	G	85 233	183 329	G	86 201	185 057	G	87 169
	S	68 274		S	69 182		S	70 092		S	71 004		S	71 916
178 199	G	83 328	179 927	G	84 296	181 655	G	85 264	183 383	G	86 231	185 111	G	87 199
	S	68 274		S	69 182		S	70 092		S	71 004		S	71 916
178 253	G	83 359	179 981	G	84 326	181 709	G	85 294	183 437	G	86 262	185 165	G	87 229
	S	68 330		S	69 240		S	70 150		S	71 060		S	71 974
178 307	G	83 389	180 035	G	84 356	181 763	G	85 324	183 491	G	86 292	185 219	G	87 259
	S	68 330		S	69 240		S	70 150		S	71 060		S	71 974
178 361	G	83 419	180 089	G	84 387	181 817	G	85 354	183 545	G	86 322	185 273	G	87 290
	S	68 386		S	69 296		S	70 206		S	71 118		S	72 030
178 415	G	83 449	180 143	G	84 417	181 871	G	85 385	183 599	G	86 352	185 327	G	87 320
	S	68 386		S	69 296		S	70 206		S	71 118		S	72 030
178 469	G	83 479	180 197	G	84 447	181 925	G	85 415	183 653	G	86 383	185 381	G	87 350
	S	68 444		S	69 352		S	70 264		S	71 174		S	72 088
178 523	G	83 510	180 251	G	84 477	181 979	G	85 445	183 707	G	86 413	185 435	G	87 380
	S	68 444		S	69 352		S	70 264		S	71 174		S	72 088
178 577	G	83 540	180 305	G	84 508	182 033	G	85 475	183 761	G	86 443	185 489	G	87 411
	S	68 500		S	69 410		S	70 320		S	71 232		S	72 144
178 631	G	83 570	180 359	G	84 538	182 087	G	85 506	183 815	G	86 473	185 543	G	87 441
	S	68 500		S	69 410		S	70 320		S	71 232		S	72 144
178 685	G	83 600	180 413	G	84 568	182 141	G	85 536	183 869	G	86 503	185 597	G	87 471
	S	68 558		S	69 466		S	70 378		S	71 288		S	72 202
178 739	G	83 631	180 467	G	84 598	182 195	G	85 566	183 923	G	86 534	185 651	G	87 501
	S	68 558		S	69 466		S	70 378		S	71 288		S	72 202
178 793	G	83 661	180 521	G	84 629	182 249	G	85 596	183 977	G	86 564	185 705	G	87 532
	S	68 614		S	69 524		S	70 434		S	71 346		S	72 258
178 847	G	83 691	180 575	G	84 659	182 303	G	85 627	184 031	G	86 594	185 759	G	87 562
	S	68 614		S	69 524		S	70 434		S	71 346		S	72 258
178 901	G	83 721	180 629	G	84 689	182 357	G	85 657	184 085	G	86 624	185 813	G	87 592
	S	68 670		S	69 580		S	70 490		S	71 402		S	72 316
178 955	G	83 752	180 683	G	84 719	182 411	G	85 687	184 139	G	86 655	185 867	G	87 622
	S	68 670		S	69 580		S	70 490		S	71 402		S	72 316
179 009	G	83 782	180 737	G	84 750	182 465	G	85 717	184 193	G	86 685	185 921	G	87 653
	S	68 728		S	69 638		S	70 548		S	71 460		S	72 374
179 063	G	83 812	180 791	G	84 780	182 519	G	85 747	184 247	G	86 715	185 975	G	87 683
	S	68 728		S	69 638		S	70 548		S	71 460		S	72 374

Zu versteuerndes Einkommen bis	Tarif	Einkommensteuer	Zu versteuerndes Einkommen bis	Tarif	Einkommensteuer	Zu versteuerndes Einkommen bis	Tarif	Einkommensteuer	Zu versteuerndes Einkommen bis	Tarif	Einkommensteuer	Zu versteuerndes Einkommen bis	Tarif	Einkommensteuer
186029	G / S	87713 / 72430	187757	G / S	88681 / 73344	189485	G / S	89648 / 74260	191213	G / S	90616 / 75178	192941	G / S	91584 / 76096
186083	G / S	87743 / 72430	187811	G / S	88711 / 73344	189539	G / S	89679 / 74260	191267	G / S	90646 / 75178	192995	G / S	91614 / 76096
186137	G / S	87774 / 72488	187865	G / S	88741 / 73402	189593	G / S	89709 / 74318	191321	G / S	90677 / 75236	193049	G / S	91644 / 76154
186191	G / S	87804 / 72488	187919	G / S	88771 / 73402	189647	G / S	89739 / 74318	191375	G / S	90707 / 75236	193103	G / S	91675 / 76154
186245	G / S	87834 / 72544	187973	G / S	88802 / 73460	189701	G / S	89769 / 74376	191429	G / S	90737 / 75292	193157	G / S	91705 / 76212
186299	G / S	87864 / 72544	188027	G / S	88832 / 73460	189755	G / S	89800 / 74376	191483	G / S	90767 / 75292	193211	G / S	91735 / 76212
186353	G / S	87895 / 72602	188081	G / S	88862 / 73516	189809	G / S	89830 / 74432	191537	G / S	90798 / 75350	193265	G / S	91765 / 76268
186407	G / S	87925 / 72602	188135	G / S	88892 / 73516	189863	G / S	89860 / 74432	191591	G / S	90828 / 75350	193319	G / S	91795 / 76268
186461	G / S	87955 / 72658	188189	G / S	88923 / 73574	189917	G / S	89890 / 74490	191645	G / S	90858 / 75408	193373	G / S	91826 / 76326
186515	G / S	87985 / 72658	188243	G / S	88953 / 73574	189971	G / S	89921 / 74490	191699	G / S	90888 / 75408	193427	G / S	91856 / 76326
186569	G / S	88015 / 72716	188297	G / S	88983 / 73630	190025	G / S	89951 / 74548	191753	G / S	90919 / 75464	193481	G / S	91886 / 76384
186623	G / S	88046 / 72716	188351	G / S	89013 / 73630	190079	G / S	89981 / 74548	191807	G / S	90949 / 75464	193535	G / S	91916 / 76384
186677	G / S	88076 / 72774	188405	G / S	89044 / 73688	190133	G / S	90011 / 74604	191861	G / S	90979 / 75522	193589	G / S	91947 / 76440
186731	G / S	88106 / 72774	188459	G / S	89074 / 73688	190187	G / S	90042 / 74604	191915	G / S	91009 / 75522	193643	G / S	91977 / 76440
186785	G / S	88136 / 72830	188513	G / S	89104 / 73746	190241	G / S	90072 / 74662	191969	G / S	91039 / 75580	193697	G / S	92007 / 76498
186839	G / S	88167 / 72830	188567	G / S	89134 / 73746	190295	G / S	90102 / 74662	192023	G / S	91070 / 75580	193751	G / S	92037 / 76498
186893	G / S	88197 / 72888	188621	G / S	89165 / 73802	190349	G / S	90132 / 74720	192077	G / S	91100 / 75636	193805	G / S	92068 / 76556
186947	G / S	88227 / 72888	188675	G / S	89195 / 73802	190403	G / S	90163 / 74720	192131	G / S	91130 / 75636	193859	G / S	92098 / 76556
187001	G / S	88257 / 72944	188729	G / S	89225 / 73860	190457	G / S	90193 / 74776	192185	G / S	91160 / 75694	193913	G / S	92128 / 76614
187055	G / S	88288 / 72944	188783	G / S	89255 / 73860	190511	G / S	90223 / 74776	192239	G / S	91191 / 75694	193967	G / S	92158 / 76614
187109	G / S	88318 / 73002	188837	G / S	89286 / 73918	190565	G / S	90253 / 74834	192293	G / S	91221 / 75752	194021	G / S	92189 / 76670
187163	G / S	88348 / 73002	188891	G / S	89316 / 73918	190619	G / S	90283 / 74834	192347	G / S	91251 / 75752	194075	G / S	92219 / 76670
187217	G / S	88378 / 73058	188945	G / S	89346 / 73974	190673	G / S	90314 / 74892	192401	G / S	91281 / 75810	194129	G / S	92249 / 76728
187271	G / S	88409 / 73058	188999	G / S	89376 / 73974	190727	G / S	90344 / 74892	192455	G / S	91312 / 75810	194183	G / S	92279 / 76728
187325	G / S	88439 / 73116	189053	G / S	89407 / 74032	190781	G / S	90374 / 74948	192509	G / S	91342 / 75866	194237	G / S	92310 / 76786
187379	G / S	88469 / 73116	189107	G / S	89437 / 74032	190835	G / S	90404 / 74948	192563	G / S	91372 / 75866	194291	G / S	92340 / 76786
187433	G / S	88499 / 73174	189161	G / S	89467 / 74088	190889	G / S	90435 / 75006	192617	G / S	91402 / 75924	194345	G / S	92370 / 76844
187487	G / S	88530 / 73174	189215	G / S	89497 / 74088	190943	G / S	90465 / 75006	192671	G / S	91433 / 75924	194399	G / S	92400 / 76844
187541	G / S	88560 / 73230	189269	G / S	89527 / 74146	190997	G / S	90495 / 75064	192725	G / S	91463 / 75982	194453	G / S	92431 / 76900
187595	G / S	88590 / 73230	189323	G / S	89558 / 74146	191051	G / S	90525 / 75064	192779	G / S	91493 / 75982	194507	G / S	92461 / 76900
187649	G / S	88620 / 73288	189377	G / S	89588 / 74204	191105	G / S	90556 / 75120	192833	G / S	91523 / 76038	194561	G / S	92491 / 76958
187703	G / S	88651 / 73288	189431	G / S	89618 / 74204	191159	G / S	90586 / 75120	192887	G / S	91554 / 76038	194615	G / S	92521 / 76958

Zu versteuerndes Einkommen bis	Tarif	Einkommensteuer	Zu versteuerndes Einkommen bis	Tarif	Einkommensteuer	Zu versteuerndes Einkommen bis	Tarif	Einkommensteuer	Zu versteuerndes Einkommen bis	Tarif	Einkommensteuer	Zu versteuerndes Einkommen bis	Tarif	Einkommensteuer
194 669	G	92 551	196 397	G	93 519	198 125	G	94 487	199 853	G	95 455	201 581	G	96 422
	S	77 016		S	77 936		S	78 858		S	79 782		S	80 706
194 723	G	92 582	196 451	G	93 549	198 179	G	94 517	199 907	G	95 485	201 635	G	96 452
	S	77 016		S	77 936		S	78 858		S	79 782		S	80 706
194 777	G	92 612	196 505	G	93 580	198 233	G	94 547	199 961	G	95 515	201 689	G	96 483
	S	77 074		S	77 994		S	78 916		S	79 840		S	80 764
194 831	G	92 642	196 559	G	93 610	198 287	G	94 578	200 015	G	95 545	201 743	G	96 513
	S	77 074		S	77 994		S	78 916		S	79 840		S	80 764
194 885	G	92 672	196 613	G	93 640	198 341	G	94 608	200 069	G	95 575	201 797	G	96 543
	S	77 130		S	78 052		S	78 974		S	79 898		S	80 822
194 939	G	92 703	196 667	G	93 670	198 395	G	94 638	200 123	G	95 606	201 851	G	96 573
	S	77 130		S	78 052		S	78 974		S	79 898		S	80 822
194 993	G	92 733	196 721	G	93 701	198 449	G	94 668	200 177	G	95 636	201 905	G	96 604
	S	77 188		S	78 110		S	79 032		S	79 956		S	80 880
195 047	G	92 763	196 775	G	93 731	198 503	G	94 699	200 231	G	95 666	201 959	G	96 634
	S	77 188		S	78 110		S	79 032		S	79 956		S	80 880
195 101	G	92 793	196 829	G	93 761	198 557	G	94 729	200 285	G	95 696	202 013	G	96 664
	S	77 246		S	78 166		S	79 090		S	80 014		S	80 938
195 155	G	92 824	196 883	G	93 791	198 611	G	94 759	200 339	G	95 727	202 067	G	96 694
	S	77 246		S	78 166		S	79 090		S	80 014		S	80 938
195 209	G	92 854	196 937	G	93 822	198 665	G	94 789	200 393	G	95 757	202 121	G	96 725
	S	77 304		S	78 224		S	79 148		S	80 070		S	80 996
195 263	G	92 884	196 991	G	93 852	198 719	G	94 819	200 447	G	95 787	202 175	G	96 755
	S	77 304		S	78 224		S	79 148		S	80 070		S	80 996
195 317	G	92 914	197 045	G	93 882	198 773	G	94 850	200 501	G	95 817	202 229	G	96 785
	S	77 360		S	78 282		S	79 204		S	80 128		S	81 054
195 371	G	92 945	197 099	G	93 912	198 827	G	94 880	200 555	G	95 848	202 283	G	96 815
	S	77 360		S	78 282		S	79 204		S	80 128		S	81 054
195 425	G	92 975	197 153	G	93 943	198 881	G	94 910	200 609	G	95 878	202 337	G	96 846
	S	77 418		S	78 340		S	79 262		S	80 186		S	81 112
195 479	G	93 005	197 207	G	93 973	198 935	G	94 940	200 663	G	95 908	202 391	G	96 876
	S	77 418		S	78 340		S	79 262		S	80 186		S	81 112
195 533	G	93 035	197 261	G	94 003	198 989	G	94 971	200 717	G	95 938	202 445	G	96 906
	S	77 476		S	78 398		S	79 320		S	80 244		S	81 170
195 587	G	93 066	197 315	G	94 033	199 043	G	95 001	200 771	G	95 969	202 499	G	96 936
	S	77 476		S	78 398		S	79 320		S	80 244		S	81 170
195 641	G	93 096	197 369	G	94 063	199 097	G	95 031	200 825	G	95 999	202 553	G	96 967
	S	77 534		S	78 456		S	79 378		S	80 302		S	81 228
195 695	G	93 126	197 423	G	94 094	199 151	G	95 061	200 879	G	96 029	202 607	G	96 997
	S	77 534		S	78 456		S	79 378		S	80 302		S	81 228
195 749	G	93 156	197 477	G	94 124	199 205	G	95 092	200 933	G	96 059	202 661	G	97 027
	S	77 592		S	78 512		S	79 436		S	80 360		S	81 286
195 803	G	93 187	197 531	G	94 154	199 259	G	95 122	200 987	G	96 090	202 715	G	97 057
	S	77 592		S	78 512		S	79 436		S	80 360		S	81 286
195 857	G	93 217	197 585	G	94 184	199 313	G	95 152	201 041	G	96 120	202 769	G	97 087
	S	77 648		S	78 570		S	79 494		S	80 418		S	81 344
195 911	G	93 247	197 639	G	94 215	199 367	G	95 182	201 095	G	96 150	202 823	G	97 118
	S	77 648		S	78 570		S	79 494		S	80 418		S	81 344
195 965	G	93 277	197 693	G	94 245	199 421	G	95 213	201 149	G	96 180	202 877	G	97 148
	S	77 706		S	78 628		S	79 552		S	80 476		S	81 400
196 019	G	93 307	197 747	G	94 275	199 475	G	95 243	201 203	G	96 211	202 931	G	97 178
	S	77 706		S	78 628		S	79 552		S	80 476		S	81 400
196 073	G	93 338	197 801	G	94 305	199 529	G	95 273	201 257	G	96 241	202 985	G	97 208
	S	77 764		S	78 686		S	79 608		S	80 534		S	81 458
196 127	G	93 368	197 855	G	94 336	199 583	G	95 303	201 311	G	96 271	203 039	G	97 239
	S	77 764		S	78 686		S	79 608		S	80 534		S	81 458
196 181	G	93 398	197 909	G	94 366	199 637	G	95 334	201 365	G	96 301	203 093	G	97 269
	S	77 822		S	78 744		S	79 666		S	80 592		S	81 516
196 235	G	93 428	197 963	G	94 396	199 691	G	95 364	201 419	G	96 331	203 147	G	97 299
	S	77 822		S	78 744		S	79 666		S	80 592		S	81 516
196 289	G	93 459	198 017	G	94 426	199 745	G	95 394	201 473	G	96 362	203 201	G	97 329
	S	77 878		S	78 802		S	79 724		S	80 648		S	81 574
196 343	G	93 489	198 071	G	94 457	199 799	G	95 424	201 527	G	96 392	203 255	G	97 360
	S	77 878		S	78 802		S	79 724		S	80 648		S	81 574

Zu versteuerndes Einkommen bis	Tarif	Einkommensteuer	Zu versteuerndes Einkommen bis	Tarif	Einkommensteuer	Zu versteuerndes Einkommen bis	Tarif	Einkommensteuer	Zu versteuerndes Einkommen bis	Tarif	Einkommensteuer	Zu versteuerndes Einkommen bis	Tarif	Einkommensteuer
203 309	G S	97 390 81 632	205 037	G S	98 358 82 560	206 765	G S	99 325 83 488	208 493	G S	100 293 84 418	210 221	G S	101 261 85 348
203 363	G S	97 420 81 632	205 091	G S	98 388 82 560	206 819	G S	99 355 83 488	208 547	G S	100 323 84 418	210 275	G S	101 291 85 348
203 417	G S	97 450 81 690	205 145	G S	98 418 82 618	206 873	G S	99 386 83 546	208 601	G S	100 353 84 476	210 329	G S	101 321 85 406
203 471	G S	97 481 81 690	205 199	G S	98 448 82 618	206 927	G S	99 416 83 546	208 655	G S	100 384 84 476	210 383	G S	101 351 85 406
203 525	G S	97 511 81 748	205 253	G S	98 479 82 676	206 981	G S	99 446 83 604	208 709	G S	100 414 84 534	210 437	G S	101 382 85 466
203 579	G S	97 541 81 748	205 307	G S	98 509 82 676	207 035	G S	99 476 83 604	208 763	G S	100 444 84 534	210 491	G S	101 412 85 466
203 633	G S	97 571 81 806	205 361	G S	98 539 82 734	207 089	G S	99 507 83 662	208 817	G S	100 474 84 592	210 545	G S	101 442 85 524
203 687	G S	97 602 81 806	205 415	G S	98 569 82 734	207 143	G S	99 537 83 662	208 871	G S	100 505 84 592	210 599	G S	101 472 85 524
203 741	G S	97 632 81 864	205 469	G S	98 599 82 792	207 197	G S	99 567 83 720	208 925	G S	100 535 84 650	210 653	G S	101 503 85 582
203 795	G S	97 662 81 864	205 523	G S	98 630 82 792	207 251	G S	99 597 83 720	208 979	G S	100 565 84 650	210 707	G S	101 533 85 582
203 849	G S	97 692 81 922	205 577	G S	98 660 82 850	207 305	G S	99 628 83 778	209 033	G S	100 595 84 708	210 761	G S	101 563 85 640
203 903	G S	97 723 81 922	205 631	G S	98 690 82 850	207 359	G S	99 658 83 778	209 087	G S	100 626 84 708	210 815	G S	101 593 85 640
203 957	G S	97 753 81 980	205 685	G S	98 720 82 908	207 413	G S	99 688 83 836	209 141	G S	100 656 84 766	210 869	G S	101 623 85 698
204 011	G S	97 783 81 980	205 739	G S	98 751 82 908	207 467	G S	99 718 83 836	209 195	G S	100 686 84 766	210 923	G S	101 654 85 698
204 065	G S	97 813 82 038	205 793	G S	98 781 82 966	207 521	G S	99 749 83 894	209 249	G S	100 716 84 824	210 977	G S	101 684 85 756
204 119	G S	97 843 82 038	205 847	G S	98 811 82 966	207 575	G S	99 779 83 894	209 303	G S	100 747 84 824	211 031	G S	101 714 85 756
204 173	G S	97 874 82 096	205 901	G S	98 841 83 024	207 629	G S	99 809 83 952	209 357	G S	100 777 84 882	211 085	G S	101 744 85 814
204 227	G S	97 904 82 096	205 955	G S	98 872 83 024	207 683	G S	99 839 83 952	209 411	G S	100 807 84 882	211 139	G S	101 775 85 814
204 281	G S	97 934 82 154	206 009	G S	98 902 83 082	207 737	G S	99 870 84 010	209 465	G S	100 837 84 942	211 193	G S	101 805 85 872
204 335	G S	97 964 82 154	206 063	G S	98 932 83 082	207 791	G S	99 900 84 010	209 519	G S	100 867 84 942	211 247	G S	101 835 85 872
204 389	G S	97 995 82 212	206 117	G S	98 962 83 140	207 845	G S	99 930 84 068	209 573	G S	100 898 85 000	211 301	G S	101 865 85 930
204 443	G S	98 025 82 212	206 171	G S	98 993 83 140	207 899	G S	99 960 84 068	209 627	G S	100 928 85 000	211 355	G S	101 896 85 930
204 497	G S	98 055 82 270	206 225	G S	99 023 83 198	207 953	G S	99 991 84 128	209 681	G S	100 958 85 058	211 409	G S	101 926 85 990
204 551	G S	98 085 82 270	206 279	G S	99 053 83 198	208 007	G S	100 021 84 128	209 735	G S	100 988 85 058	211 463	G S	101 956 85 990
204 605	G S	98 116 82 328	206 333	G S	99 083 83 256	208 061	G S	100 051 84 186	209 789	G S	101 019 85 116	211 517	G S	101 986 86 048
204 659	G S	98 146 82 328	206 387	G S	99 114 83 256	208 115	G S	100 081 84 186	209 843	G S	101 049 85 116	211 571	G S	102 017 86 048
204 713	G S	98 176 82 386	206 441	G S	99 144 83 314	208 169	G S	100 111 84 244	209 897	G S	101 079 85 174	211 625	G S	102 047 86 106
204 767	G S	98 206 82 386	206 495	G S	99 174 83 314	208 223	G S	100 142 84 244	209 951	G S	101 109 85 174	211 679	G S	102 077 86 106
204 821	G S	98 237 82 444	206 549	G S	99 204 83 372	208 277	G S	100 172 84 302	210 005	G S	101 140 85 232	211 733	G S	102 107 86 164
204 875	G S	98 267 82 444	206 603	G S	99 235 83 372	208 331	G S	100 202 84 302	210 059	G S	101 170 85 232	211 787	G S	102 138 86 164
204 929	G S	98 297 82 502	206 657	G S	99 265 83 430	208 385	G S	100 232 84 360	210 113	G S	101 230 85 290	211 841	G S	102 168 86 222
204 983	G S	98 327 82 502	206 711	G S	99 295 83 430	208 439	G S	100 263 84 360	210 167	G S	101 230 85 290	211 895	G S	102 198 86 222

Zu versteuerndes Einkommen bis	Tarif	Einkommensteuer	Zu versteuerndes Einkommen bis	Tarif	Einkommensteuer	Zu versteuerndes Einkommen bis	Tarif	Einkommensteuer	Zu versteuerndes Einkommen bis	Tarif	Einkommensteuer	Zu versteuerndes Einkommen bis	Tarif	Einkommensteuer
211 949	G	102 228	213 677	G	103 196	215 405	G	104 164	217 133	G	105 131	218 861	G	106 099
	S	86 280		S	87 214		S	88 148		S	89 084		S	90 022
212 003	G	102 259	213 731	G	103 226	215 459	G	104 194	217 187	G	105 162	218 915	G	106 129
	S	86 280		S	87 214		S	88 148		S	89 084		S	90 022
212 057	G	102 289	213 785	G	103 256	215 513	G	104 224	217 241	G	105 192	218 969	G	106 159
	S	86 338		S	87 272		S	88 208		S	89 144		S	90 080
212 111	G	102 319	213 839	G	103 287	215 567	G	104 254	217 295	G	105 222	219 023	G	106 190
	S	86 338		S	87 272		S	88 208		S	89 144		S	90 080
212 165	G	102 349	213 893	G	103 317	215 621	G	104 285	217 349	G	105 252	219 077	G	106 220
	S	86 398		S	87 330		S	88 266		S	89 202		S	90 140
212 219	G	102 379	213 947	G	103 347	215 675	G	104 315	217 403	G	105 283	219 131	G	106 250
	S	86 398		S	87 330		S	88 266		S	89 202		S	90 140
212 273	G	102 410	214 001	G	103 377	215 729	G	104 345	217 457	G	105 313	219 185	G	106 280
	S	86 456		S	87 390		S	88 324		S	89 260		S	90 198
212 327	G	102 440	214 055	G	103 408	215 783	G	104 375	217 511	G	105 343	219 239	G	106 311
	S	86 456		S	87 390		S	88 324		S	89 260		S	90 198
212 381	G	102 470	214 109	G	103 438	215 837	G	104 406	217 565	G	105 373	219 293	G	106 341
	S	86 514		S	87 448		S	88 382		S	89 318		S	90 256
212 435	G	102 500	214 163	G	103 468	215 891	G	104 436	217 619	G	105 403	219 347	G	106 371
	S	86 514		S	87 448		S	88 382		S	89 318		S	90 256
212 489	G	102 531	214 217	G	103 498	215 945	G	104 466	217 673	G	105 434	219 401	G	106 401
	S	86 572		S	87 506		S	88 442		S	89 378		S	90 314
212 543	G	102 561	214 271	G	103 529	215 999	G	104 496	217 727	G	105 464	219 455	G	106 432
	S	86 572		S	87 506		S	88 442		S	89 378		S	90 314
212 597	G	102 591	214 325	G	103 559	216 053	G	104 527	217 781	G	105 494	219 509	G	106 462
	S	86 630		S	87 564		S	88 500		S	89 436		S	90 374
212 651	G	102 621	214 379	G	103 589	216 107	G	104 557	217 835	G	105 524	219 563	G	106 492
	S	86 630		S	87 564		S	88 500		S	89 436		S	90 374
212 705	G	102 652	214 433	G	103 619	216 161	G	104 587	217 889	G	105 555	219 617	G	106 522
	S	86 688		S	87 622		S	88 558		S	89 494		S	90 432
212 759	G	102 682	214 487	G	103 650	216 215	G	104 617	217 943	G	105 585	219 671	G	106 553
	S	86 688		S	87 622		S	88 558		S	89 494		S	90 432
212 813	G	102 712	214 541	G	103 680	216 269	G	104 647	217 997	G	105 615	219 725	G	106 583
	S	86 748		S	87 682		S	88 616		S	89 554		S	90 490
212 867	G	102 742	214 595	G	103 710	216 323	G	104 678	218 051	G	105 645	219 779	G	106 613
	S	86 748		S	87 682		S	88 616		S	89 554		S	90 490
212 921	G	102 773	214 649	G	103 740	216 377	G	104 708	218 105	G	105 676	219 833	G	106 643
	S	86 806		S	87 740		S	88 676		S	89 612		S	90 550
212 975	G	102 803	214 703	G	103 771	216 431	G	104 738	218 159	G	105 706	219 887	G	106 674
	S	86 806		S	87 740		S	88 676		S	89 612		S	90 550
213 029	G	102 833	214 757	G	103 801	216 485	G	104 768	218 213	G	105 736	219 941	G	106 704
	S	86 864		S	87 798		S	88 734		S	89 670		S	90 608
213 083	G	102 863	214 811	G	103 831	216 539	G	104 799	218 267	G	105 766	219 995	G	106 734
	S	86 864		S	87 798		S	88 734		S	89 670		S	90 608
213 137	G	102 894	214 865	G	103 861	216 593	G	104 829	218 321	G	105 797	220 049	G	106 764
	S	86 922		S	87 856		S	88 792		S	89 728		S	90 666
213 191	G	102 924	214 919	G	103 891	216 647	G	104 859	218 375	G	105 827	220 103	G	106 795
	S	86 922		S	87 856		S	88 792		S	89 728		S	90 666
213 245	G	102 954	214 973	G	103 922	216 701	G	104 889	218 429	G	105 857	220 157	G	106 825
	S	86 980		S	87 914		S	88 850		S	89 788		S	90 726
213 299	G	102 984	215 027	G	103 952	216 755	G	104 920	218 483	G	105 887	220 211	G	106 855
	S	86 980		S	87 914		S	88 850		S	89 788		S	90 726
213 353	G	103 015	215 081	G	103 982	216 809	G	104 950	218 537	G	105 918	220 265	G	106 885
	S	87 038		S	87 974		S	88 910		S	89 846		S	90 784
213 407	G	103 045	215 135	G	104 012	216 863	G	104 980	218 591	G	105 948	220 319	G	106 915
	S	87 038		S	87 974		S	88 910		S	89 846		S	90 784
213 461	G	103 075	215 189	G	104 043	216 917	G	105 010	218 645	G	105 978	220 373	G	106 946
	S	87 098		S	88 032		S	88 968		S	89 904		S	90 842
213 515	G	103 105	215 243	G	104 073	216 971	G	105 041	218 699	G	106 008	220 427	G	106 976
	S	87 098		S	88 032		S	88 968		S	89 904		S	90 842
213 569	G	103 135	215 297	G	104 103	217 025	G	105 071	218 753	G	106 039	220 481	G	107 006
	S	87 156		S	88 090		S	89 026		S	89 964		S	90 902
213 623	G	103 166	215 351	G	104 133	217 079	G	105 101	218 807	G	106 069	220 535	G	107 036
	S	87 156		S	88 090		S	89 026		S	89 964		S	90 902

Zu versteuerndes Einkommen bis	Tarif	Einkommensteuer	Zu versteuerndes Einkommen bis	Tarif	Einkommensteuer	Zu versteuerndes Einkommen bis	Tarif	Einkommensteuer	Zu versteuerndes Einkommen bis	Tarif	Einkommensteuer	Zu versteuerndes Einkommen bis	Tarif	Einkommensteuer
220 589	G / S	107 067 / 90 960	222 317	G / S	108 034 / 91 900	224 045	G / S	109 002 / 92 840	225 773	G / S	109 970 / 93 782	227 501	G / S	110 937 / 94 726
220 643	G / S	107 097 / 90 960	222 371	G / S	108 065 / 91 900	224 099	G / S	109 032 / 92 840	225 827	G / S	110 000 / 93 782	227 555	G / S	110 968 / 94 726
220 697	G / S	107 127 / 91 018	222 425	G / S	108 095 / 91 958	224 153	G / S	109 063 / 92 900	225 881	G / S	110 030 / 93 842	227 609	G / S	110 998 / 94 786
220 751	G / S	107 157 / 91 018	222 479	G / S	108 125 / 91 958	224 207	G / S	109 093 / 92 900	225 935	G / S	110 060 / 93 842	227 663	G / S	111 028 / 94 786
220 805	G / S	107 188 / 91 078	222 533	G / S	108 155 / 92 018	224 261	G / S	109 123 / 92 958	225 989	G / S	110 091 / 93 900	227 717	G / S	111 058 / 94 844
220 859	G / S	107 218 / 91 078	222 587	G / S	108 186 / 92 018	224 315	G / S	109 153 / 92 958	226 043	G / S	110 121 / 93 900	227 771	G / S	111 089 / 94 844
220 913	G / S	107 248 / 91 136	222 641	G / S	108 216 / 92 076	224 369	G / S	109 183 / 93 018	226 097	G / S	110 151 / 93 960	227 825	G / S	111 119 / 94 904
220 967	G / S	107 278 / 91 136	222 695	G / S	108 246 / 92 076	224 423	G / S	109 214 / 93 018	226 151	G / S	110 181 / 93 960	227 879	G / S	111 149 / 94 904
221 021	G / S	107 309 / 91 196	222 749	G / S	108 276 / 92 134	224 477	G / S	109 244 / 93 076	226 205	G / S	110 212 / 94 018	227 933	G / S	111 179 / 94 962
221 075	G / S	107 339 / 91 196	222 803	G / S	108 307 / 92 134	224 531	G / S	109 274 / 93 076	226 259	G / S	110 242 / 94 018	227 987	G / S	111 210 / 94 962
221 129	G / S	107 369 / 91 254	222 857	G / S	108 337 / 92 194	224 585	G / S	109 304 / 93 136	226 313	G / S	110 272 / 94 078	228 041	G / S	111 240 / 95 022
221 183	G / S	107 399 / 91 254	222 911	G / S	108 367 / 92 194	224 639	G / S	109 335 / 93 136	226 367	G / S	110 302 / 94 078	228 095	G / S	111 270 / 95 022
221 237	G / S	107 430 / 91 312	222 965	G / S	108 397 / 92 252	224 693	G / S	109 365 / 93 194	226 421	G / S	110 333 / 94 136	228 149	G / S	111 300 / 95 080
221 291	G / S	107 460 / 91 312	223 019	G / S	108 427 / 92 252	224 747	G / S	109 395 / 93 194	226 475	G / S	110 363 / 94 136	228 203	G / S	111 331 / 95 080
221 345	G / S	107 490 / 91 372	223 073	G / S	108 458 / 92 312	224 801	G / S	109 425 / 93 252	226 529	G / S	110 393 / 94 196	228 257	G / S	111 361 / 95 140
221 399	G / S	107 520 / 91 372	223 127	G / S	108 488 / 92 312	224 855	G / S	109 456 / 93 252	226 583	G / S	110 423 / 94 196	228 311	G / S	111 391 / 95 140
221 453	G / S	107 551 / 91 430	223 181	G / S	108 518 / 92 370	224 909	G / S	109 486 / 93 312	226 637	G / S	110 454 / 94 254	228 365	G / S	111 421 / 95 198
221 507	G / S	107 581 / 91 430	223 235	G / S	108 548 / 92 370	224 963	G / S	109 516 / 93 312	226 691	G / S	110 484 / 94 254	228 419	G / S	111 451 / 95 198
221 561	G / S	107 611 / 91 488	223 289	G / S	108 579 / 92 428	225 017	G / S	109 546 / 93 370	226 745	G / S	110 514 / 94 314	228 473	G / S	111 482 / 95 258
221 615	G / S	107 641 / 91 488	223 343	G / S	108 609 / 92 428	225 071	G / S	109 577 / 93 370	226 799	G / S	110 544 / 94 314	228 527	G / S	111 512 / 95 258
221 669	G / S	107 671 / 91 548	223 397	G / S	108 639 / 92 488	225 125	G / S	109 607 / 93 430	226 853	G / S	110 575 / 94 372	228 581	G / S	111 542 / 95 316
221 723	G / S	107 702 / 91 548	223 451	G / S	108 669 / 92 488	225 179	G / S	109 637 / 93 430	226 907	G / S	110 605 / 94 372	228 635	G / S	111 572 / 95 316
221 777	G / S	107 732 / 91 606	223 505	G / S	108 700 / 92 546	225 233	G / S	109 667 / 93 488	226 961	G / S	110 635 / 94 432	228 689	G / S	111 603 / 95 376
221 831	G / S	107 762 / 91 606	223 559	G / S	108 730 / 92 546	225 287	G / S	109 698 / 93 488	227 015	G / S	110 665 / 94 432	228 743	G / S	111 633 / 95 376
221 885	G / S	107 792 / 91 664	223 613	G / S	108 760 / 92 606	225 341	G / S	109 728 / 93 548	227 069	G / S	110 695 / 94 490	228 797	G / S	111 663 / 95 434
221 939	G / S	107 823 / 91 664	223 667	G / S	108 790 / 92 606	225 395	G / S	109 758 / 93 548	227 123	G / S	110 726 / 94 490	228 851	G / S	111 693 / 95 434
221 993	G / S	107 853 / 91 724	223 721	G / S	108 821 / 92 664	225 449	G / S	109 788 / 93 606	227 177	G / S	110 756 / 94 550	228 905	G / S	111 724 / 95 494
222 047	G / S	107 883 / 91 724	223 775	G / S	108 851 / 92 664	225 503	G / S	109 819 / 93 606	227 231	G / S	110 786 / 94 550	228 959	G / S	111 754 / 95 494
222 101	G / S	107 913 / 91 782	223 829	G / S	108 881 / 92 724	225 557	G / S	109 849 / 93 666	227 285	G / S	110 816 / 94 608	229 013	G / S	111 784 / 95 552
222 155	G / S	107 944 / 91 782	223 883	G / S	108 911 / 92 724	225 611	G / S	109 879 / 93 666	227 339	G / S	110 847 / 94 608	229 067	G / S	111 814 / 95 552
222 209	G / S	107 974 / 91 842	223 937	G / S	108 942 / 92 782	225 665	G / S	109 909 / 93 724	227 393	G / S	110 877 / 94 668	229 121	G / S	111 845 / 95 612
222 263	G / S	108 004 / 91 842	223 991	G / S	108 972 / 92 782	225 719	G / S	109 939 / 93 724	227 447	G / S	110 907 / 94 668	229 175	G / S	111 875 / 95 612

Zu versteuerndes Einkommen bis	Tarif	Einkommensteuer	Zu versteuerndes Einkommen bis	Tarif	Einkommensteuer	Zu versteuerndes Einkommen bis	Tarif	Einkommensteuer	Zu versteuerndes Einkommen bis	Tarif	Einkommensteuer	Zu versteuerndes Einkommen bis	Tarif	Einkommensteuer
229 229	G	111 905	230 957	G	112 873	232 685	G	113 840	234 413	G	114 808	236 141	G	115 776
	S	95 672		S	96 618		S	97 564		S	98 512		S	99 462
229 283	G	111 935	231 011	G	112 903	232 739	G	113 871	234 467	G	114 838	236 195	G	115 806
	S	95 672		S	96 618		S	97 564		S	98 512		S	99 462
229 337	G	111 966	231 065	G	112 933	232 793	G	113 901	234 521	G	114 869	236 249	G	115 836
	S	95 730		S	96 676		S	97 624		S	98 572		S	99 522
229 391	G	111 996	231 119	G	112 963	232 847	G	113 931	234 575	G	114 899	236 303	G	115 867
	S	95 730		S	96 676		S	97 624		S	98 572		S	99 522
229 445	G	112 026	231 173	G	112 994	232 901	G	113 961	234 629	G	114 929	236 357	G	115 897
	S	95 790		S	96 736		S	97 682		S	98 632		S	99 582
229 499	G	112 056	231 227	G	113 024	232 955	G	113 992	234 683	G	114 959	236 411	G	115 927
	S	95 790		S	96 736		S	97 682		S	98 632		S	99 582
229 553	G	112 087	231 281	G	113 054	233 009	G	114 022	234 737	G	114 990	236 465	G	115 957
	S	95 848		S	96 794		S	97 742		S	98 690		S	99 640
229 607	G	112 117	231 335	G	113 084	233 063	G	114 052	234 791	G	115 020	236 519	G	115 987
	S	95 848		S	96 794		S	97 742		S	98 690		S	99 640
229 661	G	112 147	231 389	G	113 115	233 117	G	114 082	234 845	G	115 050	236 573	G	116 018
	S	95 908		S	96 854		S	97 802		S	98 750		S	99 700
229 715	G	112 177	231 443	G	113 145	233 171	G	114 113	234 899	G	115 080	236 627	G	116 048
	S	95 908		S	96 854		S	97 802		S	98 750		S	99 700
229 769	G	112 207	231 497	G	113 175	233 225	G	114 143	234 953	G	115 111	236 681	G	116 078
	S	95 966		S	96 912		S	97 860		S	98 810		S	99 760
229 823	G	112 238	231 551	G	113 205	233 279	G	114 173	235 007	G	115 141	236 735	G	116 108
	S	95 966		S	96 912		S	97 860		S	98 810		S	99 760
229 877	G	112 268	231 605	G	113 236	233 333	G	114 203	235 061	G	115 171	236 789	G	116 139
	S	96 026		S	96 972		S	97 920		S	98 868		S	99 818
229 931	G	112 298	231 659	G	113 266	233 387	G	114 234	235 115	G	115 201	236 843	G	116 169
	S	96 026		S	96 972		S	97 920		S	98 868		S	99 818
229 985	G	112 328	231 713	G	113 296	233 441	G	114 264	235 169	G	115 231	236 897	G	116 199
	S	96 084		S	97 032		S	97 978		S	98 928		S	99 878
230 039	G	112 359	231 767	G	113 326	233 495	G	114 294	235 223	G	115 262	236 951	G	116 229
	S	96 084		S	97 032		S	97 978		S	98 928		S	99 878
230 093	G	112 389	231 821	G	113 357	233 549	G	114 324	235 277	G	115 292	237 005	G	116 260
	S	96 144		S	97 090		S	98 038		S	98 988		S	99 938
230 147	G	112 419	231 875	G	113 387	233 603	G	114 355	235 331	G	115 322	237 059	G	116 290
	S	96 144		S	97 090		S	98 038		S	98 988		S	99 938
230 201	G	112 449	231 929	G	113 417	233 657	G	114 385	235 385	G	115 352	237 113	G	116 320
	S	96 204		S	97 150		S	98 098		S	99 046		S	99 998
230 255	G	112 480	231 983	G	113 447	233 711	G	114 415	235 439	G	115 383	237 167	G	116 350
	S	96 204		S	97 150		S	98 098		S	99 046		S	99 998
230 309	G	112 510	232 037	G	113 478	233 765	G	114 445	235 493	G	115 413	237 221	G	116 381
	S	96 262		S	97 208		S	98 156		S	99 106		S	100 056
230 363	G	112 540	232 091	G	113 508	233 819	G	114 475	235 547	G	115 443	237 275	G	116 411
	S	96 262		S	97 208		S	98 156		S	99 106		S	100 056
230 417	G	112 570	232 145	G	113 538	233 873	G	114 506	235 601	G	115 473	237 329	G	116 441
	S	96 322		S	97 268		S	98 216		S	99 166		S	100 116
230 471	G	112 601	232 199	G	113 568	233 927	G	114 536	235 655	G	115 504	237 383	G	116 471
	S	96 322		S	97 268		S	98 216		S	99 166		S	100 116
230 525	G	112 631	232 253	G	113 599	233 981	G	114 566	235 709	G	115 534	237 437	G	116 502
	S	96 380		S	97 328		S	98 276		S	99 224		S	100 176
230 579	G	112 661	232 307	G	113 629	234 035	G	114 596	235 763	G	115 564	237 491	G	116 532
	S	96 380		S	97 328		S	98 276		S	99 224		S	100 176
230 633	G	112 691	232 361	G	113 659	234 089	G	114 627	235 817	G	115 594	237 545	G	116 562
	S	96 440		S	97 386		S	98 334		S	99 284		S	100 234
230 687	G	112 722	232 415	G	113 689	234 143	G	114 657	235 871	G	115 625	237 599	G	116 592
	S	96 440		S	97 386		S	98 334		S	99 284		S	100 234
230 741	G	112 752	232 469	G	113 719	234 197	G	114 687	235 925	G	115 655	237 653	G	116 623
	S	96 498		S	97 446		S	98 394		S	99 344		S	100 294
230 795	G	112 782	232 523	G	113 750	234 251	G	114 717	235 979	G	115 685	237 707	G	116 653
	S	96 498		S	97 446		S	98 394		S	99 344		S	100 294
230 849	G	112 812	232 577	G	113 780	234 305	G	114 748	236 033	G	115 715	237 761	G	116 683
	S	96 558		S	97 504		S	98 454		S	99 402		S	100 354
230 903	G	112 843	232 631	G	113 810	234 359	G	114 778	236 087	G	115 746	237 815	G	116 713
	S	96 558		S	97 504		S	98 454		S	99 402		S	100 354

Zu versteuerndes Einkommen bis	Tarif	Einkommensteuer	Zu versteuerndes Einkommen bis	Tarif	Einkommensteuer	Zu versteuerndes Einkommen bis	Tarif	Einkommensteuer	Zu versteuerndes Einkommen bis	Tarif	Einkommensteuer	Zu versteuerndes Einkommen bis	Tarif	Einkommensteuer
237 869	G	116 743	239 597	G	117 711	241 325	G	118 679	243 053	G	119 647	244 781	G	120 614
	S	100 414		S	101 366		S	102 318		S	103 274		S	104 230
237 923	G	116 774	239 651	G	117 741	241 379	G	118 709	243 107	G	119 677	244 835	G	120 644
	S	100 414		S	101 366		S	102 318		S	103 274		S	104 230
237 977	G	116 804	239 705	G	117 772	241 433	G	118 739	243 161	G	119 707	244 889	G	120 675
	S	100 472		S	101 426		S	102 378		S	103 334		S	104 290
238 031	G	116 834	239 759	G	117 802	241 487	G	118 770	243 215	G	119 737	244 943	G	120 705
	S	100 472		S	101 426		S	102 378		S	103 334		S	104 290
238 085	G	116 864	239 813	G	117 832	241 541	G	118 800	243 269	G	119 767	244 997	G	120 735
	S	100 532		S	101 484		S	102 438		S	103 394		S	104 350
238 139	G	116 895	239 867	G	117 862	241 595	G	118 830	243 323	G	119 798	245 051	G	120 765
	S	100 532		S	101 484		S	102 438		S	103 394		S	104 350
238 193	G	116 925	239 921	G	117 893	241 649	G	118 860	243 377	G	119 828	245 105	G	120 796
	S	100 592		S	101 544		S	102 498		S	103 452		S	104 410
238 247	G	116 955	239 975	G	117 923	241 703	G	118 891	243 431	G	119 858	245 159	G	120 826
	S	100 592		S	101 544		S	102 498		S	103 452		S	104 410
238 301	G	116 985	240 029	G	117 953	241 757	G	118 921	243 485	G	119 888	245 213	G	120 856
	S	100 652		S	101 604		S	102 558		S	103 512		S	104 468
238 355	G	117 016	240 083	G	117 983	241 811	G	118 951	243 539	G	119 919	245 267	G	120 886
	S	100 652		S	101 604		S	102 558		S	103 512		S	104 468
238 409	G	117 046	240 137	G	118 014	241 865	G	118 981	243 593	G	119 949	245 321	G	120 917
	S	100 710		S	101 664		S	102 618		S	103 572		S	104 528
238 463	G	117 076	240 191	G	118 044	241 919	G	119 011	243 647	G	119 979	245 375	G	120 947
	S	100 710		S	101 664		S	102 618		S	103 572		S	104 528
238 517	G	117 106	240 245	G	118 074	241 973	G	119 042	243 701	G	120 009	245 429	G	120 977
	S	100 770		S	101 722		S	102 676		S	103 632		S	104 588
238 571	G	117 137	240 299	G	118 104	242 027	G	119 072	243 755	G	120 040	245 483	G	121 007
	S	100 770		S	101 722		S	102 676		S	103 632		S	104 588
238 625	G	117 167	240 353	G	118 135	242 081	G	119 102	243 809	G	120 070	245 537	G	121 038
	S	100 830		S	101 782		S	102 736		S	103 692		S	104 648
238 679	G	117 197	240 407	G	118 165	242 135	G	119 132	243 863	G	120 100	245 591	G	121 068
	S	100 830		S	101 782		S	102 736		S	103 692		S	104 648
238 733	G	117 227	240 461	G	118 195	242 189	G	119 163	243 917	G	120 130	245 645	G	121 098
	S	100 890		S	101 842		S	102 796		S	103 752		S	104 708
238 787	G	117 258	240 515	G	118 225	242 243	G	119 193	243 971	G	120 161	245 699	G	121 128
	S	100 890		S	101 842		S	102 796		S	103 752		S	104 708
238 841	G	117 288	240 569	G	118 255	242 297	G	119 223	244 025	G	120 191	245 753	G	121 159
	S	100 948		S	101 902		S	102 856		S	103 812		S	104 768
238 895	G	117 318	240 623	G	118 286	242 351	G	119 253	244 079	G	120 221	245 807	G	121 189
	S	100 948		S	101 902		S	102 856		S	103 812		S	104 768
238 949	G	117 348	240 677	G	118 316	242 405	G	119 284	244 133	G	120 251	245 861	G	121 219
	S	101 008		S	101 962		S	102 916		S	103 872		S	104 828
239 003	G	117 379	240 731	G	118 346	242 459	G	119 314	244 187	G	120 282	245 915	G	121 249
	S	101 008		S	101 962		S	102 916		S	103 872		S	104 828
239 057	G	117 409	240 785	G	118 376	242 513	G	119 344	244 241	G	120 312	245 969	G	121 279
	S	101 068		S	102 020		S	102 976		S	103 930		S	104 888
239 111	G	117 439	240 839	G	118 407	242 567	G	119 374	244 295	G	120 342	246 023	G	121 310
	S	101 068		S	102 020		S	102 976		S	103 930		S	104 888
239 165	G	117 469	240 893	G	118 437	242 621	G	119 405	244 349	G	120 372	246 077	G	121 340
	S	101 128		S	102 080		S	103 034		S	103 990		S	104 948
239 219	G	117 499	240 947	G	118 467	242 675	G	119 435	244 403	G	120 403	246 131	G	121 370
	S	101 128		S	102 080		S	103 034		S	103 990		S	104 948
239 273	G	117 530	241 001	G	118 497	242 729	G	119 465	244 457	G	120 433	246 185	G	121 400
	S	101 186		S	102 140		S	103 094		S	104 050		S	105 008
239 327	G	117 560	241 055	G	118 528	242 783	G	119 495	244 511	G	120 463	246 239	G	121 431
	S	101 186		S	102 140		S	103 094		S	104 050		S	105 008
239 381	G	117 590	241 109	G	118 558	242 837	G	119 526	244 565	G	120 493	246 293	G	121 461
	S	101 246		S	102 200		S	103 154		S	104 110		S	105 068
239 435	G	117 620	241 163	G	118 588	242 891	G	119 556	244 619	G	120 523	246 347	G	121 491
	S	101 246		S	102 200		S	103 154		S	104 110		S	105 068
239 489	G	117 651	241 217	G	118 618	242 945	G	119 586	244 673	G	120 554	246 401	G	121 521
	S	101 306		S	102 260		S	103 214		S	104 170		S	105 128
239 543	G	117 681	241 271	G	118 649	242 999	G	119 616	244 727	G	120 584	246 455	G	121 552
	S	101 306		S	102 260		S	103 214		S	104 170		S	105 128

Zu versteuerndes Einkommen bis	Tarif	Einkommensteuer	Zu versteuerndes Einkommen bis	Tarif	Einkommensteuer	Zu versteuerndes Einkommen bis	Tarif	Einkommensteuer	Zu versteuerndes Einkommen bis	Tarif	Einkommensteuer	Zu versteuerndes Einkommen bis	Tarif	Einkommensteuer
246509	G	121582	248237	G	122550	249965	G	123517	251693	G	124485	253421	G	125453
	S	105186		S	106146		S	107106		S	108066		S	109028
246563	G	121612	248291	G	122580	250019	G	123547	251747	G	124515	253475	G	125483
	S	105186		S	106146		S	107106		S	108066		S	109028
246617	G	121642	248345	G	122610	250073	G	123578	251801	G	124545	253529	G	125513
	S	105246		S	106206		S	107166		S	108126		S	109088
246671	G	121673	248399	G	122640	250127	G	123608	251855	G	124576	253583	G	125543
	S	105246		S	106206		S	107166		S	108126		S	109088
246725	G	121703	248453	G	122671	250181	G	123638	251909	G	124606	253637	G	125574
	S	105306		S	106266		S	107226		S	108186		S	109148
246779	G	121733	248507	G	122701	250235	G	123668	251963	G	124636	253691	G	125604
	S	105306		S	106266		S	107226		S	108186		S	109148
246833	G	121763	248561	G	122731	250289	G	123699	252017	G	124666	253745	G	125634
	S	105366		S	106326		S	107286		S	108246		S	109208
246887	G	121794	248615	G	122761	250343	G	123729	252071	G	124697	253799	G	125664
	S	105366		S	106326		S	107286		S	108246		S	109208
246941	G	121824	248669	G	122791	250397	G	123759	252125	G	124727	253853	G	125695
	S	105426		S	106386		S	107346		S	108306		S	109270
246995	G	121854	248723	G	122822	250451	G	123789	252179	G	124757	253907	G	125725
	S	105426		S	106386		S	107346		S	108306		S	109270
247049	G	121884	248777	G	122852	250505	G	123820	252233	G	124787	253961	G	125755
	S	105486		S	106446		S	107406		S	108366		S	109330
247103	G	121915	248831	G	122882	250559	G	123850	252287	G	124818	254015	G	125785
	S	105486		S	106446		S	107406		S	108366		S	109330
247157	G	121945	248885	G	122912	250613	G	123880	252341	G	124848	254069	G	125815
	S	105546		S	106506		S	107466		S	108426		S	109390
247211	G	121975	248939	G	122943	250667	G	123910	252395	G	124878	254123	G	125846
	S	105546		S	106506		S	107466		S	108426		S	109390
247265	G	122005	248993	G	122973	250721	G	123941	252449	G	124908	254177	G	125876
	S	105606		S	106566		S	107526		S	108486		S	109450
247319	G	122035	249047	G	123003	250775	G	123971	252503	G	124939	254231	G	125906
	S	105606		S	106566		S	107526		S	108486		S	109450
247373	G	122066	249101	G	123033	250829	G	124001	252557	G	124969	254285	G	125936
	S	105666		S	106626		S	107586		S	108548		S	109510
247427	G	122096	249155	G	123064	250883	G	124031	252611	G	124999	254339	G	125967
	S	105666		S	106626		S	107586		S	108548		S	109510
247481	G	122126	249209	G	123094	250937	G	124062	252665	G	125029	254393	G	125997
	S	105726		S	106686		S	107646		S	108608		S	109570
247535	G	122156	249263	G	123124	250991	G	124092	252719	G	125059	254447	G	126027
	S	105726		S	106686		S	107646		S	108608		S	109570
247589	G	122187	249317	G	123154	251045	G	124122	252773	G	125090	254501	G	126057
	S	105786		S	106746		S	107706		S	108668		S	109630
247643	G	122217	249371	G	123185	251099	G	124152	252827	G	125120	254555	G	126088
	S	105786		S	106746		S	107706		S	108668		S	109630
247697	G	122247	249425	G	123215	251153	G	124183	252881	G	125150	254609	G	126118
	S	105846		S	106806		S	107766		S	108728		S	109690
247751	G	122277	249479	G	123245	251207	G	124213	252935	G	125180	254663	G	126148
	S	105846		S	106806		S	107766		S	108728		S	109690
247805	G	122308	249533	G	123275	251261	G	124243	252989	G	125211	254717	G	126178
	S	105906		S	106866		S	107826		S	108788		S	109750
247859	G	122338	249587	G	123306	251315	G	124273	253043	G	125241	254771	G	126209
	S	105906		S	106866		S	107826		S	108788		S	109750
247913	G	122368	249641	G	123336	251369	G	124303	253097	G	125271	254825	G	126239
	S	105966		S	106926		S	107886		S	108848		S	109812
247967	G	122398	249695	G	123366	251423	G	124334	253151	G	125301	254879	G	126269
	S	105966		S	106926		S	107886		S	108848		S	109812
248021	G	122429	249749	G	123396	251477	G	124364	253205	G	125332	254933	G	126299
	S	106026		S	106986		S	107946		S	108908		S	109872
248075	G	122459	249803	G	123427	251531	G	124394	253259	G	125362	254987	G	126330
	S	106026		S	106986		S	107946		S	108908		S	109872
248129	G	122489	249857	G	123457	251585	G	124424	253313	G	125392	255041	G	126360
	S	106086		S	107046		S	108006		S	108968		S	109932
248183	G	122519	249911	G	123487	251639	G	124455	253367	G	125422	255095	G	126390
	S	106086		S	107046		S	108006		S	108968		S	109932

Zu versteuerndes Einkommen bis	Tarif	Einkommensteuer	Zu versteuerndes Einkommen bis	Tarif	Einkommensteuer	Zu versteuerndes Einkommen bis	Tarif	Einkommensteuer	Zu versteuerndes Einkommen bis	Tarif	Einkommensteuer	Zu versteuerndes Einkommen bis	Tarif	Einkommensteuer
255149	G / S	126420 / 109992	256877	G / S	127388 / 110956	258605	G / S	128356 / 111922	260333	G / S	129323 / 112890	262061	G / S	130291 / 113858
255203	G / S	126451 / 109992	256931	G / S	127418 / 110956	258659	G / S	128386 / 111922	260387	G / S	129354 / 112890	262115	G / S	130321 / 113858
255257	G / S	126481 / 110052	256985	G / S	127448 / 111016	258713	G / S	128416 / 111982	260441	G / S	129384 / 112950	262169	G / S	130351 / 113918
255311	G / S	126511 / 110052	257039	G / S	127479 / 111016	258767	G / S	128446 / 111982	260495	G / S	129414 / 112950	262223	G / S	130382 / 113918
255365	G / S	126541 / 110112	257093	G / S	127509 / 111078	258821	G / S	128477 / 112044	260549	G / S	129444 / 113010	262277	G / S	130412 / 113978
255419	G / S	126571 / 110112	257147	G / S	127539 / 111078	258875	G / S	128507 / 112044	260603	G / S	129475 / 113010	262331	G / S	130442 / 113978
255473	G / S	126602 / 110172	257201	G / S	127569 / 111138	258929	G / S	128537 / 112104	260657	G / S	129505 / 113072	262385	G / S	130472 / 114038
255527	G / S	126632 / 110172	257255	G / S	127600 / 111138	258983	G / S	128567 / 112104	260711	G / S	129535 / 113072	262439	G / S	130503 / 114038
255581	G / S	126662 / 110232	257309	G / S	127630 / 111198	259037	G / S	128598 / 112164	260765	G / S	129565 / 113132	262493	G / S	130533 / 114100
255635	G / S	126692 / 110232	257363	G / S	127660 / 111198	259091	G / S	128628 / 112164	260819	G / S	129595 / 113132	262547	G / S	130563 / 114100
255689	G / S	126723 / 110294	257417	G / S	127690 / 111258	259145	G / S	128658 / 112224	260873	G / S	129626 / 113192	262601	G / S	130593 / 114160
255743	G / S	126753 / 110294	257471	G / S	127721 / 111258	259199	G / S	128688 / 112224	260927	G / S	129656 / 113192	262655	G / S	130624 / 114160
255797	G / S	126783 / 110354	257525	G / S	127751 / 111318	259253	G / S	128719 / 112286	260981	G / S	129686 / 113252	262709	G / S	130654 / 114220
255851	G / S	126813 / 110354	257579	G / S	127781 / 111318	259307	G / S	128749 / 112286	261035	G / S	129716 / 113252	262763	G / S	130684 / 114220
255905	G / S	126844 / 110414	257633	G / S	127811 / 111380	259361	G / S	128779 / 112346	261089	G / S	129747 / 113314	262817	G / S	130714 / 114280
255959	G / S	126874 / 110414	257687	G / S	127842 / 111380	259415	G / S	128809 / 112346	261143	G / S	129777 / 113314	262871	G / S	130745 / 114280
256013	G / S	126904 / 110474	257741	G / S	127872 / 111440	259469	G / S	128839 / 112406	261197	G / S	129807 / 113374	262925	G / S	130775 / 114342
256067	G / S	126934 / 110474	257795	G / S	127902 / 111440	259523	G / S	128870 / 112406	261251	G / S	129837 / 113374	262979	G / S	130805 / 114342
256121	G / S	126965 / 110534	257849	G / S	127932 / 111500	259577	G / S	128900 / 112466	261305	G / S	129868 / 113434	263033	G / S	130835 / 114402
256175	G / S	126995 / 110534	257903	G / S	127963 / 111500	259631	G / S	128930 / 112466	261359	G / S	129898 / 113434	263087	G / S	130866 / 114402
256229	G / S	127025 / 110594	257957	G / S	127993 / 111560	259685	G / S	128960 / 112526	261413	G / S	129928 / 113494	263141	G / S	130896 / 114462
256283	G / S	127055 / 110594	258011	G / S	128023 / 111560	259739	G / S	128991 / 112526	261467	G / S	129958 / 113494	263195	G / S	130926 / 114462
256337	G / S	127086 / 110654	258065	G / S	128053 / 111620	259793	G / S	129021 / 112588	261521	G / S	129989 / 113556	263249	G / S	130956 / 114522
256391	G / S	127116 / 110654	258119	G / S	128083 / 111620	259847	G / S	129051 / 112588	261575	G / S	130019 / 113556	263303	G / S	130987 / 114522
256445	G / S	127146 / 110716	258173	G / S	128114 / 111680	259901	G / S	129081 / 112648	261629	G / S	130049 / 113584	263357	G / S	131017 / 114584
256499	G / S	127176 / 110716	258227	G / S	128144 / 111680	259955	G / S	129112 / 112648	261683	G / S	130079 / 113584	263411	G / S	131047 / 114584
256553	G / S	127207 / 110776	258281	G / S	128174 / 111742	260009	G / S	129142 / 112708	261737	G / S	130110 / 113676	263465	G / S	131077 / 114644
256607	G / S	127237 / 110776	258335	G / S	128204 / 111742	260063	G / S	129172 / 112708	261791	G / S	130140 / 113676	263519	G / S	131107 / 114644
256661	G / S	127267 / 110836	258389	G / S	128235 / 111802	260117	G / S	129202 / 112768	261845	G / S	130170 / 113736	263573	G / S	131138 / 114704
256715	G / S	127297 / 110836	258443	G / S	128265 / 111802	260171	G / S	129233 / 112768	261899	G / S	130200 / 113736	263627	G / S	131168 / 114704
256769	G / S	127327 / 110896	258497	G / S	128295 / 111862	260225	G / S	129263 / 112830	261953	G / S	130230 / 113798	263681	G / S	131198 / 114764
256823	G / S	127358 / 110896	258551	G / S	128325 / 111862	260279	G / S	129293 / 112830	262007	G / S	130261 / 113798	263735	G / S	131228 / 114764

Zu versteuerndes Einkommen bis	Tarif	Einkommensteuer	Zu versteuerndes Einkommen bis	Tarif	Einkommensteuer	Zu versteuerndes Einkommen bis	Tarif	Einkommensteuer	Zu versteuerndes Einkommen bis	Tarif	Einkommensteuer	Zu versteuerndes Einkommen bis	Tarif	Einkommensteuer
263 789	G	131 259	265 517	G	132 226	267 245	G	133 194	268 973	G	134 162	270 701	G	135 129
	S	114 826		S	115 792		S	116 760		S	117 728		S	118 696
263 843	G	131 289	265 571	G	132 257	267 299	G	133 224	269 027	G	134 192	270 755	G	135 160
	S	114 826		S	115 792		S	116 760		S	117 728		S	118 696
263 897	G	131 319	265 625	G	132 287	267 353	G	133 255	269 081	G	134 222	270 809	G	135 190
	S	114 886		S	115 854		S	116 822		S	117 788		S	118 756
263 951	G	131 349	265 679	G	132 317	267 407	G	133 285	269 135	G	134 252	270 863	G	135 220
	S	114 886		S	115 854		S	116 822		S	117 788		S	118 756
264 005	G	131 380	265 733	G	132 347	267 461	G	133 315	269 189	G	134 283	270 917	G	135 250
	S	114 946		S	115 914		S	116 882		S	117 850		S	118 816
264 059	G	131 410	265 787	G	132 378	267 515	G	133 345	269 243	G	134 313	270 971	G	135 281
	S	114 946		S	115 914		S	116 882		S	117 850		S	118 816
264 113	G	131 440	265 841	G	132 408	267 569	G	133 375	269 297	G	134 343	271 025	G	135 311
	S	115 006		S	115 974		S	116 942		S	117 910		S	118 878
264 167	G	131 470	265 895	G	132 438	267 623	G	133 406	269 351	G	134 373	271 079	G	135 341
	S	115 006		S	115 974		S	116 942		S	117 910		S	118 878
264 221	G	131 501	265 949	G	132 468	267 677	G	133 436	269 405	G	134 404	271 133	G	135 371
	S	115 068		S	116 034		S	117 002		S	117 970		S	118 938
264 275	G	131 531	266 003	G	132 499	267 731	G	133 466	269 459	G	134 434	271 187	G	135 402
	S	115 068		S	116 034		S	117 002		S	117 970		S	118 938
264 329	G	131 561	266 057	G	132 529	267 785	G	133 496	269 513	G	134 464	271 241	G	135 432
	S	115 128		S	116 096		S	117 062		S	118 030		S	118 998
264 383	G	131 591	266 111	G	132 559	267 839	G	133 527	269 567	G	134 494	271 295	G	135 462
	S	115 128		S	116 096		S	117 062		S	118 030		S	118 998
264 437	G	131 622	266 165	G	132 589	267 893	G	133 557	269 621	G	134 524	271 349	G	135 492
	S	115 188		S	116 156		S	117 124		S	118 092		S	119 058
264 491	G	131 652	266 219	G	132 619	267 947	G	133 587	269 675	G	134 555	271 403	G	135 523
	S	115 188		S	116 156		S	117 124		S	118 092		S	119 058
264 545	G	131 682	266 273	G	132 650	268 001	G	133 617	269 729	G	134 585	271 457	G	135 553
	S	115 248		S	116 216		S	117 184		S	118 152		S	119 120
264 599	G	131 712	266 327	G	132 680	268 055	G	133 648	269 783	G	134 615	271 511	G	135 583
	S	115 248		S	116 216		S	117 184		S	118 152		S	119 120
264 653	G	131 743	266 381	G	132 710	268 109	G	133 678	269 837	G	134 646	271 565	G	135 613
	S	115 310		S	116 276		S	117 244		S	118 212		S	119 180
264 707	G	131 773	266 435	G	132 740	268 163	G	133 708	269 891	G	134 676	271 619	G	135 643
	S	115 370		S	116 276		S	117 244		S	118 212		S	119 180
264 761	G	131 803	266 489	G	132 771	268 217	G	133 738	269 945	G	134 706	271 673	G	135 674
	S	115 370		S	116 338		S	117 304		S	118 272		S	119 240
264 815	G	131 833	266 543	G	132 801	268 271	G	133 769	269 999	G	134 736	271 727	G	135 704
	S	115 370		S	116 338		S	117 304		S	118 272		S	119 240
264 869	G	131 863	266 597	G	132 831	268 325	G	133 799	270 053	G	134 767	271 781	G	135 734
	S	115 430		S	116 398		S	117 366		S	118 334		S	119 300
264 923	G	131 894	266 651	G	132 861	268 379	G	133 829	270 107	G	134 797	271 835	G	135 764
	S	115 430		S	116 398		S	117 366		S	118 334		S	119 300
264 977	G	131 924	266 705	G	132 892	268 433	G	133 859	270 161	G	134 827	271 889	G	135 795
	S	115 490		S	116 458		S	117 426		S	118 394		S	119 362
265 031	G	131 954	266 759	G	132 922	268 487	G	133 890	270 215	G	134 857	271 943	G	135 825
	S	115 490		S	116 458		S	117 426		S	118 394		S	119 362
265 085	G	131 984	266 813	G	132 952	268 541	G	133 920	270 269	G	134 887	271 997	G	135 855
	S	115 550		S	116 518		S	117 486		S	118 454		S	119 422
265 139	G	132 015	266 867	G	132 982	268 595	G	133 950	270 323	G	134 918	272 051	G	135 885
	S	115 550		S	116 518		S	117 486		S	118 454		S	119 422
265 193	G	132 045	266 921	G	133 013	268 649	G	133 980	270 377	G	134 948	272 105	G	135 916
	S	115 612		S	116 580		S	117 546		S	118 514		S	119 482
265 247	G	132 075	266 975	G	133 043	268 703	G	134 011	270 431	G	134 978	272 159	G	135 946
	S	115 612		S	116 580		S	117 546		S	118 514		S	119 482
265 301	G	132 105	267 029	G	133 073	268 757	G	134 041	270 485	G	135 008	272 213	G	135 976
	S	115 672		S	116 640		S	117 608		S	118 574		S	119 542
265 355	G	132 136	267 083	G	133 103	268 811	G	134 071	270 539	G	135 039	272 267	G	136 006
	S	115 672		S	116 640		S	117 608		S	118 574		S	119 542
265 409	G	132 166	267 137	G	133 134	268 865	G	134 101	270 593	G	135 069	272 321	G	136 037
	S	115 732		S	116 700		S	117 668		S	118 636		S	119 604
265 463	G	132 196	267 191	G	133 164	268 919	G	134 131	270 647	G	135 099	272 375	G	136 067
	S	115 732		S	116 700		S	117 668		S	118 636		S	119 604

Zu versteuerndes Einkommen bis	Tarif	Einkommensteuer	Zu versteuerndes Einkommen bis	Tarif	Einkommensteuer	Zu versteuerndes Einkommen bis	Tarif	Einkommensteuer	Zu versteuerndes Einkommen bis	Tarif	Einkommensteuer	Zu versteuerndes Einkommen bis	Tarif	Einkommensteuer
272 429	G / S	136 097 / 119 664	274 157	G / S	137 065 / 120 632	275 885	G / S	138 032 / 121 598	277 613	G / S	139 000 / 122 566	279 341	G / S	139 968 / 123 534
272 483	G / S	136 127 / 119 664	274 211	G / S	137 095 / 120 632	275 939	G / S	138 063 / 121 598	277 667	G / S	139 030 / 122 566	279 395	G / S	139 998 / 123 534
272 537	G / S	136 158 / 119 724	274 265	G / S	137 125 / 120 692	275 993	G / S	138 093 / 121 660	277 721	G / S	139 061 / 122 628	279 449	G / S	140 028 / 123 594
272 591	G / S	136 188 / 119 724	274 319	G / S	137 155 / 120 692	276 047	G / S	138 123 / 121 660	277 775	G / S	139 091 / 122 628	279 503	G / S	140 059 / 123 594
272 645	G / S	136 218 / 119 784	274 373	G / S	137 186 / 120 752	276 101	G / S	138 153 / 121 720	277 829	G / S	139 121 / 122 688	279 557	G / S	140 089 / 123 656
272 699	G / S	136 248 / 119 784	274 427	G / S	137 216 / 120 752	276 155	G / S	138 184 / 121 720	277 883	G / S	139 151 / 122 688	279 611	G / S	140 119 / 123 656
272 753	G / S	136 279 / 119 846	274 481	G / S	137 246 / 120 812	276 209	G / S	138 214 / 121 780	277 937	G / S	139 182 / 122 748	279 665	G / S	140 149 / 123 716
272 807	G / S	136 309 / 119 846	274 535	G / S	137 276 / 120 812	276 263	G / S	138 244 / 121 780	277 991	G / S	139 212 / 122 748	279 719	G / S	140 179 / 123 716
272 861	G / S	136 339 / 119 906	274 589	G / S	137 307 / 120 874	276 317	G / S	138 274 / 121 840	278 045	G / S	139 242 / 122 808	279 773	G / S	140 210 / 123 776
272 915	G / S	136 369 / 119 906	274 643	G / S	137 337 / 120 874	276 371	G / S	138 305 / 121 840	278 099	G / S	139 272 / 122 808	279 827	G / S	140 240 / 123 776
272 969	G / S	136 399 / 119 966	274 697	G / S	137 367 / 120 934	276 425	G / S	138 335 / 121 902	278 153	G / S	139 303 / 122 870	279 881	G / S	140 270 / 123 836
273 023	G / S	136 430 / 119 966	274 751	G / S	137 397 / 120 934	276 479	G / S	138 365 / 121 902	278 207	G / S	139 333 / 122 870	279 935	G / S	140 300 / 123 836
273 077	G / S	136 460 / 120 026	274 805	G / S	137 428 / 120 994	276 533	G / S	138 395 / 121 962	278 261	G / S	139 363 / 122 930	279 989	G / S	140 331 / 123 898
273 131	G / S	136 490 / 120 026	274 859	G / S	137 458 / 120 994	276 587	G / S	138 426 / 121 962	278 315	G / S	139 393 / 122 930	280 043	G / S	140 361 / 123 898
273 185	G / S	136 520 / 120 086	274 913	G / S	137 488 / 121 054	276 641	G / S	138 456 / 122 022	278 369	G / S	139 423 / 122 990	280 097	G / S	140 391 / 123 958
273 239	G / S	136 551 / 120 086	274 967	G / S	137 518 / 121 054	276 695	G / S	138 486 / 122 022	278 423	G / S	139 454 / 122 990	280 151	G / S	140 421 / 123 958
273 293	G / S	136 581 / 120 148	275 021	G / S	137 549 / 121 116	276 749	G / S	138 516 / 122 082	278 477	G / S	139 484 / 123 050	280 205	G / S	140 452 / 124 018
273 347	G / S	136 611 / 120 148	275 075	G / S	137 579 / 121 116	276 803	G / S	138 547 / 122 082	278 531	G / S	139 514 / 123 050	280 259	G / S	140 482 / 124 018
273 401	G / S	136 641 / 120 208	275 129	G / S	137 609 / 121 176	276 857	G / S	138 577 / 122 144	278 585	G / S	139 544 / 123 110	280 313	G / S	140 512 / 124 078
273 455	G / S	136 672 / 120 208	275 183	G / S	137 639 / 121 176	276 911	G / S	138 607 / 122 144	278 639	G / S	139 575 / 123 110	280 367	G / S	140 542 / 124 078
273 509	G / S	136 702 / 120 268	275 237	G / S	137 670 / 121 236	276 965	G / S	138 637 / 122 204	278 693	G / S	139 605 / 123 172	280 421	G / S	140 573 / 124 140
273 563	G / S	136 732 / 120 268	275 291	G / S	137 700 / 121 236	277 019	G / S	138 667 / 122 204	278 747	G / S	139 635 / 123 172	280 475	G / S	140 603 / 124 140
273 617	G / S	136 762 / 120 328	275 345	G / S	137 730 / 121 296	277 073	G / S	138 698 / 122 264	278 801	G / S	139 665 / 123 232	280 529	G / S	140 633 / 124 200
273 671	G / S	136 793 / 120 328	275 399	G / S	137 760 / 121 296	277 127	G / S	138 728 / 122 264	278 855	G / S	139 696 / 123 232	280 583	G / S	140 663 / 124 200
273 725	G / S	136 823 / 120 390	275 453	G / S	137 791 / 121 358	277 181	G / S	138 758 / 122 324	278 909	G / S	139 726 / 123 292	280 637	G / S	140 694 / 124 260
273 779	G / S	136 853 / 120 390	275 507	G / S	137 821 / 121 358	277 235	G / S	138 788 / 122 324	278 963	G / S	139 756 / 123 292	280 691	G / S	140 724 / 124 260
273 833	G / S	136 883 / 120 452	275 561	G / S	137 851 / 121 418	277 289	G / S	138 819 / 122 386	279 017	G / S	139 786 / 123 352	280 745	G / S	140 754 / 124 320
273 887	G / S	136 914 / 120 450	275 615	G / S	137 881 / 121 418	277 343	G / S	138 849 / 122 386	279 071	G / S	139 817 / 123 352	280 799	G / S	140 784 / 124 320
273 941	G / S	136 944 / 120 510	275 669	G / S	137 911 / 121 478	277 397	G / S	138 879 / 122 446	279 125	G / S	139 847 / 123 414	280 853	G / S	140 815 / 124 382
273 995	G / S	136 974 / 120 510	275 723	G / S	137 942 / 121 478	277 451	G / S	138 909 / 122 446	279 179	G / S	139 877 / 123 414	280 907	G / S	140 845 / 124 382
274 049	G / S	137 004 / 120 570	275 777	G / S	137 972 / 121 538	277 505	G / S	138 940 / 122 506	279 233	G / S	139 907 / 123 474	280 961	G / S	140 875 / 124 442
274 103	G / S	137 035 / 120 570	275 831	G / S	138 002 / 121 538	277 559	G / S	138 970 / 122 506	279 287	G / S	139 938 / 123 474	281 015	G / S	140 905 / 124 442

Stichwortverzeichnis

Die Zahlen verweisen auf die Randziffern